Sven Lewandowski
Die Pornographie der Gesellschaft

Sozialtheorie

Sven Lewandowski (Dr. phil.) ist Lehrkraft für besondere Aufgaben am Institut für Politikwissenschaft und Sozialforschung der Julius-Maximilians-Universität Würzburg, Lehrbeauftragter am Institut für Soziologie der Leibniz Universität Hannover und Mitglied des Beirats der Zeitschrift für Sexualforschung. Seine Forschungsschwerpunkte sind Sexualsoziologie, Soziologische Theorie und Systemtheorie. Bei transcript erschien von ihm »Sexualität in den Zeiten funktionaler Differenzierung« (2004).

Sven Lewandowski

Die Pornographie der Gesellschaft
Beobachtungen eines populärkulturellen Phänomens

[transcript]

Bibliografische Information der Deutschen Nationalbibliothek
Die Deutsche Nationalbibliothek verzeichnet diese Publikation in der Deutschen Nationalbibliografie; detaillierte bibliografische Daten sind im Internet über http://dnb.d-nb.de abrufbar.

© 2012 transcript Verlag, Bielefeld

Die Verwertung der Texte und Bilder ist ohne Zustimmung des Verlages urheberrechtswidrig und strafbar. Das gilt auch für Vervielfältigungen, Übersetzungen, Mikroverfilmungen und für die Verarbeitung mit elektronischen Systemen.

Umschlaggestaltung: Kordula Röckenhaus, Bielefeld
Korrektorat: Tabea Koepp, Bielefeld
Satz: Sven Lewandowski
Druck: Majuskel Medienproduktion GmbH, Wetzlar
ISBN 978-3-8376-2134-1

Gedruckt auf alterungsbeständigem Papier mit chlorfrei gebleichtem Zellstoff.
Besuchen Sie uns im Internet: *http://www.transcript-verlag.de*
Bitte fordern Sie unser Gesamtverzeichnis und andere Broschüren an unter:
info@transcript-verlag.de

Inhalt

Einleitung | 7

Der Traum der Pornographie | 13
Pornographie, Traum und Perversion | 14
Psychoanalytische Konzepte | 21
Exkurs: Latente Bedeutungsgehalte und die ›Cultural Studies‹ | 33
Pornographische Auflösungen von Ambivalenzkonflikten –
   Pornographie, Traum, Perversion und Neurose | 41
Latente Bedeutungsgehalte und ›Pornographiegedanken‹ | 43
Fazit | 90

Internetpornographie | 93
Einleitung | 94
Technische Aspekte | 95
Das Angebot | 98
Randbereiche und abweichende Sexualitäten:
   Pädophilie, Zoophilie und Gewalt | 103
Porno 2.0 und die neue ›Amateurpornographie‹ | 117
Unterkomplexität, Mannigfaltigkeit, konstruktivistische Lüste
   und virtuelles ›cruising‹ | 141
Fazit | 146

Pornographie und die Semantik des Sexuellen | 151
Pornographie, Sexualität und romantische Liebe | 151
Niklas Luhmanns Konzept ›Gesellschaftsstruktur und Semantik‹ | 153
Don Quijote, Emma Bovary und das Problem
   der Medienkompetenz – ein Exkurs | 156
Cleland, de Sade und die Entstehung der Pornographie | 160
Die Ausdifferenzierung der Pornographie als literarische Form
   und ›soziales Problem‹ | 163
Diskurse über Sexualität: Pornographie und Psychopathologie | 164
Semantik und Genrebildung | 168
Fazit | 172

Selbstbeschreibungen – Pornographie und die Sexualität der Gesellschaft | 175
Pornographie und Sexualität – klassische Positionen | 176
Systemische Selbstbeschreibungen | 181
Selbst- und Fremdbeschreibungen – fremde Selbstbeschreibungen? | 183
Pornographische Selbstbeschreibungen | 192
Pornographie und die Sexualität der Gesellschaft | 202
Differenzen zu den Selbstbeschreibungen anderer Systeme | 206
Visuelle Selbstbeschreibungen jenseits von Texten und Theorien | 209
Die Entfesselung des Sexuellen und die Selbstbeschreibung
    des Sexualitätssystems | 220
Alternative (Selbst-)Beschreibungen des Sexuellen und die Dominanz
    der Pornographie | 222

Don't stop? – Über den Verlust von Stoppregeln | 227
Markt, Vergleichbarkeit und Rekursivität | 227
Sinnsysteme und Genres | 235
Entgrenzung und Abbau von Stoppregeln | 238
Die massenmediale Inszenierung von Authentizität | 240
Vom Ende der pornographischen Utopie | 245
Expansion und ›Grenzkonflikte‹ der Pornographie und des Sexuellen | 248
Brutalisierungstendenzen | 253
Strukturelle Kopplungen von Pornographie und Ökonomie | 267
Re-Etablierung von Stoppregeln und Kontextsteuerung | 271
Die Bedeutung außerökonomischer Motive – Amateurpornographie | 275

La femme machine und die ›Wahrheit‹ körperlicher Lust | 279
Disziplinierung | 280
Pornographische Körperdisziplinierung und die Vermeidung
    sexueller Erregung | 281
Dressur | 283
Kontrollverluste und die Suche nach der Wahrheit des Körpers | 284
La femme machine funktioniert (nicht) | 298

Literatur | 301

Einleitung

»ES GIBT PORNOGRAPHIE.«

»Es gibt Pornographie.« – Diese an sich triviale Feststellung bildet den Ausgangspunkt jeder wissenschaftlich ernstzunehmenden Analyse des Pornographischen und so auch der folgenden Untersuchungen. Die Aussage »es gibt Pornographie« markiert zugleich eine Differenz zu einer Vielzahl von Diskursen, die ihren Ausgang nicht von der *sozialen Tatsache* der Existenz von Pornographie nehmen, sondern mit *normativen* Fragen beginnen – etwa ob es Pornographie geben solle, ob ihrem Gebrauch ein legitimer Status zukomme oder ob sie gefährlich sei. Die Orientierung an normativen Fragen verstellt jedoch den Blick auf das *Phänomen* Pornographie und lenkt die Analyse von pornographischen Inszenierungen und Bedeutungsgehalten ab. Da sich die folgenden Betrachtungen dem Pornographischen selbst widmen, kann ihr Ausgangspunkt *nicht* die Frage »*Soll* es Pornographie geben?« sein, sondern allein die Diagnose »Es *gibt* Pornographie.«.[1]

Dieses Buch handelt mithin von der zeitgenössischen Hardcore-Pornographie im außermoralischen Sinne – und dem Versuch, ihr mit gesellschaftstheoretischen Mitteln ›zu Leibe‹ zu rücken. Wir betrachten Pornographie also nicht als ein moralisches Problem, sondern als ein populärkulturelles Phänomen, das die sozialwissenschaftliche Analyse – gerade in Zeiten, in denen viel von einer angeblichen ›Pornographisierung der Gesellschaft‹ gesprochen wird – nicht übergehen darf. Es geht nicht darum, in den moralischen Auseinandersetzungen um Pornographie Stellung zu beziehen; vielmehr soll Pornographie als soziales Phä-

---

1 Man kann die Aussage »Es gibt Pornographie.« selbstverständlich in sozialkonstruktivistischer Manier umschreiben und formulieren, dass es Phänomene gibt, die als pornographisch beobachtet werden. Freilich ist mit einer derartigen Umformulierung *an dieser Stelle* kein entscheidender Erkenntnisgewinn verbunden.

nomen mit gesellschaftstheoretischen Mitteln in ihrem Verhältnis zur zeitgenössischen Sexualität untersucht werden.

Ein Eintauchen in pornographische Welten offenbart zunächst eine für den unbedarften Beobachter überraschende Vielgestaltigkeit, die scharf mit der weitverbreiteten Annahme kontrastiert, Pornographie zeige immer dasselbe. Wenngleich eine gewisse Wiederholung der Grundstrukturen pornographischer Interaktionsmuster unverkennbar ist[2], so hat sich das Pornographische doch in eine große Zahl von Subgenres ausdifferenziert. Dieser für die zeitgenössische Pornographie charakteristischen Mannigfaltigkeit versuchen die folgenden Analysen durch eine Mehrzahl unterschiedlicher Perspektiven und Interpretationsansätze beizukommen. Dass dabei die Grenzen einzelner Fachdisziplinen – Soziologie, Sexualwissenschaft, Sozialpsychologie, Psychoanalyse, Kulturwissenschaft usw. – weit seltener eingehalten als überschritten werden, versteht sich von selbst und verdeutlicht, dass eine Theorie des Pornographischen nur als interdisziplinäres Projekt gelingen kann.

Das erste Kapitel – *Der Traum der Pornographie* – deutet pornographische Inszenierungen mit Hilfe psychoanalytischer Ansätze, um latente Bedeutungsgehalte sichtbar zu machen und wendet sich gegen die Vorstellung, die Hardcore-Pornographie zeige ›alles‹ in größter Eindeutigkeit und erschöpfe sich darin. Ein Vergleich von Pornographie und Traum und eine Parallelisierung von Pornographieanalyse und (Freud'scher) Traumdeutung verdeutlichen, dass pornographische Szenen nicht nur mehrdeutig sind, sondern sich unter ihrer Oberfläche Aspekte verbergen, die zur sexuellen Erregung der Betrachter beitragen mögen, ohne offensichtlich zu sein. Es sind, so unsere Vermutung, weniger die manifesten Darstellungen als die latenten Bedeutungsgehalte, die den besonderen Reiz des Pornographischen ausmachen.

Die Pornographie der Gesellschaft verdankt ihre zeitgenössische Dynamik und Ausdifferenzierung nicht zuletzt den neuen Medien, deren pornographischem Sektor das Kapitel *Internetpornographie* gewidmet ist. Im Mittelpunkt stehen einerseits das frei zugängliche internetpornographische Angebot und insbesondere jene Randbereiche und abweichenden Sexualitäten, die häufig mit dem noch relativ unregulierten Internet assoziiert werden, und andererseits die Frage, ob sich, befeuert durch das Internet, eine neue Form der Amateurpornographie entwickelt. Indem das Internet sowohl den Zugang zu pornographischen

---

2 Die Wiederholung bestimmter Grundstrukturen teilt die Pornographie freilich mit dem Sexuellen schlechthin: »[T]here are, after all, only a fixed number of concave and convex surfaces available«, schreiben Gagnon/Simon (2005: 198) – *um die Bedeutung sozialer wie symbolischer Aufladungen und Einbettungen des Sexuellen hervorzuheben.*

Darstellungen erleichtert als auch den Zugriff auf eine schier unendliche Vielfalt pornographischer Inszenierungen erlaubt und zugleich für beinahe jede Person die Möglichkeit bietet, selbst hergestellte Pornographie zu veröffentlichen, verändert es sowohl den Gebrauch als auch die Herstellung von Pornographie. Die Frage, ob sich durch die neuen technischen Möglichkeiten auch eine ›neue‹ Pornographie entwickelt, ist freilich noch offen, während ein Aufschwung der Amateurpornographie unverkennbar ist. Vor allem aber profitieren jene pornographischen Formen von der Entwicklung des Internets sowie des Web 2.0, die gemeinhin als abweichend, ›pervers‹ oder zumindest ungewöhnlich wahrgenommen werden.

Der Bedeutung des Pornographischen für die zeitgenössische Sexualität und der Frage, inwieweit sich die Sexualität der Gesellschaft in der Pornographie widerspiegelt, widmen sich die Kapitel *Pornographie und die Semantik des Sexuellen* und *Selbstbeschreibungen – Pornographie und die Sexualität der Gesellschaft*. In beiden Fällen wird der Versuch unternommen, systemtheoretisches Gedankengut für die Analyse der Pornographie der Gesellschaft fruchtbar zu machen.[3] Das Kapitel über Semantik entwickelt in einem Vergleich der Semantik romantischer Liebe mit der Pornographie die These, Pornographie spiele für die Ausdifferenzierung des Sexuellen eine analoge Rolle wie der Liebesroman für die Entwicklung der romantischen Liebe. In beiden Fällen nehmen semantische Formen gesellschaftliche Entwicklungen gleichsam vorweg und lagern einen Ideenvorrat ab, auf den spätere gesellschaftliche Entwicklungen zurückgreifen können. Und wie die Liebesliteratur freie Partnerwahl aufgrund romantischer Gefühle als kulturelle Form verständlich werden lässt, so ›exerziert‹ Pornographie seit ihren Anfängen jene ausdifferenzierte, von sozialen Einbindungen abgelöste und selbstreferentiell orientierte Sexualität vor, die für die zeitgenössische Gesellschaft charakteristisch geworden ist.

An diese Überlegungen knüpft das Kapitel über *Selbstbeschreibungen* unter anderem dadurch an, dass es fragt, was aus Pornographie wird, *nachdem* sie ihre Rolle als Durchsetzungssemantik der Autonomisierung des Sexuellen zu Ende gespielt hat. Wir antworten auf diese Frage, indem wir Pornographie als Selbstbeschreibung der Sexualität der Gesellschaft und insbesondere des modernen Sexualitätssystems beschreiben. Diese Beschreibung ist freilich nicht konkurrenzlos, aber die Dominanz des Pornographischen in der Beschreibung der zeit-

---

3 Da die systemtheoretisch angeleiteten Ausführungen weder intime Vertrautheit mit der Systemtheorie noch den gesamten systemtheoretischen Begriffsapparat voraussetzen, sind sie auch für jene mit Gewinn lesbar, die der Systemtheorie (bislang) eher ablehnend oder auch verständnislos gegenüberstehen. Analoges gilt für die psychoanalytisch informierten Ausführungen im ersten Kapitel.

genössischen Sexualität ist zu offensichtlich, um unanalysiert zu bleiben. Wir führen sie einerseits darauf zurück, dass Pornographie als Selbstbeschreibung des Sexualitätssystems fungiert und andererseits darauf, dass sie im Unterschied zu alternativen Beschreibungen des Sexuellen selbst sexualitätssystemische Operationen vollzieht, also nicht nur selbst zu erregen vermag, sondern in einer anderen und spezifischeren Weise zur Sexualität der Gesellschaft gehört als beispielsweise sexualwissenschaftliche Analysen.

Die Deutung von Pornographie als Selbstbeschreibung des Sexualitätssystems muss sich freilich mit dem Problem auseinandersetzen, dass sich die systemtheoretische Analyse von Semantiken und Selbstbeschreibungen bislang stark auf Texte fixiert, während visuelle Semantiken und Selbstbeschreibungen, die in der zeitgenössischen Gesellschaft eine bedeutende Rolle spielen, vernachlässigt werden. Ebenso harrt die Frage nach der Rolle des Systems der Massenmedien bei der Hervorbringung der *Selbst*beschreibungen *anderer* Systeme noch der Beantwortung. Indem wir den Versuch unternehmen, das Konzept der systemischen Selbstbeschreibungen entsprechend zu weiten, hoffen wir, auch einen Beitrag zur Weiterentwicklung der Systemtheorie zu leisten.

Systemtheoretisches Gedankengut greift auch das Kapitel *Don't stop? – Über den Verlust von Stoppregeln* auf und führt die Expansion des Pornographischen wie seine inhärente Steigerungs- und Überbietungslogik auf eine Abkopplung des Genres von externen Limitierungen sowie auf die Unmöglichkeit von selbstgeschaffenen Begrenzungen zurück. Gerade weil sich Pornographie als Genre etabliert hat und sich pornographische Inszenierungen in rekursiver Weise an der Pornographie der Gesellschaft orientieren, gewinnt Pornographie eine expansive Dynamik, die zu ihrer Entgrenzung führt.

Das letzte Kapitel – *La femme machine* – befasst sich schließlich mit pornographischen Körperinszenierungen und der pornographischen Suche nach der ›Wahrheit‹ körperlicher Lust. Pornographie wird dabei als ein Disziplinierungsritual gedeutet, das dazu dient, körperliche Kontrollverluste zu provozieren, um den ›wahren‹ Körper zum ›Sprechen‹ zu bringen. Pornographie lässt sich so als Teil jener Suche nach einer somatischen Verankerung im Meer des Kontingenten deuten, die die zeitgenössische Gesellschaft umtreibt.

Der Mannigfaltigkeit der zeitgenössischen Pornographie entsprechend verzichtet das vorliegende Buch auf eine ›Zentralperspektive‹ zugunsten einer Pluralität von Interpretationsansätzen. Dass Pluralität gleichwohl keine vollkommene Beliebigkeit impliziert, wird im Zusammenhang der einzelnen Kapitel deutlich werden.[4]

Multiperspektivität schützt freilich nicht vor blinden Flecken und vermessen wäre die Behauptung, ein einzelnes Buch könne ein komplexes und dynamisches Phänomen wie *Die Pornographie der Gesellschaft* erschöpfend behandeln. Bedeutsamer sind jedoch offensichtliche Auslassungen – zumal sie der Willkür des Autors zugerechnet werden können und daher der Rechtfertigung bedürftig sind. Im vorliegenden Falle betreffen ›Auslassungen‹ in erster Linie die Analyse der pornographischen Inszenierung des Geschlechterverhältnisses. Zwar finden sich innerhalb der einzelnen Abhandlungen mehr oder minder umfangreiche Ausführungen zu Geschlechtsinszenierungen[5], aber ihnen wird aus mehreren Gründen kein eigenes Kapitel gewidmet. Zunächst glauben wir, dass Pornographie in erster Linie von Sexualität handelt; sodann bezweifeln wir, dass sich die Sexualität der Gesellschaft primär vom Geschlechterverhältnis her beschreiben lässt. Wichtiger ist im Rahmen dieses Buchs jedoch, dass wir meinen, dass das Thema ›Geschlecht und Pornographie‹ (insbesondere aus *gender*-theoretischer Perspektive) ziemlich ›abgegrast‹ ist – oder doch *im Vergleich* zu anderen thematischen Schwerpunktsetzungen und theoretischen Perspektiven nur noch *relativ* geringe Erkenntnisgewinne verspricht. Und so konzentrieren sich die folgenden Ausführungen auf Forschungslücken, die wesentlich größer sind als jene, die sich im Bereich ›Pornographie und Geschlecht‹ finden lassen. Die Auswahl der einzelnen thematischen Aspekte und theoretischen Ansätze folgt also nicht allein den Präferenzen des Autors, sondern auch dem Motiv, nach Möglichkeit ›Neuland‹ wenn nicht zu entdecken, so doch gesellschaftstheoretisch zu erschließen oder zumindest neu zu kartieren.

Das zentrale gemeinsame Ziel der vorliegenden Untersuchungen ist es mithin, einem gesellschaftstheoretisch angeleiteten Verständnis der *Pornographie der Gesellschaft* den Weg zu bahnen und einen Beitrag zu einer Theorie der modernen Sexualität zu leisten, die ohne eine Untersuchung des Pornographischen unvollständig wäre. Und mag auch die Analyse der Pornographie nicht die ›via regia‹ zur Sexualität der Gesellschaft sein, so ist sie doch ein Weg, den es sich zu gehen lohnt – wie weit er führt, müssen die folgenden Untersuchungen zeigen.

---

4   Obgleich die einzelnen Abhandlungen thematisch miteinander verwoben und durch Verweise verknüpft sind, bewahren sie doch ihre Eigenständigkeit, so dass sie unabhängig voneinander gelesen werden können.

5   So insbesondere in den Kapiteln *Der Traum der Pornographie* (S. 59-79) und *La femme machine* (S. 279ff.).

Der Traum der Pornographie

Die Pornographie träumt eine Vielzahl von Träumen und stellt eine Reihe von Wünschen als erfüllt dar. Sie zeigt ein sexuelles Schlaraffenland, in dem alles und vor allem alle Arten sexueller Befriedigung möglich sind. Die Welt der Pornographie schließt niemanden aus, alle Körper sind gleichermaßen verfügbar, für jedes Begehren werden Befriedigungsmöglichkeiten angeboten und realweltliche soziale Ungleichheiten spielen keine Rolle. Standes- und Klassengrenzen sind aufgehoben und in der Pornographie darf jeder Mensch sexuelles Wesen sein – vollständig und allumfassend. Der Pornographie wohnen mithin sozialutopische Komponenten ebenso inne wie ein Eskapismus, der sozialromantische Züge trägt. Die Pornographie erfüllt den Wunsch oder inszeniert zumindest die Illusion, dass ein jedes Begehren Zuspruch findet und jedes begehrte Objekt erreichbar ist.

Die Tatsache, dass in pornographischen Darstellungen offensichtlich Wünsche und Träume zum Ausdruck kommen, wirft jedoch die oftmals übersehene Frage auf, auf welche Weise Pornographie Träume als verwirklicht inszeniert. Nimmt man an, Pornographie und Traum seien insofern vergleichbar, als sie Wünsche als erfüllt darstellen, so lohnt ein Versuch, das Pornographische mit den Mitteln der Freud'schen Traumdeutung zu analysieren.

Wir beginnen mit einer Rekonstruktion der Mechanismen des zentralen Bausteins der Freud'schen Traumdeutung, der ›Traumarbeit‹, und zeigen, dass der manifeste Traum in Freuds Augen eine Kompromissbildung zwischen einem (unbewussten) Wunsch und einer zensierenden Instanz darstellt. Ganz ähnlich setzt Robert J. Stollers Perversionstheorie an, der wir uns im Anschluss zuwenden. Die perverse Handlung sei, so Stoller, eine Kompromissbildung, die es erlaube, früher erlittene Traumata in Triumphe zu verwandeln. Nach einem Exkurs über Verbindungspunkte zwischen Freuds und Stollers psychoanalytischen Konzeptionen mit den Cultural Studies, widmen wir uns anhand einer Reihe von Beispielen latenten Bedeutungsgehalten pornographischer Darstellungen und fragen nach Identifikationsmöglichkeiten, die pornographische Darstellungen anbieten, sowie nach alternativen Lesarten der zeitgenössischen Mainstream-Pornographie.

Alles in allem werden wir feststellen, dass die Pornographie bei weitem nicht so eindeutig ist, wie allgemein angenommen wird, sondern ähnlich wie der Traum Kompromissbildungen inszeniert.

PORNOGRAPHIE, TRAUM UND PERVERSION

Das ›goldene Dreieck‹ der Sexualität wird durch die Eckpunkte Traum, Perversion und Pornographie umrissen. Die Nähe von Traum, Neurose und Perversion gehört zum Kernbestand der Psychoanalyse, während das Verhältnis von Pornographie und Perversion paradigmatisch von Robert J. Stoller analysiert wurde. Pornographische Erzeugnisse ebenso wie ›die‹ Pornographie als ganze werden gerne mit kollektiven Phantasien in Verbindung gebracht. Die Verbindung von Phantasien und Träumen ist zwar offensichtlich; allerdings fällt auf, dass allzu oft nur Verbindungen auf inhaltlicher Ebene gezogen werden, während andere dem Traum eigentümliche Prozesse und Mechanismen keinen Eingang in den Vergleich finden. Zugestanden wird allenfalls, dass Traum wie Pornographie Wunscherfüllungen seien bzw. Wünsche als erfüllt darstellten. Dem Traum wird darüber hinaus zugutegehalten, er stelle eine Kompromissbildung zwischen Wunsch(erfüllung) und Abwehr(mechanismen) dar. Pornographie wird dagegen als ›platte‹ Wunscherfüllung ebenso ›platter‹ Wünsche angesehen.

Im Folgenden soll demgegenüber der Versuch unternommen werden, pornographische Erzeugnisse ›traumanalog‹ zu deuten. Den Ausgangspunkt bildet dabei die Überlegung, dass Traum und pornographische Darstellung mehr gemeinsam haben, als Wünsche als erfüllt darzustellen. Es wird versucht, die Freud'sche Traumdeutung auf die Pornographie der heutigen Zeit anzuwenden.

Pornographische Produkte sind Träumen natürlich insofern *nicht* vergleichbar, als sie nicht Individuen zuzuordnen sind; sie werden nicht von individuellen Menschen geträumt, sondern nach Marktgesichtspunkten produziert. Eine der wesentlichen Erfolgsbedingungen der Pornographie ist es jedoch, weitverbreitete sexuelle Phantasien in reales Geschehen bzw. massenmedial verbreitete Bilder zu übersetzen. Von daher sind pornographische Produkte zwar nicht direkt individuellen, wohl aber typischen Träumen vergleichbar. Wie ›typische‹ Träume, die für eine bestimmte Epoche und einen bestimmten Kulturkreis paradigmatischen Charakter haben, kann die Pornographie einer Gesellschaft in gewisser

Hinsicht als paradigmatisch für die Sexualität dieser Gesellschaft angesehen werden.[1]

Zunächst stechen jedoch die Unterschiede zwischen Traum und Pornographie ins Auge. Die zeitgenössische (Hardcore-)Pornographie zeigt buchstäblich alles und zwar in unverstellter Weise, während für Träume Uneindeutigkeit und Verworrenheit charakteristisch sind. Der manifeste Traum ist, so Freud, ein Produkt dessen, was die Traumarbeit aus den Traumgedanken macht. Die Traumarbeit verdankt sich in Freuds Vorstellung einer Zensurinstanz zwischen Vorbewusstem und Unbewusstem. Die Pornographie scheint hingegen eine solche Zensur nicht zu kennen, sondern sich vielmehr durch ein völliges Fehlen einer derartigen Einrichtung auszuzeichnen. Wollte man an der unbedingten sexuellen Ätiologie des Traums festhalten, so ließe sich sagen, dass sich Pornographie und Traum ähnlich zueinander verhielten wie Traumgedanke und Trauminhalt. Der Traumgedanke ist ebenso wie die pornographische Szene ›nackt‹, d.h. unverstellt. Sie entspräche der Darstellung eines Wunsches als erfüllt. Der Unterschied läge dann darin, dass im Falle des Traumes die Wunscherfüllung durch die Traumarbeit verzerrt und verdeckt, im Falle der Pornographie jedoch offen gezeigt wird. Es ist allerdings durchaus zweifelhaft, ob sich die Dinge so einfach verhalten.

Der offensichtliche Erfolg der Pornographie wurde oftmals mit vorherrschender Sexualunterdrückung in Zusammenhang gebracht, ja sogar aus ihr abgeleitet. Wenngleich diese Annahme für manche Epochen plausibel sein mag, so fragt sich doch, ob sie sich im Zeitalter der (medialen) ›Hypersexualisierung‹ noch aufrechterhalten lässt. Sexualität, insbesondere pornographische oder pornographienahe Sexualität wurde ans Licht gezerrt, der Sexualität zugleich jegliches Geheimnis entrissen, so dass fraglich ist, ob Sexualverdrängung überhaupt noch in einem hinreichenden Ausmaße stattfindet, um aus ihr den Erfolg der Pornographie erklären zu können. Ganz im Gegenteil spricht einiges für die Vermutung, dass die Nutzung pornographischer Produkte ähnlich wie die sexuelle Selbstbefriedigung ihren Charakter als Ersatzhandlung eingebüßt hat und sich zumindest partiell als eigenständige Sexualpraktik oder -variante etabliert hat. Auch wenn diese Frage hier nicht geklärt werden kann, so sind doch Zweifel hinsichtlich der Vermutung angebracht, Sexualverdrängung schaffe den Boden

---

1 So ist eine Pornographie, die Sexualität aus jeglichen anderen sozialen Zusammenhängen herauslöst, typisch für eine Gesellschaft mit ausdifferenziertem Sexualitätssystem (zum Sexualitätssystem der modernen Gesellschaft, vgl. Lewandowski 2004, sowie unten, wo wir Pornographie als eine Selbstbeschreibung der Sexualität der Gesellschaft, respektive des Sexualitätssystems deuten, S. 175ff.).

für Pornographie. Möglicherweise hat sich ja eine pornographische Lust entwickelt, die auf Sexualverdrängung gerade nicht (mehr) angewiesen ist...

Wenn, wie sich plausibel argumentieren lässt, die primär sexuelle Ätiologie der Träume ein Effekt der Sexualitätsformen bzw. -verdrängungen des ausgehenden 19. Jahrhunderts ist, so ist es ebenso plausibel, dass sich auch auf dem Gebiete der Pornographienutzung die Verhältnisse geändert haben. Zumindest hat sich Pornographie in einem erheblichen Maße normalisiert und ist Teil der zeitgenössischen Populärkultur geworden.[2]

›Pornographiearbeit‹? –
Zur Vergleichbarkeit von Traum und Pornographie

Wenn Träume Wünsche als erfüllt zur Darstellung bringen und wir Gleiches auch für pornographische Darstellungen annehmen, der manifeste Traum aber ein Produkt einer entstellenden Traumarbeit ist, so dass der Wunsch hinter dem Traum erst herausanalysiert werden muss, und wir geneigt sind, den Vergleich von Traum und Pornographie weiterzutreiben, so drängt sich die Frage auf, was in der Pornographie der Traumarbeit entspricht. Lässt sich also analog zur Traumarbeit von einer ›Pornographiearbeit‹ sprechen? Und, wenn ja: Was ist bzw. bewirkt diese?

Die Frage scheint zunächst absurd zu sein: Wenn Pornographie alles zeigt und nichts verbirgt, so ist ein Äquivalent zur Traumarbeit kaum notwendig. Die Frage nach der ›Pornographiearbeit‹ wird erst sinnvoll, wenn wir annehmen, dass Pornographie gerade nicht alles zeigt und in diesem ›nicht alles‹ eine ihrer wesentlichen Erfolgsbedingungen liegt. Genau dieser Hypothese werden wir im Weiteren folgen.

Die pornographische Szene wäre also analog zum manifesten Traum als Produkt einer Umarbeitung latenter Gedanken und Wünsche zu verstehen. In der Pornographie kämen ähnlich wie im Traum umgearbeitete, entstellte und verhüllte Gedanken, Phantasien und Wünsche zum Ausdruck. Dieser Analogie steht freilich die erschlagende visuelle Eindeutigkeit der zeitgenössischen Hardcore-Pornographie entgegen. Wo, so ist man zu fragen geneigt, lässt sich in der Por-

---

2 Dass sich auch der Zugang zu ihr vereinfacht hat, ist eine andere Sache, die nicht zuletzt auch technischen Neuerungen geschuldet ist. Wir kommen im Kapitel *Internetpornographie* darauf zurück.

nographie irgendein Effekt einer der Traumarbeit analogen Bearbeitung erkennen?[3]

Es ist wahr, dass die Pornographie alles zeigt, wenn gewünscht, auch en détail, aber zugleich ist zu fragen, ob dieses ›alles‹ auch wirklich alles ist. Bezweifelt werden muss, dass es tatsächlich bzw. ausschließlich der panoptische Aspekt ist, der die Faszination der Pornographie ausmacht.[4] Das Interesse an pornographischen Produkten speist sich, so ist zu vermuten, wesentlich aus anderen Quellen als der totalen Sichtbarkeit und ihre Faszination rührt anderswo her. Diese Quellen können keine anderen sein als bewusste und unbewusste Phantasien, die die Pornographie zu bedienen bemüht ist. Allerdings, so unsere These, stellt die Pornographie diese Phantasien ebenso wenig direkt und eindeutig dar, wie der manifeste Traum die latenten Traumgedanken. So wäre auch zwischen den latenten Gedanken der Pornographie im Unterschied zu ihrem manifesten Inhalt zu fragen. Was, so die zentrale Frage, verbirgt sich hinter der Offensichtlichkeit pornographischer Darstellungen?

Zunächst ›funktioniert‹ Pornographie nur in Interaktion mit der Phantasie ihrer Nutzer. Einen entscheidenden Wink für die Analyse pornographischer Produkte gibt dabei die Vermutung, dass es sich bei diesen Phantasien nicht ausschließlich um bewusste Phantasien handelt und die Ansprechbarkeit auf Pornographie also auch aus unbewussten Phantasien resultiert.

Der manifeste Inhalt pornographischer Inszenierungen verhält sich, so unsere Annahme, zu den latenten Phantasien der Konsumenten ähnlich wie der manifeste Traum zu den latenten Traumgedanken. Und ähnlich wie im Falle des Traums kann vermutet werden, dass die manifeste Darstellung die latenten Phantasien nicht unverzerrt, unverändert und unverhüllt darstellt. Postuliert wird also eine der Traumarbeit analoge Pornographiearbeit, die die latenten Phantasien und unbewussten Wünsche der Nutzer so in manifeste pornographische Darstellungen umarbeitet, dass die psychische Abwehr der jeweiligen Nutzer umgangen wird.

---

3   Man darf jedoch andererseits vermuten, dass sich ebenso viele von der Eindeutigkeit der Pornographie täuschen lassen, wie sich durch die Verworrenheit der manifesten Träume in die Irre führen ließen.

4   Der Vergleich der modernen pornographischen Darstellungsweisen mit dem Bentham'schen Panopticon, wie es Foucault (1975) analysiert, ist ebenso naheliegend wie aufschlussreich: In beiden Fällen geht es um Betrachter, die sehen, aber nicht gesehen werden. Der Pornographienutzer wird von denjenigen nicht gesehen, die die Szenen, die er sieht, für ihn inszenieren. In diesem Sinne geht es durchaus um Sehen und *nicht* gesehen werden, also um Voyeurismus. Den panoptischen Aspekt der modernen Pornographie greifen wir weiter unten nochmals auf, vgl. S. 294ff.

Die Schwierigkeit eines solches Vergleichs liegt freilich darin, dass im Gegensatz zur Traumbildung die Produktion von Pornographie nicht von derselben Person geleistet wird, deren latente Phantasien zur Darstellung gelangen. Während die latenten Traumgedanken und den manifesten Traum ein und dieselbe Person hat, sind im Falle der Pornographie latente Phantasien und die Produktion der manifesten pornographischen Darstellung getrennt. Zwar lässt sich eine solche Trennung auch für die Traumbildung annehmen – etwa wenn man latente Traumgedanken und manifeste Träume unterschiedlichen psychischen (Sub-)Systemen zurechnet –, gleichwohl bleibt die Differenz offensichtlich, allein schon weil Träume individuell, pornographische Produkte aber für einen Massenmarkt geschaffen werden. Andererseits kann Pornographie aber durchaus als ein Medium zur Darstellung latenter und weniger latenter, unbewusster und bewusster Wünsche und Phantasien angesehen werden.[5]

Der pornographische Voyeurismus und die Urszene

Jenseits der Frage, zu welcher Art von Identifikationsprozessen pornographische Darstellungen einladen, ist Voyeurismus die augenfälligste pornographische Phantasie und die konstitutive pornographische Praktik: Jegliche visuelle pornographische Szene ist per definitionem voyeuristisch angelegt. Gerade das manifest gegebene voyeuristische Element birgt jedoch auch latente Identifikationsmöglichkeiten. Sexueller Voyeurismus bedeutet zunächst nichts anderes, als anderen Leuten bei sexuellen Handlungen zuzusehen. Die erogene Zone des Voyeurismus ist das Auge, dessen Blick sich den sexuellen Handlungen anderer Menschen zuwendet. Insofern bedient die Pornographie – auf manifester Ebene – das Interesse am Sex anderer Menschen.[6] Bereits hinter diesem Interesse verbirgt sich jedoch ein latenter Zug. Entschlüsselt man das Interesse am Sex anderer Leute auf psychoanalytische Weise, so gemahnt die pornographische Phantasie an die ›Urszene‹ – sei diese nun tatsächlich erlebt oder nur phantasiert.[7] Das

---

5 Es ließe sich jedoch auch andersherum argumentieren und darauf verweisen, dass individuelle Phantasien ein Medium seien, in das sich pornographische Inhalte und Skripte einschrieben.

6 Der Erfolg der privaten ›Amateurpornographie‹ basiert nicht unwesentlich auf dem Interesse daran, wie wohl andere Leute ›es tun‹. Eingehende Analysen zum Phänomen der ›Amateurpornographie‹ finden sich im Kapitel über *Internetpornographie*, insbes. S. 117ff. und S. 125ff.

7 In der Freud'schen Psychoanalyse bezeichnet die Urszene die »Szene der sexuellen Beziehung zwischen den Eltern, die beobachtet oder aufgrund bestimmter Anzeichen

Interesse am Sex anderer Leute speist sich wohl nicht nur aus Wünschen nach einer anderen Sexualität oder der Sexualität mit anderen Personen und wohl auch nicht ausschließlich aus dem einfachen Reiz des Zuschauens, sondern aus einer Art Übertragung. Ersetzt man die ›anderen‹ Leute durch bestimmte Leute, etwa durch die eigenen Eltern, so stellt sich die Lust am (Zu-)Sehen als zumindest zweifach determiniert dar. Hinter dem in der Pornographienutzung manifest werdenden Voyeurismus verbirgt sich eine infantile voyeuristische Phantasie und die dazu passende Identifikation ist die des Betrachters mit dem Kind.

Folgt man diesem Gedankengang, so stellt sich die pornographische Konstellation als ödipal dar. Es liegt ihr nicht nur der Wunsch des Betrachters zugrunde, andere bzw. die eigenen Eltern beim Sex zu beobachten, sondern auch der Wunsch, an die Stelle eines Elternteils zu treten. So fußt die Pornographie denn auch auf einem spezifischen Willen zum Wissen. Ein unbewusster Wunsch, den die Pornographie als erfüllt nicht manifest darstellt, aber erleben lässt[8], ist die Beobachtung der elterlichen Sexualität und insofern erlauben pornographische Darstellungen auch ein Stück infantile Regression. Verdeckt bzw. verschoben wird dieser regressive Aspekt allerdings durch die Latenz der ödipalen Konstellation in der pornographischen Darstellung.

Pornographische Darstellungen lenken den Blick und das Begehren auf ein Sexualobjekt, das in der pornographischen Szene vorzugsweise von einer anderen Person penetriert wird. Zur Identifikation mit dieser Person wird der Betrachter eingeladen. Vermuten lässt sich hinter einer solchen Einladung nicht nur

---

vom Kind vermutet und phantasiert wird. Es deutet sie im allgemeinen als einen Akt der Gewalt von seiten des Vaters.« (Laplanche/Pontalis 1967: 576). Insbesondere die (Miss-)Deutung der Urszene als gewalttätige Handlung ist für die Analyse der Pornographie bedeutsam. Indem sie Sexualität oftmals als mehr oder minder latent gewaltsame Unterwerfungspraktik inszeniert, bestätigt die pornographische Darstellung die infantile Fehldeutung der Urszene nachträglich als richtig. In die pornographische Inszenierung wird gewissermaßen jene Gewalttätigkeit übernommen, die das Kind in die Urszene hineininterpretiert. Re-inszeniert wird also nicht nur die Urszene selbst, sondern auch ihre kindliche (Fehl-)Deutung. So fällt auch auf, dass sich, ähnlich wie das Kind, die Hardcore-Pornographie den sexuellen Akt oftmals als Unterwerfung vorstellt. Eine Traumatisierung durch die reale oder phantasierte Urszene mag aus psychoanalytischer Perspektive auch einen Schlüssel für den wiederholten oder habituellen Konsum von Pornographie bieten, wenn man ihn als einen Versuch deutet, das Trauma durch Wiederholung zu bearbeiten oder ihm zumindest zeitweise den Stachel zu nehmen (vgl. die strukturell ähnliche Argumentation in Stollers Analysen (1975)).

8 Es fällt zudem auf, dass die (zeitgenössische) Pornographie ebenso wie der Traum im Wesentlichen von Visualität beherrscht werden.

der Reiz des ›Interpassiven‹[9], sondern auch ein Übertragungsphänomen. Es wird, wie gesagt, auch die ödipale Konstellation latent gehalten. Liegt der Pornographie tatsächlich eine latente ödipale Konstellation zugrunde, so erklärt sich auch, warum Pornographie vor allem Männer anzusprechen scheint.

Der in der Pornographie bzw. in der Nutzung von Pornographie realisierte Wunsch, anderen Menschen bei sexuellen Handlungen zuzusehen, ist zweifach determiniert: Zum einen handelt es sich um einen bewussten Wunsch, zum anderen aber um die Umformung eines unbewussten infantilen Wunsches, nämlich den, die elterliche Sexualität zu beobachten. Pornographiegebrauch lässt sich somit als (unbewusste) Wiederholung der Urszene bzw. Urphantasie deuten.[10] Und ist nicht auch der männliche Darsteller in der Pornographie mit Vaterzügen ausgestattet – zumindest hinsichtlich Dominanz und nie versiegender Potenz?[11]

Eine latente Bedeutung des Betrachtens pornographischer Produkte wäre also die Reproduktion der ödipal strukturierten Urszene. Ein Effekt der ›Pornographiearbeit‹ läge mithin im Ersetzen der phantasmatischen Urszene durch manifeste pornographische Inhalte und zwar auf eine Weise, die infantile Wünsche miterfüllt, ohne allerdings an entsprechenden Ängsten zu rühren. Die psychische Energie entsprechender Ängste würde so als Beitrag zur pornographischen Lust verwertbar.

Die Lust an der Pornographie kann insofern als eine perverse Lust beschrieben werden als sie, ähnlich wie andere perverse Sexualformen, über zusätzliche Energiezuflüsse verfügt und so einen Lustgewinn ermöglicht, der über die Lust an ›normaler‹ Sexualität hinauszugehen scheint.[12]

Ein Vergleich von Pornographiegebrauch und Perversion bietet sich auch insofern an, als beiden Elemente normaler Sexualität innewohnen. Die im Pornographiegebrauch zum Ausdruck kommende Schaulust stellt ebenso wie andere perverse Sexualformen ein Element der normalen Sexualität dar, die sich als aus

---

9 Interpassivität – als Gegenbegriff zur Interaktivität – beschreibt das Genießen von Handlungen *Anderer*, die diese gleichsam stellvertretend für den genießenden Beobachter ausführen.

10 Möglicherweise sind gerade diejenigen Personen besonders für einen exzessiven Gebrauch pornographischer Materialen anfällig, deren infantile Phantasie entweder besonders rege war oder sich aber an die Urszene fixierte. Hier ergeben sich nicht zuletzt psychotherapeutische Ansatzpunkte.

11 Zur latenten Ödipalität passt auch, dass der Betrachter nicht weiß, dass er sich (in seiner Phantasie) an die Stelle des Vaters wünscht, um die Mutter zu besitzen.

12 Im Falle sexueller Perversionen sei der Orgasmus, so Stoller (1975: 142), »nicht nur eine Entladung oder Ejakulation, sondern ein glücklicher, megalomaner Befreiungsversuch aus der Angst«.

perversen Akten zusammengesetzt vorstellen lässt (vgl. Freud 1905). Versteht man mit Freud (1905) Perversionen als Fixierung an infantile sexuelle Entwicklungsstufen, so ließe sich Pornographiegebrauch als eine Fixierung an die Urszene bzw. an Phantasien deuten, die um die Urszene kreisen.[13]

PSYCHOANALYTISCHE KONZEPTE

In den folgenden Abschnitten behandeln wir zwei psychoanalytische Theorien, in deren Mittelpunkt jeweils Konzepte der Kompromissbildung stehen, auf die wir im weiteren Verlauf des Kapitels aufbauen werden: Zunächst werden einige Grundzüge der Traumdeutung Sigmund Freuds (1900) und sodann der Perversionstheorie Robert J. Stollers (1975) skizziert.[14]

Die Freud'sche Traumdeutung

Träume als Wunscherfüllungen

Die zentrale Prämisse von Sigmund Freuds Traumdeutung ist die Annahme, dass jeder Traum eine Wunscherfüllung sei (vgl. Freud 1900: 127ff. und passim). Allerdings kämen Wünsche im Traum nicht in unverstellter Weise zur Darstellung. Man gehe also in die Irre, wenn man die Hypothese der Wunscherfüllung im Traum lediglich am manifesten Trauminhalt überprüfen wolle: »Man wolle bloß beachten«, schreibt Freud (1900: 140), »daß unsere Lehre nicht auf der Würdigung des manifesten Trauminhalts beruht, sondern sich auf den Gedankeninhalt bezieht, welcher durch die Deutungsarbeit hinter dem Traume erkannt wird«. Auf diesem Wege gelangt Freud zu einer Unterscheidung von manifestem Traum(inhalt) und latenten Traumgedanken. Die gesamte Traumdeutung, vor allem aber der Teil, der für unseren Kontext von Interesse ist, widmet sich anschließend dem Zusammenhang beider. Freuds Frage zielt also darauf ab, herauszufinden, wie latente Traumgedanken – die zu erfüllenden Wünsche – ihren Weg in den manifesten Trauminhalt finden und warum sie sich in diesem nicht

---

13 Zu beachten ist freilich, dass nicht jede Ausübung perverser Sexualakte als manifeste Perversion im klinischen Sinne zu verstehen ist (das tut im Übrigen auch Freud (1905) nicht). Inwieweit Pornographiegebrauch darüber hinaus autoerotische Fixierungen vermuten lässt, wäre eine anschließende Frage.

14 In beiden Fällen wird auf eine vollständige Rekonstruktion der jeweiligen Theorie zugunsten jener Aspekte verzichtet, die für den weiteren Verlauf der vorliegenden Studie von Bedeutung sind.

klar und deutlich ausgedrückt findet. Es geht Freud, mit anderen Worten, um die Erklärung der ›Traumentstellung‹.

Die ›Traumentstellung‹ führt Freud auf einen Konflikt zwischen einem Wunsch und einer Abwehr zurück, die der (unverstellten) Erfüllung dieses Wunsches entgegen steht. »Wo die Wunscherfüllung unkenntlich, verkleidet ist, da müßte eine Tendenz zur Abwehr gegen diesen Wunsch vorhanden sein, und infolge dieser Abwehr könnte der Wunsch sich nicht anders als entstellt zum Ausdruck bringen.« (Freud 1900: 147) Freud folgert, dass die Traumgestaltung auf zwei miteinander im Widerstreit liegende psychische Systeme bzw. »Mächte« zurückzuführen sei, »von denen die eine den durch den Traum zum Ausdruck gebrachten Wunsch bildet, während die andere eine Zensur an diesem Traumwunsch übt und durch die Zensur eine Entstellung seiner Äußerung erzwingt« (Freud 1900: 149). Die Instanz, die die Zensur ausübt, kontrolliere den Zugang zum Bewusstsein. Anders gesagt könne nichts ins Bewusstsein gelangen, was diese Zensur nicht zu passieren in der Lage sei. Um aber die Zensur passieren zu können, müsse sich der Traumgedanke, also der Wunsch, verkleiden bzw. werde durch die Zensur entstellt. »Die Traumentstellung erweist sich [...] als ein Akt der Zensur«, so dass die Ausgangsthese der Wunscherfüllung zu modifizieren ist: »*Der Traum ist die (verkleidete) Erfüllung eines (unterdrückten, verdrängten) Wunsches.*« (Freud 1900: 166, Herv. im Original) Man greift, um es nochmals zu wiederholen, also zu kurz, wenn man den erfüllten Wunsch (allein) im manifesten Trauminhalt sucht.

Die ›Traumarbeit‹

Den Prozess, der aus den latenten Traumgedanken den manifesten Trauminhalt erschafft, nennt Freud ›Traumarbeit‹. Dieser gilt im Folgenden Freuds und unsere Aufmerksamkeit. Die Traumarbeit übersetzt gewissermaßen die Traumgedanken in die ›Sprache‹ des manifesten Traums und die psychoanalytische Deutungsarbeit besteht darin, den manifesten Traum in die Traumgedanken zurück zu übersetzen. Für uns kommt es freilich nicht auf diese Rückübersetzungen an, die ja die Einfälle und Assoziationen eines konkreten Träumers voraussetzen, sondern auf Freuds Denk- bzw. Analysemodell.

Die Traumarbeit im Sinne Freuds besteht im Wesentlichen aus vier Prozessen: Verdichtung, Verschiebung, Rücksicht auf die Darstellbarkeit und sekundäre Bearbeitung.[15] Die Annahme, dass die Traumarbeit eine Verdichtungsleistung vollbringt, ergibt sich aus dem Kontrast zwischen der Knappheit des manifesten Trauminhalts und der Reichhaltigkeit der Traumgedanken, die die Analyse frei-

---

15 Im Einzelnen: Freud 1900: 284ff., 310ff., 344ff., respektive 492ff., zusammenfassend: Freud 1900: 510ff., vgl. auch Laplanche/Pontalis 1967: 519f.

legen kann (vgl. Freud 1900: 284). Den wesentlichen Effekt der Verdichtungsarbeit erblickt Freud darin, dass sich die Elemente des manifesten Traums meist als mehrfach determiniert erweisen: »Von einem Element des Traums führt der Assoziationsweg zu mehreren Traumgedanken, von einem Traumgedanken zu mehreren Traumelementen.« (Freud 1900: 290) Freud zieht daraus den Schluss, »daß die Traumelemente aus der ganzen Masse der Traumgedanken gebildet werden, und daß jedes von ihnen in bezug auf die Traumgedanken mehrfach determiniert erscheint« (ebd.). Ein klassisches Beispiel der Effekte der Verdichtungsarbeit sind etwa im Traum auftretende ›Mischpersonen‹, die Eigenschaften verschiedener realer Personen aufweisen oder auch merkwürdige Wortbildungen, in die mehrere Worte einfließen.

Neben die Verdichtung tritt eine »*Übertragung und Verschiebung der psychischen Intensitäten der einzelnen Elemente*« des Traums (Freud 1900: 313, Herv. im Original), die dazu führt, dass der Traum »gleichsam *anders zentriert,* sein Inhalt um andere Elemente als Mittelpunkt geordnet [ist] als die Traumgedanken« (Freud 1900: 310, Herv. im Original). Was im manifesten Traum besonders hervorgehoben sei, könne in den Traumgedanken eher unwichtig sein und vice versa. »Der Erfolg dieser Verschiebung ist, daß der Trauminhalt dem Kern der Traumgedanken nicht mehr gleich sieht, daß der Traum nur eine Entstellung des Traumwunsches im Unbewußten wiedergibt« (Freud 1900: 313). Wie die Verdichtung ist auch die Verschiebung ein Effekt der Zensur, also einer psychischen Abwehr: »*Traumverschiebung* und *Traumverdichtung* sind«, so Freud (1900: 313, Herv. im Original), »die beiden Werkmeister, deren Tätigkeit wir die Gestaltung des Traumes hauptsächlich zuschreiben dürfen«. Beide stehen im Dienste der Zensur, ermöglichen es aber andererseits, dass latente Wünsche in den manifesten Traum Eingang finden können. All jene Elemente, die in den Traum gelangen, müssen, so Freud (1900: 314, Herv. im Original), der Bedingung genügen, »*dass sie der Zensur des Widerstandes entzogen*« sind.

Neben Verdichtung und Verschiebung tritt das Problem der beschränkten Darstellungsmittel des Traums: Der Traum ›krankt‹ daran, weder Kausalbeziehungen noch Gegensätze oder Widersprüche darstellen zu können, und ist insofern gezwungen, logische Relationen durch andere, vor allem bildliche Mittel darzustellen, beispielsweise durch Identifizierungen, Mischbildungen, chronologische Reihungen oder Umkehrungen usw. (vgl. Freud 1900: 315ff.). Wir brauchen uns mit dieser Problematik nicht eingehend zu befassen, da wir es mit massenmedialen Produkten und nicht mit Träumen im eigentlichen Sinne zu tun haben, was allerdings das Vorkommen von Mischbildungen nicht ausschließt.[16]

---

16 Etwa wenn Pornodarstellerinnen sowohl mütterliche als auch prostitutive Züge aufweisen.

Eine Bemerkung Freuds zu psychischen Intensitäten des Traums verdient es jedoch, hervorgehoben zu werden. Freud schreibt: »Die Intensität der Elemente hier [des Traums – S.L.] hat mit der Intensität der Elemente dort [des Traummaterials – S.L.] nichts zu schaffen; es findet zwischen Traummaterial und Traum tatsächlich eine völlige ›*Umwertung aller psychischen Werte*‹ statt. Gerade in einem flüchtig hingehauchten, durch kräftigere Bilder verdeckten Element des Traums kann man oft einzig und allein einen direkten Abkömmling dessen entdecken, was in den Traumgedanken übermäßig dominierte« (Freud 1900: 335, Herv. im Original). Diese Beobachtung sollte uns warnen, das Offensichtlichste und Intensivste des manifesten Inhaltes pornographischer Darstellungen mit dem Kern seiner latenten Bedeutungen gleichzusetzen.

Als dritten Mechanismus der Traumbildung behandelt Freud die Rücksicht auf die Darstellbarkeit (vgl. Freud 1900: 344ff.). Das ›Problem‹ des Traums besteht, knapp gesagt, darin, dass er sich primär visueller Darstellungsmittel bedient und so gezwungen ist, die Traumgedanken in Bilder zu übersetzen. Hierzu kann sich der Traum u.a. einer Vielzahl allgemein geläufiger kultureller Symbole bedienen. Die Methode der symbolischen Darstellung ist jedoch nicht allein dem Traum eigentümlich, so dass wir sie an dieser Stelle übergehen dürfen.[17]

Der vierte Mechanismus der Traumbildung, den Freud (1900: 492ff.) »sekundäre Bearbeitung« nennt, ist eine Art Rationalisierung, in deren Folge »der Traum den Anschein der Absurdität und Zusammenhangslosigkeit verliert und sich dem Vorbilde eines verständlichen Erlebnisses annähert« (Freud 1900: 494). Die sekundäre Bearbeitung sucht aus den chaotischen und oftmals unzusammenhängenden Eindrücken und Bildern des Traums ein kohärentes Ganzes zu schaffen. Sie suche »aus dem [ihr] dargebotenen Material *etwas wie einen Tagtraum* zu gestalten. Wo aber«, fährt Freud (1900: 496, Herv. im Original) fort, »ein solcher Tagtraum bereits im Zusammenhange der Traumgedanken gebildet ist, da wird dieser Faktor der Traumarbeit sich seiner mit Vorliebe bemächtigen und dahin wirken, daß er in den Trauminhalt gelange«. Die Traumbildung bedient sich, mit anderen Worten, an Tagträumen in ähnlicher Weise wie an anderem bereits vorhandenem Material; allerdings kann sie auf bereits vorgebildete bewusste wie unbewusste (Tages-)Phantasien zurückgreifen und sie quasi in den Traum ›integrieren‹: »die Traumarbeit [bedient] sich gerne einer fertig vorgefundenen Phantasie […], anstatt eine solche erst aus dem Material der Traumgedanken zusammenzusetzen« (Freud 1900: 499).

Die ›Aufgabe‹ der sekundären Bearbeitung besteht in der Strukturierung und Ordnung des Traums, so dass er als verständlich und sinnvoll erscheint. Aller-

---

17 Bedeutsam ist jedoch Freuds Warnung, die Traumdeutung nicht auf eine Entschlüsselung von Symbolen zu reduzieren (Freud 1900: 365).

dings betont Freud (1900: 503) zum einen, dass die sekundäre Bearbeitung der am wenigsten bedeutsame der vier behandelten Mechanismen der Traumarbeit sei[18], und zum anderen, dass jene Verständlichkeit und Kohärenz, die die sekundäre Bearbeitung erzeugt, nicht die latenten Traumgedanken betrifft. Die sekundäre Bearbeitung ist zwar in einer gewissen Hinsicht eine Interpretation des Traumes, aber eben keine Traumdeutung im Sinne der Psychoanalyse.

Die Traumbildung, so fasst Freud seine Argumentation zusammen, besteht also aus zwei Prozessen: der »Herstellung der Traumgedanken und [der] Umwandlung derselben zum Trauminhalt«. Freud unterstreicht dabei, dass »die Traumgedanken […] völlig korrekt und mit allem psychischen Aufwand, dessen wir fähig sind, gebildet [sind]; sie gehören unsrem nicht bewußt gewordenen Denken an, aus dem durch eine gewisse Umsetzung auch die bewußten Gedanken hervorgehen« (Freud 1900: 510). Das Wesentliche am Traum sind also nicht die Traumgedanken, sondern die Traumarbeit: »sie allein ist das Wesentliche am Traum, die Erklärung seiner Besonderheit« (Freud 1900: 511, Fn.).

Die Traumarbeit sei qualitativ vom wachen Denken unterschieden und ihm zunächst unvergleichbar: »Sie denkt, rechnet, urteilt überhaupt nicht, sondern beschränkt sich darauf umzuformen. Sie läßt sich erschöpfend beschreiben, wenn man die Bedingungen ins Auge faßt, denen ihr Erzeugnis zu genügen hat. Dieses Produkt, der Traum, soll vor allem der Zensur entzogen werden und zu diesem Zwecke bedient sich die Traumarbeit der *Verschiebung der psychischen Intensitäten* bis zur Umwertung aller psychischen Werte; es sollen Gedanken ausschließlich oder vorwiegend in dem Material visueller und akustischer Erinnerungsspuren wiedergegeben werden, und aus dieser Anforderung erwächst für die Traumarbeit die *Rücksicht auf die Darstellbarkeit*, der sie durch neue Verschiebungen entspricht. Es sollen (wahrscheinlich) größere Intensitäten hergestellt werden, als in den Traumgedanken nächtlich zur Verfügung stehen, und zu diesem Zwecke dient die ausgiebige *Verdichtung*, die mit den Bestandteilen der Traumgedanken vorgenommen wird. Auf die logischen Relationen des Gedankenmaterials entfällt wenig Rücksicht; sie finden schließlich in formalen Eigentümlichkeiten der Träume eine versteckte Darstellung« (Freud 1900: 511; Herv. im Original). Freud beschreibt die Traumbildung mithin von ihrem Zweck her und die Traumarbeit dient, knapp gesagt, dazu, die Traumgedanken an der Zensur vorbeizuschmuggeln, um so einen Weg zu finden, unbewusste Wünsche

---

18 In einer Vielzahl von Fällen scheint die sekundäre Bearbeitung weitgehend erfolglos geblieben zu sein – der Traum bleibt verworren und undeutlich: »Klar erscheinen uns jene Traumpartien, an denen die sekundäre Bearbeitung etwas ausrichten konnte, verworren, wo die Kraft dieser Leistung versagt hat.« (Freud 1900: 505)

dennoch, wenn auch in entstellter Form, zu erfüllen. Der manifeste Traum ist, mit anderen Worten, eine Kompromissbildung.[19]

In *Neue Folge der Vorlesungen zur Einführung in die Psychoanalyse* formuliert Freud den Gedanken, dass der manifeste Traum eine Kompromissbildung darstelle, nochmals in besonders prägnanter Form: »Am häufigsten und für die Traumbildung am meisten charakteristisch sind die Fälle, in denen der Konflikt [zwischen zwei psychischen Strebungen – S.L.] in ein[en] Kompromiß ausgegangen ist, so daß die mitteilsame Instanz zwar sagen konnte, was sie wollte, aber nicht so, wie sie es wollte, sondern nur gemildert, entstellt und unkenntlich gemacht« (Freud 1933: 15).

Freuds Konzept der psychischen Kompromissbildungen und die Analyse des Pornographischen

Sein Konzept der psychischen Kompromissbildungen entfaltet Freud nicht nur in der Traumdeutung, sondern auch anhand der Analyse neurotischer Symptome. Allerdings liegen seiner Ansicht nach der Traumbildung wie der Bildung neurotischer Symptome die gleichen Mechanismen zugrunde: Wie der manifeste Traum, so entstehe auch das neurotische Symptom aus einem Konflikt zwischen unbewusstem Wunsch und einer zensierenden Instanz und stelle insofern einen Kompromiss dar.[20] »Das Symptom stellt wie der Traum etwas als erfüllt dar, eine Befriedigung nach Art der infantilen, aber durch äußerste Verdichtung kann diese Befriedigung in eine einzige Sensation oder Innervation gedrängt, durch extreme Verschiebung auf eine kleine Einzelheit des ganzen libidinösen Komplexes eingeschränkt sein.« (Freud 1917: 381) Den Gedanken der extremen Verdichtung greift Stoller (1979) mit seinem Konzept der ›microdots‹ auf. Bevor wir uns jedoch den Theorien Stollers widmen, lassen wir nochmals die Freud'schen Thesen Revue passieren, indem wir ihre Anwendbarkeit auf unser Thema skizzieren.

---

19 Wir brauchen uns an dieser Stelle nicht eingehend mit Freuds Konzeption des seelischen Apparats befassen. Für unsere Zwecke ist es ausreichend, dass es sich beim Traum um eine Kompromissbildung zwischen unbewussten Wünschen und einer psychischen Zensurinstanz handelt.

20 Die bei der Bildung neurotischer Symptome wirksamen Mechanismen sind die nämlichen, »die die latenten Traumgedanken in den manifesten Traum verwandelt haben« (Freud 1933: 18). Das Konzept der Kompromissbildung zwischen verdrängten und verdrängenden Vorstellungen finde, so schreiben Laplanche und Pontalis (1967: 256), in Freuds Werk »sehr rasch Anwendung auf alle Symptome, auf den Traum, auf die Gesamtheit der Produktionen des Unbewußten«.

Träume, so Freuds zentrale Hypothese, sind Wunscherfüllungen bzw. stellen (unbewusste) Wünsche als erfüllt dar. Die direkte Erfüllung des dem Traum zugrunde liegenden Wunsches wird jedoch durch eine zensierende Instanz blokkiert und zur Überwindung dieser Instanz müssen die latenten Traumgedanken so umgearbeitet bzw. entstellt werden, dass sie in den manifesten Traum Eingang finden können. Die Mechanismen bzw. Prozesse, die diese Entstellung zustande bringen, nennt Freud die ›Traumarbeit‹. Der manifeste Traum entpuppt sich als das Ergebnis dieser Traumarbeit und die Traumdeutung besteht darin, die Traumarbeit so weit als möglich rückgängig zu machen, um die Traumgedanken freizulegen. Die Traumarbeit bediene sich, so Freud, zwei zentraler Mechanismen: der Verdichtung und der Verschiebung psychischer Energien. Im Endergebnis stelle der manifeste Trauminhalt eine Kompromissbildung zwischen den unbewussten Wünschen bzw. den Traumgedanken und der Absicht, den Schlaf zu erhalten, dar. Um letztere Funktion zu gewährleisten, dürfe »nichts, was ihn stören würde, zum Bewußtsein dringen« (Freud 1917: 374, vgl. auch: Freud 1900: 585).

Überträgt man diesen Gedanken auf die Analyse des Pornographischen, so kann man als bewusste Absicht den Wunsch annehmen, sich sexuell erregen zu lassen.[21] Und wie der Traum alles vermeiden muss, was den Schlaf stören könnte, so müssen pornographische Darstellungen alles vermeiden, was die sexuelle Erregung des Betrachters (zer-)stören könnte. Sie müssen die Phantasie des Betrachters anregen können, aber nur so, dass er in seiner Phantasietätigkeit zwar unterstützt, aber nicht irritiert oder gar gestört wird. Sie dürfen also nichts enthalten bzw. nichts in solcher Deutlichkeit enthalten, dass es nicht ignoriert werden kann, was den Betrachter abstoßen, irritieren, Angst oder Ekel bei ihm auslösen könnte.

Der Realisierung einer pornographischen Kompromissbildung bzw. einer Kompromissbildung in Interaktion mit pornographischem Material kommen die

---

21 »*Der Wunsch zu schlafen, auf den sich das bewußte Ich eingestellt hat und der nebst der Traumzensur und der* [...] ›*sekundären Bearbeitung*‹ *dessen Beitrag zum Träumen darstellt, muß so als Motiv der Traumbildung jedes Mal eingerechnet werden, und jeder gelungene Traum ist eine Erfüllung desselben.*« (Freud 1900: 240; Herv. im Original) Ersetzt man in diesem Zitat aus Freuds Traumdeutung den Wunsch zu schlafen durch den Wunsch, sich sexuell erregen zu lassen, sowie den Traum durch die Interaktion mit pornographischem Material, so wird nicht nur die Analogie von Traum und Pornographie deutlich, sondern auch die Bedeutung des *bewussten* Wunsches, sich in eine andere Welt zu begeben und sich, in unserem Falle, sexuell erregen zu lassen. Der Unterschied liegt freilich darin, dass der Traum ein Nebeneffekt des Wunsches zu schlafen ist, Pornographiekonsum jedoch sexuelle Erregung bezweckt.

Bereitschaft, sich sexuell erregen zu lassen, und die tatsächlich realisierte sexuelle Erregung entgegen. Ähnlich wie der Schlaf bringt sexuelle Erregung eine Verminderung der psychischen Zensur – sei es durch das Ich oder das Über-Ich – zustande. Im Zustand sexueller Erregung werden Vorstellungen, Handlungen und Phantasien psychisch akzeptabel oder doch zumindest tolerierbar, die unter anderen Umständen als eklig, verabscheuenswürdig, unmoralisch, unerträglich oder als pervers empfunden würden. Die sexuelle Erregung ermöglicht – gleich wie sie zustande kommt – ähnlich wie der Schlaf eine Herabsetzung der Wirksamkeit zensierender psychischer Instanzen und erlaubt dadurch ein Zulassen von Begehrensformen, sexuellen Praktiken und Phantasien, die zwar noch immer Kompromissbildungen darstellen, aber wesentlich stärker an Unbewusstes und Verdrängtes rühren, als es der Vorstellungswelt des Bewusstseins möglich ist. Traum wie sexuelle Erregung bieten ein ›Einfallstor‹ für Unbewusstes respektive Verdrängtes, indem sie die psychische Zensur abmildern.

Das Betrachten von Pornographie wird, so unsere These, dadurch erträglich, dass der Betrachter sexuell erregt ist bzw. sexuell erregt wird. Ohne sexuelle Erregung wird Pornographie wenn nicht abstoßend, so doch langweilig und reizlos. Umgekehrt schläfert sexuelle Erregung zensierende Instanzen ein und ermöglicht so ein Eintauchen in ›Pornotopia‹. Erlischt die sexuelle Erregung aber oder wird sie befriedigt, so wird ›Pornotopia‹ schnell wieder verlassen und mitunter als abstoßend erlebt. Ähnliches scheint für sexuelle Perversionen zu gelten, denen wir uns nun ebenfalls unter dem Aspekt der Kompromissbildung zuwenden.[22]

Robert J. Stoller über Pornographie, Perversion und (Tag-)Traum

Der amerikanische Psychoanalytiker Robert J. Stoller (1975) interpretiert sexuelle Perversionen als erotische bzw. erotisierte Form von Hass und unterwirft Pornographie, die er als »komplizierte[n] Tagtraum« (Stoller 1975: 93) versteht,

---

22 Für unseren Kontext ist das Konzept der Kompromissbildung noch in zwei anderen Hinsichten von Bedeutungen: Pornographische Darstellungen lassen sich sowohl als Kompromissbildungen als auch als Ausgangsmaterial für (psychische) Kompromissbildungen, also analog zum Traummaterial, analysieren. Das heißt aber auch, dass sie so weit verweisungsoffen, also polysem, sein müssen, dass unterschiedliche Personen Unterschiedliches aus dem ihnen angebotenen Material machen können. Von dieser Überlegung aus ergeben sich sowohl Anschlüsse an die Cultural Studies als auch an systemtheoretische Kommunikationsmodelle.

dem nämlichen Analyseraster. Den Hass, der in Pornographie und Perversion zum Ausdruck komme, führt Stoller freilich nicht auf einen grundlegenden kulturellen Frauenhass zurück, sondern streicht das psychodynamische Moment heraus. In perversen Sexualakten würden Traumata in momentane Triumphe verwandelt.[23] Die Feindseligkeit, die sich in der perversen Handlung ausdrücke und ihr ein besonderes Erregungspotential verleihe, rühre von früheren psychischen Verletzungen und Traumatisierungen her. In der perversen Inszenierung werde ein traumatisches Erlebnis bzw. eine traumatische Niederlage aus der Vergangenheit in einen momentanen Triumph verwandelt (vgl. Stoller 1975: 26, 84, 89 und passim). Die Perversion sei eine in die Tat umgesetzte (Rache-) Phantasie, die sich als ein »Abwehrsystem zur Rettung erotischer Lust« darstelle (Stoller 1975: 17). Der perverse Akt sei mithin als ein Selbstheilungsversuch zu verstehen: Indem das Subjekt in der perversen Handlung seine Verletzungen in einen Triumph über die Bedrohung seiner (geschlechtlich-sexuellen) Integrität verwandle, erlebe es sich selbst als Einheit. In der perversen sexuellen Erregung wie im Moment des Orgasmus sei jener Riss überwunden, der durch das frühere Trauma entstanden sei. Aus der Tatsache, dass jene Spaltung im Subjekt immer nur momenthaft überwunden werden könne, erkläre sich zugleich der Zwang zur Wiederholung der perversen Handlung. Die Zwanghaftigkeit und Starrheit, die als zentrale diagnostische Kriterien sexueller Perversionen gelten[24], erklärt Stoller aus einer Doppelfunktion der perversen Inszenierung: Diese muss einerseits an das verschüttete Trauma rühren, um aus ihm jene psychische Energie zu ziehen, die es erlaubt, erlittene Niederlagen und Bedrohungen in sexuelle Erregung zu verwandeln. Kommt die Inszenierung dem traumatischen Konflikt aber zu nahe, so dass zu viel Angst freigesetzt wird, gelingt der perverse Akt nicht, während umgekehrt die sexuelle Erregung ausbleibt, wenn nicht oder zu wenig an dem traumatischen Konflikt gerührt wird.[25] Die Bindung von Angst und das

---

23 Um Missverständnissen vorzubeugen, sei betont, dass Stollers Perversionsbegriff psychoanalytisch und nicht moralisch ist.

24 Der »Zwang zur periodischen Externalisierung [der zentralen inneren Objektbeziehung – S.L] unterscheidet die Perversion von einer Phantasie, einer Vorliebe, einem Spiel oder einem Hobby« (Reiche 2001: 442, vgl. auch Sigusch 2005: 111).

25 In der durch die perverse Inszenierung »verfügbaren sexuellen Erregung weiß man«, so Stoller (1975: 142), »unterschwellig, daß der Sexualwunsch Belohnung und Strafe nach sich zieht. Und so gelangt man im Zustand der Erregung zwischen dem Vorgefühl der Gefahr und der Erwartung, ihr zu entfliehen, zur sexuellen Befriedigung. Man ist das Wagnis eingegangen und hat es überwunden. Orgasmus ist folglich nicht nur eine Entladung oder Ejakulation, sondern ein glücklicher, megalomaner Befreiungsausbruch aus der Angst […]. *Der Grat zwischen explosionsartigem Triumph und Im-*

Auslösen von sexueller Erregung gleichen somit einer Gratwanderung und die Starrheit des perversen Rituals sorgt in Stollers Perspektive dafür, dass diese gelingt. Rührt die Inszenierung zu sehr an unbewussten Konflikten, so schlägt Erregung in Angst um, entfernt sie sich hingegen von den unbewussten Konflikten, so verliert die Inszenierung ihren spezifischen Reiz: »Sexuelle Langeweile ergibt sich [...] vor allem aus einem Mangel an Risikofreudigkeit.« (Stoller 1975: 153)

Seine Perversionstheorie kann Stoller auf eine Analyse des Pornographischen dadurch übertragen, dass er Pornographie als perverse Inszenierung deutet (vgl. Stoller 1975: 93ff.). Damit nimmt er an, dass dem Gebrauch pornographischer Materialien eine ähnliche psychische Dynamik unterliege wie der perversen Inszenierung selbst. Pornographische Inszenierungen sind in seinen Augen insofern perverse Inszenierungen, als sie im Betrachter eben jene Lustangst evozieren, die der perversen Sexualität eigentümlich ist. Die pornographische Darstellung wird in der Nutzung durch den Konsumenten selbst Teil einer perversen Inszenierung. Ihr perverser Charakter entsteht gewissermaßen aus der Interaktion mit ihrem Nutzer: »Ohne die vom Beobachter hinzugefügten Phantasien ist eine Darstellung nicht pornographisch, denn nichts ist pornographisch per se.« (Stoller 1975: 93)

In der Pornographie fänden sich aber nicht nur die phantasmatischen und feindseligen Aspekte der Perversion wieder, sondern eine Funktion der Pornographie bzw. der pornographischen Phantasie könne in einem Versuch der Rettung sexueller Lust gesehen werden. Die pornographische Phantasie bildet ebenso wie die Perversion eine Kompromissbildung zwischen Wunsch und Abwehr bzw. Widerstand und ist insofern dem Traum (und der neurotischen Handlung[26]) anzunähern. Die Perversion diene, so Stoller (1975: 270) »– ebenso wie alle anderen sich zu einer Charakterstruktur ausbildenden und verfestigenden erotischen Mechanismen – als die einzig brauchbare Kompromissbildung. Sie leitet Wut und Verzweiflung ab und verhindert auf diese Weise, dass sich die anderenfalls destruktiv auswirkenden Tendenzen, die aus Kindheitsfrustrationen und Traumen in der Familie hervorgehen, die Gesellschaft und das Individuum überfordern«.

---

potenz ist allerdings schmal. Ein falsch gewähltes Risiko – das seine eigenen Ursprünge zu enthüllen droht – bringt die Erregung zum Erliegen. Kein Wunder, daß eine Änderung der Zeremonie die sexuelle Erregung abschwächen kann« (Herv. – S.L.).

26 Vgl. auch Freuds berühmte Formulierung »*die Neurose ist sozusagen das Negativ der Perversion*« (Freud 1905: 65, Herv. im Original). Ähnlich auch Stoller (1975: 136), wenn er schreibt: »Die Dynamik von Perversion und Neurose unterscheidet sich im Grunde nur insofern, als erstere zu bewußter Lust, letztere zu unbewußtem Leiden führt.«

Stoller geht in seiner Theorie aber noch einen Schritt weiter und argumentiert, dass ein jedes Individuum eine spezifische sexuelle Phantasie, eventuell seine ihm eigene und eigentümliche Perversion habe, und dass sich in dieser die individuelle sexuelle Lebensgeschichte verdichte: »Im manifesten Inhalt der Phantasie liegen«, so Stoller (1975: 151), »die Schlüssel für die Traumen und Versagungen, die von außen auf die kindlichen Sexualwünsche einwirkten, für die Mechanismen, die die entstehende Spannung lösten, und für die Charakterstruktur, mit deren Hilfe man sich Befriedigung durch den eigenen Körper und die Außenwelt (die Objekte) verschafft«. Pornographie lasse sich, so fährt er fort, als »die mitgeteilte sexuelle Phantasie einer dynamisch miteinander verwandten Gruppe von Menschen« beschreiben. In dieser Sichtweise passen bestimmte pornographische Inhalte zu bestimmten Perversionen, die sich wiederum aus bestimmten Kompromissbildungen entsprechend bestimmter Kindheitstraumen ergeben. Den Zusammenhang von Biographie, Perversion und pornographischer Phantasie analysiert Stoller an einem Beispiel transvestitischer Pornographie (vgl. Stoller 1975: 95ff., insbesondere: 105ff.). Deutlich wird dabei nicht zuletzt, dass sich von den entsprechenden pornographischen Formen, Ästhetiken und Inhalten nur diejenigen Personen ansprechen lassen, zu deren Phantasie sie passen. Allen anderen bleiben sie bzw. die Erregung, die sie bei entsprechenden Personen auslösen (können), unverständlich.[27]

---

27 In einer späteren Schrift entwickelt Stoller (1979: 165ff.) das Konzept der ›microdots‹. ›Microdots‹ seien extreme Verdichtungen sexueller Phantasien und zugleich kleine, oft unscheinbare Auslöser sexueller Erregung. »Sexual excitement is a ›microdot‹. [...] ›Microdot‹ [...] implies [...] an ability to condense masses of data to be retrieved instantly into consciousness for action, affects, and inspiration; to be moved around weightlessly and slipped into situations in which it brings about desired results.« (Stoller 1979: 166)
Freilich müssen ›microdots‹ selbst nicht offensichtlich sexuell sein. Mit dem Konzept der ›microdots‹ könne entschlüsselt werden, warum bestimmte Personen auf bestimmte (sexuelle) Reize reagierten, da ein spezifischer Reiz, die in den ›microdots‹ verdichteten Phantasien reizen bzw. aktualisieren würde. »Most of the time, we serve up fantasy in the form of microdots rather than running the fantasy out as a lengthy, conscious script.« (Stoller 1979: 168) Pornographie wird, so kann man von daher schließen, dann als erregend erlebt, wenn sie nicht nur den individuellen sexuellen Phantasien entspricht, sondern ihre Inszenierungen den einen oder anderen passenden ›microdot‹ enthalten. Der entscheidende Gewinn des Konzepts liegt darin, dass die ›microdots‹ nur eine möglicherweise recht unauffällige Kleinigkeit einer bestimmten Abbildung oder Inszenierung ausmachen können, die dem neutralen Betrachter oder

Stollers Dechiffrierung der perversen Elemente der Pornographie ist insoweit plausibel, als sie sich den offensichtlich perversen pornographischen Inszenierungen (im klinischen Sinne) widmet. So ist ohne Weiteres nachzuvollziehen, dass sich sadomasochistische oder transgenderistische Pornographien ebenso als perverse Inszenierung begreifen lassen wie pornographische Darstellungen, die sich in offensichtlicher Weise um einen Fetisch drehen, an fest institutionalisierte Rollen oder ein bestimmtes ›Setting‹ gebunden sind. Weitaus schwieriger fällt jedoch die Anwendung von Stollers Konzept auf ›einfache‹ und alltägliche pornographische Darstellungen – zumal in einer Zeit, in der Pornographie zu einem Teil der allgemeinen Populärkultur geworden ist.[28]

Eine zentrale Schwierigkeit, Stollers Ansatz auf die zeitgenössische Pornographie zu übertragen, liegt mithin darin, dass er Perversion und Pornographie gar zu innig miteinander verknüpft. Seine Überlegungen zur Rolle der Phantasie in Pornographie und Perversion können aber insofern in unserem Kontext Verwendung finden, als Stoller nachdrücklich darauf hinweist, dass sich sowohl Perversionen als auch Pornographie analytisch auf eine Weise entschlüsseln lassen, die der Deutung von Träumen ähnelt. Ähnlich wie in Träumen sind in Perversionen und pornographischen Phantasien individuelle (und weniger individuelle) psychische Prägungen und Strukturen in verschlüsselter und verdichteter Form dargestellt. Wie es eine Traumarbeit und wohl auch eine Perversionsarbeit gibt, so darf man eine analoge ›Pornographiearbeit‹ vermuten.

Wenn zu bestimmten Personen mit spezifischen psychischen Dispositionen und Geschichten bestimmte Perversionen und sexuelle Phantasien ›passen‹, so wäre auch zu fragen, zu welchen Dispositionen die durchschnittliche Massenpornographie ›passt‹. Welche Formen von Kompromissbildung(en) bietet sie für welche unbewussten Wünsche und Phantasien und auf welche Weise macht sie ihre Angebote? Denn um erfolgreich zu sein, muss sie dies tun und die Lust an der Pornographie dürfte nicht zuletzt daraus resultieren, dass sie derartige Kom-

---

selbst jenem, bei dem sie heftige sexuelle Erregung auslösen, nicht recht bewusst sein müssen. Sie können daher sehr leicht übersehen werden.

28 Allerdings bleibt eine jener Fragen, die Stoller mit seinem Perversionskonzept beantworten konnte, bestehen: Warum reagieren manche Menschen auf bestimmte pornographische Darstellungen und andere nicht? Im Falle perverser Inszenierungen war die Antwort vergleichsweise einfach: Jene Menschen reagieren sexuell erregt, an deren verschütteten Traumen gerührt wird. Nun ist es aber wenig plausibel, jegliche Erregbarkeit durch pornographische respektive sexuelle Darstellungen, Wahrnehmungen und Gedanken auf verschüttete Traumen zurückzuführen – schon allein deshalb, weil man dann einem großen Teil der Bevölkerung entsprechende Traumatisierungen unterstellen müsste.

promissbildungen anbietet – Kompromissbildungen, die Angst in Schach halten, gleichwohl ein Risiko kreieren, dadurch aber sexuelle Lust ermöglichen.

Die Theorien Freuds und Stollers werden für eine Analyse der modernen Pornographie schließlich dadurch fruchtbar, dass beide Autoren auf latente Bedeutungen von Abbildungen, Darstellungen und Inszenierungen aufmerksam machen und dem Gedanken Raum geben, dass in diesen latenten Bedeutungen das Eigentliche und Entscheidende verborgen liegt und sich die Analyse daher nicht allein auf manifeste Inhalte fixieren darf.

EXKURS: LATENTE BEDEUTUNGSGEHALTE UND DIE ›CULTURAL STUDIES‹

Folgt man den Linien der Argumentation von Freud und Stoller, so kann man annehmen, dass es nicht nur die manifesten Inhalte der Pornographie sind, die ihre Konsumenten ansprechen, sondern auch (und gerade) ihre latenten Bedeutungsgehalte. Somit kann weder die Wirkungsweise noch die Lust an der Pornographie verstanden werden, wenn sich die Analyse auf ihre manifesten Inhalte beschränkt.

Wie aber darf man sich das Verhältnis von latenten und manifesten Inhalten vorstellen, wenn es sich bei pornographischen Produkten überwiegend um massenmedial produzierte und nicht individuell geschaffene Phantasien handelt? Die Antwort auf diese Frage ist eine doppelte. Zunächst gelingt es der Pornographie mittels des hohen Differenzierungsgrades ihrer Produkte eine Vielzahl sexueller Phantasien ›abzudecken‹ bzw. anzusprechen. Die Pornographie hat sich in ihrer Entwicklung verfeinert und diversifiziert und so auf verschiedene Interessen und Phantasien abgestimmt. Zum anderen hatten wir mit Stoller (1975: 93) festgehalten, dass Darstellungen nicht per se pornographisch seien, sondern erst durch die Phantasien des Betrachters ihren pornographischen Charakter gewönnen. Pornographie entsteht somit aus einer phantasmatischen ›Interaktion‹ des Betrachters mit den angebotenen Darstellungen. Ähnlich argumentieren auch die Cultural Studies[29] in Bezug auf andere massenmediale Phänomene, indem sie

---

29 Die Bezeichnung ›Cultural Studies‹ wird hier als Oberbegriff für eine bestimmte Weise der Analyse massenmedialer Produkte gebraucht, die von einer unhintergehbaren polysemen Bedeutungsoffenheit massenmedialer Darstellungen ausgeht und zeigt, dass die Bedeutung kultureller Formen erst in Interaktion mit diesen entsteht. Für detaillierte Darstellungen der Cultural Studies als Ganze sowie interner Differenzierun-

zeigen, dass und wie massenmediale Inhalte von ihren Nutzern auf unterschiedliche Weise interpretiert werden können. Die Bedeutung eines massenmedialen Produkts wird, so die These, nicht durch seinen Inhalt festgelegt, sondern es selbst bietet nur Material, aus und mit dem Nutzer Bedeutungen schaffen. Mediale Darstellungen werden also nicht passiv konsumiert, sondern ihre Inhalte werden in aktiver Aneignung verformt und umgedeutet. Indem Zuschauer Bedeutungen und Aussagen medialer Produkte ›rekonstruieren‹, setzen sie sich in ein aktives Verhältnis zu ihnen. Medienkonsum erschöpft sich folglich nicht in einem bloßen Nachvollzug angebotener Bedeutungen, sondern stellt sich als Prozess einer genuinen Neuschöpfung von Bedeutungen dar. (Massen-)Mediale Darstellungen bieten nur das Ausgangsmaterial zu diesem Prozess.

Die Cultural Studies nehmen Menschen weder als Trivial-Maschinen noch – nach einem Wort von Stuart Hall (1981, zit.n. Fiske 2001: 96) – als »Kulturtrottel« wahr, sondern verabschieden sich von traditionellen Sender-Empfänger-Modellen massenmedialer Kommunikation. Es sind mit anderen Worten nicht Sender, die Inhalte und Bedeutungen festlegen, sondern Bedeutungen entstehen erst und nur in der Auseinandersetzung der ›Empfänger‹ mit den angebotenen Inhalten.[30] Mit diesen Überlegungen wird zugleich die Annahme, Menschen wären einer Manipulation durch Massenmedien hilflos ausgeliefert, der Boden entzogen. Indem sie zeigen, dass die Bedeutung medialer Inhalte nicht aufseiten der Anbieter, sondern aufseiten der Konsumenten geschaffen wird, betonen die Cultural Studies, dass die Rezeption massenmedialer Angebote kein einseitiger, sondern ein interaktiver Prozess ist. Damit rücken aber zum einen die Subjektivität der Nutzer und ihr potentiell subversives Potential in den Mittelpunkt der Analyse und zum anderen drängt sich die Frage nach der ›Passigkeit‹ von Programm und Nutzer auf.

Da jedoch nicht angenommen werden kann, dass ein jeder Nutzer aus jedem Rohmaterial alles ›machen‹ kann – so dürfte es etwa schwierig sein, einen Leitartikel der F.A.Z. zu erotisieren –, wäre nach der Auswahl des Materials sowie den phantasmatischen ›Fähigkeiten‹ bzw. dem phantasmatischen Potential der einzelnen Nutzer zu fragen. Wir können diese Fragen mit der Annahme umgehen, dass massenmediale Angebote, nicht zuletzt im pornographischen Sektor,

---

gen, vgl. etwa: Bromley/Göttlich/Winter 1999, Göttlich/Mikos/Winter 2001, Göttlich/Winter 2000, Grossberg/Nelson/Treichler 1992, Hörning/Winter 1999.

30 Den Cultural Studies liegen somit ähnliche Annahmen zugrunde wie dem Kommunikationsmodell der Neueren Systemtheorie, das Kommunikation von Alter (und nicht von Ego) her konzipiert (vgl. Luhmann 1997: 336, Fn. 255)

so differenziert sind, dass die Mehrzahl der Nutzer wenig Schwierigkeiten haben dürfte, geeignetes Ausgangs- bzw. Rohmaterial zu finden.[31]

Die Ansätze der Cultural Studies eignen sich zur Analyse pornographischer Inhalte besonders, da sie erlauben, die Genese pornographischer Lust als eine ›Interaktion‹ zwischen pornographischen Darstellungen und den Phantasien der Betrachter zu konzipieren. Das Pornographische der Pornographie entsteht, wie die Bedeutung aller massenmedialer Inhalte, aufseiten des Nutzers, also in Interaktion mit dem Material. Der Betrachter wird als Schöpfer seiner eigenen phantasmatischen Realität betrachtet. Die bislang referierten Annahmen der Cultural Studies sind allerdings, vor allem wenn es um Pornographie geht, um psychoanalytische Überlegungen zu ergänzen. Die psychoanalytische Perspektive zeigt, dass der Nutzer weder in der Auswahl noch in der Neuschöpfung pornographischer Inhalte und Bedeutungen vollkommen frei ist. Das analytische Instrumentarium der Cultural Studies ist also um die oben referierten psychoanalytischen Einsichten so zu erweitern, dass – zumindest, wenn es um Pornographie und sexuelle Phantasien geht – der Charakter der durch den Nutzer geschaffenen Pornographie als psychische Kompromissbildung und nicht als mehr oder minder frei geschöpfte Konstruktion deutlich wird. Die Schaffung von Bedeutungen, die die Cultural Studies zutreffend aufseiten des Nutzers lokalisieren, muss ins rechte Verhältnis zum Unbewussten des Nutzers gerückt werden. Nicht der Nutzer schafft pornographische Bedeutungen in Interaktion mit pornographischen Materialen, sondern die Bedeutungen, die er schafft, sind Kompromissbildungen aus Wünschen, Phantasien, Widerständen und dem pornographischen Material, das er nutzt. Das Ausgangsmaterial muss sich allerdings – ähnlich wie das Traummaterial bzw. die rezenten Tagesreste – zur Darstellung der entsprechenden Phantasien eignen. Das Auffinden geeigneten Materials dürfte jedoch angesichts der Vielfältigkeit des pornographischen Angebots kaum Schwierigkeiten bereiten.

In unserer Argumentation haben wir somit eine Verschiebung vorgenommen. Während die Cultural Studies zeigen, dass die Bedeutung massenmedialer In-

---

31 Die Annahme, dass Nutzer jene pornographischen Materialen auswählen, die ihren sexuellen Phantasien entgegenkommen respektive ›passende‹ Kompromissbildungen darstellen, ist trivial. Wie andere Konsumenten folgen sie bei der Auswahl von Produkten ihren Präferenzen. Anstatt einfach über pornographisches Material zu ›stolpern‹, dürften die Nutzer wissen, was sie auswählen, so dass die Zahl der ›Fehlgriffe‹ eher gering ausfallen dürfte. Was sich im Vergleich zu früheren Dekaden geändert hat, ist in erster Linie die Angebotsseite: Während sich der pornographische Markt ausgeweitet hat und transparenter wurde, hat sich das Angebot diversifiziert und zugleich sind Preise, Such- und Opportunitätskosten gesunken.

halte nicht durch diese vorgegeben ist, sondern aufseiten der Nutzer konstruiert werden, machen psychoanalytisch informierte Konzepte darauf aufmerksam, dass die Nutzer in ihren Bedeutungskonstruktionen nicht vollkommen frei sind. Was eine Person anspricht und erregt, ist also nicht allein eine Sache der freien Wahl, sondern zumindest zum Teil unbewusst determiniert.

Bemerkenswert sind aber strukturelle Analogien der jeweiligen Argumentationen. Cultural Studies und psychoanalytische Modelle konvergieren in der Überzeugung, dass Sinn und Bedeutung erst in der Rezeption, also aufseiten des Nutzers entstehen, der Nutzer mithin als aktiv konzipiert werden muss und psychische Verarbeitungsprozesse von hoher Bedeutung sind. Cultural Studies und Psychoanalyse divergieren jedoch in der Einschätzung der Rolle des Unbewussten, die von der Letzteren hervorgehoben, von den Ersteren aber vernachlässigt wird. Beiden gemeinsam ist freilich die Annahme, dass es nicht die medialen Inhalte selbst sind, die die Bedeutungen bestimmen, die sie für die Nutzer annehmen. In den Augen der Psychoanalyse wird die Rezeption medialer Angebote durch unbewusste Prozesse geprägt, während die Cultural Studies die Rezipienten insofern als aktive Akteure konzipieren, als diese mediale Inhalte bewusst umgestalten. Psychoanalytische Überlegungen zeigen, mit anderen Worten, dass die Mediennutzer in ihren Bedeutungskonstruktionen doch nicht so frei sind, wie sich die Cultural Studies dies vorstellen.[32] Wenn man, wie die Psychoanalyse, davon ausgeht, dass sexuelles Begehren stark mit unbewussten Prozessen und Prägungen verwoben ist, so sollten psychische ›Unfreiheiten‹ respektive Determinierungen bei der Auswahl und der Rezeption pornographischer Darstellungen eine noch größere Rolle als bei anderen medialen Genres spielen.

Der Nutzer pornographischer Produkte ist also bei der Auswahl und der Rezeption nicht vollkommen frei, aber er ist in seiner Rezeption auch nicht vollkommen durch die Angebote oder ihre Inhalte festgelegt. Seine Auswahl und seine Rezeption werden auch durch sein Unbewusstes strukturiert. Von den Cultural Studies ist also zu lernen, dass Bedeutungen massenmedialer Produkte erst in der Rezeption durch den Nutzer geschaffen werden und folglich nicht von vornherein und ein für alle Mal festliegen. Massenmediale Produkte müssen vielmehr polysem sein, so dass unterschiedliche Nutzer in sie unterschiedliche Bedeutungen einschreiben können. Nur auf diese Weise können massenmediale Darstellungen populär werden. Aus psychoanalytischen Modellen lässt sich hingegen der Schluss ziehen, dass die Weise, in der die polyseme Offenheit media-

---

32 Eine Berücksichtigung unbewusster Prägungen ließe sich durchaus mit den zentralen Mantren der Cultural Studies (›race, class, gender‹) verbinden, sofern sich sozial ungleiche Lebenslagen nicht nur in Lebensstilen ausdrücken, sondern auch in das Unbewusste der Betroffenen einprägen.

ler Darstellungen konkret genutzt und in tatsächliche Bedeutungen umgesetzt wird, durch unbewusste Prozesse wenn nicht determiniert, so doch strukturiert wird. Die Freiheit der Bedeutungs- und Sinnkonstruktion aufseiten des Nutzers wird also weniger durch das Ausgangsmaterial beschränkt als dadurch, dass er in seinen Wahrnehmungs- und Deutungsweisen nicht vollkommen frei ist, sondern diese im Dienste innerpsychischer Kompromissbildungen stehen. Kurz gesagt: Die massenmedialen Produkte mögen zwar polysem sein, die Art und Weise, wie Rezipienten Bedeutungen konstruieren, ist jedoch nicht kontingent.[33]

Wenngleich man mit einiger Berechtigung sagen kann, dass Pornographie ›im Kopf‹ stattfindet, lässt sich Pornographie nicht allein als innerpsychisches Geschehen konzipieren. Sie ist vielmehr ein Teil der massenmedialen Pop(ulär)-kultur und eignet sich insofern für die Analyse mit den Methoden der Cultural Studies. Zugleich handelt es sich bei ihr jedoch um eine besondere populärkulturelle Form; nicht so sehr wegen ihres anrüchigen Beigeschmacks, sondern aufgrund ihres Verhältnisses zum Unbewussten ihrer Nutzer.

Pornographie ist, so ließe sich zusammenfassen, einerseits ein populärkulturelles Phänomen und andererseits – nicht nur aufseiten des Nutzers – eine Kompromissbildung im psychoanalytischen Sinne. Pornographische Darstellungen werden erst durch den Nutzer zur Pornographie; sie gewinnen ihre sexuelle Bedeutung erst in der Interaktion des Nutzers mit dem Material. Man könnte auch sagen, dass das spezifisch Pornographische erst in der Rezeption entsteht. Andererseits unterscheidet sich die Pornographienutzung von der Nutzung anderer populärkultureller Medien dadurch, dass ihr ›Resonanzboden‹ – das Sexuelle – wesentlich mit dem Unbewussten des Nutzers verknüpft ist. Es handelt sich also gerade nicht um vergleichsweise freie Bedeutungskonstruktionen, sondern eher um eine Form einer durchaus determinierten Rekonstruktion, die allerdings weniger durch das Ausgangsmaterial als durch das Unbewusste des Nutzers determiniert wird.

Die Cultural Studies können zwar erklären, dass und wie Bedeutungen subjektiv und teilweise auch subversiv geschaffen werden; psychoanalytische Ansätze sind jedoch notwendig, um der Determiniertheit pornographischer Bedeutungskonstruktionen auf die Spur zu kommen und die spezifische Lust an pornographischen Darstellungen zu entschlüsseln.[34] Unsere These lautet also, dass sich

---

33 Polysemie darf freilich nicht mit Kontingenz gleichgesetzt werden: Bedeutungskonstruktionen sind nicht vollkommen beliebig, da sie einerseits durch unbewusste Prozesse beeinflusst werden und sich andererseits nicht aus allem alles machen lässt.

34 Man könnte auch formulieren, dass die Verweisungsoffenheit medialer Darstellungen auf der Rezipientenseite aufgrund unbewusster Prozesse und Präferenzen geschlossen

die pornographische Lust von anderen populärkulturellen Vergnügungen in spezifischer Weise unterscheidet und dass dieser Unterschied mit psychoanalytischen Denkwerkzeugen herauszuarbeiten ist.

Ein Zusammenspiel latenter Darstellungen *und* latenter Phantasien

Die Analogie von Traum und Pornographie verkompliziert sich dadurch, dass pornographische Darstellungen sowohl selbst Kompromissbildungen als auch Ausgangsmaterial für pornographische Phantasien, Lüste und Kompromissbildungen auf Seiten der Nutzer sind. Die manifesten wie latenten Inhalte pornographischer Inszenierungen spielen für die Pornographienutzung mithin eine analoge Rolle wie das ›Traummaterial‹ und die ›rezenten Tagesreste‹ für die Traumbildung.

Sofern pornographische Darstellungen Kompromissbildungen sind, die das Material für weitere Kompromissbildungen durch ihren Rezipienten bilden, haben wir es mit einem zweistufigen Prozess zu tun. In der Interaktion des Nutzers mit dem pornographischen Material realisiert sich somit eine doppelte Kompromissbildung: Sie basiert einerseits auf der Kompromissbildung, die das pornographische (Roh-)Material inszeniert, und andererseits auf den Kompromissbildungen, die die (bewussten bzw. bewusstseinsfähigen) sexuellen Phantasien des Nutzers darstellen.[35] Aus dem Interagieren dieser Kompromissbildungen – der pornographischen Darstellung einerseits, der (bewusstseinsfähigen) Phantasie des Nutzers andererseits – resultieren, so unsere Annahme, sexuelle Erregung sowie das konkrete Erleben pornographischer Inszenierungen.

Mit Blick auf unsere oben ausgeführte Argumentation lassen sich in idealtypischer Weise vier Möglichkeiten des Zusammenspiels zwischen pornographischer Inszenierung und sexueller Phantasie der Nutzer unterscheiden[36]:

(1) Die manifeste pornographische Darstellung und die bewussten sexuellen Phantasien des Nutzers fallen zusammen. Der Nutzer sucht und nutzt also jene

---

wird. Während die Cultural Studies kontingente Aspekte der Medienrezeption hervorheben, betonen psychoanalytische Ansätze gerade das Nicht-Kontingente.

35 Diese Kompromissbildung dürfte bei der Auswahl pornographischen Materials durch den Nutzer eine zentrale Rolle spielen.

36 Die Möglichkeit, dass auch nicht-sexuelle Phantasien in pornographischen Darstellungen eine Rolle spielen und für die Analyse des Pornographiegebrauchs von Bedeutung sind, sei an dieser Stelle ausgeklammert. Im Übrigen lässt sich unsere Überlegung auch auf nicht-pornographische sexuelle Lüste übertragen.

pornographischen Produkte, die seine bewussten sexuellen Phantasien in manifester Form darstellen.[37]

(2) Die pornographische Darstellung stellt die latenten bzw. unbewussten sexuellen Phantasien des Nutzers in manifester Weise dar. Der Nutzer wird entweder überfordert (und möglicherweise, sofern es sich um verdrängte sexuelle Phantasien handelt, abgestoßen) oder durch bestimmte pornographische Inszenierungen erregt ohne angeben zu können, warum ihn diese erregen. Zugleich müssen die Darstellungen ›Absicherungen‹ enthalten, um den Nutzer nicht in einer Weise mit seinen latenten Phantasien zu konfrontieren, die zu einer Gefährdung seines sexuellen Lustempfindens führen könnten. Zu vermuten sind hier ›Mischformen‹ und ›Kompromissbildungen‹ derart, dass die pornographische Inszenierung sowohl Elemente enthält, die die manifesten als auch die latenten Phantasien des Nutzers ansprechen. Die Inszenierung leistet gewissermaßen dem Irrtum des Nutzers über das, was ihn an der Inszenierung besonders erregt, Vorschub.

(3) In der pornographischen Inszenierung finden sich manifeste bzw. bewusste sexuelle Phantasien des Nutzers in latenter Weise dargestellt. In diesem Falle dürfte die pornographische Darstellung als wenig erregend bzw. unbefriedigend erlebt werden, da die manifesten und bewussten Phantasien des Betrachters nur in ›verdünnter‹ Form zur Darstellung gelangen bzw. das, was ihn wirklich interessiert, nur ›außen vor‹ bleibt.[38]

(4) Die pornographische Inszenierung stellt latente bzw. unbewusste sexuelle Phantasien des Nutzers in latenter Weise dar. Dies wäre die gelungenste Form der pornographischen Kompromissbildung: Der eigentliche ›Kern‹ der sexuellen Erregung kommt in der manifesten Darstellung ebenso wenig in unverstellter Form vor wie in der manifesten Phantasie des Nutzers.[39]

Wir dürfen freilich erwarten, dass in der Realität diese vier Idealtypen nicht in Reinform, sondern in unterschiedlichen Mischverhältnissen auftreten. Entscheidend ist aber der Gedanke, dass es nicht ausschließlich oder auch nur primär bewusste sexuelle Phantasien sind, die mit manifesten pornographischen Darstellungen interagieren, sondern dass latente Phantasien eine ebenso bedeu-

---

37 Man darf vermuten, dass in diesem Falle der Pornographie jener eigentümliche Reiz fehlt, den sie gewinnt, wenn latente bzw. unbewusste Phantasien und Bedeutungsgehalte ins Spiel kommen.

38 Eine Ausnahme bilden freilich jene Fälle, in denen eine manifest bewusste sexuelle Phantasie aus rechtlichen oder moralischen Gründen keinen manifesten Ausdruck in pornographischen Darstellungen finden kann.

39 Eine Reihe von exemplarischen Analysen zur Stützung dieser These finden sich unten (S. 43ff.).

tende Rolle spielen wie latente Aspekte pornographischer Inszenierungen. Wir vermuten, dass es nicht so sehr die Übereinstimmung der manifesten Darstellungen mit den manifesten Phantasien, sondern die ›Passigkeit‹ der latenten Bedeutungen der Darstellungen mit den latenten Phantasien der Nutzer ist, die spezifische pornographische Lüste generiert.[40] Um aber passende oder zumindest zufriedenstellende Kompromissbildungen zu erreichen, ist ›Pornographiearbeit‹ notwendig und zwar sowohl aufseiten der Pornographieproduzenten als auch aufseiten der Nutzer.

Wenn sich also in der Mainstream-Pornographie Ansatzpunkte für andere, eventuell gar queere Lesearten finden lassen sollten, so wird man nicht unbedingt auf manifester Ebene fündig werden – anderenfalls wäre eine Kompromissbildung entweder unmöglich oder aber unnötig.[41] Wäre der Wunsch bzw. die sexuelle Phantasie, die in der Pornographie als erfüllt dargestellt wird, eine bewusste, so stände ihrer Darstellung in unverstellter Form nichts im Wege. Zugleich darf man aber vermuten, dass in diesem Falle die pornographische Darstellung ihren spezifischen Reiz verlieren würde. In ähnlicher Weise wären Träume wohl nicht so ›traumhaft‹, wenn in ihnen nur jene (Traum-)Gedanken zur Darstellung kämen, die ohne Bearbeitung (!) vollständig bewusstseinsfähig wären. Auf Pornographie angewandt hieße dies, dass ein wesentlicher Reiz pornographischer Produkte darin liegt, dass in ihnen nicht bewusstseinsfähige sexuelle Phantasien des Betrachters in einer Form zur Darstellung gelangen, die den Betrachter in einer ihm selbst ebenfalls nicht bewusstseinsfähigen Weise affizieren. Der spezifische Reiz der Pornographie läge somit in der Darstellung nicht bewusstseinsfähiger sexueller Phantasien des Betrachters und zwar in einer Weise, die diese Phantasien nicht manifest darstellt, sondern in einer latenten Form anspricht, die wiederum einen nicht bewusstseinsfähigen Kern beinhaltet.[42]

---

40 An diese These lässt sich die Überlegung anschließen, dass das scheinbar Offensichtlichste pornographischer Darstellungen nicht das für die Rezeption bzw. den Rezipienten Entscheidende sein muss; ja womöglich lenkt das Offensichtliche nur vom Entscheidenden ab, etwa indem Sexuelles plakativ ausgestellt wird, wo es doch ›in Wirklichkeit‹ beispielsweise um die Bearbeitung psychischer Konflikte gehen mag.

41 Die Traumgedanken lassen sich schließlich auch nicht in unverstellter Form auf der manifesten Ebene von Träumen finden.

42 Freilich mag es eine große Anzahl pornographischer Produkte geben, die den Charakter als Kompromissbildung *nicht* erfüllen. Allerdings ist – gerade in Zeiten einer scheinbar unendlichen Diversifikation des pornographischen Angebots – einschränkend hinzuzufügen, dass nicht jede Kompromissbildung auch für jeden eine solche ist bzw. sein muss. Unsere These zielt aber darauf ab, dass Pornographie nur deshalb nicht langweilig ist bzw. wird, weil bzw. solange sie dem jeweiligen Nutzer eine für

Mit dieser These stoßen wir aber in doppelter Weise an Grenzen, die uns die vorliegende Arbeit zieht: Zum einen müssten hier psychoanalytische Forschungen, zum anderen aber mikrosoziologische Beobachtungen der konkreten Interaktion von Rezipienten mit pornographischem Material anschließen. Dennoch meinen wir, dass wir mit unseren Überlegungen eine Spur für die weitere Erforschung der Nutzung pornographischer Darstellungen legen können.[43]

PORNOGRAPHISCHE AUFLÖSUNGEN VON AMBIVALENZKONFLIKTEN – PORNOGRAPHIE, TRAUM, PERVERSION UND NEUROSE

An zeitgenössischen pornographischen Produkten fällt – gerade im Hardcore-Bereich – die Betonung aggressiver Komponenten sexueller Lust auf.[44] Aggressive Strömungen und Verhaltensweisen, ja bereits Ambivalenzen gegenüber dem Sexualobjekt scheinen jedoch in Zeiten der Intimisierung sexueller Verhältnisse einer (kollektiven) Delegitimierung anheimgefallen zu sein. Pornographische Darstellungen thematisieren den resultierenden Ambivalenzkonflikt freilich nicht, wohl aber kommt er in ihnen zum Ausdruck. Sofern Pornographie als einziger sexueller Bereich erscheint, in dem Aggressionen gegenüber dem Sexualobjekt legitim sind, ließe sie sich als eine Reaktion auf die Intimisierung sexueller Verhältnisse deuten. Entscheidender ist jedoch, dass Pornographie und Pornographiegebrauch sexuelle Formen darstellen, für die auch in der kulturell geprägten individuellen Psyche wenig legitimer Raum zu sein scheint.

Pornographische Szenen und Geschichten bieten nun eine (temporäre Auf-) Lösung dieses kulturell verdrängten oder doch zumindest delegitimierten Ambivalenzkonfliktes an: In der Pornographie nimmt das Objekt die aggressiven sexuellen Strömungen und Äußerungen willig an, so dass der Konflikt zwar implizit zur Darstellung, aber nicht explizit zum Ausbruch kommt. Darüber hinaus

---

ihn passende Kompromissbildung zwischen latenten sexuellen Phantasien und manifesten oder latenten pornographischen Darstellungen bieten kann. Sobald diese Bedingung aus dem einen oder anderen Grunde entfällt, wird die entsprechende Pornographie für den entsprechenden Nutzer reizlos.

43 Und sich möglicherweise auch Ansatzpunkte für eine Behandlung pornographischer Süchte ergeben.

44 Wir hatten oben die aggressiven Komponenten der Pornographie mit dem Missverständnis der ›Urszene‹ als gewalttätiger Handlung in Verbindung gebracht (vgl. S. 18, Fn. 7).

wird ein Raum für Geschlechtsphantasmata entfaltet, die im sexuellen Alltag kaum mehr auf Anschlussfähigkeit hoffen dürfen.[45] Es mag zwar übertrieben sein, in der Pornographie eine Wiederkehr des Verdrängten zu erblicken; dennoch liegt in dieser Annahme doch ein Korn Wahrheit oder wenigstens Wahrscheinlichkeit. So besteht der Reiz der pornographischen Lust bzw. des Vergnügens an der Pornographie wohl nicht zuletzt darin, dass eine Wiederkunft[46] des Verdrängten gefahrlos, d.h. auch angstfrei, erlebt werden kann.[47] Es handelt sich dabei nicht notwendig um individualpsychisch Verdrängtes, sondern auch um kulturell Illegitimes. Die Pornographie stellt eine andere Sexualität dar, eine ge- bzw. erträumte Sexualform, in der auch aggressiven Anteilen sexuellen Begehrens Raum gegeben wird. Zugleich werden aggressive Komponenten jedoch übersteigert. Die Kompromissbildung bietet also keine ausbalancierte Mitte, sondern einen verzerrten Kompromiss, in dem Aggressivität überwiegt, während sinnlich-zärtliche Strömungen von der Darstellung weitgehend ausgeschlossen bleiben. Es geht offensichtlich nicht um zärtliche Liebe, sondern um aggressiven Sex. Die pornographische Darstellung steht damit in einem ergänzenden Kontrast zur massenmedial aufbereiteten, reduzierten und banalisierten Romantik der

---

45 Ähnlich wie im religiösen Bereich scheint eine Reaktion auf das Zerbrechen traditioneller Lebensentwürfe, Rollenverständnisse und Ethiken in der Ausbildung fundamentalistischer Bewegungen zu liegen. Das Geschlechterphantasma der heterosexuellen Mainstream-Pornographie ist insofern fundamentalistisch geprägt, als ›echte‹ Männer und ›echte‹ Frauen auftreten und die geschlechtliche Ordnung – zumindest auf Ebene der *manifesten* Inhalte – ebenso eindeutig wie unverrückbar *scheint*.

46 Allerdings bietet die Pornographie nicht nur eine Wiederkehr des Verdrängten, sondern, so eine verbreitete Kritik, auch eine ewige Wiederkunft des Gleichen. Das Interesse an letzterer speist sich aber aus der Tatsache der Verdrängung und würde ohne diese wohl erlöschen. Vor diesem Hintergrund sind Annahmen, Pornographie löse eine Art ›Suchtspirale‹ derart aus, dass der Konsument nach immer ›härteren‹ Darstellungen verlange, kritisch zu hinterfragen. Mit Stoller (1975) wäre eher zu vermuten, dass der Konsument weniger nach Steigerung als nach möglichst perfekten (Re-)Inszenierungen seiner sexuellen Phantasie sucht, also nach Darstellungen, die eine momentane Heilung seines Traumas erlauben.

47 An den Topos der Wiederkehr des Verdrängten wäre auch das infantile Missverständnis des Sexualverkehrs als sadistischem Akt anzuschließen. Dieses Missverständnis muss gewissermaßen mitverdrängt werden, um zur ›normalen‹ Sexualität zu gelangen. Reinszeniert nun die pornographische Darstellung die Urszene, so wären auch Teile des aggressiven Charakters ersterer aus dem sadistischen Missverständnis zweiterer zu erklären. Auch in diesem Sinne stellte sich die pornographische Szene als Kompromissbildung dar.

Hollywoodfilme, Vorabendserien und Arztromanzen. Nicht nur, dass sie sich auf das dort Ausgeblendete konzentriert, sondern es scheint so, als würde die eine Seite das Verdrängte der anderen darstellen und vice versa. Aus psychoanalytischer Perspektive drängt sich der Vergleich mit dem Verhältnis von Perversion und Neurose auf. Freud (1905: 65) sieht die Neurose als »das Negativ der Perversion« an. Die neurotischen Symptome stellten »einen Ersatz für Strebungen« dar, »die ihre Kraft der Quelle des Sexualtriebes entnehmen« (Freud 1905: 63). »Der hysterische Charakter« lasse, so Freud weiter (1905: 64, Herv. im Original) »ein Stück *Sexualverdrängung* erkennen, welches über das normale Maß hinausgeht, eine Steigerung der Widerstände gegen den Sexualtrieb, die uns als Scham, Ekel und Moral bekannt geworden sind«.

Zieht man den angedeuteten Vergleich, so stellte sich die Pornographie als das der Perversion Analoge dar, die Hollywoodromanzen und Liebesromane hingegen als Analogon zur Neurose. Die Pornographie stelle, so ließe sich festhalten, das Ergebnis einer Aufhebung der Sexualverdrängung dar. Der Preis sei allerdings eine Verdrängung der zärtlichen Strömungen, während es sich im Falle der ›Liebesschnulzen‹ genau andersherum verhalte. Gleichwohl ist diese Gegenüberstellung zu einfach.

In der Pornographie findet sich nämlich keinesfalls eine zügel- oder gar regellose Sexualität dargestellt, wie sie vielleicht unbewussten sexuellen Phantasien entsprechen mag. Ganz im Gegenteil fällt ein hohes Maß an Regulierung pornographischer Sexualität auf, die diese wiederum in die Nähe der Perversion rückt.[48] In pornographischen Darstellungen kommt gerade keine freie, ungehemmte oder von Verdrängungen freie Sexualität zum Ausdruck. Dies stärkt zugleich unsere These, dass nicht nur Traum, Neurose und Perversion, sondern auch pornographische Phantasien und Inszenierungen als (psychische) Kompromissbildungen zu verstehen sind.

LATENTE BEDEUTUNGSGEHALTE UND ›PORNOGRAPHIEGEDANKEN‹

An der voyeuristischen Komponente des Pornographiekonsums, die wir mit der Urszene und dem ödipalen Dreieck in Verbindung brachten, haben wir die Fruchtbarkeit unserer theoretischen Konzeption bereits kurz skizziert (vgl.

---

48 Gerade die im klinischen Sinne perverse Sexualität zeichnet sich durch ein hohes Maß an Starrheit der sexuellen Inszenierung aus (vgl. N. Becker 2001, Reiche 2001: 441f., Sigusch 2005: 110-119, Stoller 1975).

S.18ff.). Im Folgenden werden wir unseren Ansatz anhand einiger weiterer Beispiele illustrieren. Wir wählen dazu sowohl auffällige wie auch verborgenere Eigenschaften typischer Hardcore-pornographischer Darstellungen und versuchen sie von ihren latenten Bedeutungsgehalten her zu analysieren. Die wohl auffälligste und prototypische pornographische Praktik ist die extrakorporale Ejakulation, also die offen sichtbare Ejakulation auf den Körper oder das Gesicht einer Person. Anstatt diese auf aufnahmetechnische Aspekte zurückzuführen oder einfach nur als ›Beweis‹ männlicher Lust anzusehen, werden wir sie als abschließenden Akt im Drama einer (Wieder-)Gewinnung männlicher Subjektivität deuten.

Während die extrakorporale Ejakulation ein überaus auffälliger Aspekt der heterosexuellen Pornographie ist, machen (latent) homosexuelle Gehalte ihr zentrales Tabu aus – zumindest, sofern es sich um sexuelle Kontakte zwischen Männern handelt. Unsere Analyse wird jedoch zeigen, dass männliche Homosexualität in der heterosexuellen Pornographie nicht nur auf manifester Ebene peinlichst vermieden wird, sondern als latenter Hintergrund sowohl präsent ist als auch eine Reihe pornographischer Vorlieben verständlich macht.

Ein dritter Aspekt, dem wir uns anschließend zuwenden, ist das vielen pornographischen Inszenierungen eigentümliche Verhältnis sexuell aktiv begehrender Frauen und passiver Männer. Hier liegt eine erklärungsbedürftige Umkehrung traditioneller Geschlechterverhältnisse vor, die unser Analysemodell jedoch auf latente Identifikationsprozesse und -angebote zurückführen und mit dem Phänomen der extrakorporalen Ejakulation verbinden kann.

Diesen exemplarischen Analysen, die sich sicherlich erweitern ließen, schalten wir als ›Einstieg‹ aber zunächst eine Analyse protopornographischer Bildsequenzen und Identifikationsmöglichkeiten vor.[49]

---

49 Die folgenden exemplarischen Analysen erheben weder einen Anspruch auf Vollständigkeit noch auf Widerspruchsfreiheit. Sie sind vielmehr – ebenso wie pornographisches Material und Träume – von Widersprüchen durchzogen, so dass die eine Deutung eine andere nicht zwangsläufig ausschließt. Was veranschaulicht werden soll, sind die Deutungsoffenheit und die Ambivalenzen pornographischer Inszenierungen.

Protopornographische Bildsequenzen und Identifikationsmöglichkeiten[50]

Pornologische Sequenzialisierungen

Der Pornographie scheint von ihrem Anbeginn an ein Zug zum bewegten Bild innezuwohnen. Dennoch sind auch im Zeitalter der leicht zugänglichen filmischen Pornographie weder pornographische Zeitschriften aus Kiosken und Sexshops noch Bilder und Bildsequenzen aus dem Internet verschwunden.

Bildserien sind typischerweise narrativ angelegt. Daneben finden sich aber auch, wenngleich seltener, Sammlungen von Bildern, die ohne solche ›Geschichten‹ auskommen und einfach eine gewisse Anzahl von Bildern der einen oder anderen Sexualpraktik bieten. Jenseits von produktionsökonomischen Überlegungen scheinen Bildserien eine wichtige phantasieanregende Funktion zu erfüllen. Die Bilder einer Serie sind typischerweise chronologisch geordnet, wobei sich die Chronologisierung einerseits der Differenz von bekleidet und unbekleidet und einer prototypischen Abfolge verschiedener Sexualpraktiken andererseits bedient.

Obwohl sich im Softcore-Bereich durchaus Andeutungen masturbatorischer Handlungen finden, kann die Chronologisierung nicht anhand sexueller Praktiken erfolgen, so dass allein die Entkleidung diese Funktion übernimmt. So sind Softcore-Darstellungen oftmals in Form eines Striptease angelegt. Die Chronologie der Bilder wird durch die zunehmende Nacktheit des gezeigten Körpers und seiner Posen hergestellt. Die Zeitachse wird durch die Veränderung des Zustandes des Körpers hin zu mehr Nacktheit parallelisiert: Kleidungsstücke werden nicht an-, sondern ausschließlich ausgezogen.[51]

In Hardcore-Darstellungen wird die temporalisierende Funktion der Kleidung sukzessive durch eine spezifische Abfolge sexueller Handlungen übernommen oder ganz durch diese ersetzt. In der (heterosexuellen) Mainstream-Pornographie hat sich offensichtlich ein prototypisches pornographisches Skript ausgebildet, das die üblicherweise dargestellten Praktiken in eine bestimmte Reihenfolge bringt: In einigen Fällen beginnt die sexuelle Sequenz mit masturbatorischen Handlungen, die eine weibliche Person an sich selbst oder einer männlichen ausführt oder, in selteneren Fällen, mit dem Austausch von Berührungen oder Küssen. In fast allen Fällen stehen am Beginn der angebotenen

---

50 Dieser Abschnitt ist eine überarbeite Fassung des gleichnamigen Abschnitts in Lewandowski 2003: 305-310.

51 Die chronologisierende Funktion der Kleidung, die sich in diesem Sinne als Medium der Temporalität darstellt, ist von ihrer erotisierenden Funktion zu trennen.

Bildsequenzen oral-genitale Sexualhandlungen, wobei es sich typischerweise um Fellatio handelt. Cunnilingus wird ebenso wie beidseitige oral-genitale Sexualhandlungen vergleichsweise selten gezeigt. Beide Verkehrsformen gehören offensichtlich, im Gegensatz zur Fellatio, nicht zum basalen Skript pornographischer Sexualitätsdarstellungen. Auf die Ausführung der Fellatio, die meist aus verschiedener Perspektive und unterschiedlich detailliert präsentiert wird, folgt die Darstellung vaginalen Geschlechtsverkehrs, der üblicherweise in mehreren verschiedenen Positionen und aus verschiedenen Blickwickeln gezeigt wird. Häufig abgebildet werden Positionen, bei denen das Eindringen des Penis' in den Körper der Frau für die Kamera und das Auge des Betrachters gut erkennbar ist. Angereichert werden die Darstellungen vaginalen Geschlechtsverkehrs oftmals mit Detailaufnahmen der in Interaktion befindlichen Geschlechtsteile.

In der Mainstream-Pornographie sind letztlich alle möglichen Positionen heterosexuellen Geschlechtsverkehrs anzutreffen, wobei der Penis des Mannes gewissermaßen als Drehachse der Figuration der beteiligten Körper zueinander fungiert. Der männliche Körper scheint dabei nur ein Anhängsel des Penis' zu sein. Demzufolge können der Penis und der weibliche, mit Symbolen sexueller Weiblichkeit (Strümpfe, Strapse, Schuhe) drapierte Körper als die Hauptpersonen bzw. das ›Traumpaar‹ der Pornographie gelten. Die Entpersönlichung der beteiligten Personen geschieht männlicherseits durch die Konzentration auf den Penis, weiblicherseits durch die Ikonisierung des weiblichen Körpers, also über eine Fetischisierung spezifischer Geschlechtsphantasmata bzw. deren Symbolisierungen.

Auf die mehr oder minder variantenreiche Darstellung vaginaler Penetrationen folgt optional die wiederum mehr oder minder variantenreiche Darstellung analen Verkehrs. Anale Penetration gehört nicht zwingend zum basalen Skript pornographischer Sequenzen, wird aber, vor allem in der professionellen Pornographie, überaus häufig gezeigt.[52] Die typische pornographische Hardcore-Sequenz endet regelmäßig mit einer extrakorporalen Ejakulation, die in der überwiegenden Zahl der Fälle auf das Gesicht der Frau erfolgt und nicht selten durch Selbstmasturbation des Mannes hervorgerufen wird. In einigen Fällen wird diesen ›facials‹ eine weitere Abbildung der Fellatio vorgeschaltet. In selteneren Fällen erfolgt die Ejakulation auf den weiblichen Körper. Gemeinsam ist aber so gut wie allen pornographischen Darstellungen, dass Bildserien, Videoclips und Filme nicht nur mit der Ejakulation des Mannes bzw. der Abbildung

---

52 Auffällig ist, dass eine optionale anale Penetration fast immer auf vaginalen Geschlechtsverkehr folgt, diesem aber (fast) niemals vorausgeht. Dies deutet auf eine Hierarchisierung der einzelnen Sexualpraktiken und ihrer Bewertung hin. Für eine genauere Analyse des heterosexuellen Analverkehrs, vgl. S. 61ff.

ihres Ergebnisses (des mit dem Ejakulat benetzten Gesichts oder Körpers der Frau) enden, sondern dass die Ejakulation extrakorporal erfolgt. Die Extrakorporalität der Ejakulation gehört offensichtlich zum unverzichtbaren Bestandteil der pornographischen Hardcore-Sequenz. Sie dient als Chiffre männlicher Lust und als Beweis des männlichen Orgasmus.[53]

Anhand des skizzierten basalen pornographischen Skripts bilden sich Erwartungsstrukturen aus und von daher eignet es sich, sofern diese Erwartungsstrukturen dem Betrachter vertraut sind, zur Chronologisierung von Bildserien: Fellatio wird (fast immer) vor vaginalem Geschlechtsverkehr gezeigt, auf den optional eine anale Penetration folgt, während eine extrakorporale Ejakulation die Sequenz abschließt. Die Bilder werden mittels eines solchen Skripts einerseits und/oder durch die direkte oder indirekte Darstellung eines Entkleidungsvorgangs andererseits in eine chronologische Ordnung gebracht. Die Einheit der Bildserien wird hingegen durch die Identität der beteiligten Personen bzw. Körper hergestellt.[54] Jedes einzelne Element einer pornographischen Handlungssequenz verweist dabei so lange auf ein folgendes, bis das ›pornologische‹ Ende der Sequenz durch die Darstellung der Ejakulation erreicht ist.

Mannigfaltige sexuelle Praktiken und Interaktionsformen sind auch außerhalb des Rahmens von Bildgeschichten darstellbar. Im Gegensatz zu zusammenhangslosen Bildern eröffnen Bildsequenzen aber Möglichkeiten der Identifikation mit dem gezeigten Geschehen.[55] In pornographischen Darstellungen ist der

---

53 *Nicht*extrakorporale Ejakulationen sind so selten, dass sie eine besondere Kategorie mit entsprechenden Websites bilden.

54 Von der hypothetischen Möglichkeit, die Einheit einer Geschichte nicht über die Identität der beteiligten Personen, sondern etwa über bestimmte Accessoires herzustellen, wird kein Gebrauch gemacht. Man könnte freilich den Großteil der Mainstream-Pornographie als *eine* Geschichte beschreiben, deren Einheit gerade durch diese Möglichkeit hergestellt wird: Die Personen sind auswechselbar, während die Einheit der Geschichte über die beiden wesentlichen, zugleich geschlechtskonstruierenden Accessoires hergestellt wird: den Penis einerseits und den weiblichen Körper und seine vestimentären Accessoires andererseits. Aus dieser Perspektive könnte argumentiert werden, dass die Struktur festgelegt sei und nur die Positionen jeweils unterschiedlich besetzt würden. Im Gegensatz zur Liebesgeschichte produziert die pornographische Sequenz weder Individualität noch dient sie der Schaffung eines Paares. Sie aktualisiert lediglich eine spezifische ›pornologische‹ Struktur und Ästhetik.

55 Die hier anhand von Bildsequenzen entwickelten Ausführungen lassen sich mutatis mutandis auch auf Filme und Videoclips übertragen. Freilich erfolgt im Falle des Filmes die Chronologisierungsfunktion durch das schlichte Ablaufen des Films. Das Einhalten eines protopornographischen Skripts oder Ablaufmusters wäre also ebenso

Individualisierungsgrad der interagierenden Personen allerdings gering, so dass im Gegensatz zu anderen narrativen Formaten wie Romanen, Spielfilmen und Erzählungen Identifikation mit dem gezeigten Geschehen kaum durch komplexere Identifikationen mit den gezeigten Personen zustande kommen dürfte.

Identifikationsangebote und -möglichkeiten
In den meisten pornographischen Darstellungen scheinen Männer als handelnde Subjekte, Frauen als (Körper-)Objekte präsentiert zu werden. Eine genauere Betrachtung zeigt freilich, dass eine Individualisierung, sofern sie überhaupt stattfindet, beinahe ausschließlich auf der weiblichen Seite vorgenommen wird. Sie spiegelt sich auch in den, vor allem im pornographischen Sektor des Internets üblichen Kategorisierungen anhand von Personenmerkmalen wider: Diese beziehen sich fast nur auf weibliche Körper. Im Gegensatz zu den Männern, die sich primär durch den Besitz eines Penis' auszeichnen, macht eine solche rudimentäre Individualisierung die Frauen unterscheidbar. Als weitere Mittel der Individualisierung dienen u.a. auch Kleidung, Posen, Schminke und Mimik. In einigen Fällen werden den Frauen durch Überschriften oder Dateinamen auch individuelle Namen zugeschrieben (etwa: »Sara fucks hard«). Im Falle der Männer findet sich Ähnliches äußerst selten.[56] Gleichwohl basiert Pornographie auf der prinzipiellen Austauschbarkeit der gezeigten Personen. Aufgrund des unterschiedlichen Grades der Individualisierung der Männer und Frauen sind jedoch männliche Darsteller von dieser Austauschbarkeit in einem höheren Maße betroffen. So fällt auch ganz allgemein auf, dass es im heterosexuellen Bereich zwar weibliche, kaum aber männliche Pornostars gibt.

---

wenig notwendig wie die Chronologisierung durch Entkleidung. Dennoch nimmt der pornographische Videoclip weder vom einen noch vom anderen Abstand. Er nutzt also nicht die Freiräume, die sich dadurch ergeben, dass die Chronologisierung durch das Medium selbst geleistet wird.

Allerdings spiegelt dies die im Bereich der Pornographie recht offensichtliche Unterausnutzung der Möglichkeiten des Mediums Film wider. Insbesondere werden die surrealen Möglichkeiten des Films in der zeitgenössischen Pornographie kaum genutzt, geschweige denn ausgeschöpft (man denke zum Vergleich etwa an ›Behind The Green Door‹). In einem gewissen Sinne ist der zeitgenössische Pornofilm respektive Videoclip ›kunstlos‹: es wird gezeigt, was es eben zu sehen bzw. zu zeigen gibt.

56 Und wenn, so beinahe ausschließlich im Falle männlicher Pornostars, deren Anzahl weit unter der weiblicher liegt. Bemerkenswert ist aber, dass Darstellerinnen, auch wenn sie keine Stars sind, gelegentlich mit Namen versehen werden, während dies im Falle von männlichen Darstellern kaum beobachtet werden kann.

Folgte man einem Vergleich mit anderen narrativen Formen und ginge man davon aus, dass Identifikationsmöglichkeiten durch Individualisierung der Protagonisten geschaffen werden, so käme man zu der paradoxen Annahme, pornographische Darstellungen würden zur Identifikation mit den dargestellten Frauen einladen. Pornographische Erzeugnisse sind jedoch vornehmlich am männlichen Blick orientiert und es kann kaum angenommen werden, dass in quasi transgenderistischen Identifikationsmöglichkeiten die Basis des Erfolges der heterosexuellen Mainstream-Pornographie liegt.[57] Vielmehr ist anzunehmen, dass weitere Identifikationsmöglichkeiten angeboten werden.

Erfolgt eine Identifikation nicht über die Eigenschaften einer Person, so kann sie als Identifikation mit ihren Handlungen erfolgen. Eine geringe Individualisierung der Person, mit der die Identifikation erfolgen soll, vermag also unter Umständen die Identifikation zu erleichtern. Dies gilt für bewusste wie für unbewusste Identifikationen. Der männliche Betrachter pornographischer Erzeugnisse identifiziert sich typischerweise nicht mit den Eigenschaften des in sexueller Interaktion dargestellten Mannes und auch nicht mit der dargestellten Frau, sondern mit den Handlungen des Mannes. Als Individuum wäre der dargestellte Mann dem betrachtenden Mann insofern nur im Wege, als er zu Vergleichen herausfordern würde. Als eigenschaftsförmiges Identifikationsmerkmal ist der Besitz eines Penis' und als handlungsförmiges Identifikationsmerkmal die Tatsache des sexuellen Verkehrs mit der auf individualisierende Weise dargestellten Frau ausreichend. So stellt die weitgehende Eigenschaftslosigkeit der männlichen Protagonisten eine notwendige Bedingung für die Identifikation des Betrachters mit seinen Handlungen dar. Dies erklärt nicht zuletzt auch, warum und worin sich eine überwiegende Mehrzahl der männlichen Darsteller pornographischer Sexualität von der überwiegenden Mehrzahl der Darstellerinnen unterscheidet: Während das Aussehen der Darstellerinnen möglichst den Schönheitsidealen[58] der männlichen Zielgruppe angenähert wird, spielt, abgesehen von der

---

57 Mit Bezug auf Kaplan gibt Laura Kipnis (2004: 211) allerdings zu bedenken, dass pornographische Bilder von Frauen die weibliche Seite des männlichen Betrachters repräsentieren könnten: »as Kaplan indicates, the woman in the porn pictorial is as likely to represent the female side of the male viewer he wants to subjugate as it is to express, in some literal way, his desire to oppress me.«

58 Allerdings ist anzumerken, dass ein nicht unwesentliches Moment der neueren Internetpornographie darin liegt, dass sie auch Nischen für die sexuelle Darstellung von Körperlichkeiten bietet, die mitunter deutlich von den gängigen Schönheitsidealen abweichen.

Penisgröße[59], das Aussehen der männlichen Darsteller eine weitaus geringe Rolle. Der nicht seltenen Durchschnittlichkeit des Aussehens der männlichen Protagonisten kommt zudem eine wichtige Funktion in der pornotopischen Phantasiewelt zu. Da diese von der Vorstellung beherrscht wird, dass Sex überall, jederzeit und zwischen allen Personen möglich ist, suggeriert das durchschnittliche Aussehen der männlichen Protagonisten zugleich, dass das Aussehen eines Mannes den dargestellten Frauen nicht wichtig ist, sondern dass es für sie allein auf das Vorhandensein eines Penis' ankommt.

Die auf Eigenschaftslosigkeit beruhende Austauschbarkeit der Männer ermöglicht es dem Betrachter, sich mit den an weiblichen Körpern vorgenommenen Handlungen zu identifizieren. Eine Identifikation des Betrachters mit den männlichen Protagonisten erfolgt also nicht aufgrund von deren Eigenschaften, sondern dadurch, dass beide mit ein und derselben Frau sexuell verkehren – der Protagonist in der Abbildung, der Betrachter in seiner durch die Abbildung angeregten und auf sie bezogenen Phantasie.[60]

Der Protagonist fungiert als Platzhalter für den Betrachter und insofern ist seine Individualisierung verzichtbar. Zugleich ist er jedoch unverzichtbar für das Zustandekommen der gezeigten sexuellen Handlungen. Seine Situation ist somit eigentümlich paradox: Seine Anwesenheit ist ebenso notwendig wie seine Abwesenheit. So ist der männliche Protagonist in einem gewissen Sinne der ausgeschlossene Dritte, ja ein Parasit, der für die Darstellung notwendig ist, den Genuss des Betrachters aber potentiell stört. Verdeckt wird diese Paradoxie andererseits dadurch, dass der Protagonist ein Mann ohne Eigenschaften ist und andererseits durch die Konzentration auf weibliche Körper. Aus Sicht des Betrachters stellt der Protagonist zwar ein notwendiges Übel dar, aber die geringe Individualisierung des Protagonisten erleichtert es dem Betrachter, diesen in seiner Phantasie durch seine eigene Person zu ersetzen. Die ausgesprochen schwache Individualisierung der Darsteller erleichtert folglich die Identifikation mit dem männlichen Protagonisten und seinen (Be-)Handlungen.

Die vergleichsweise stärker ausgeprägte Individualität weiblicher Protagonistinnen kann einerseits als Ausdruck männlicher Objektorientierung gedeutet

---

59 Deren Relevanz dürfte nicht zuletzt auch aufnahmetechnischen Aspekten geschuldet sein.

60 Ein Gegenargument zu der vorgetragenen Analyse und zugleich ein Problem der pornographischen Inszenierung von Identifikationsmöglichkeiten liegt in der Tatsache, dass die männlichen Darsteller zumindest eine Eigenschaft aufweisen, mit der der durchschnittliche Betrachter nicht wird konkurrieren können: nämlich die Größe ihrer Geschlechtsteile. Die Identifikation wird sich also Wege suchen müssen, die einen direkten Vergleich umgehen.

werden. Sie kann aber andererseits auch als Ausdruck der Notwendigkeit der Identifikation mit der gezeigten Interaktion interpretiert werden. Die Identifikation mit dem männlichen Protagonisten erfordert, dass der Betrachter die gleiche Frau wie dieser begehrt. Das Begehren des Betrachters stellt den entscheidenden Motivationsgrund für seine Identifikation mit dem Protagonisten dar. Die Darstellerin muss folglich individualisiert werden, um vom Betrachter begehrt werden zu können. Gerade in der Masse des pornographischen Angebots dürfte diesem Aspekt der Individualität Bedeutung zukommen: Individualisierende Eigenschaften können als Selektionskriterium auf Seiten des Betrachters fungieren. Nebensächlich ist dabei, durch welche Eigenschaften diese Individualität oder der Eindruck von Individualität erzeugt wird. Es kann sich um körperliche Merkmale ebenso wie um Kostümierungen handeln. Ausdruck findet diese Orientierungsfunktion individualisierender Eigenschaften nicht zuletzt auch in entsprechend gebildeten Merkmalskategorien wie ›blondes‹, ›fatties‹, ›matures‹ etc. Eine Individualisierung in der einen oder anderen Weise scheint zur Weckung sexuellen Begehrens notwendig zu sein. Nach einer Bemerkung von William Simon (1990: 110) vermag eine bloß geschlechtsdifferenzierte, aber nicht wenigstens rudimentär individualisierte Person kaum stärkeres sexuelles Begehren zu erwecken als etwa eine Schaufensterpuppe. Sofern sich das Begehren des männlichen Betrachters jedoch auf die dargestellte Frau richtet, besteht keine Notwendigkeit, dass sich die dargestellten Männer hinsichtlich ihrer Eigenschaften wesentlich von Schaufensterpuppen unterscheiden.[61]

Nicht so sehr das einzelne Bild, sondern der Verlauf der Handlungen ist es, der Identifikationen ermöglicht. Eine Serie von Bildern kommt zudem dem Wunsch entgegen, von einem Bild bzw. einer gezeigten Person ›mehr‹ zu sehen. Der Betrachter kann so eine Geschichte sowohl erfinden als auch finden, und letztlich ist es die Geschichte, die Handlungssequenz, welche den Betrachter zur Identifikation mit dem Geschehen einlädt. Die Geschichte füllt somit die Lücke aus, die die Unmöglichkeit der Identifikation mit den handelnden Personen lässt.

Gegenüber dem Einzelbild konstruiert die pornographische Bildsequenz nicht nur eine Geschichte, sondern bringt zugleich die Möglichkeit der Variation des Dargestellten mit sich. Um eine Geschichte erzählen zu können, müssen verschiedene Bilder, verschiedene Haltungen und Handlungen, verschiedene Perspektiven, meist auch verschiedene Sexualpraktiken angeboten werden.[62]

---

61 Von daher ist es auch naheliegend, dass Mainstream-pornographische Darstellungen (heterosexuelle) Frauen nicht recht anzusprechen vermögen.

62 Man kann darüber streiten, ob die Geschichte ein Abfallprodukt der notwendigen Variation ist oder ob es sich umgekehrt verhält. Diese Frage ist hier jedoch nicht ent-

Die Extrakorporalität der Ejakulation[63]

Die Standardchoreographie Mainstream-pornographischer Inszenierungen findet ihren Abschluss in der extrakorporalen Ejakulation, die zunächst der beschränkten Darstellbarkeit des männlichen Orgasmus geschuldet zu sein scheint. Die Ejakulation, die nur sichtbar wird und gezeigt werden kann, wenn sie von der Penetration abgelöst wird, also extrakorporal erfolgt, dient als Symbol des männlichen Orgasmus bzw. als Chiffre männlicher Lust. Aus psychoanalytischer Perspektive betrachtet lässt sich jedoch eine weitere Funktion der Extrakorporalität der Ejakulation vermuten. Ein Großteil der pornographischen Szenen beschreibt in symbolischer Weise den Verlust des Penis' an die Frau; die Extrakorporalität der die pornographische Szene abschließenden Ejakulation symbolisiert hingegen eine Art Wiederermächtigung des Mannes. Die Frau konnte zwar über seinen Penis verfügen und sich diesen einverleiben – dies mag unbewusste Verlustängste auslösen –, letztlich verschlingen konnte sie ihn aber nicht und auch seinen Samen kann sie sich nicht einverleiben. Die extrakorporale Ejakulation beweist somit auch, dass der Mann seines Penis' nicht verlustig gegangen ist, und gibt ihm zugleich eine Art (Selbst-)Steuerungsfähigkeit zurück. Er gewinnt wieder Subjektcharakter, da er es zu sein scheint, der seine Ejakulation kontrolliert und seinen Penis rechtzeitig in eine extrakorporale Position bringt. Der erlebte bzw. dargestellte Verlust männlicher Subjektivität scheint nur dadurch erträglich zu werden, dass am Ende der pornographischen Sequenz ihre Wiedergewinnung steht.[64]

Diese tiefer liegende Dimension wird in der pornographischen Darstellung freilich dadurch überdeckt, dass nicht zuletzt die Frau als diejenige inszeniert wird, der an der Extrakorporalität der Ejakulation gelegen ist. Erfolgt diese, wie in den meisten Fällen, auf das Gesicht der Frau, wird dies so dargestellt, als ob sie dies besonders erregend fände.[65] Nicht nur in Ermangelung von Möglichkeiten der Darstellung weiblicher Lust scheint diese in Abhängigkeit von der männlichen dargestellt zu werden. Der Höhepunkt der weiblichen Lust scheint

---

scheidend. Vielmehr kommt es darauf an, dass sowohl die narrative Form als auch die Variation bestimmte Funktionen erfüllen.

63 Dieses Unterkapitel entstammt im Wesentlichen einer früheren Publikation über *Internetpornographie* (Lewandowski 2003). Analoges gilt für die Abschnitte *Männlichkeit, Weiblichkeit – Geschlechterphantasmen* (S. 75ff.) und *Der männliche Blick und die Passivität* (S. 78f.).

64 Die extrakorporale Ejakulation symbolisiert zugleich Verschwendung und Überfluss – beides für die pornographische Phantasie bedeutsame Topoi.

65 Für eine andere Interpretation, vgl. unten: *La femme machine*, S. 287ff.

im Erleben seiner Ejakulation zu liegen. Auch von daher wird verständlich, warum diese in sichtbarer Weise zu erfolgen hat. Zumindest in dieser abschließenden Szene finden wir die Annahme bestätigt, Frauen würden in pornographischen Kontexten als Objekte männlicher Lust dargestellt. Im Falle der extrakorporalen Ejakulation ist die Frau zwar beteiligt, aber im Wesentlichen als Zuschauerin und Oberfläche, die den männlichen Samen aufnimmt. Mit der extrakorporalen Ejakulation gewinnt der Mann die Kontrolle über sich und die Situation zurück; zugleich kann er die Frau kontrollieren und beschmutzen. Die in der Beschmutzung der Frau liegende Erniedrigung ermöglicht ihm, sich sowohl als Subjekt zu erhöhen bzw. seine souveräne Subjektivität wieder zu erlangen als auch sich an der Frau für den zuvor erlebten Verlust zu rächen. Von daher ließe sich die pornographische Sexualität auch als ein Kampf um Verlust und Wiedergewinnung von Subjektivität beschreiben. Die begeisterte Aufnahme dieser Wiedererlangung männlicher Subjektivität seitens der Frau, wie sie sich in der Begeisterung über das pornographisch fetischisierte Sperma zeigt, verstärkt einerseits den Eindruck ihrer Erniedrigung, kann andererseits aber auch als Freude über ihren ›Erfolg‹ gedeutet werden. Erkauft wird dieser Erfolg durch ihre Degradierung zum bloßen Objekt. Letztlich stellt die extrakorporale Ejakulation die traditionelle geschlechtsphantasmatische Ordnung wieder her und bändigt die begehrende Frau in symbolischer Form.

Bemerkenswert ist zudem, dass in einer Vielzahl pornographischer Inszenierungen die abschließende extrakorporale Ejakulation durch Selbstmasturbation ausgelöst wird – so als ob noch zusätzlich unterstrichen werden müsste, dass der Mann die Sache wieder ›in die Hand nimmt‹ und seine Sexualität ebenso wie sich selbst ›im Griff‹ hat. In einem gewissen Sinne ersetzt diese Form eines pornographischen Coitus interruptus aus Angst vor Selbstverlust den klassischen Coitus interruptus aus Angst vor Schwängerung. Die symbolische Assoziation von Schwängerung und Verschmelzung verdeutlicht aber zugleich, was in der pornographischen Inszenierung auch symbolisch vermieden werden soll: eine Form der Hingabe, die in der Verschmelzung mit dem Weiblichen den Selbstverlust und die Auflösung des Männlichen und letzten Endes der Geschlechterdifferenz bedeuten könnte. In diesem Sinne ließe sich die extrakorporale Ejakulation auch als eine Abwehr von Weiblichkeit deuten.

So dient die extrakorporale Ejakulation einer doppelten Selbstvergewisserung: Man(n) ist der Kastration entgangen und hat sich durch die Behandlung der Frau als Objekt wieder zum souveränen Subjekt aufgeschwungen. Die Gefahr des Selbstverlusts ist paradoxerweise im Moment höchster Lust abgewehrt.⁶⁶ Die extrakorporale Ejakulation erfüllt darüber hinaus ›darstellungstechnische‹ Funktionen: Die pornographische Darstellung ist zwischen zwei Polen bzw. Prinzipien angesiedelt. Sie stellt eine von der Alltagswelt deutlich geschiedene, utopische Welt dar, in der Sex immer erwünscht und jederzeit möglich ist. Die pornographische Fiktion darf jedoch, um zu wirken, nicht rein utopisch sein, sondern muss Berührungspunkte mit der Alltagswelt haben und in dieser verankert sein. Eine solche Verankerung in der Realität erfolgt durch den bildlichen Beweis der Penetration einerseits und durch die Darstellung der extrakorporalen Ejakulation andererseits. Beide beweisen, dass die gezeigte sexuelle Interaktion nicht nur gespielt wurde, sondern tatsächlich stattgefunden hat.

Die Realitätsbeweise in Form der extrakorporalen Ejakulation sowie der Penetration in Nahaufnahme fügen sich in die pseudoauthentische Erzählstrategie pornographischer Darstellungen ein. Sie repräsentieren das Reale in der pornographischen Utopie und dienen der Vermischung von fiktionaler und realer Realität. Indem mittels ›meat shot‹ und ›cum shot‹ ein Stück realer Realität in die fiktionale Realität der Pornographie eingeführt wird, dienen sie der Abstützung letzterer.⁶⁷ Paradox bleibt im Falle der extrakorporalen Ejakulation freilich, dass diese (im Gegensatz etwa zur gezeigten Penetration) gerade nicht die alltägliche Realität zeigt, die sie zu zeigen vorgibt. Sie wirkt vielmehr als Chiffre und Platzhalter (männlicher) sexueller Lust, die selbst als nicht darstellbar erscheint.

---

66 Man fühlt sich an Odysseus erinnert, der sich an den Mast fesseln lässt, um dem Gesang der Sirenen lauschen zu können und so den Genuss einerseits von der Gefahr des Selbstverlustes trennt, aber andererseits eben dadurch verhindert, sich ihm vollständig hingeben zu können (vgl. Horkheimer/Adorno 1944: 50-87).
Als zusätzlicher Aspekt kommt hinzu, dass die durch Selbstmasturbation erfolgende extrakorporale Ejakulation die Angewiesenheit auf eine Sexualpartnerin dementiert, wodurch diese zur Onaniervorlage degradiert wird. Zudem wird durch den masturbatorischen Akt ein hohes Maß an Identifikation des (möglicherweise ebenfalls masturbierenden) Zuschauers mit dem handelnden männlichen Subjekt der pornographischen Darstellung ermöglicht.

67 Allerdings sind auch funktionale Äquivalente dieser Realitätsbeweise denkbar, wie sie sich etwa in der Amateurpornographie finden. Der visuelle Beweis der Penetration kann unterbleiben, wenn die Realität der gezeigten Sexualität etwa durch die Privatheit des Raumes, in dem sie stattfindet, hinreichend verbürgt wird (vgl. auch S. 125ff.)

Maskuline Selbstermächtigung und die Domestizierung der weiblichen Sexualität – ein pornographisches Mikrodrama

Eine Analyse einzelner oder auch einer Mehrzahl extremer pornographischer Inszenierungen und Phantasien, in denen die Zerstörung des Subjektstatus einer Person im Mittelpunkt steht, vermag freilich nicht die grundlegende These zu untermauern, der Kern des Pornographischen bestünde in der Erotisierung von Hass. Auch der individualpsychologisch ansetzenden Perversionstheorie Stollers gelingt dies insofern nicht, als sie strukturelle Parallelen zwischen perversen Inszenierungen und pornographischen Darstellungen zwar aufzeigen kann, jedoch einerseits die Ausdifferenzierung des Pornographischen als populärkulturellem Genre unberücksichtigt lässt und andererseits eine Parallelisierung zwischen Perversion und Pornographie den unterhaltungsindustriellen Kern des Pornographischen ausblendet. Spräche Pornographie ausschließlich die Sprache der Perversion im klinischen Sinne, wären ihre Bedeutung und ihr Erfolg als massenmediales Genre nur schwer erklärlich.

Die Frage, ob Pornographie prinzipiell Hass, insbesondere Hass auf Frauen darstellt oder von Hass angetrieben wird, muss von der Frage getrennt werden, ob im Pornographischen die aggressiven Dimensionen des Sexuellen dominieren.[68] Letztere Frage kann insofern bejaht werden, als die Betonung der aggressiven sexuellen Komponenten im Rahmen des Pornographischen dadurch entsteht, dass die zärtlich-sinnlichen Strömungen in der Mainstream-Pornographie weitgehend ausgeblendet und dem Spektakulären geopfert werden. Der direkte Schluss von einer Dominanz aggressiver Komponenten, die zur Ermächtigung über das gewählte Sexualobjekt drängen, auf einen grundlegenden Hass diesem Objekt gegenüber zu schließen, ist jedoch recht kurzschlüssig.

Die aggressiven Komponenten des Sexuellen werden in der pornographischen Inszenierung durch ein instrumentelles Verhältnis zum Sexualobjekt gestärkt: Das pornographische Sexualobjekt ist typischerweise ausschließlich Sexualobjekt. In der pornographischen Interaktion verkehren nicht Personen miteinander, sondern Körper, die auf jeweils eine Dimension ihres Ausdrucksvermögens reduziert werden. Instrumentalisierung des Körpers und aggressive Komponenten des Sexuellen gehen Hand in Hand und verstärken einander wechselseitig.

Die Tatsache, dass die Positionen des Aggressors und der unterworfenen Personen bzw. Körper zumindest in der heterosexuellen Pornographie sehr ein-

---

68 Zu unterscheiden ist auch zwischen Hypothesen eines allgemeinen kulturellen Frauenhasses und Hass im psychodynamischen Sinne der Theorie Stollers.

deutig vergeschlechtlicht sind, sollte jedoch nicht darüber hinwegtäuschen, dass das Geschlechterverhältnis in der Pornographie beiderseitig bzw. wechselseitig instrumentell ist. Die pornographische Interaktion kann als geschlechtlicher Machtkampf und vergeschlechtlichtes Unterwerfungsritual gedeutet werden, in dem Aktivität und Passivität klar verteilt zu sein scheinen: ›man fucks woman‹. Auch scheint ein Großteil der heterosexuellen Pornographie die Unterwerfung der Frau bzw. des weiblichen Körpers unter männliche Lüste zu inszenieren. Diese Annahmen sind nicht falsch; in ihrer Eindimensionalität vermögen sie die Dynamik pornographischer Inszenierungen jedoch nur unzureichend zu erfassen.

Was als einfache, mitunter brutale Unterwerfung erscheint, enthüllt sich der genaueren Analyse oftmals als eine Art Mikrodrama der Domestizierung weiblicher Sexualität und maskuliner Selbstermächtigung.

Heterosexuelle Männlichkeit konstituiert bzw. stabilisiert sich unter anderem durch regelmäßigen sexuellen Verkehr mit Frauen (vgl. Dannecker 2004: 116f.) und der Konsum heterosexueller Pornographie mag ähnliche Konstruktionsleistungen erbringen. Bemerkenswert ist freilich, dass er auch der Abwehr von Weiblichkeit respektive homosexuellen Begehrens dienen kann.[69] Ein Teil der ostentativen Abwertung von Weiblichkeit resultiert aus der pornographischen Konstruktion heterosexueller Männlichkeit. Pornographische Inszenierungen vermögen auf diese Weise bestimmte Funktionen in der Konstruktion einer spezifischen Form heterosexueller Männlichkeit zu leisten. In einem gewissen Sinn fungiert das Pornographische als ein Selbstverständigungsdiskurs über heterosexuelle Männlichkeit im Zeitalter ihrer Bedrohung. Gezeigt wird nicht nur hegemoniale Männlichkeit in sexuellen Interaktionen, sondern eine (Re-)Konstruktion hegemonialer Männlichkeit *durch* sexuelle Interaktionen. Im pornographischen Kontext gelten nicht nur jene Männer als besonders männlich, die mit besonders vielen Frauen sexuell verkehren, sondern insbesondere jene, die dies auf eine Weise tun, die den weiblichen Körper in möglichst totaler Form unterwirft.

Der Triumph über das Weibliche bzw. den weiblichen Körper ist jedoch ambivalent und wird teuer erkauft. So handelt die heterosexuelle Pornographie eigentlich nur sehr peripher vom heterosexuellen Mann und seinem Körper. Ganz

---

69 Nicht von ungefähr ist männliche Homosexualität das zentralste Tabu der heterosexuellen Pornographie, in der mann-männliche Berührungen tunlichst vermieden werden. Interessant ist in diesem Zusammenhang auch die Rolle, die pornographische Darstellungen in totalen Institutionen spielen, sofern diese typischerweise ausschließlich von Männern bevölkert werden: Das Aufhängen von pornographischen Bildern und Anfertigen pornographischer Zeichnungen signalisiert und (re-)konstruiert heterosexuelle Männlichkeit in einer homosozialen Umgebung und dient somit auch der Abwehr homoerotischer Gedanken, Möglichkeiten und Verdächtigungen.

im Gegenteil fällt auf, dass der männliche Körper eher am Rande vorkommt, während die Kamera den Blick des Zuschauers vornehmlich auf weibliche Körper und ihre Reaktionen lenkt. Auch Darstellungen männlicher Lust, die sich nicht auf den Penis und die extrakorporale Ejakulation sowie Ausrufe wie »mir kommt's gleich« beschränken, sind recht selten. Paradoxerweise scheint eine autonome männliche Lust, i.e. eine Lust, die nicht allein in der Unterwerfung des Weiblichen liegt, die große Abwesende der heterosexuellen Mainstream-Pornographie zu sein. Offensichtlich ist es exakt jene Form von Männlichkeit, die die Pornographie konstruiert, die die Möglichkeit (der Darstellung) männlicher Lust ausschließt – sofern das Zulassen von unkontrollierter Lust die Aufgabe jener Selbstkontrolle impliziert(e), die für Männlichkeit als charakteristisch angesehen wird.

Liest man die prototypische pornographische Interaktion als ein Mikrodrama des Geschlechtlichen und insbesondere der Männlichkeit, so wird die Vorstellung souveräner männlicher Subjektivität zweifelhaft – zeigt doch die Pornographie immer wieder wie wenig gefestigt männliche Subjektivität zu sein scheint, da sie allzu leicht sexuellen Verlockungen unterliegt. So ist es im typischen pornographischen Skript die Frau bzw. ein bestimmtes Phantasma der weiblichen Sexualität, die nicht nur die Darstellungsweise, sondern auch den Inhalt der Darstellung dominiert. Die Vorstellung der weiblichen Sexualität und des weiblichen Körpers unterminieren die souveräne Selbstbeherrschung der männlichen Subjektivität respektive des männlichen Körpers, und die gesamte pornographische Interaktion lässt sich als Kampf um die (Wieder-)Erlangung dieser Souveränität entschlüsseln. Die Krux des pornographischen Settings besteht freilich darin, dass in seinem Kontext die männliche Selbstermächtigung nur über die sexuelle Unterwerfung des weiblichen Körpers gelingen kann. Die Frau muss unterworfen werden, um männliche Souveränität wiederzugewinnen. Paradoxerweise wird die sexuelle Interaktion aber nicht nur durch die Verlockungen der weiblichen Sexualität initiiert, sondern auch in ihrem Verlauf und in ihrer Darstellungen von der Frau dominiert. Zugleich inszeniert sie einen Kampf gegen das Dominiertwerden durch die Frau, indem sie versucht, diese zu unterwerfen. Hat die sexuelle Interaktion im engeren Sinne erst einmal begonnen, so ist in der Mehrzahl der Fälle vom männlichen Körper kaum mehr zu sehen, als unbedingt notwendig ist. Eine Erotisierung des männlichen Körpers findet in diesem Stadium nicht (mehr) statt und selbst bzw. gerade männliche Mimik wird kaum mehr gezeigt; die Kamera konzentriert sich vielmehr auf den Körper und das Gesicht der Frau. Durchbrochen wird diese Darstellungsweise lediglich von ›meat shots‹ und der, die sexuelle Interaktion abschließenden, extrakorporalen Ejakulation, die meist auf das Gesicht der Frau oder den Körper erfolgt. In der Beschmutzung des weiblichen Körpers manifestiert sich der Triumph über die Frau, der zugleich beweist, dass die männliche Subjektivität überlebt hat und die Kastration vermieden wurde. Dieser letzte ›Triumph‹ scheint umso bedeutender zu sein, als er all jenes, was zuvor geschah, erfolgreich zu dementieren vermag: er beweist, dass der Mann der weiblichen Sexualität nicht hilflos ausgeliefert war bzw. ist und aus der Konfrontation mit ihr als Sieger hervorgegangen ist. Die Funktion der extrakorporalen Ejakulation liegt mithin nicht ausschließlich im Beweis der männlichen Lust, sondern auch in der Symbolisierung der männlichen Selbstkontrolle. Indem er nicht im weiblichen Körper, sondern auf diesen ejakuliert, beweist der Mann, dass er sich auch und gerade im Moment des Kontrollverlusts unter Kontrolle hat und die Kontrolle nicht an die Frau verliert.

Ein Teil dessen, was als Hass auf das Weibliche erscheint, ist also Ausfluss der Tatsache, dass die einzige Form, in der die Pornographie männliche Selbstermächtigung denken kann, die Ermächtigung über die Frau und die Unterwerfung des weiblichen Körpers ist. Der inszenierte Hass auf das Weibliche ist Teil der Abwehr einer Verschmelzung mit ihm. Gerade in diesem Punkt liegt der schärfste Kontrast von romantischer und pornographischer Utopie. Während in der romantischen Utopie das Sexuelle als ein Mittel zur Verschmelzung mit dem geliebten Objekt gilt, besteht die pornographische Utopie darin, der Verschmelzung mit dem Objekt zu entgehen und stattdessen durch die Unterwerfung des Objekts männlich-souveräne Subjektivität nicht zu verlieren, sondern vielmehr aufzurichten, den sexuellen Verkehr gewissermaßen ohne Verschmutzung durch das Weibliche zu ›überstehen‹. Die pornographische Utopie besteht also zumindest zum Teil aus der Abwehr der romantischen Utopie. Pornographie versucht, anders gesagt, zu beweisen, dass man(n) gefahrlos mit Frauen sexuell verkehren kann, also ohne mit ihnen verschmelzen zu müssen. Der Eindruck des Hasses entsteht somit nicht nur durch das Fehlen (oder Verfehlen) von Liebe, sondern resultiert aus einem expliziten Kampf gegen romantische Liebe, deren Versprechen der Verschmelzung im pornographischen (und man mag anfügen: im männlichen) Kontext als Bedrohung der männlichen Souveränität, mithin als Bedrohung einer spezifischen kulturellen Form von Männlichkeit empfunden wird. Die Paradoxie, mit der die heterosexuelle Pornographie kämpft, liegt also darin, dass die Konstruktion und fortlaufende Bestätigung heterosexueller Männlichkeit auf den regelmäßigen sexuellen Verkehr mit Frauen angewiesen ist, dieser aber die souveräne männliche Subjektivität zugleich bedroht, da er immer auch an der Gefahr der Verschmelzung bzw. einer Kontamination durch das Weibliche rührt. Den Kompromiss, den die protopornographische Inszenierung für diesen paradoxen Konflikt gefunden hat, besteht in der aggressiven Abwehr des Weiblichen und seiner Unterwerfung mittels einer sexuellen, mitunter gewalttätigen Überwältigung der Frau, die ihr zugleich die letzte Lust verweigert, indem sie die Abwehr der Verschmelzung in der extrakorporalen Ejakulation symbolisiert.

Homosexuelle Subtexte heterosexueller Pornographie

Den Traum, den die Pornographie am offensichtlichsten träumt, ist der eines sexuellen Schlaraffenlands, in dem allen alle Möglichkeiten offen und – vor allem – alle Objekte zugänglich sind. Dargestellt findet sich eine sexuelle Multioptionsgesellschaft, deren wesentliches Charakteristikum es ist, dass sexuelle Optionen nicht nur gegeben sind, sondern ihre Realisierung jederzeit möglich ist. Insofern ist die Rede von einem ›Pornotopia‹ nicht falsch. In der Pornographie kommt jedoch mitnichten eine freie und ungehemmte Sexualität zur Darstellung. Ganz im Gegenteil finden sich relativ rigide ›protopornographische‹ Skripte, um die herum pornographische Darstellungen aufgebaut sind. Die Rigidität solcher Schemata, die an perverse Inszenierungen bzw. Rituale denken lässt, zeigt sich u.a. in dem, was durch sie ausgeschlossen wird. Ein solcher Ausschluss betrifft insbesondere sexuelle Interaktionen zwischen Männern im Rahmen heterosexueller Pornographie[70], aber auch die Penetration von Männern.

Der weibliche Körper als Medium latent homosexueller Begegnungen

Das Verhältnis der Männer der heterosexuellen Mainstream-Pornographie zueinander bietet ein weiteres Beispiel für unsere These, dass die Pornographie nicht alles zeigt, sondern Wesentliches nur in verfremdeter, gleichsam latenter Form, also als Kompromissbildung zur Darstellung bringt. Nicht selten werden sexuelle Interaktionen zwischen mehr als zwei Personen dargestellt, von denen häufig eine Mehrzahl dem einen oder dem anderen Geschlecht angehört. Während Darstellungen, die eine Mehrzahl von Frauen in sexuellen Interaktionen mit einer Minderzahl von Männern oder einem Mann zeigen, oftmals auch Interaktionen zwischen den Frauen zeigen, werden im umgekehrten Falle sexuelle Berührungen unter den Männern peinlichst vermieden. Offensichtlich wird alles ausgeschlossen, was an eine männlich homosexuelle Interaktion gemahnen könnte. Gerade die Anstrengungen, die zu diesem Behufe unternommen werden, gemahnen an das Ausgeschlossene und an die Subtexte pornographischer Darstellungen. Die Paradoxie der Darstellung liegt darin, mehrere Männern im gleichen

---

70 Dass ein solcher Ausschluss nicht unbedingt in der Logik heterosexueller Pornographie liegt, zeigt sich daran, dass sexuelle Interaktionen zwischen Frauen sehr wohl gezeigt werden.

Raum bei gleichzeitigen sexuellen Interaktionen so zu zeigen, als seien sie in ihren Interaktionen nicht sexuell aufeinander bezogen. Ihr dargestelltes Begehren darf sich auf alles andere, nicht aber auf andere Männer beziehen. Der homosexuelle Subtext kann jedoch ›gerettet‹ werden, indem weibliche Körper gleichsam als ein Medium latenter Homosexualität fungieren: Männern verkehren nicht miteinander, sondern gleichzeitig mit derselben Frau. Der Körper der Frau dient sowohl als Bindeglied als auch als Puffer zwischen ihnen.[71] Indem er eine Art ›Indifferenzzone‹ zwischen den männlichen Körpern etabliert, wird es ihnen möglich, quasi durch den Körper der Frau miteinander sexuell in Interaktion zu treten. Offensichtlich wird diese ›Verwendungsweise‹ weiblicher Körper beim nicht selten gezeigten Geschlechtsverkehr einer Frau mit zwei Männern. Die Gleichzeitigkeit der vaginalen Penetration einer Frau durch einen Mann und der analen Penetration derselben Frau durch den anderen Mann, bringt die beiden Männer sexuell so in Verbindung, dass ihre Verbindung keine körperlich direkte, sondern eine durch den Frauenkörper vermittelte ist.[72] Ohne im eigentlichen Sinne homosexuell zu sein, wird auf diese Weise eine homosexuelle Bedeutungsebene in die Darstellung eingeschoben. Und tatsächlich lässt sich fragen, ob weibliche Körper in derartigen Darstellungen mehr als ein bloßes Medium, mehr als nur ein ›Verbindungsstück‹, mehr als nur ein Katalysator sind. Zumindest sind solche Darstellungen in sehr grundlegender Weise interpretationsoffen.

Die Funktion eines Mediums liegt ebenso wie die eines Katalysators darin, das Zustandekommen etwas anderweitig nicht Möglichem doch zu ermöglichen. Systemtheoretisch gesprochen ließe sich sagen, dass die Funktion eines Mediums darin liegt, die Wahrscheinlichkeit des an sich Unwahrscheinlichen zu erhöhen. Genau in diesem Sinne fungiert der gleichzeitig vaginal und anal penetrierte weibliche Körper als Medium. Er (!) bringt eine sonst unwahrscheinliche sexuelle Verbindung zweier (eigentlich) heterosexueller Männer zustande und erlaubt so eine Unterfütterung heterosexueller Darstellungen mit einem homosexuellen Subtext.

Der Vergleich des weiblichen Körpers mit einem Katalysator kann noch ein Stück weiter getrieben werden. Katalysatoren haben die Eigenschaft, chemische Reaktionen zu ermöglichen und in Gang zu setzen, dabei aber selbst unverändert zu bleiben. Ähnlich bleibt der weibliche Körper in den angesprochenen pornographischen Darstellungen ein weiblicher, auch wenn er als männlich-

---

71 Der weibliche Körper fungiert auch insofern als Medium, als er die an das männlich-homosexuelle Begehren geknüpften Ängste und psychischen Abwehrmechanismen bindet.

72 Auffällig ist, dass solche Darstellungen ›doppelter‹ Penetrationen, mann-männliche Berührungen zu vermeiden suchen.

homosexuelles Medium fungiert. Männer verkehren sexuell miteinander, indem sie gleichzeitig und gemeinsam einen weiblichen Körper penetrieren. Der homosexuelle Kontext bzw. Subtext wird also durch das Moment der Gleichzeitigkeit in eine auf den ersten Blick heterosexuelle Interaktion ›eingeschleift‹. Die Synchronizität tritt also an die Stelle offenen homosexuellen Begehrens und verbannt dieses in die Latenz.[73] In solchen Interaktionen wird männliche Homosexualität also zugleich verleugnet, dargestellt und ausgeblendet.

Zweifelsohne würde es zu weit führen, Darstellungen sexueller Interaktionen einer Mehrzahl von Männern mit einer Frau durchweg als quasi-homosexuelle bzw. kaschierte homosexuelle Akte zu interpretieren. Dennoch liefert unsere Analyse Anhaltspunkte dafür, dass sich in scheinbar eindeutigen pornographischen Darstellungen durchaus ein latenter Subtext verbirgt. Zu vermuten steht auch, dass sich ein solch latenter Subtext mit latenten Phantasien seitens der Rezipienten trifft.

Reformulieren wir die eben durchgeführte Analyse mit Hilfe der Freud'schen Traumtheorie, so bildet die männlich homosexuelle Interaktion bzw. das männlich homosexuelle Begehren den latenten Traum- bzw. Pornographiegedanken, eine Abneigung (oder Angst) gegenüber diesem Begehren einen Widerstand und die gezeigte sexuelle Interaktion zweier Männer mit einer Frau eine Kompromissbildung. Genau diese Kompromissbildung ermöglicht es, sich von einer quasi-homosexuellen Interaktion erregen zu lassen, ohne sich homosexueller Begehrenskomponenten bewusst zu werden.

Latent männlich homosexuelle Subtexte können in der heterosexuellen Pornographie aber auch in diachroner Weise zur Darstellung gelangen: Zwei (oder mehr) Männern verkehren nicht gleichzeitig, aber kurz hintereinander oder abwechselnd mit ein und derselben Frau. In beiden Fällen fungiert – wie skizziert – der weibliche Körper als Medium einer protohomosexuellen Begegnung.[74]

›Heterosexueller‹ Analverkehr

Ein zentrales Element der zeitgenössischen Hardcore-Pornographie ist die anale Penetration. Ihre pornographische Verbreitung scheint einerseits eine Abgrenzung zur alltäglichen Sexualität zu markieren und andererseits aus dem pornographischen ›Zwang‹ zu resultieren, alle sexuellen Möglichkeiten des menschlichen Körpers auszuschöpfen. Analverkehr nimmt zudem im hierarchisch organi-

---

73 Im Sinne von Freud lässt sich von einer Verschiebung sprechen.
74 Recht selten finden sich Darstellungen des gleichzeitigen vaginalen oder oralen Verkehrs zweier Männer mit einer Frau, da eine Berührung der Geschlechtsteile zweier Männer offensichtlich vermieden werden soll, um homosexuelle Subtexte tatsächlich latent zu halten.

sierten prototypischen Skript der heterosexuellen Pornographie eine prominente Position ein. Mit Blick auf den unter anderem Ovid zugeschriebenen Ratschlag, man solle, wenn man anstatt einer Freundin lieber einen Freund hätte, diese doch einfach umdrehen, ließe sich auch fragen, inwieweit der analen Penetration eine homosexuelle Bedeutungskomponente innewohnt. Trotz aller Ausweitung des Spektrums der normalheterosexuellen Praktiken und trotz der zunehmenden Verwischung der Charakterisierung sexueller Praktiken entlang der Unterscheidungsachse homosexuell/heterosexuell lassen sich doch Bedeutungsgehalte vermuten, die sich an dieser Unterscheidungsachse orientieren. Charakterisiert man Analverkehr als prototypisch männlich homosexuell *konnotierte* Praktik[75], so ließen sich anale Penetrationen von Frauen durchaus als latent homosexuelle Handlungen verstehen. Sie wären eine perfekte Kombination von Heterosexualität auf Ebene der Objektwahl und Homosexualität auf Ebene der sexuellen Praktiken, also eine recht gelungene Kompromissbildung im Sinne von Freud.[76]

Analverkehr als (De-)Konstruktion des Weiblichen

Liest man das prototypische Skript der zeitgenössischen Pornographie als eines der Steigerung der Attraktionen, so fällt auf, dass Analverkehr meist die letzte ›Stufe‹ vor der extrakorporalen Ejakulation markiert, so dass dem Analverkehr besondere Prominenz zukommt. Er gilt offenbar – durchaus im doppelten Sinne – als ›das Letzte‹. Als letztes Tabu, als letzte Steigerungsmöglichkeit, als letzte Negierung von Weiblichkeit. Die Unterwerfung des Weiblichen scheint das

---

75 Eine offensichtlich *asymmetrische* Tabuisierung analer Sexualkontakte in heterosexuellen Interaktionen ließe sich auf diese Weise erklären. Asymmetrisch ist sie insofern, als anale Sexualität vor allem dann tabuisiert wird, wenn ihr Objekt ein Mann ist; sie aber andererseits als reizvolle Verlockung erscheint, wenn das Objekt weiblich ist. Erklärbar wird beides durch den männlich homosexuellen Bedeutungskontext analer Sexualität. Ist der Mann das Objekt, so ist der homosexuelle Kontext (ihm!) zu offensichtlich und die angstvolle Besetzung der entsprechenden Phantasie blockiert ihr Bewusstwerden oder doch zumindest ihre (pornographische) Realisierung. Im anderen Falle kann der weibliche Körper quasi als Verdeckung der homosexuellen Analogien dienen bzw. als Kompromissbildung fungieren, d.h. als Ausweis der Heterosexualität der Interaktion. In Anlehnung an den erwähnten, Ovid zugeschriebenen Rat ließe sich also formulieren: Wenn Dir eine manifest homosexuelle Objektwahl nicht möglich ist, dann drehe die Frau doch einfach um.

76 Eine solchermaßen stattfindende männliche Homosexualisierung weiblicher Körper ließe sich von anderer Warte freilich insofern auch als spezifische Erniedrigung von Frauen beschreiben, als ihr eigentliches Geschlechtsorgan aus der sexuellen Interaktion ausgeklammert wird.

Dominante des Analverkehrs zu sein, sofern er Verfügbarkeit über alle Öffnungen des weiblichen Körpers nicht nur symbolisiert, sondern faktisch demonstriert. Es geht um eine Bemächtigung des Weiblichen, zugleich aber auch um dessen Negierung. Die Bemächtigung liegt gewissermaßen in der Negierung, im Verschmähen der spezifisch weiblichen Körperöffnung. Diesem Verschmähen wohnt aber – ähnlich wie der extrakorporalen Ejakulation – ein Subtext inne; Analverkehr hat neben manifesten auch latente Bedeutungsgehalte.

Entschlüsselt man die anale als eine in erster Linie nicht-vaginale Penetration, also als Vermeidung der weiblichen Körperöffnung, so rückt einerseits eine merkwürdige Geschlechterkonstellation in den Mittelpunkt der Aufmerksamkeit und andererseits drängt sich die Frage auf, inwieweit Vermeidung und Verleugnung ineinander spielen. Im Analverkehr wird das Geschlechterverhältnis merkwürdig, da die Bemächtigung der Frau bzw. des Weiblichen an einer Stelle respektive Körperöffnung ansetzt, die gerade nicht spezifisch weiblich ist. Die Bemächtigungsfigur der analen Penetration ist also insofern paradox, als sie sich der Weiblichkeit durch ihre Negation bzw. Verleugnung bemächtigt. Die Frau wird genommen als wäre sie keine und genau darin scheint der spezifische Reiz des Analverkehrs im Rahmen des pornographischen Skripts zu liegen. Im Kern geht es um eine Entweiblichung des Weiblichen. Das hieße aber, dass die Bemächtigung des Weiblichen seine Negation voraussetzte. Die Frau ist dann erst richtig unterworfen, wenn sie symbolisch ihrer Weiblichkeit beraubt wird und diese Beraubung wird faktisch durch ein sexuelles Verschmähen des weiblichen Organs in Szene gesetzt.

Unter der Ägide einer heteronormativen Ordnung bedeutet Negierung von Weiblichkeit jedoch nicht automatisch Männlichkeit[77]; dennoch wohnen der analen Penetration einer Frau homosexuelle Bedeutungsgehalte inne. Analverkehr präferiert diejenige sexuell besetzte Körperöffnung, die Männern und Frauen gemeinsam ist. Zwar bleibt der Körper einer Frau, die in der pornographischen Szene anal penetriert wird, erkennbar weiblich, aber die Bevorzugung der analen Körperöffnung und die mit ihr einhergehende Negierung der vaginalen, kann zugleich als Leugnung letzterer gelesen werden. Die Frau wird nicht vermännlicht, sondern zunächst einmal entweiblicht; die latente Aussage lautet: »Ich brauche deine Weiblichkeit nicht«. Die Frau wird als Frau entwertet und insofern fügt sich die Prominenz des Analverkehrs durchaus in eine Leseweise ein,

---

77 Im Gegensatz zum umgekehrten Fall: Die Negierung von Männlichkeit verweiblicht. Die heteronormative Ordnung ist also in doppelter Hinsicht asymmetrisch strukturiert. Einerseits wird Männliches gegenüber Weiblichem präferiert und andererseits ist die Unterscheidung männlich/weiblich gleichsam ›schief‹ gebaut, da die Negation des ersteren zwar zu zweiterem führt, nicht aber umgekehrt.

die Pornographie als Kampf gegen die Frau und als Darstellung ihrer Erniedrigung deutet. Denn was wäre erniedrigender als eine Manifestation davon, dass die Frau als Frau eigentlich gar nicht gebraucht wird? Bemächtigung und Negierung, Bemächtigung durch Negierung des Weiblichen scheint von daher die eigentliche ›story‹ der Pornographie zu sein. Und so wäre auch die unendliche Wiederholung solcher Inszenierungen erklärbar.

Anale Penetration lässt sich aber nicht nur als Negierung, sondern – subtextuell – auch als Verleugnung des Weiblichen verstehen. Sie erlaubt nicht nur die Phantasie, eigentlich mit einem Mann oder zumindest einer Nicht-Frau sexuell zu verkehren, sondern auch die megalomane Phantasie, sich jenseits der Geschlechtergrenzen zu bewegen – mit einer Frau wie mit einem Mann zu verkehren: Die Frau als Mann bzw. wie einen Mann zu (be-)nutzen. Von dieser Warte aus betrachtet ginge es auch um die Realisierung einer sexuellen Omnipotenzphantasie, die Geschlechtergrenzen gleichsam transzendiert. Der Anus fungierte somit nicht als Stellvertreter der Vagina und auch nicht nur als der bessere Ersatz, sondern eher als ein Stellvertreter (oder ein Symbol) des Männlichen am weiblichen Körper. Analverkehr wäre von daher als eine inszenierte Kompromissbildung zu verstehen.

Wenn aber die sexuelle Nutzung des weiblichen Anus unter Vernachlässigung der Vagina als Verleugnung Letzterer gelesen werden kann, so sticht die Nähe zur Verleugnung des Weiblichen und damit die Nähe zum Kastrationskomplex ins Auge. Die Verleugnung der Vagina bedeutet ja auch eine Verleugnung der weiblichen Kastration. Die anale Penetration einer Frau erlaubt es, sie zu penetrieren und ihre Kastration dennoch zu leugnen, während vaginaler Geschlechtsverkehr an die Anerkennung der weiblichen Kastration gebunden ist und diese Anerkennung faktisch nachvollzieht.[78] Die anale Penetration ist eine Kompromissbildung: Da sie Penetration ist, verweiblicht sie, ohne aber die Kastration der Frau anzuerkennen. Eine Kompromissbildung ist sie auch, da sie zwischen Heterosexualität und Homosexualität chargiert.

Um eine Kompromissbildung handelt es sich schließlich auch insofern, als die offensichtliche Weiblichkeit des penetrierten Körpers die mittels Analverkehr angespielte Verleugnung der Kastration der Bewusstwerdung entzieht. Die offensichtlich inszenierte Negierung des Weiblichen und der – an Vagina und Klitoris festgemachten – weiblichen Lust verdecken gewissermaßen die Verleugnung des Weiblichen. Und paradoxerweise wird die Frau dadurch zur Frau gemacht bzw. erniedrigt, dass ihr nicht nur die ihr zukommende Lust verweigert, sondern ihre Weiblichkeit negiert und sie zum entweiblichten Penetrationsobjekt

---

78 Natürlich wird die weibliche Kastration in der pornographischen Inszenierung deutlich – vor der analen Penetration erfolgt üblicherweise eine gut sichtbare vaginale.

wird. In der analen Penetration der Frau wird Weiblichkeit in einem gewissen Sinne ageschlechtlich konstruiert, nämlich als bloße Machtrelation bzw. rein sexuelle Relation: wer immer penetriert wird, wird zur Frau. Und auf diese Weise wird zugleich die Differenz zwischen vaginal und anal negiert bzw. als indifferent gehandhabt. Umgekehrt impliziert dies, dass auch ein Mann, würde er anal penetriert, in die Position des Weiblichen gebracht würde. Der analen Penetration (einer Frau) wohnt insofern noch eine weitere subtextuelle Ebene inne; sie besagt nichts anderes, als dass auch der penetrierende Mann zur Frau werden würde, wenn man ihn penetrieren würde. Analverkehr demonstriert in diesem Sinne auch, Geschlechtlichkeit bzw. Geschlechtszuordnungen als Effekt sexuell hergestellter Machtrelationen. Mittels analer Penetration, so der Subtext, kann jeder, d.h. jeder Körper unabhängig von seiner geschlechtlichen Beschaffenheit, entmännlicht, also zur Frau gemacht werden. Analverkehr wäre, so betrachtet, eine sexuell-performative Herstellung von Weiblichkeit. Wird eine Frau anal penetriert, so wird sie, folgt man dieser These, gewissermaßen auf paradoxe Weise doppelt verweiblicht: Sie wird als Frau durch anale Penetration einerseits zur Frau gemacht, indem ihre Weiblichkeit negiert wird. Sie wird als Frau benutzt, wie ein Mann als Frau benutzt werden würde. Die anale Penetration verbirgt also eine paradoxe Bewegung: Ein Körper wird als nicht-weiblich so benutzt, dass er verweiblicht wird. Die Frau wird auf männliche Weise benutzt und dadurch zur Frau gemacht. Geschlechtlichkeit wird zu einer rein sexuellen Machtrelation transformiert. Die anal penetriere Frau ist somit weder männlich noch weiblich – sie ist letzten Endes nichts und damit ›das Letzte‹.

Während alle anderen sexuellen Verkehrsformen bzw. Nutzungsformen des weiblichen Körpers diesem seine Weiblichkeit lassen, negiert die anale Penetration diese schließlich auch noch und steht, indem sie Weiblichkeit auf reine (Macht-)Unterworfenheit reduziert, zu Recht am (logischen) Ende des protopornographischen Skripts. Stellt sich aber Weiblichkeit als pure Machtrelation bzw. als Effekt einer solchen dar, so ist prinzipiell auch Männlichkeit ›in Gefahr‹ und so schließt das protopornographische Skript mit der extrakorporalen Ejakulation ab, die, wie ausgeführt, als eine Wiedergewinnung und Bestätigung von Männlichkeit gelesen werden kann.

Richtet man in der Analyse der analen Penetration der Frau das Augenmerk jedoch weniger auf diese als auf den Mann, so ist die so inszenierte Männlichkeit alles andere als paradoxiefrei. Zunächst ist anale Penetration homosexuell aufgeladen, da sie sexuell in einem bestimmten Sinne mit der Differenz vaginal/anal auch die Differenz männlich/weiblich aufhebt. Wer eine Frau anal penetriert, kann auch gleich einen Mann nehmen – so der unausgesprochene Verdacht und die latent gehaltene ›Versuchung‹. Und wenn es beim Analverkehr, wie Metelmann (2005: 42) vermutet, darum geht, das Virile, das Animalische der Frau zum Vorschein zu bringen, so liegt dieser Verdacht überaus nahe. Dient der Analverkehr aber tatsächlich dazu, das Virile der Frau hervorzulocken, so gewinnen die Suche nach dem Weiblichen und die Verleugnung des Weiblichen eine weitere Dimension. Was am Ende der Suche nach der Wahrheit des Weiblichen, die die Pornographie durchzieht, steht, ist nicht das Andere, sondern das Gleiche, nicht das Weibliche, sondern das verborgene Männliche der Frau. Pornographie erweist sich von daher als grandios paradox; sie umkreist eine Geschlechterdifferenz, die sich als Phantasma herausstellt, und dieses Phantasma bildet den blinden Fleck des Pornographischen, um das herum die Pornographie organisiert ist, und auf das sie immer wieder anspielt, es aber nie als solches entlarven darf, es dennoch permanent tut und diese Entlarvung wiederum hinter mannigfaltigen Kompromissbildungen zu verbergen bemüßigt und gezwungen ist.

Der Anus ist kulturell ebenso tabuisiert wie phantasmatisch mehrfach besetzt; gebunden ans Fäkale und assoziiert mit dem Pekuniären. Die assoziative Verknüpfung von Analerotik und pekuniären Obsessionen ließe sich zweifelsohne in die Analyse von Pornographie hinein verlängern.[79] Interessant – zumal im Blick auf den penetrierenden Mann – ist jedoch die fäkale Komponente.[80]

Die besondere Bedeutung und Prominenz des Analverkehrs in der Pornographie ergibt sich jedoch nicht allein daraus, dass Analität mit dem Schmutzigen assoziiert wird, das die Pornographie ja herauszustellen bemüht ist. Zwar hat das ›Schmutzige‹ eine zentrale pornographische Bedeutung, da es der Pornographie nicht zuletzt darum geht, dass es den ›richtigen‹, den ›harten‹ und ›schmutzigen‹ Sex tatsächlich gibt, aber Analverkehr symbolisiert mehr als nur die schmutzige Abweichung und damit die Differenz zur alltäglichen (Hetero-)Sexualität. Es geht nicht nur um Differenzmarkierung und Betonung des Rohen, Schmutzigen und Animalischen, sondern der fäkalen Komponente wohnt auch eine Paradoxie inne: Sie assoziiert den Penis mit der Kotstange und verleugnet auf diese Weise zwar nicht Männlichkeit, lässt diese aber als ambivalent erscheinen.

---

79 Anale Penetration, die ja auch die Ausschöpfung aller penetrativen Möglichkeiten markiert, macht die Frau in einem gewissen Sinne zum allseitig nutzbaren sexuellen Tauschobjekt und symbolisiert somit zugleich allgemeine Zirkulationsfähigkeit. Ähnlich wie bei der Durchsetzung des Geldmediums geht es um umfassende Verwendbarkeit.

80 Freud (1905: 88) hatte bekanntlich Lou Andreas-Salomés Argument aufgegriffen, die Vagina wäre der Afteröffnung nur »abgemietet« und so die Differenz Vagina/Anus als eine nur scheinbare ›dekonstruiert‹ bzw. ›denunziert‹.

Der Penis als Kotstange dementiert ihn nicht nur als Phallus und gemahnt auch nicht nur an Freuds Assoziation von Penisneid und Kinderwunsch einerseits und Kotstange und Geschenk (Freud 1905: 87) bzw. Kind andererseits (vgl. Freud 1916, insbes.: 404), sondern impliziert auch den Gedanken der Verschmutzung des Penis'. Zieht man die Assoziationen Freuds zusammen – also: Penis/Kind/Kot – so werden nicht nur Anus und Vagina, sondern auch Kot und Penis gleichgesetzt, wobei vor allem die letztere Gleichsetzung männlichen (Omni-)Potenzphantasien wenig behagen dürfte. Zum einen untergräbt sie die Vorstellung des Penis' als unvergleichlichem Organ und trennt somit den Penis zugleich vom Phallus. Zum anderen aber wird die Reinheit des Penis' möglicherweise mehr beschmutzt als die Frau, die anal penetriert wird. Die Verschmutzung des Penis' – im realen Sinne – und die Verschmutzung des Phallus – im symbolischen Sinne – eröffnen überraschende Bezüge zu autoerotischen Möglichkeiten und zwar auch zu solchen der Frau.

Wenn der anal penetrierende Penis nämlich an die Kotstange gemahnt, so ist einerseits die Differenz von weich und hart angesprochen, andererseits liegt aber auch die Verbindung zum Abfall, zum Auszuscheidenden, zum Ekligen nahe. Der Penis wäre somit das zu beseitigende. Im Analverkehr vertritt der Penis im Hinblick auf die sexuell-erotische Reizung in gewisser Hinsicht die Kotstange und insofern liegt auch der Bezug zur autoerotischen Reizung durch realen Kot nahe.[81] Umgekehrt kann die Kotstange – symbolisch – als innerer Penis fungieren.[82] Eine solche Assoziation des Penis' mit der Kotstange legt nicht nur den Gedanken nahe, dass ein Penis eigentlich ›Scheiße‹ sei, sondern auch denjenigen der funktionalen Ersetzbarkeit. Lässt sich aber mit der Kotstange eine ähnliche erotische Reizung erreichen wie mit einem Penis, so wird letzterer verzichtbar. Für die pornographische Inszenierung ist dieser Gedanke freilich so unerträglich, dass er abgeblendet werden muss. Dem Analverkehr wohnt damit aber auch die Möglichkeit bzw. Gefahr inne, nicht nur Weiblichkeit, sondern auch Männlichkeit wenn nicht zu dementieren, so doch zu entwerten. Die Assoziation von Männlichkeit mit Kot mag zwar das Animalische des Phantasmas ›Männlichkeit‹ unterstreichen, zugleich wird aber Männliches mit Schmutz(-igem) und Ekligem verbunden, so dass sich Männlichkeit als letzten Endes eklig, eben als kotähnlich erweist.[83]

---

81 Vgl. auch Reimut Reiches Falldarstellung einer weiblichen Perversion (Reiche 2001: 451-454, insbes. 452) sowie: Freud (1905: 87f.).

82 Nicht nur im Hinblick auf Penisneid und Autoerotik, sondern auch im Hinblick auf sexuelle Omnipotenzphantasien.

83 Bemerkenswerterweise zeigt zumindest die Mainstream-Pornographie den Penis nach dem Analverkehr *nicht* als (kot-)beschmutzt. Das Eklige mag zwar angespielt werden,

Eine wesentliche Differenz zwischen analer Penetration und analer (Kotstangen-)Erotik liegt freilich in der Umkehrung des (Bewegungs-)Verhältnisses von (von) innen und (nach) außen. Die Richtung der penetrativen Reizung wird gewissermaßen umgekehrt: vom Herausdrängen zum Eindringen. Diese Umkehrung betrifft auch die Form; der Kot wird eigentlich erst durch das Austreten geformt, während er (psychisch) als bereits geformt repräsentiert ist. Die Frage wäre, ob umgekehrt der eindringende Penis (phantasmatisch) deformiert wird, was wiederum die Frage aufwirft, ob der aufgenommene Penis zugleich Kastrationsängste aktualisiert.

Die Nähe zum Fäkalen signalisiert zugleich die Bereitschaft der Frau, alles (mit-)zu machen und dieses ›alles‹ symbolisiert all das, was eine ›anständige‹ Frau niemals machen würde. Zugleich markiert die anale Penetration die vollständige Verfügbarkeit über den weiblichen Körper. Analverkehr ist zugleich – eventuell neben der Ejakulation auf das Gesicht der Frau – die maximalste Überschreitung von kulturellen Ekelgrenzen, die die *Mainstream*-Pornographie zu bieten hat. Diese Überschreitung wird jedoch als Überschreitung *weiblicher* Ekelgrenzen inszeniert und zwar oft so, dass die Frau anal in einer Weise genommen wird, die subtextuell an Gewaltförmiges gemahnt. Das letztendliche Genießen analer Penetration durch die Frau zeigt ihre vollständige Unterwerfung unter den männlichen Willen an, da Unterwerfung nur dann vollständig ist, wenn sie vom Unterworfenen gewollt und genossen wird. All dies, d.h. diese Form der Inszenierung, blendet aber aus, dass Ekelgrenzen nicht nur weiblicher-, sondern auch männlicherseits überschritten werden müssen. Während Analverkehr die Frau symbolisch ihrer Weiblichkeit beraubt, setzt er den Penis/Phallus nicht nur assoziativ mit einer Kotstange gleich, sondern auch der Verschmutzung aus. Freilich scheint diese Verschmutzungsangst in einen Triumph – über das Weibliche wie über den Ekel – gewandelt zu werden und somit an Stollers These zu gemahnen, dass in der Perversion (und wohl auch in der Pornographie) Traumatisierendes in Triumphe transformiert werde. Analverkehr verleugnet nicht nur Weiblichkeit und entzieht den Penetrierenden der Fremdheit und den Gefahren des Weiblichen[84], sondern in der Überschreitung von Ekelgrenzen kann sich der Mann auch seiner Männlichkeit versichern bzw. seine Männlichkeit beweisen: Er besiegt das Weibliche, setzt sich Gefahr und Beschmutzung aus und unterwirft so das Andere. Analverkehr verwandelt in symbolischer Weise das Andere, das Fremde in das Eigene und unterwirft es damit. Der Schmutz und die Ekel-

---

aber gezeigt wird es nicht. Bemerkenswert ist im Übrigen die Bezeichnung ›Analverkehr‹ anstelle von beispielsweise ›Darmverkehr‹; letztere Bezeichnung würde wohl zu sehr und zu offensichtlich ans Fäkale gemahnen.

84 Man denke etwa an das Phantasma der ›vagina dentata‹.

schranke erhöhen in einem gewissen Sinne noch den Reiz und der interessante Schritt in der pornographischen Darstellung ist derjenige, der dies in die Latenz abblendet und als reine Unterwerfung der Frau inszeniert. Die pornographische Prominenz der analen Penetration erweist sich also – wie so viele ihrer Elemente – als mehrfach determiniert und es mag diese mehrfache Determinierung sein, die sie pornographisch so attraktiv macht.

Die anale Penetration ist jedoch insofern ambivalent, als sie implizit auf die weitverbreitete Angst (heterosexueller) Männer, penetriert zu werden, anspielt. So lange Frauen vaginal penetriert werden besteht offensichtlich nicht die ›Gefahr‹ einer Umkehrbarkeit der Situation. Nimmt man aber den Gedanken ernst, anale Penetration würde Weiblichkeit verleugnen und damit letzten Endes das Weibliche dem Männlichen annähern – schließlich ist der Anus eine Köperöffnung, die Frauen und Männern gemeinsam ist –, so läge eigentlich der Gedanke nahe, dass auch sie ihn anal penetrieren könnte. Die Penetrationsverhältnisse erscheinen in der analen Penetration also als umkehrbar. Daraus ergibt sich für die heterosexuelle Mainstream-Pornographie insofern ein kapitales Problem, als die Penetrationsordnung – Männer penetrieren, Frauen werden penetriert, vor allem aber: Männer werden nicht penetriert – durcheinandergeraten könnte. Die eigentlich ins Auge fallende Möglichkeit der Umkehrbarkeit muss also ausgeblendet werden.[85] Folgt man der Annahme, Analverkehr bringe das männlich Animalische der Frau zum Vorschein (vgl. Metelmann 2005), so liegt das Problem der Umkehrbarkeit noch näher: Wird die Frau durch anale Penetration auf paradoxe Weise vermännlicht, so würde der Mann durch passiven Analverkehr zum Penetrationsobjekt und damit symbolisch verweiblicht. Er würde gewissermaßen zum anderen Geschlecht und damit erreich(t)e die heterosexuelle Mainstream-Pornographie ihre äußerste Grenze, da hier die Geschlechterordnung, die eines ihrer zentralen Themen ist, zusammenbräche. Die Virilisierung des Weiblichen bleibt hingegen insofern erträglich, als es immer noch die Frau ist, die penetriert wird und der Mann, der penetriert.

Wenn Analverkehr das Letzte ist, was die pornographisierte Frau hinzunehmen bereit ist bzw. hinzunehmen hat, ihre Bereitschaft zum Analverkehr als ihre letzte Unterwerfung inszeniert wird, so kann latent und unthematisiert bleiben, dass er auch das Letzte ist, was der pornographisierte Mann auszuüben bereit ist. Während Analverkehr im Falle der Frau freilich mitunter als Fremdzwang inszeniert wird, zeigt die Pornographie die Männer so, als würden sie ihn wollen und gegenüber anderen sexuellen Praktiken als Form eines letzten Triumphes über Weiblichkeit bevorzugen. Auch wenn die Pornographie oft genug Frauen zeigt,

---

85 Andererseits mag die Lust bedeutsam sein, die ein Anspielen dieser Möglichkeit erzeugt.

die Analverkehr wollen, so fehlt doch der umgekehrte Topos, dass Männer zur aktiven Ausübung dieser Praktik gebracht (im Sinne von überwältigt) werden müssen. Während sich häufig die Darstellung findet, dass Frauen sich dazu überwinden bzw. überwunden werden müssen und die Darstellung auch ihre Abneigungen und Ekelgefühle inszeniert bzw. die Überschreitung der Ekelschwellen, findet sich auf Seiten der Männern nichts Vergleichbares – so lange die Gefahr, selbst anal penetriert zu werden, latent gehalten wird. So macht die anale Penetration noch einmal die Geschlechtergrenzen deutlich, deren Verwischung sie eigentlich nahe legt: Die Frau wird penetriert, der Mann ist nicht penetrierbar.[86] Während Analverkehr die umfassende Penetrierbarkeit des weiblichen Körpers unter Ausschöpfung aller Möglichkeiten plastisch vor Augen führt, bleibt das Tabu männlicher Penetration bestehen – oder sollte man gar von unantastbarer männlicher Virginität sprechen?

Der Subtext analer Penetration stellt sich somit als außerordentlich vielschichtig dar und bietet ein weiteres Beispiel für die Vermutung, dass Pornographisches bei weitem nicht so eindeutig ist, wie es sich den Anschein gibt. Zu vermuten ist, dass sich in diesem Riss, in dieser Spaltung zwischen manifester Darstellung und latenten Bedeutungsgehalten der spezifische Reiz des Pornographischen verbirgt bzw. festmacht. Die Pornographie inszeniert somit nicht nur oder nicht in erster Linie einen Kampf gegen die Frau oder das Weibliche, sondern eher einen Kampf um die Bedeutung des Geschlechts, die Geschlechtergrenzen, ihre Überschreitungen und ihre Subversionen.

Vom Begehren der begehrenden Frau

In überaus plastischer Weise kommt in der Pornographie der Traum von der begehrenden Frau zur Darstellung.[87] Das Auffälligste an der pornographisierten Frau ist jedoch das Paradox ihrer negierten Weiblichkeit. Insofern sie in phallischer Manier ihr Begehren aktiv ausagiert, fügen sich ihre Handlungen nicht der tradierten schematischen Gleichsetzung von Männlichkeit mit Aktivität und Weiblichkeit mit Passivität. Während die Darstellung ihres Körpers als weiblich, welcher oftmals mit Schminke, Reizwäsche und weiblichen Accessoires nachgeholfen wird, betont wird, wird andererseits auf explizit nicht typisch weibliches Verhalten ebenso viel Wert gelegt. Auf ›klassisch‹ bzw. ›traditionell‹ Frauen zugeschriebene Eigenschaften wie etwa Schamhaftigkeit, Zurückhaltung, Liebes-

---

86 Diese Differenz ist schärfer als jene von Aktivität und Passivität.
87 Auch auf die Frage, ob es weibliche Perversionen gibt (vgl. etwa: S. Becker 2002, Reiche 2001: 443f.), findet die Pornographie eine positive Antwort.

bezug usw. wird ganz offensichtlich kaum Wert gelegt.[88] Gefragt ist vielmehr die Frau als aktive Verführerin und als Vamp, der gezähmt werden muss (und auch tatsächlich gezähmt werden kann).

Wenngleich das pornographisierte weibliche Begehren eine Widerspiegelung männlichen Begehrens, und als solches auf den Penis und seine Einverleibung gerichtet ist, wird es doch als ein aktives Begehren inszeniert. Die Pornographie stellt also mitnichten nur passive Frauen dar, denen männliche Sexualität angetan wird, sondern auch überaus aktiv handelnde weibliche Personen. Entsprechend häufig sind Männer dem weiblichen Begehren recht passiv ausgeliefert. Der männliche Körper scheint als ein Medium zu fungieren, dem sich weibliche Lust bedient.

Ein wesentliches Element der heterosexuellen Pornographie ist ein doppelter Traum von weiblicher Aktivität und männlicher Passivität, also von einer Umkehrung der traditionellen Ordnung sexuellen Verhaltens. Auch in diesem Traum mag sich ein homosexueller Subtext verbergen; geht es doch um die phallisch aktive Frau und den (weiblich) passiven Mann. Natürlich sind es Frauen, die von Männern penetriert werden, aber es wäre kurzschlüssig, wollte man allein im Akt der Penetration eine klassische aktiv/passiv-Konfiguration sehen. Nicht nur, dass die Frauen die Penetration offensichtlich wünschen und selbst herbeiführen; sie verhalten sich bei dieser mitunter überaus aktiv. Nicht ›man fucks woman‹, sondern ebenso gut: ›woman fucks man‹ – auch wenn in werbender Weise angekündigt wird, dass Frauen ›gefickt‹ werden.

Der angesprochene homosexuelle Subtext findet in der Kombination von phallischer Frau und penisbesitzendem Mann einen weiteren Ankerpunkt. Verweilen wir zunächst jedoch bei der phallischen Frau. Dem psychoanalytischen Blick fällt auf, dass die phallische Frau die Kastrationsdrohung insofern verneint, als sie gerade keine kastrierte Frau ist.[89] Die nicht-kastrierte Frau der por-

---

88 Wenn entsprechende weibliche Maskeraden und Handlungsweisen gezeigt werden, so dienen sie in erster Linie als Kontrastmittel. Die Frau, der sie angelegt werden, muss erst noch sexuell ›aktiviert‹ werden. Ist dies geschehen, fallen mit der Maskerade auch typisch weibliche Verhaltensmodi und die Frau verwandelt sich in die begehrende und verschlingende Frau bzw. den Vamp oder die ›femme fatale‹, die allerdings wiederum nicht so fatal sein darf, dass die Potenz des männlichen Zuschauers leidet.

89 Die Verneinung der Kastrationsdrohung mag zugleich die Bedingung der Möglichkeit sein, sich dieser nicht-kastrierten Frau sexuell auszuliefern bzw. hinzugeben – ohne die eigene Kastration befürchten zu müssen. In diesem Sinne diente die phallische Frau also nicht zuletzt der Bindung männlicher Angst. Ihr aktives, angstauslösendes Begehren wird durch die gleichzeitige Verneinung der Kastration (und damit der Kastrationsdrohung) lustvoll genießbar oder zumindest erträglich. Freilich muss die

nographischen Darstellung schwankt gewissermaßen zwischen Männlichkeit und Weiblichkeit. Sie inszeniert beides zugleich, wobei ihre Weiblichkeit meist manifest dargestellt wird, ihre Männlichkeit sich zwar aktiv phallisch äußert, zugleich aber in die Latenz gedrängt wird. Die Manifestation ihrer Weiblichkeit bedient sich vor allem ihres Körpers und dessen Drapierungen. Diese Drapierungen (Kleidung, Schminke, Frisur, Schuhe etc.) legen ihren Körper auf Weiblichkeit fest. Sie lassen sich, insofern sie der Darstellung phallischer Weiblichkeit dienen, als Kompromissbildungen auffassen – sie helfen, Weiblichkeit herzustellen respektive zu bewahren und so die phallische Frau durch ihre Auszeichnung als Frau erträglich zu machen. Die gezeigten weiblichen Accessoires unterstreichen also nicht nur die Weiblichkeit der gezeigten Frauen, sondern rahmen bzw. hegen phallische Weiblichkeit ein. Sie dienen der Kontrolle von Weiblichkeit, auch und gerade wenn diese sich phallisch gebärdet.[90]

Die ›Verweiblichung‹ der phallisch aktiven Frau verdeckt zugleich den homosexuellen Subtext der Konstellation: Der sexuelle Verkehr des Mannes mit der phallischen Frau kann als heterosexuell dargestellt werden, sofern die phallische Frau zugleich als weiblich konstruiert wird. Der Mann kann sich von ihr ›ficken‹ lassen, sofern er sich sicher sein kann, dass er sie anschließend wieder zur passiven weiblichen Frau machen kann. Die entscheidende Frage wäre somit, wie Männer phallische Frauen ertragen können bzw. wie in pornographischen Darstellungen dieses Problem gelöst wird. Wichtig scheint im jedem Falle, dass die manifeste Form (männlich/weiblich) gewahrt bleibt, so dass Angst gebunden wird und in dieser Bindung von Angst liegt die Bedingung der Möglichkeit für alles Weitere und Abweichende. Der Rahmen muss gewahrt bleiben, da die Darstellung zwei Gefahren vermeiden muss (und gleichzeitig mit ihnen spielen kann): der gänzlich passive Mann, der von der phallischen Frau ›gefickt‹ wird und – eng damit verwunden – der ›weibische‹ bzw. homosexuelle Mann, der sich ›ficken‹ lässt. Die Meidung männlicher Homosexualität und die Bannung der Gefahr einer Verweiblichung des Mannes wären somit die Leitplanken innerhalb derer sich protopornographischen Skripte der heterosexuellen Pornographie bewegen müssen. Der Mann als Frau ist zu vermeiden, damit der Mann die phallische Frau genießen kann, ohne selbst bloßes Objekt zu werden: Sein Subjektstatus wird in paradoxer Weise auch dadurch garantiert, dass sie sein Begehren als das ihre ausagiert.

---

phallisch-aktive Frau am Ende wieder zur passiven Frau, damit ›zur Frau‹ schlechthin gemacht werden. Das protopornographische Skript ließe sich somit als Auftritt und Vernichtung bzw. Kastration der phallischen Frau beschreiben. Und von daher wäre auch die unendliche Wiederholung des Dramas zu erklären.

90 Wir sehen hier von fetischistischen Aspekten weiblicher Accessoires ab.

Die heterosexuelle Pornographie erträgt, wie oben ausgeführt, die gleichzeitige Anwesenheit zweier (oder mehr) Penisse nur, wenn ein weiblicher Körper als Medium fungiert, in bzw. mit dem sie (miteinander) verkehren. Im Phantasma der phallischen Frau fallen jedoch zweiter Penis und der weibliche Körper als Medium ineinander. Die phallische Frau wird erträglich, da sie zugleich als weibliches Medium fungiert. Sie ist phallisch *und* weiblich. Und sofern diese prekäre Gleichzeitigkeit gewahrt werden kann, kann auch die Männlichkeit des Mannes trotz männlicher Passivität und weiblicher Aktivität erhalten bleiben. Die phallische Frau beraubt den Mann nicht seines Penis', bedroht ihn auch nicht – solange sie *auch* weiblich bleibt. Ihre Phallizität zwingt sie insofern zugleich in ihre Weiblichkeit. Nur die Darstellung ihrer Weiblichkeit verhindert ein Umkippen der Mann/Frau-Differenz. Ist sie phallisch, so muss sie weiblich sein bzw. werden, damit ihm der Penis und die Männlichkeit erhalten bleiben. Wäre sie phallisch, ohne weiblich zu sein, so wäre er zwar penisbesitzend, ohne aber männlich zu sein, wäre also weiblich. Um seine Verweiblichung zu vermeiden, muss sie also den Pol der Weiblichkeit besetzt halten, ohne ihre Phallizität aufzugeben. Bliebe sie hingegen rein weiblich, ohne phallisch zu werden, so wäre die pornographische Szene ihres eigentümlichen Reizes beraubt.

Die strukturelle Promiskuität der pornographischen Frau unterstreicht ihren phallischen Charakter. Im Gegensatz zur passiv-romantischen Frau gehört ihr Herz nicht nur einem Mann, sondern ihr Körper prinzipiell allen. Ihre Promiskuität setzt sie zugleich in einen Gegensatz zur klassischen weiblichen Rolle. Während es die traditionell weibliche Frau mit (k)einem ›macht‹, ›macht‹ es die pornographische Frau mit jedem bzw. allen. Die Promiskuität der pornographischen Frau unterstreicht ihre phallische Rolle, sofern auch Promiskuität eine Eigenschaft ist, die eher männlich als weiblich konnotiert ist.

Das Rätsel und die Paradoxie des weiblichen Begehrens

Ein zentrales Thema und ›Rätsel‹ der heterosexuellen Pornographie ist, wie vielfach bemerkt, das Begehren der Frau. Pornographie gleicht zumindest in dieser Hinsicht einer Expedition in einen ›dunklen Kontinent‹, wenngleich mit untauglichen Mitteln. Zwar geht es auch um ›Eroberung‹ und ›Kolonialisierung‹, bedeutsam ist aber vor allem die Ergründung des weiblichen Begehrens. Die von Freud (1926: 241) stammende Metapher des »dark continent« (englisch im Original!) drückt beides aus: Faszination und Schrecken und dieses Dual von Faszination und Schrecken ist es, welches das pornographische Verhältnis zum weiblichen Körper, dessen Kontrolle erreicht werden soll, bestimmt. Die pornographische Inszenierung lässt sich mithin als Disziplinierung des weiblichen Körpers respektive des weiblichen Begehrens lesen. Das Verhältnis zum Begehren der Frau ist freilich ambivalent. Die pornographische Phantasie wird vom Phantasma der begehrenden Frau angetrieben, die ihrerseits als begehrte Frau die pornographische Handlung vorantreibt. Oder aber es ist das Begehren einer zunächst indifferenten oder sexualfeindlichen Frau, von dessen Weckung die Pornographie erzählt. In beiden Fällen muss das Begehren aber in rechte, d.h. vor allem in heterosexuelle Bahnen gelenkt, also diszipliniert werden. Darüber hinaus muss es nicht nur auf den Mann, sondern auf männliche Sexualität ausgerichtet werden.

Andererseits impliziert ein solchermaßen ausgerichtetes, aktives weibliches Begehren jene Paradoxie, die die heterosexuelle Pornographie antreibt. Sofern nämlich die Frau als aktiv Begehrende imaginiert wird, rückt sie in die Subjektposition, wodurch dem Mann nur die passive Position des begehrten Objekts bleibt. Diese Position mag ungewohnt, vielleicht auch heimlich gewünscht sein; sie verträgt sich jedoch schlecht mit traditionellen Maskulinitätsvorstellungen. Die gesamte prototypische pornographische Inszenierung lässt sich als ein Versuch verstehen, mit diesem Paradox umzugehen, es zu genießen und zugleich zu verdecken und in seinen Konsequenzen zu verneinen: Am Ende muss die männliche Subjektposition wieder errichtet und die Frau zum Objekt herabgewürdigt sein. Die Herabwürdigung zum Objekt und die Abwertung einer autonomen weiblichen Sexualität ist gerade deshalb ein zentrales Element der heterosexuellen Pornographie, weil die Frau als Begehrende phantasiert, ihr aber die Subjektposition, die das Einrücken des Mannes in eine nicht annehmbare Objektposition impliziert, verweigert werden muss. Das die pornographische Inszenierung antreibende Motiv ist also ein Wechsel der Subjekt- bzw. Objektpositionen. Heterosexuelle Pornographie ist, kurz gesagt, ein Aufstand gegen die Vorstellung weiblicher Aktivität und männlicher Passivität. Sie führt auf sexuellem Gebiet das Drama männlicher Subjektwerdung, das zugleich eine Emanzipation von der Natur ist, gleichsam als Farce auf, welche nur über die Abwertung der zunächst als übermächtig erlebten begehrenden Frau möglich zu sein scheint. Um eine Farce handelt es sich insofern, als dieses Drama – zumindest aus psychoanalytischer Perspektive betrachtet – die Ablösung des männlichen Kindes von der übermächtigen und rätselhaften Mutter zu re-inszenieren scheint. Auf diese Weise lässt sich wiederum an Stollers Konzeption anschließen und die pornographische Sexualität als eine Form der Re-Inszenierung, Bearbeitung und momenthaften Bewältigung eines Traumas bzw. verdrängter Konflikte entschlüsseln.

Doch auch wenn man der psychoanalytischen Lesart nicht folgen möchte, wird ein Subtext deutlich, der die Pornographie durchzieht und es scheint dieser Subtext zu sein, der ihre Form und ihren Charakter entscheidend (mit-)prägt.[91]

Männlichkeit, Weiblichkeit – Geschlechterphantasmen

Pornographische Darstellungen werden nicht nur aus feministischer Perspektive als »frauenfeindlich« beschrieben. Der Pornographie wird allgemein vorgeworfen, sie stelle weibliche Sexualität in verzerrter und unrealistischer Weise dar und degradiere Frauen zu passiven Objekten männlicher Lust. Frauen würden als immer bereit und willig dargestellt, sich auf ein Ausagieren männlicher Phantasien einzulassen und sich Männern zu unterwerfen, während diese als aktive Subjekte fungierten. Die Pornographie sei, so wird weiter argumentiert, die »kleine Schwester« der Perversion, da sie ebenso wie diese auf aggressiver Sexualität basiere und eine »erotische Form von Hass« inszeniere (vgl. Stoller 1975). Beide seien von »whispers of hostility« beherrscht (G. Schmidt 1998: 104). Ihr eigentliches Thema seien sadomasochistische Sexualformen; in der Darstellung dieser komme die Pornographie quasi zu sich selbst.

Betrachtet man pornographische Erzeugnisse genauer, so zeigt sich jedoch, dass nicht nur Frauen und weibliche Sexualität in höchst einseitiger und unrealistischer Weise dargestellt werden. Dem verzerrten Frauenbild entspricht ein ebenso verzerrtes Männerbild. Sowohl Männer als auch Frauen werden auf sexuelle Klischees reduziert, so dass in der Pornographie nicht Geschlechter, sondern Geschlechtsphantasmata zur Darstellung gelangen. Mittels geschlechtsphantasmatischer Inszenierungen wird ein ›Pornotopia‹ erzeugt, in dem alle Männer immer können und alle Frauen immer wollen. Die Kritik an diesen holzschnittartigen, unterkomplexen und mitunter absurd anmutenden Darstellungen verfehlt jedoch ihren Gegenstand, insofern sie diese als Abbildungen einer Realität kritisiert und ihre fiktionale Funktion verkennt. Die Verzerrung in der Darstellung dient nicht nur zur Konstruktion einer fiktionalen Realität, sondern betrifft alle an der pornographischen Inszenierung beteiligten Personen und Handlungen.

Pornographische Darstellungen drehen sich um männliche Geschlechtsteile einerseits und weibliche Körper andererseits. Folgt man der geläufigen Kritik, werden in der Pornographie Frauen als passive Objekte und Männer als aktiv handelnde Subjekte dargestellt. Tatsächlich handeln in der Pornographie jedoch

---

91 Man müsste sich gewissermaßen heuristisch fragen, was bliebe, wenn man das Sexuelle von der Pornographie abziehen würde – wahrscheinlich das Geschlechterverhältnis und das Drama männlicher Subjektwerdung.

weniger die Männer als vielmehr ihre Geschlechtsteile. Darüber hinaus werden Frauen überaus häufig als aktive Verführerinnen dargestellt, die sexuelle Kontakte initiieren. Die Männer scheinen hingegen ihren Geschlechtsteilen einerseits und weiblichen Reizen andererseits unterworfen zu sein. Sind die männlichen Geschlechtsteile die eigentlich handelnden Subjekte und die Männer nur Anhängsel dieser, so ist zu fragen, wem denn nun der erigierte Penis symbolisch ›gehört‹.

Hinzu kommt, dass eine, wenn auch rudimentäre Individualisierung der Frauen in einem auffälligen Kontrast zur kaum vorhandenen Individualisierung der Männer steht und so die scheinbar saubere Trennung von aktiven Subjekten und passiven Objekten entlang der Geschlechterdifferenz unterlaufen wird. Die Männer sind weitgehend gesichtslos, und nicht zuletzt diese Gesichtslosigkeit lässt es als zweifelhaft erscheinen, dass sie Subjektstatus genießen. Zwar mögen sie handeln, aber sie handeln nicht nach ihrem freien Willen, sondern es scheint eher so, als würde mit ihnen marionettengleich gehandelt. Sie sind gleichsam fremdgesteuert und sind eher willige Sklaven sexueller Triebe und weiblicher Reize denn autonome Subjekte. In ihrer Klischeehaftigkeit gleichen die Männerbilder der Pornographie durchaus den Frauenbildern.

Die in der Pornographie dargestellten Männer sind keine in ihrem Handeln freien Subjekte, sondern einem einfachen Reiz-Reaktions-Schema unterworfen, das als Ausfluss eines unterkomplexen Triebkonzepts gedeutet werden kann. Tatsächlich scheint die Pornographie ein letztes Rückzugsgebiet des unverbrüchlichen Glaubens an sexuelle Triebmodelle darzustellen. Von daher ist sie mit Recht als antiquiert bezeichnet worden (vgl. G. Schmidt 1998: 103). Die Attraktivität einer solchen Pornographie rührt aber wohl nicht zuletzt gerade von ihrer Unterkomplexität her.

Die Männer scheinen den Reaktionen ihres Penis' weitgehend ausgeliefert zu sein. Im Skript der Pornographie ist die Erektion jedenfalls die ebenso automatische wie unvermeidliche Reaktion auf sexuelle Reize: Die Pornographie stellt ein einfaches Triebkonzept plastisch dar. Unter diesem Aspekt kann von autonomer Subjektivität kaum die Rede sein. Dargebotene sexuelle Reize reichen aus, um die Selbstbestimmung der männlichen ›Subjekte‹ zu untergraben und die Regie dem Penis zu überlassen. Insofern ist es auch konsequent, dass im Fortgang der gezeigten sexuellen Handlungen Männer hauptsächlich als Penis vorkommen. Das Reiz-Reaktions-Schema, das die Männer ihres Subjektcharakters beraubt, sie entindividualisiert und auf den Penis reduziert, wird von den dargebotenen weiblichen Körpern und ihrem Verhalten ausgelöst, so dass zweifelhaft ist, ob Frauen ausschließlich als passive Objekte fungieren. Der Penis, dessen Reaktionen die Männer nicht zu steuern vermögen, stellt sich in einem gewissen

Sinne als ein Organ dar, über das die Frauen in pornographischen Darstellungen verfügen können. Der Penis ist ihrem ›Willen‹ unterworfen und wird dadurch zu einem ihnen zugehörenden Organ, auch wenn er Teil eines anderen Körpers ist. Auch wenn man diesem Gedanken nicht zur Gänze folgen möchte, so wird doch deutlich, dass es nicht ausschließlich die Frauen sind, die in der pornographischen Darstellung als Objekte fungieren; gleiches trifft auf die Männer zu. Beide sind Objekte eines phallischen ›Subjekts‹ – mit dem Unterschied, dass Männer dessen Reaktionen nicht kontrollieren können, Frauen sie aber hervorzurufen vermögen. Freilich wird der weibliche Körper so dargestellt und drapiert, dass er genau diese Reaktionen hervorruft.[92]

Frauen handeln in der Pornographie so, wie Männer es wünschen, und sie handeln so, dass Männer entindividualisiert, entsubjektiviert und ihren Trieben unterworfen werden – so könnte ein vorläufiges Fazit lauten. Die Pornographie stellte demnach nicht so sehr männliche Phantasien der Beherrschung von Frauen, sondern vielmehr Phantasien eines männlichen Kontrollverlustes, einer Aufgabe von Subjektivität und eines durchaus als regressiv zu beurteilenden Übergangs zum Objektcharakter dar. Das Geschlechterverhältnis in der Pornographie ist somit eigentümlich ambivalent. Das Versprechen der pornographischen Phantasie gleicht dem Versprechen moderner Sexualität: Es geht im Kern um die Erlösung von einer als belastend empfundenen rationalen Subjektivität.

Das Typische an pornographischen Darstellungen liegt nicht so sehr in der Degradierung von Frauen zu passiven Objekten und der Erhöhung von Männern zu beherrschenden Subjekten, sondern in der Unterwerfung beider Geschlechter unter ein antiquiertes Triebmodell, das sich in der Herrschaft des Phallus einerseits und des ikonographisierten weiblichen Körpers andererseits manifestiert. Zur manifesten Darstellung kommt ein einfaches, zirkulär angelegtes Reiz-Reaktions-Schema: Der weibliche Körper wird in der einen oder anderen Weise als begehrenswert und (traditionellen) männlichen Phantasien entsprechend dargestellt und mit Symbolen sexueller Verfügbarkeit ausgestattet. Auf diese reagieren die Männer bzw. ihr Penis (scheinbar) unweigerlich. Und auf diese Reaktionen des Penis', die von ihnen selbst ausgelöst werden, reagieren wiederum die Frauen dadurch, dass sie den Penis (nicht den Mann) begehren, ihm ihre alleinige Aufmerksamkeit widmen und ihr weiteres Handeln darauf anlegen, sich diesen auf möglichst vielfältige Weise einzuverleiben. Bis auf den Schlusspunkt der

---

92 Auch wenn diese Darstellungen, Herrichtungen und Drapierungen männlichen Phantasien geschuldet sein mögen, so verschiebt dies nicht die Subjekt-Objekt-Verhältnisse in der Darstellung, verkompliziert sie aber in einer Weise, die die scheinbare Eindeutigkeit, die sich auf den ersten Blick darbietet, mehr und mehr verschwimmen lässt.

pornographischen Szene werden alle weiteren gezeigten Handlungen von diesen Einverleibungen bestimmt. Was neben den die Penetrationen belegenden Detailaufnahmen zur Darstellung gelangen soll, ist die Lust der Frauen an diesen Einverleibungen oder vielmehr die Tatsache, dass weibliche Lust im Wesentlichen aus den gezeigten penetrativen Akten besteht und sich letztlich auf den Penis fixiert, nicht aber auf den Mann oder auch nur den männlichen Körper bezogen ist. Der weibliche Körper fungiert hingegen als Ikone der männlichen Lust. Dargestellt findet sich männliche Lust jedoch primär am Ende des pornographischen Skripts in der Form der extrakorporalen Ejakulation, die wir bereits oben analysiert haben.

Der männliche Blick und die Passivität

Visuelle Pornographie zeigt eine für das Auge eines Betrachters arrangierte und inszenierte Sexualität. Der Betrachter ist in der Inszenierung anwesend, sofern diese mit Blick auf seinen Blick erfolgt und so ist es nicht zuletzt das Auge des Betrachters, das über die Szene gebietet – oder sich zumindest so erleben kann.[93] Dienen die pornographischen Darstellungen als Projektionsflächen für männliche Phantasien, so lässt sich argumentieren, der Betrachter sei das eigentliche Subjekt der Pornographie. Üblicherweise wird angenommen, dass sich der männliche Betrachter mit männlichen Protagonisten identifiziert und in seiner Phantasie gleichsam an deren Stelle rückt, so dass diese gewissermaßen seine Agenten sind.

Auch wenn unbestritten bleiben kann, dass Pornographie für Betrachter inszeniert wird, so lässt sich eine klare Binarität derart, dass Männer als aktiv handelnde Subjekte, Frauen jedoch als passive Objekte dargestellt würden, am empirischen Material nicht durchgängig nachweisen. Es fällt vielmehr auf, dass Frauen häufig als Handelnde dargestellt werden, während Männer eher behandelt werden. Dass diese Behandlungen den Wünschen männlicher Betrachter entsprechen mögen, steht auf einem anderen Blatt. Der weitverbreiteten Vor-

---

93 Insbesondere in virtuellen Räumen trägt zu einer solchen Erlebnisform die technische Manipulierbarkeit der Bilder bei, so dass sich dem Betrachter nicht nur ein Tableau sexueller Inszenierungen bietet, sondern er selbst – zumindest in einem gewissen Maße – zum Regisseur dieser Inszenierungen werden kann. Durch virtuelles ›cruising‹, die Lust an der Suche, den Reiz des Überflusses und der Kontingenz sowie durch permanente Zugänglichkeit und individuelle Manipulierbarkeit der Bilder vermag das Internet dem Nutzer Omnipotenzgefühle zu verschaffen. Vgl. auch die entsprechenden Ausführungen im Kapitel über *Internetpornographie*, S. 141ff.

stellung, Frauen würden als bloß passive Penetrationsobjekte, die von Männern beherrscht werden, dargestellt, ließe sich eine Interpretation gegenüberstellen, die die häufig dargestellte aktive Rolle von Frauen ernst nimmt. Gezeigt wird nicht nur eine Sexualität, die Frauen angetan wird, sondern eine Sexualität, die sie wollen und häufig auch selbst initiieren. Selbst wenn sie durch dieses Verhalten männliche Phantasien von der begehrenden Frau ausagieren, übernehmen sie innerhalb der Darstellung doch die Rolle begehrender Subjekte. So mag Pornographie eine wesentliche (männliche) Phantasie bedienen, nämlich diejenige von männlicher Passivität bzw. die mit ihr korrespondierende Phantasie von der Frau als aktiver Verführerin. In diesem Sinne wäre die Frau die Agentin des Betrachters, insofern sie seine Wünsche als die ihren ausagiert.

Die hier vertretene These, Frauen seien nicht nur passive Objekte, sondern auch handelnde Subjekte, widerspricht nicht der Annahme, der zufolge der männliche Blick die pornographische Inszenierung insofern bestimmt, als diese auf ihn hin ausgerichtet ist und männliche Phantasien zur Darstellung bringt. Ein häufig anzutreffender Kurzschluss liegt allerdings in der Annahme, männliche Phantasien zielten ausschließlich darauf ab, den aktiven Part zu übernehmen. Damit ist freilich nicht gesagt, dass es die ›klassisch‹ frauenfeindliche Pornographie, die Frauen tatsächlich und ausschließlich zu Objekten degradiert, nicht auch gibt. Jedoch wäre die Annahme kurzschlüssig, dass diese den Mainstream-Bereich der Pornographie dominiere.[94]

Über die Erniedrigung sexueller Objekte

Bei allen Versuchen, Pornographie ›gegen den Strich‹ zu lesen, also auch in der Mainstream-Pornographie latente und gegebenenfalls ›queere‹ Elemente aufzuspüren, ist nicht aus dem Auge zu verlieren, dass Pornographie plastisch darstellt, was Freud (1912) als »allgemeinste Erniedrigung des Liebeslebens« beschreibt. Die psychische Erniedrigung des Sexualobjekts sieht Freud in einer Reihe von Fällen als eine Bedingung für die Entwicklung sexueller Leistungsfähigkeit und Lust. Freud (1912: 83) schreibt: »Personen, bei denen die zärtliche und die sinnliche Strömung nicht ordentlich zusammengeflossen sind, haben meist ein wenig verfeinertes Liebesleben; perverse Sexualziele sind bei ihnen erhalten geblieben, deren Nichterfüllung als empfindliche Lusteinbuße verspürt wird, deren Erfüllung aber nur am erniedrigten, geringgeschätzten Sexualobjekt möglich scheint.« Eben jener Konnex von Geringschätzung, Erniedrigung und sexueller Lust findet sich in der Pornographie, die sich durch eine einseitige Be-

---

94 Zugleich sind aber Brutalisierungstendenzen in der Pornographie zu erkennen. Diesen widmen wir uns an anderer Stelle ausführlicher (vgl. S. 253ff.).

tonung sinnlich-sexueller Strömungen auf Kosten zärtlicher Komponenten auszeichnet. Der Erniedrigung des Sexualobjekts kommt im Sinne Freuds die Funktion zu, sexuelle Befriedigung auch dann zu ermöglichen, wenn zärtliche und sinnliche Strömung nicht zusammenfließen, was, so Freud, bei nicht wenigen Männern zutreffend sei. Von dieser Funktion her ließe sich die psychische und in der Pornographie nicht selten auch physische Erniedrigung des Sexualobjekts in ähnlicher Weise wie die perverse Inszenierung als Kompromissbildung deuten. In perversen wie in pornographischen Inszenierungen mag es um die Rettung bzw. Bewahrung eines Stücks eigener Liebesfähigkeit und der Fähigkeit zum Erlangen sexueller Befriedigung gehen.[95]

Der Vergleich perverser und pornographischer Inszenierungen findet jedoch eine Grenze in dem Umstand, dass die pornographischen Akte im Hinblick auf einen Betrachter inszeniert werden, während perverse Inszenierungen den ›Nutzer‹ direkt involvieren.[96] Allerdings zeichnen sich perverse Inszenierungen oftmals auch dadurch aus, dass der Akteur zugleich auch Beobachter seiner Handlungen ist. Sie werden also mit Blick auf einen Beobachter entworfen. Zum anderen entsteht Pornographie erst in der Interaktion des Betrachters mit dem pornographischen Material. Der Betrachter ist also durchaus, wenn auch zunächst indirekt, in die pornographische Inszenierung involviert. Sofern jedoch Pornographie einen phantasmatischen Raum aufspannt und den Nutzer in diesen involviert, springt eine strukturelle Analogie von perversen und pornographischen Inszenierungen ins Auge.[97]

Unterscheidet man zwischen pornographischen Darstellungen einerseits und der phantasmatischen Interaktion der Phantasien des Nutzers mit pornographischem Material andererseits, so hat die Frage nach der Erniedrigung des Sexual-

---

95 Wolfgang Berner und Judith Koch (2009) greifen Freuds Konzeption auf und beziehen sie auf den Konsum von Pornographie. Sie deuten diesen insofern als eine ›Kompromissbildung‹, als sie vermuten, er erlaube jene sexuellen Wünsche und Phantasien auszuleben, die sich mit dem »idealisierten inneren Bild des [realweltlichen – S.L.] Partners nicht vertragen« (Berner/Koch 2009: 351).

96 Dies schließt freilich nicht aus, den konkreten Konsum pornographischer Produkte selbst als perverse Handlung zu konzipieren. Jedoch müsste gezeigt werden, dass der Konsum von Pornographie *im konkreten Einzelfall* die zentralen klinischen Kriterien der Perversion erfüllt (vgl. zu letzteren: Reiche 2001: 442f.).

97 Allerdings muss mit Blick auf die Theorie sexueller Skripte (vgl. Gagnon/Simon 2005, Simon/Gagnon 2000) betont werden, dass auch die ›normale‹ alltägliche Sexualität an dieser Analogie partizipiert, was wiederum Freuds These unterstreicht, dass ›normale‹ und ›perverse‹ Sexualitäten einander nicht wesensfremd sind (vgl. Freud 1905).

objekts zwei unterschiedliche Bezugspunkte. Die Erniedrigung kann sowohl in der pornographischen Darstellung als auch in der phantasmatischen Interaktion mit ihr stattfinden.[98] Eine Rolle im Hinblick auf Orgasmusfähigkeit spielt sie freilich primär im zweiten Falle. Zu fragen ist aber, inwiefern pornographische Darstellungen phantasmatischen Interaktionen zu diesem Behufe ›entgegenkommen‹ müssen. Neben der Tatsache, dass eine Abspaltung sinnlich-sexueller Strömungen von zärtlichen Strömungen für Pornographie konstitutiv ist, finden sich mannigfaltige Darstellungen der pornographischen Erniedrigung von Sexualobjekten. Die allgemeinste Erniedrigung der pornographischen Darstellung liegt in der Transformation der Darsteller in pornographische Objekte bzw. der Darstellung von Menschen als pornographischen Objekten für den Blick des Nutzers.[99] Ergibt sich die allgemeinste Erniedrigung der Pornographie aber aus dem Objektstatus der Darsteller, so kann kaum angenommen werden, in pornographische Darstellungen würden nur Frauen erniedrigt.

Sofern die allgemeinste Erniedrigung der Pornographie jedoch eine Funktion erfüllt und insofern als eine (notwendige?) Kompromissbildung zu verstehen ist, fügt sie sich zwanglos in den Kontext unserer Argumentation ein, die ja pornographische Darstellungen überhaupt unter dem Aspekt der Kompromissbildung betrachtet. So hat auch diese Kompromissbildung eine Seite der Abwehr. Abgewehrt werden zärtliche Strömungen, die der Entfaltung sexueller Potenz hinderlich sein könnten. Die durch Fixierung auf Sexuelles bewerkstelligte Erniedrigung ermöglicht gerade durch die Abspaltung zärtlicher Strömungen eine Konzentration des Nutzers auf das Sexuelle und damit die Entbindung anderenfalls blockierter sexueller Energien. Pornographische Inszenierungen schaffen so (ebenso wie perverse Inszenierungen) einen Rahmen, der eine Entbindung sexueller Energien erlaubt, indem er Angst bindet. Wie im perversen Ritual Traumata in Triumphe umgewandelt werden (vgl. Stoller 1975), so erlaubt die phantasmatische pornographische Inszenierung die Umwandlung nicht sexueller psychischer Energien in sexuelle Erregung. Sowohl in perversen Ritualen als auch in pornographischen Inszenierungen scheint eine spezifische Bindung von Angst und Abwehr entscheidend zu sein: Mit Angst und Abwehr wird gleichsam gespielt. Das Abzuwehrende wird (herbei-)zitiert, nicht aber zugelassen und genau aus dieser Gratwanderung und aus der mit ihr verbundenen Gefahr lassen sich – so scheint es – spezifische Lüste oder zumindest Luststeigerungen ziehen. Ab-

---

98 Zu beachten ist, dass beide Aspekte unabhängig voneinander variieren können.
99 Von dieser Argumentation ausgehend, könnte eine solche Erniedrigung bereits ausreichend sein. Die pornographische Darstellung bietet dem Betrachter Objekte an, die dadurch bereits erniedrigt sind bzw. werden, dass sie ›bei so was‹ mitmachen.

gewehrt wird vor allem, wie wir oben argumentiert haben, die Gefahr einer Verschmelzung mit dem Weiblichen.

Eine Zwischenbetrachtung

Wir können die exemplarischen Analysen an dieser Stelle abbrechen, da wir unser Ziel bereits erreicht haben: Es ging uns darum, zu demonstrieren, dass sich unter der Oberfläche Mainstream-pornographischer Inszenierungen eine Reihe von mehr oder minder gut kaschierten Subtexten verbirgt, abweichende Lesarten möglich sind und Pornographie latente Bedeutungsgehalte aufweist, die, so unsere Annahme, zum Gelingen der ›pornographischen Interaktion‹ zwischen Betrachter und Darstellung beitragen.

Die Analogie von Traum und Pornographie erweist sich darin, dass beide von verdrängten bzw. verdeckten Wünschen handeln, die in manifesten Bildern als erfüllt dargestellt werden – freilich in einer Form, die die ursprünglichen Wünsche und Phantasien so weit umgearbeitet hat, dass sie mitunter kaum zu erkennen, vor allem aber für das Bewusstsein des Träumers bzw. Betrachters als hinreichend akzeptabel erscheinen. Der manifeste Traum wie die manifeste pornographische Inszenierung stellen Kompromissbildungen zwischen (unbewussten) Wünschen und Phantasien auf der einen und der Zensur des Bewusstseins auf der anderen Seite dar.[100] Im einen wie im anderen Falle werden unbewusste Wünsche und Phantasien also umgearbeitet, um bewusstseinsfähig bzw. akzeptabel zu werden.

Dieser Umarbeitungsprozess, den Freud als »Traumarbeit« beschreibt, zeitigt jedoch im Falle von Traum und Pornographie unterschiedliche Ergebnisse.[101] Während Träume selten klar und eindeutig sind – und meist noch seltener vollständig erinnert werden –, schafft visuelle Pornographie überaus eindeutige Bilder; die Pornographiearbeit ist also gleichsam vollständiger als die Traumarbeit. Letzterer gelingt nur selten die vollständige Umarbeitung der latenten Traumgedanken in eine kohärente und eindeutige Darstellung im manifesten Traum, so dass Träume oftmals wirr und rätselhaft sind.

---

100 Die Kompromissbildung scheitert beispielsweise dann, wenn im pornographischen Material verdrängte Wünsche des Betrachters in einer Weise zur Darstellung gelangen, die seinem Bewusstsein unerträglich ist. In diesem Falle wird er nicht mit sexueller Erregung, sondern mit Abscheu reagieren.

101 Er bedient sich – naheliegender Weise – auch unterschiedlicher Methoden.

Was Traum und pornographische Darstellung vor allem unterscheidet, ist der Erfolg dessen, was Freud (1900: 492ff.) als »sekundäre Bearbeitung« analysiert. Dieser wenden wir uns im Folgenden zu.

Tagträume und sekundäre Bearbeitungen

Pornographie sei, so schreibt Stoller (1975: 93, vgl. auch oben, S. 28ff.), »ein komplizierter Tagtraum«. Tagesphantasien bzw. Tagträume sind, so Freud (1900: 496), wie nächtliche Träume »Wunscherfüllungen: wie Träume [...] erfreuen sie sich eines gewissen Nachlassens der Zensur für ihre Schöpfungen«. Im Vergleich zu den nächtlichen Träumen spiele in Tagträumen die sekundäre Bearbeitung eine vorherrschende Rolle, so dass Tagträume einen kohärenteren Eindruck machten (vgl. auch Laplanche/Pontalis 1967: 493). Als eine Form der sekundären Bearbeitung lässt sich nun ein wesentlicher Teil der ›Pornographiearbeit‹ verstehen, nämlich jener, der diffuse, zum Teil unbewusste sexuelle Phantasien so transformiert, dass sie sich in eine pornographische Darstellung einbinden lassen. Die Form der Darstellung selbst – sei es ein Text, eine Geschichte, eine Abbildung, eine Fotografie, ein Film oder Videoclip – erzwingt eine gewisse ›sekundäre‹ Bearbeitung des sexuellen Phantasiematerials, ganz ähnlich wie bei der Traumbildung, aus schierer Rücksicht auf die Darstellbarkeit. Der Unterschied zum Traum, vor allem zum nächtlichen Traum, liegt freilich darin, dass dieser eine größere ›Toleranz‹ für Diffuses kennt und entsprechend weniger Rücksicht auf Kohärenz nehmen muss als ein massenmediales Produkt, das für eine Mehrzahl von Konsumenten hergestellt wird.

Die Rücksicht auf Darstellbarkeit, also das ›Motiv‹ der ›sekundären Bearbeitung‹, tut individuellen sexuellen Phantasien wohl am meisten ›Gewalt‹ an. Sie ist zugleich eines der am stärksten routinisierten Elemente der Pornographieproduktion. Den sexuellen Phantasien zwingt sie eine räumliche wie eine chronologische Ordnung auf, zwingt sie insbesondere in ein – wie auch immer rudimentär entwickeltes – Narrativ. Die visuelle pornographische Inszenierung ist zwangsläufig eindeutiger als eine Phantasie – so wie ein Traum zwar visuell so deutlich wie ein Film sein kann, sich von diesem aber darin unterscheidet, dass er meist im Hinblick auf Erzählstruktur, Chronologie, Logik und Eindeutigkeit hinter ihm zurückbleibt.

Die Pornographieproduktion gleicht also, sofern sie mit Rücksicht auf die Darstellbarkeit sexueller Phantasien geschieht, der sekundären Bearbeitung des Traums: Sie zwingt Phantasieprodukten eine gewisse Ordnung auf, um sie darstellbar zu machen. Die ›Gewalt‹, die sie sexuellen Phantasien antut, wird freilich dadurch gemildert, dass Pornographie auf bereits auf mehr oder minder strukturierte sexuelle Tagträume zurückgreifen kann. Sie ›vergeht‹ sich also nicht am Rohmaterial individueller sexuelle Phantasien. Bewusste individuelle sexuelle Phantasien haben, bevor sie mit Pornographie in Kontakt kommen, bereits einen Prozess der sekundären psychischen Bearbeitung durchlaufen; sie wurden also gleichsam in mehr oder weniger konkrete, bewusstseinsfähige Tagträume verwandelt. Die sekundäre Bearbeitung durch die Pornographie(arbeit) kann an diese psychische Bearbeitung von sexuellen Phantasien zu konkreten Tagträumen anknüpfen. Was sie ihnen hinzufügen hat, ist vor allem eine weitere Steigerung in der konkreten Ausarbeitung im Hinblick auf ihre Kohärenz. Sie wandelt also Elemente von Tagträumen in eine durchgehende, in sich geschlossene Darstellung und eine konkrete Geschichte um, indem sie ihre Lücken füllt und Tagträume gegebenenfalls visualisiert. Sie zerrt Tagträume ins (Kamera-)Licht der Eindeutigkeit: Pornographie ist ein inszenierter Tagtraum. Allerdings vergisst diese Aussage, dass es sich bei pornographischen Darstellungen nicht einfach um eine Übertragung eines sexuellen Tagtraums in ein anderes Medium handelt: Es geht vielmehr um eine Übersetzung, die eigenen Kriterien folgt, also um eine Über- bzw. Bearbeitung des Materials der sexuellen Tagträume, und zum anderen darum, dass die pornographische Darstellung selbst zu einem Element von Tragträumen wird, in dem Sinne, dass sie mit sexuellen Tagträumen interagiert.[102] Die Übersetzung von sexuellen Tagträumen in pornographische Darstellungen impliziert also einen Medienwechsel und dieser Wechsel in ein anderes Medium erfordert eine Übersetzung, die den Strukturen jenes Mediums folgt, in das übersetzt wird. Eine absolute Kongruenz von sexuellen Phantasien respektive Tagträumen und pornographischen Darstellung ist damit bereits auf medialer Ebene ausgeschlossen.[103]

---

102 Schließlich mögen pornographische Darstellungen auch bei der Bildung sexueller (Tag-)Träume mitwirken. In diesem Falle strukturieren sie die sekundäre Bearbeitung sexueller Phantasien.

103 Umgekehrt gilt, dass auch pornographische Darstellungen durch die Rezeption seitens ihrer Konsumenten einem Medienwechsel unterworfen sind: Sie müssen in die psychische Wahrnehmung bzw. ins psychische System des jeweiligen Betrachters ›übersetzt‹ werden und auch hier gilt, dass diese Übersetzung den Strukturen jenes Systems folgt, in das übersetzt wird. Bereits die Wahrnehmung medialer Inhalte erfolgt nicht in neutraler, sondern in interpretativer Weise. Unterschiedliche Betrachter ›sehen‹ unterschiedliche Dinge – oder genauer: jeweils das, was für sie und ihre Wahrnehmung anschlussfähig ist. Einen ähnlichen Weg geht die sexuelle Erregung: Was als erregend wahrgenommen wird, ergibt sich nicht allein aus der Darstellung selbst, sondern aufgrund der Anschlussmöglichkeiten an die manifesten wie latenten Phantasien des Betrachters.

Pornographische Inszenierungen greifen also nicht ausschließlich direkt auf unbewusste sexuelle Phantasien zu, sondern nehmen gleichsam einen ›Umweg‹ über sexuelle Tagträume. Sexuelle Tagträume sind darüber hinaus für die Auswahl der passenden pornographischen Produkte durch den Konsumenten von Bedeutung. Allerdings knüpfen pornographische Produkte durchaus auch an unbewusste sexuelle Phantasien an. Die – mehr oder minder große – Übereinstimmung ihrer Darstellungen mit bewussten oder doch vorbewussten sexuellen Phantasien vermag ihre Interaktion mit unbewussten Phantasien jedoch gleichsam zu verdecken. Die Kongruenz mit sexuellen Tagträumen, die ja selbst eine Bearbeitung latenter sexueller Wünsche und Phantasien darstellen, wirkt in einem ähnlichen Sinne als Sicherheitsnetz wie der manifeste Traum im Verhältnis zu den latenten Traumgedanken; sie hindert die unbewussten sexuellen Phantasien am Bewusstwerden und ermöglicht dennoch ihre Erfüllung oder doch zumindest ein Anspielen auf sie. In individuell funktionierende pornographische Darstellungen sind Elemente oder ›microdots‹ im Sinne von Stoller (1979: 165ff.) eingefügt, die Teil jener unbewussten Phantasien sind oder zumindest auf sie anspielen.[104] Die in diesem Sinne ›ideale‹ pornographische Inszenierung spendet gewissermaßen jenes Blut, das die sexuellen Phantasien der unbewussten Unterwelt (wieder) zum Leben erweckt.[105]

Die Interaktion der sexuellen Phantasien des Nutzers mit dem pornographischen Material ist somit als ein mehrstufiger Prozess zu begreifen: Innerpsychisch werden bewusste sexuelle Phantasien in analoger Weise wie manifeste Träume gebildet; in beiden Fällen handelt es sich um Kompromissbildungen zwischen verdrängten Wünschen und Abwehrmechanismen gegen diese. Die Interaktion mit der pornographischen Darstellung erzeugt wiederum selbst eine Kompromissbildung. Es handelt sich in diesem Falle um einen doppelten Kompromiss: Einerseits um einen pragmatischen Kompromiss zwischen bewussten sexuellen Phantasien bzw. Tagträumen und pornographischen Produkten. Pragmatisch motiviert ist diese Kompromissbildung insofern, als trotz aller Ausdifferenzierung des pornographischen Angebots wohl kein einzelnes pornographisches Produkt zu finden ist, das einem manifesten sexuellen Tagtraum oder einer manifesten sexuellen Phantasie vollständig kongruent ist und nichts anderes als

---

104 Diese Elemente respektive ›microdots‹ sind jene Punkte, an denen sich sexuelle Phantasie und pornographische Darstellung berühren. In systemtheoretischer Diktion könnte man sagen, dass sie Elemente struktureller Kopplungen bilden; in jedem Falle handelt es sich um entscheidende Verknüpfungspunkte, die beide ›Reiche‹ verbinden.

105 Insofern würde auch hier jenes Motto passen, das Freud (1900: VI) seiner Traumdeutung voranstellt (»Flectere si nequeo superos, Acheronta movebo« – »Kann ich die höheren Mächte nicht beugen, bewege ich doch die Unterwelt«).

dessen getreue und restlose (massen-)mediale Umsetzung darstellt. Aller Wahrscheinlichkeit nach lassen sich in der Realität (bislang) nur Annäherungen an eine solche ideale Kongruenz erreichen.[106] Andererseits stellt aber das für einen Nutzer ›funktionierende‹ pornographische Produkt ähnlich wie der sexuelle (Tag-)Traum selbst eine Kompromissbildung zwischen unbewussten Wünschen und den Abwehr- und Zensurmechanismen diesen gegenüber dar. Vom manifesten Traum unterscheidet sich die pornographische Darstellung freilich dadurch, dass sie selbst kein psychisches Produkt ihres Nutzers ist.[107] Um zu ›funktionieren‹ muss auch die pornographische Darstellung eine Balance schaffen, die genug Affekte zu entbinden vermag, um sexuelle Erregung herzustellen und zu erhalten, die aber andererseits die Entbindung von unerwünschten, aber gleichwohl erregenden unbewussten Affekten zu begrenzen kann. Auch das pornographische Produkt betreibt also Affektmanagement: Es muss sexuelle Erregung hervorrufen können und Raum bieten, damit sich individuelle Phantasien einschrei-

---

106 Diese Problematik resultiert nicht zuletzt daraus, dass pornographische Produkte für einen Markt und nicht für individuelle Konsumenten produziert werden. Selbst wenn sich die Produktion an Nischenmärkten ausrichtet, so doch nicht am einzelnen Konsumenten. Der Konsument verfügt zwar über eine breite Auswahl, aber doch nur über eine *Auswahl* an vorstrukturierten Optionen. Pornographische Erzeugnisse sind eben nicht individuell maßgeschneidert. Aus dem Wunsch nach maßgeschneiderter Pornographie mag sich der Erfolg von sexuellen Webcams erklären – einer Form der Online-Peepshow bei der der zahlende Konsument dem von ihm beobachteten Model Handlungsanweisungen geben kann. Man könnte vermuten, dass die Zukunft der pornographischen Industrie in individuell gestalteten Auftragspornos liegen mag: Man wählt die Protagonisten, ihr Styling, das Setting, das Skript, die sexuellen Praktiken und die passenden Phantasien aus und bekommt kurze Zeit später das fertige pornographische Produkt geliefert. Wenngleich dies noch Zukunftsmusik sein mag, so lassen verschiedene Trends hin zu individualisierten Produkten eine derartige Entwicklung, die auf eine recht direkte Übersetzung von sexuellen Tagträumen in Pornographie hinausliefe, zumindest als denkbar erscheinen. Allerdings würden auch in diesem Falle die oben angesprochenen medialen Übersetzungsprobleme nicht verschwinden.

107 Wohl aber ist die Wahrnehmung und die in ihr liegende (Um-)Deutung des Wahrgenommenen eine psychische Leistung des Wahrnehmenden. Die (psychische) Interaktion mit der Darstellung ist also durchaus dem Traum vergleichbar – auch in dem Sinne, dass sie selbst Kompromissbildungen hervorbringt, indem sie beispielsweise bestimmte Elemente des Wahrgenommenen ›übersieht‹ und/oder in den Hintergrund drängt. In der Wahrnehmung wird das Wahrgenommene umgearbeitet, wobei die jeweilige Umarbeitung sich analoger psychischer Mechanismen bedienen dürfte wie die Gestaltung von Tagträumen.

ben lassen, aber es muss zugleich die Entfaltung unerwünschter Affekte verhindern. Hierzu gehört nicht nur die Vermeidung all jener Dinge, die die sexuelle Erregung des Nutzers hemmen, sondern auch jener Elemente, die in ihm bewusste oder unbewusste Ängste hervorrufen oder aktualisieren könnten. Da sexuelle Lust oftmals gerade an unbewusste, durchaus angstbesetzte Wünsche und Phantasien gebunden ist, besteht die ›Kunst‹ der Pornographie hier, eine Balance zu halten, indem sie etwa unbewusste Phantasien an-, aber nicht ausspielt und so die Entbindung jener Ängste kontrolliert, die die sexuelle Erregung stören könnten. So fällt, wie oben ausgeführt, beispielsweise einer genaueren Analyse an einer Vielzahl heterosexueller pornographischer Darstellungen eine latente homosexuelle Komponente ins Auge, während für die manifeste heterosexuelle Pornographie männliche Homosexualität ein zentrales Tabu darstellt. Offensichtlich ist männliche Homosexualität für heterosexuelle Pornographiekonsumenten eine Vorstellung, die sowohl angst- als auch lustbesetzt ist. Die manifeste pornographische Darstellung findet den Kompromiss, homosexuelle Handlungen zwischen Männern zwar nicht (direkt) darzustellen, jedoch immer wieder und in verschiedener Weise auf sie anzuspielen – sei es in der Form des gleichzeitigen Verkehrs mehrerer Männer mit einer Frau, sei es in der Form der analen Penetration einer Frau oder als passive Unterwerfung unter eine mehr oder weniger deutlich phallisch konnotierte Frau.

In ähnlicher Weise wie der Traum den Schlaf schützt, indem er seine Fortsetzung ermöglicht, so muss auch die pornographische Darstellung darauf angelegt sein, ihre Konsumenten ›in‹ der inszenierten sexuellen Phantasie ›zu halten‹, also alle Anlässe vermeiden, die sie aus *ihrem* Traum herausreißen könnten. Folglich muss die pornographische Darstellung ebenso wie der Traum die Entbindung von Abwehrreaktionen und Angst bei einer zu deutlichen Darstellung unbewusster Wünsche und Ekel erregender Eindrücke unterbinden.[108]

---

108 Psychische (Abwehr-)Reaktionen gegenüber unbewussten Wünschen und gegenüber nicht erregenden Darstellungen sind insofern zu unterscheiden, als letztere lediglich Langeweile und ein Wegdriften aus der pornographischen Inszenierung verursachen. Abwehrreaktionen gegen unbewusste Wünsche mögen hingegen zur Angstentwicklung und somit zum Aufkündigen der pornographischen Kompromissbildungen führen. Analog zur Beendigung eines Traums durch Aufwachen aus dem Schlaf, wird in diesem Falle der Konsument die Interaktion mit dem pornographischen Material abbrechen.

Typische Träume

In *Der Dichter und das Phantasieren* gibt Freud (1908) der Vermutung Ausdruck, dass der Erfolg literarischer Werke nicht zuletzt darauf beruhe, »daß uns der Dichter in den Stand setzt, unsere eigenen Phantasien nunmehr ohne jeden Vorwurf und ohne Schämen zu genießen« (Freud 1908: 223). Freuds Überlegung ist freilich nicht vollständig auf pornographischen Produkte übertragbar, da die Legitimationswirkung, die Freud im Auge hat, von der Tatsache herrührt, dass literarische Werke nicht nur weit verbreitet, sondern auch als legitimer Teil der Unterhaltskultur anerkannt sind. Für Pornographie gilt jedoch nur ersteres. Gleichwohl bieten pornographische Inszenierungen die Gewissheit, mit den eigenen sexuellen Phantasien nicht ›alleine‹ zu sein.[109]

Ein zentraler Einwand gegen die Analyse pornographischer Produkte mit den Mitteln der Freud'schen Traumdeutung lautete, dass pornographische Darstellungen im Gegensatz zum Traum keine psychischen Produkte einzelner Personen wären und mithin nicht als psychische Kompromissbildung analysiert werden könnten. Diesem Einwand lässt sich auf zweierlei Weise begegnen: Einerseits mögen zwar pornographische Inszenierungen selbst keine psychischen Kompromissbildungen darstellen, wohl aber jene Phantasien, die in der ›Interaktion‹ mit ihnen entstehen. Andererseits lassen sich pornographische Inszenierungen mit ›typischen‹ Träumen vergleichen und entsprechend deuten.

Für typische Träume ist unter anderem charakteristisch, dass sie sich allgemein verfügbaren kulturellen Symbolen bedienen und somit sowohl kultur- als auch zeit- und epochenrelativ sind. Jede Zeit und jede historische Epoche scheint ihre typischen Träume zu kennen. In typischen Träumen spiegeln sich, anders gesagt, die kulturellen Schemata und Obsessionen, Ängste und Begehrensformen, Wünsche und Hemmungen der jeweiligen Epoche wider. In diesem Sinne handelt es sich zwar um individuell geträumte Träume, nichtsdestotrotz aber um überindividuelle Phänomene. Die Verwobenheit des Träumenden in seiner jeweiligen (Sub-)Kultur und Epoche zeigt sich jedoch nicht allein in der Verwendung kultureller Symbole und Phantasmen, sondern auch – was Freud übersieht – in jenen kultur- und zeitrelativen Prägungen des bewussten wie unbewussten Psychischen, die den Träumer zu typischen Träumen dispositionieren. Die Traumbildung bedient sich also nicht nur kulturell verfügbarer Symbole, sondern kulturelle Prägungen wirken auf Psychen in einer Weise ein, dass diese dazu neigen, typische Träume hervorzubringen. Typische Träume wären dem-

---

[109] Insofern eignet sich Pornographie nicht zuletzt auch als Selbstreflexionsmedium abweichender Sexualitäten bzw. sexueller Minderheiten. Wir kommen darauf zurück (vgl. S. 196ff.).

nach deshalb typisch, weil sie sich zeittypischen psychischen Prägungen und Dispositionen verdanken.[110]

Umgekehrt eignen sich daher typische Träume ebenso wie typische erotische bzw. pornographische Darstellungen dazu, Elemente vergangener wie gegenwärtiger Kulturen und Epochen zu rekonstruieren. Typische Träume wie typische pornographische Darstellungen und Phantasien verraten etwas über zeittypische geheime Wünsche und Phantasien, über verbreitete Ängste und kulturelle Phantasmen sowie über verdrängte wie weniger verdrängte utopische Ideale und Vorstellungen.[111]

Pornographie – aber auch die Debatte um sie – kann vor diesem Hintergrund als eine massenmediale (Re-)Inszenierung (epochen-)typischer sexueller (Tag-)Träume verstanden werden.[112]

---

110 Träume verschiedener Epochen unterscheiden sich folglich nicht nur deshalb, weil die jeweiligen Träumer in verschiedenen Symbolwelten leben, sondern vor allem weil ihre Psychen unterschiedlich geprägt wurden. Analoges dürfte für sexuelle Phantasien wie für Perversionen gelten. So scheint etwa die von Krafft-Ebing (1912: 191ff.) als »forensisch nicht unwichtig« beschriebene »Gruppe der Zopfabschneider« ausgestorben zu sein.

111 Als paradigmatische Beispiele für unsere Zeit mögen das Phantasma der ›Kinderpornographie‹ und das offensichtlich verbreitete sexuelle (Des-)Interesse am Kind dienen, vgl. auch S. 104ff.

112 Diesen und ähnlichen Überlegungen lässt sich auch dann eine gesellschaftskritische Wende geben, wenn man pornographische Inszenierungen nicht als eine sozialromantische Utopie im klassischen Sinne versteht. So argumentiert etwa Alfred Lorenzer (1986, zit.n. Koch 1989: 29) im Sinne der psychoanalytischen Kulturwissenschaft, »die ›kulturellen Zeugnisse‹ bergen, analog zu den Traumbildern, die verpönten Lebensentwürfe. Sind die Traumbilder in der psychoanalytischen Therapie Zwischenstation der Erkenntnis des Unbewußten, so sind die kulturellen Objektivationen, auf die sich eine Kulturanalyse richtet, Zwischenstationen der Äußerung sozial unterdrückter Praxisentwürfe – oder Bollwerke wider sie. Anders ausgedrückt: Die kulturellen Objektivationen sind entweder Symbole der Freiheit oder Symptome des Zwangs, wobei im einzelnen Kunstwerk der Symbolcharakter sich mit dem Symptomcharakter nicht nur mischen kann, sondern in aller Regel vermischt«.

Fazit

Die sekundäre Bearbeitung ist in der pornographischen Inszenierung wesentlich besser gelungen als im Traum, ja meist recht vollständig durchgeführt: Die pornographische Darstellung bildet ein recht kohärentes Ganzes und obendrein kann ihr Primärtext, gleichsam ihre Oberfläche, latente Bedeutungsgehalte allein schon dadurch perfekt verdecken, dass in ihr – im Gegensatz zum Traumbild – wenig offensichtlich Rätselhaftes zu bleiben scheint. Sie kann darüber hinaus durch die manifeste sexuelle Szene, die sie zeigt, ihre latenten Bedeutungsgehalte und deren Erregungspotential in einer Weise überdecken, die es dem Betrachter erlaubt, sich insofern ›in Sicherheit zu wiegen‹, als er glaubt, durch die manifesten Inhalte der Darstellung erregt zu werden, während es in Wirklichkeit die latenten Inhalte sein mögen, die seine Erregung verursachen. Ähnlich wie der Traum dazu dient, den Schlaf zu erhalten und zugleich unbewusste Wünsche zu erfüllen, so ermöglichen manifeste pornographische Darstellungen die Aufrechterhaltung sexueller Erregung bei gleichzeitigem Rühren an unbewussten Wünschen und Begehrensanteilen, welchen sich entscheidende Teile der sexuellen Erregung verdanken. Die manifesten pornographischen Darstellungen erlauben es ihren Rezipienten also – kurz gesagt – sich über die eigentlichen Auslöser ihrer sexuellen Erregung zu täuschen: Sie glauben durch die manifesten Darstellungen erregt zu werden, während ihre Erregung zumindest zum Teil durch latente Bedeutungsgehalte gespeist wird. In Analogie zu Stollers Argumentation ließe sich vermuten, dass jene pornographischen Darstellungen, die nicht an verdrängte Begehrensanteile des Betrachters rühren, von diesem als langweilig empfunden werden, während umgekehrt pornographische Inszenierungen, die verdrängte Begehrensanteile allzu deutlich darstellen, als zu abstoßend und zu verstörend empfunden werden, um sexuell erregend zu wirken. Gelangen verdrängte Wünsche und unbewusste, ich-fremde Phantasien allzu offensichtlich in den manifesten Traum respektive die manifeste pornographische Darstellung, so wird ein Schlafender aufwachen und ein Pornographienutzer entsprechende Inszenierungen meiden bzw. mit Erschrecken und dem Verlust der sexuellen Erregung auf sie reagieren. Beide reagieren in analoger Weise mit ›Aufwachen‹, indem sie gewissermaßen den Notausstieg aus dem nächtlichen respektive pornographischen Traum wählen.

Der Traum beschwichtigt mitunter den Träumenden mit der Versicherung, dass er nur ein Traum ist. In ähnlicher Weise mag die manifeste pornographische Darstellung ihre Rezipienten beschwichtigen, dass sie nur eine Inszenierung ist und es ganz normal ist, von ihr sexuell erregt zu werden.

Zugleich setzt sexuelle Erregung in ganz ähnlicher Weise wie der Schlaf die Zensur des Bewusstseins herab, so dass im Schlaf wie im Zustande der sexuellen Erregung manches aus dem Unbewussten aufsteigen mag und schemenhaft in die Randbereiche des Bewusstseins dringen kann, das unter den Bedingungen des Wachseins bzw. fehlender sexueller Erregung an seinen Grenzen abgewiesen würde. Sofern aber manifester Traum und manifeste pornographische Inszenierung ›funktionier(t)en‹, also latente wie bewusste Wünsche erfüll(t)en, kann der eine wie die andere dem Vergessen anheimfallen und der Betrachter kann sich wieder dem realen, bewussten Leben zuwenden – bis zum nächsten Mal.

Internetpornographie

Der Gegenstand der folgenden Ausführungen ist die im Internet allgemein frei zugängliche Pornographie.[1] Diese wird einleitend gesichtet und typisiert. Besonderes Augenmerk wird einerseits auf pornographische Formen und Darstellungen gelegt, die als abweichend erlebt und deren Verbreitung im öffentlichen Diskurs mit dem Internet in Verbindung gebracht wird: Pädophilie, Gewaltpornographie, und Zoophilie. Andererseits wird der ›neuen‹ Amateurpornographie besondere Beachtung geschenkt, da sie zum einen erheblich von den Möglichkeiten des Internets – insbesondere des Web 2.0 – profitiert und zum anderen die zeitgenössische Entwicklung des Pornographischen voranzutreiben scheint.

Zwar greifen die folgenden Analysen der neueren Amateurpornographie, die sich u.a. mit spezifischen Beobachtungsverhältnissen und dem Phänomen des Transzendierens des sexuellen Begehrens der Amateure befassen, über das Phänomen ›Internetpornographie‹ im engeren Sinne weit hinaus. Ihre Aufnahme in dieses Kapitel rechtfertigt sich aber dadurch, dass es die neuen Möglichkeiten des Internets sind, die die Entwicklung der ›neuen‹ Amateurpornographie beschleunigen.

Die Verbreitung von Pornographie über das Internet hat in den letzten Jahren einen grundlegenden Wandel erfahren. Dominierten vor nicht allzu langer Zeit noch Bildserien und kurze Videoclips das Angebot, haben die DSL-Revolution und das Aufkommen von Filesharing-Plattformen und Internet-Videoportalen wie Youtube nicht nur quantitative Veränderungen hervorgebracht, die es etwa ermöglichen, auch längere Filme in guter Bild- und Tonqualität aus dem Netz herunterzuladen. Verändert hat sich das pornographische Angebot des Internets auch in qualitativer Hinsicht, wobei in erster Linie nicht nur neue Verbreitungs-

---

1 Teile dieses Kapitels gehen auf eine frühere Publikation in der *Zeitschrift für Sexualforschung* zurück (Lewandowski 2003). Gegenüber jener Fassung wurde der vorliegende Text nicht nur überarbeitet und aktualisiert, sondern auch erheblich erweitert.

kanäle zu nennen sind, sondern vor allem eine ›Renaissance‹ der Amateurpornographie zu beobachten ist. Diese Entwicklungen werfen die Frage auf, ob sich analog zum Web 2.0 auch eine (Internet-)Pornographie 2.0 entwickelt.

Im Kontext der vorliegenden Untersuchungen der Pornographie der Gesellschaft ist das pornographische Angebot des Internets auch insofern von besonderer Bedeutung, weil es das Internet ist, das den Wandel und die Diversifizierung des pornographischen Angebots entscheidend vorantreibt. Dass das Internet den Zugriff auf pornographische Inhalte erleichtert, ist demgegenüber möglicherweise sekundär.

Bemerkenswert für die Internetpornographie ist schließlich eine eigentümliche Gleichzeitigkeit von sexueller Formenvielfalt und sexueller Unterkomplexität. Vermutet wird, dass die Attraktivität des pornographischen Internetangebots sowohl in der Unterkomplexität der dort dargestellten Sexualität als auch in der Lust eines virtuellen ›cruising‹ liegt. Hinzu kommt die dem Medium inhärente Möglichkeit, sich mittels des pornographischen Angebots ein individuelles ›Pornotopia‹ zu konstruieren.

EINLEITUNG

Die Internetpornographie bietet dem Auge des Betrachters ein Tableau sexueller Mannigfaltigkeit und seinem mausklickenden Finger eine Auswahl aus einem Reich schier unendlicher Möglichkeiten. Sex im Internet ist nicht nur eines der populärsten Themen der Massenmedien, sondern auch eines, das von der sozialwissenschaftlich ausgerichteten Sexualforschung bislang nicht ausreichend behandelt wurde.[2] Die bereits vorliegenden Untersuchungen befassen sich schwerpunktmäßig meist nicht mit der im Internet angebotenen Pornographie, sondern kaprizieren sich mehr auf Veränderungen der Verbreitungswege und allgemeine Analysen des Pornographischen oder sie thematisieren primär vermeintliche

---

2 Es dominieren eher medienwissenschaftliche und psychologische Untersuchungen, vgl. etwa: Cooper 2000, Eerikäinen 2003, Jacobs/Janssen/Pasquinelli 2007, Kibby/Costello 2001, Kuhnen 2007, Schetsche 2010. Aus explizit sexualwissenschaftlicher Perspektive analysiert Dannecker (2002, 2007, 2009) die Sexualität des Internets; vgl. auch, mit sexualtherapeutischem Schwerpunkt: Becker/Hauch/Leiblein (2009). Aktuelle Forschungsüberblicke über ›Sexualität und Internet‹ im Allgemeinen und Internetpornographie im Speziellen, deren Ergebnisse wir hier nicht wiederholen müssen, bietet: Döring 2008 respektive 2010.

oder reale Gefahren, seltener die Möglichkeiten, die in einer scheinbar unkontrollierten Verbreitung pornographischer Darstellungen über das Internet liegen.[3]

Die folgenden Ausführungen analysieren das frei und kostenlos zugängliche internetpornographische Angebot. Weil angenommen werden kann, dass es dieser Bereich ist, auf den Nutzer als Erstes stoßen und er das Typische internetpornographischer Darstellungen widerspiegelt, eignet er sich besonders für explorative Zwecke. Der folgende Text konzentriert sich also auf den Bereich, zu dem sich ein jeder mit einfachen Mitteln und ohne größere Vorkenntnisse Zugang verschaffen kann.[4]

TECHNISCHE ASPEKTE

Das Medium Internet verändert die Möglichkeiten des Pornographiegebrauchs insofern, als es zuvor gegebene Beschränkungen des Zugangs zu pornographischem Material unterläuft. Pornographie wird durch das Internet tendenziell jederzeit, für jede Person und an jedem Ort verfügbar. Grenzen sozialräumlicher und zeitlicher Art werden nahezu aufgehoben. Die Zugangsschranken sinken ebenso wie der Aufwand, sich pornographisches Material zu beschaffen. Im Gegensatz zu anderen Distributionswegen ermöglicht das Internet nicht nur einen weitgehend anonymen, sondern auch einen unmittelbaren Zugang zu pornographischem Material, ohne dass die eigenen Privaträume verlassen werden müssen. Im Hinblick auf den erleichterten Zugang zu pornographischem Material wirkt das Internet zumindest insofern entstigmatisierend, als es das Management des Stigmas ›Pornographiegebrauch‹ enorm erleichtert: Die Gefahr, beobachtet zu werden, verschwindet. Die Tatsache bzw. Problematik, dass die Suche nach Pornographie (wie nach allem anderen) im Netz Datenspuren hinterlässt, also nicht so anonym ist, wie gerne angenommen wird, steht auf einem anderen Blatt und spielt für des Aspekt des Stigmamanagements eine (bislang) untergeordnete Rolle.[5]

---

3   Ein nicht geringer Teil der genannten Studien befasst sich freilich mehr mit ›Sexualität und Internet‹ im Allgemeinen und weniger mit dem Pornographischen im Besonderen.

4   Außerdem beschränkt er sich auf den heterosexuellen bzw. auf den auf Heterosexuelle bezogenen Sektor der Internetpornographie, da dieser einen Großteil des Angebots ausmacht.

5   Zu denken ist freilich auch an jene Spuren, die der Besuch entsprechender Websites auf der Festplatte des benutzen Computers, etwa im Cachespeicher oder in der Form

Ein zweiter technischer Aspekt sei ebenfalls kurz angeschnitten: Das Verschwinden des Verschwindens. Die vernetzte digitale Welt zeichnet sich dadurch aus, dass sie ein Vergessen weitgehend inhibiert. Das Netz gleicht dem Meer: Alles, was in es eingespeist wird, wird irgendwann von ihm auch wieder hervorgebracht. Man könnte auch sagen: Das Netz vergisst nicht.

Dieses Nichtvergessen wird durch zwei unterschiedliche Prozesse erzeugt: Digitalisierung einerseits und Vervielfältigung sowie dezentrale Speicherung andererseits. Die Digitalisierung ermöglicht jedermann die verlustfreie Vervielfältigung von Bildern, Filmen und Dateien. Original und Kopie entsprechen einander vollkommen und diese Form des Klonens macht Speicherung, Austausch und Weiterverbreitung von Bildern und Filmen problemlos möglich. Im Gegensatz zu analog erzeugten und verbreiteten Bildern, an denen der Zahn der Zeit nagt, verbleiben digitalisierte Bilder in der Zirkulation bzw. können in diese jederzeit wieder eingespeist werden. Zusammengenommen entziehen Digitalisierung und Dezentralisierung die Bilder dem Verschwinden.

Die dezentrale Speicherung von Bildern und Filmen führt nicht nur dazu, dass diese jederzeit wieder in die Zirkulation des Netzes eingespeist werden können und so die Möglichkeit des faktischen Verschwindens abgeschnitten wird. Zugleich erhöht sich auch die Geschwindigkeit der Zirkulation. Während im vordigitalen Zeitalter das Anlegen großer Sammlungen, sei es von pornographischen Bildern oder auch Musik, Jahre und Jahrzehnte dauerte, ist es heute nur ein geringes Problem, sich an einem Nachmittag eine ansehnliche Sammlung pornographischer Bilder oder Filme aus dem Netz herunterzuladen.[6]

Die digitale Revolution erlaubt den Nutzern neben der Speicherung und Weiterverbreitung auch Möglichkeiten der Manipulation und Umgestaltung der Bilder. Insofern wohnt der digital verbreiteten Pornographie zumindest das Potential eines veränderten Umgangs mit pornographischem Material inne.

Die ubiquitäre Verbreitung des Internets hat die Möglichkeiten des Zugangs zu pornographischen Produkten sowohl erheblich erweitert als auch weitgehend der direkten sozialen Kontrolle entzogen. Cooper (2000: 2, 7, passim) hat das Internet schon recht früh als »›Triple-A Engine‹ of Access, Affordability, and Anonymity« beschrieben, die durch leichten, kostengünstigen und anonymen Zugang zu Pornographie und anderen sexuellen Inhalten die Welt des Sexuellen

---

von ›cookies‹ hinterlässt. Dies kann zu einem Problem des Stigmamanagements werden, wenn weitere Personen Zugang zum benutzen Rechner haben.

6 Pressemeldungen, dass auf dem Computer eines Verdächtigem (zehn)tausende pornographische Bilder gefunden wurden, vermögen folglich nur jene zu erstaunen, denen nicht bewusst ist, wie wenig Zeit und Aufwand es heutzutage erfordert, solche Sammlungen zusammenzutragen.

radikal verändere.[7] Entscheidend sei – gerade für die Suchtpotentiale der Internetsexualität, um die es Cooper (2000) in erster Linie geht, aber auch für ihre sozialen Folgen –, dass der Zugang zu pornographischen und sexuellen Inhalten nicht nur leicht, sondern auch jederzeit, im wahrsten Sinne rund um die Uhr, möglich sei. Die Entwicklung der letzten Jahre hat nicht nur zu einer kaum reversiblen Integration des Internets in den Alltag geführt, sondern auch durch Flatrates die allgemeinen Kosten eines Internetzugangs erheblich reduziert und Transaktionskosten auch großer Datenmengen zu einem vernachlässigbaren Faktor gemacht.[8] Die Kosten des Zugangs zu pornographischem Material sind auch insofern vernachlässigbar geworden, als das Internet eine große Fülle und enorme Bandbreite an frei und kostenlos zugänglicher Pornographie bietet. Schließlich hat die scheinbare Anonymität des Internets soziale Kontrollmechanismen des Zugangs zu sexuellen Inhalten, Materialien und Kommunikationen weitgehend ausgehebelt. Gemeinsam mit den Faktoren ›Vernetzung‹, ›Digitalisierung‹ und ›(Übertragungs-)Geschwindigkeit‹ strukturiert die Triple-A-Engine die Bedingungen der Internetpornographie zeitgenössischer Prägung.

---

7   Cooper (2000: 7) treibt insbesondere die Frage nach den Suchtpotentialen der Internetsexualität um. So betont er, dass »anonymity, accessibility, and affordability (Triple-A Engine) seem to increase the chances that the Internet will become problematic for those who either already have a problem with sexual compulsivity or those who have psychological vulnerabilities rendering them at risk for developing such compulsivity«. Wenngleich sich unsere Ausführungen auf andere Schwerpunkte konzentrieren, ist doch die Überlegung von Cooper et al. (2000: 21) soziologisch von Interesse, dass »anonymity, accessibility, and affordability (Triple-A Engine) can pose a particular hazard for those users whose sexuality may have been suppressed and limited all their lives when they suddenly find an infinite supply of sexual opportunities«. Andererseits, so argumentiert Martin Dannecker (2009: 36f.), können »sexuelle Interaktionen im Internet dazu beitragen, latente sexuelle Wünsche bewusstseinsfähig zu machen«. Nimmt man nicht, wie Cooper et al. (2000), primär die Gefährdungen für Einzelne in den Blick, sondern wendet ihre These soziologisch, so darf man vermuten, dass sich die Sexualität der Gesellschaft auch in dieser Hinsicht in ›ihrer‹ Internetpornographie widerspiegelt. Die offensichtlich weitverbreiteten Ängste, die die öffentlichen Debatten um das Internet als pornographisches Verbreitungsmedium antreiben, werden, so steht zu vermuten, wohl auch durch Befürchtungen befeuert, mit der faszinierenden Fülle des gebotenen Materials nicht recht umgehen zu können.

8   Ähnliches gilt für die Kosten von Speichermedien.

DAS ANGEBOT

Pornographische Angebote lassen sich im Internet ohne große Mühen aufspüren. Freilich ist nicht alles, was angepriesen wird, auch tatsächlich frei erhältlich. Ein Teil des (kommerziellen) Angebots an Internetpornographie ist ohne Kreditkarte, einen ›age check‹ mittels einer solchen, eine überprüfbare Anmeldung oder ähnliche Hürden, die alle darauf hinauslaufen, dass der Nutzer seine Identität offenbaren muss, nicht erhältlich. Gleichwohl ist ein ebenso umfangreiches wie vielfältiges und wachsendes pornographisches Angebot auch ohne die Preisgabe der Identität des Nutzers[9] leicht und kostenfrei zugänglich. Der kostenfreie Bereich erweitert sich durch frei zugängliche (Raub-)Kopien eigentlich kostenpflichtiger Angebote erheblich. Die pornographischen Internetseiten lassen sich idealtypisch wie folgt typisieren[10]:

Zunächst gibt es Suchmaschinen, die auf pornographische Angebote spezialisiert sind. Wie bei einer normalen Suchmaschine können Suchbegriffe eingegeben werden, worauf die Suchmaschine entsprechende Links in Text- oder Bildform anzeigt. Geeignet scheinen derartige Suchmaschinen vor allem für Nutzer, die bestimmte Vorlieben entwickelt haben bzw. etwas Spezielles suchen, etwa Sex mit Bräuten, Sekretärinnen oder ähnliches. Neben der unvermeidlichen Werbung, kategorisierten Galerien, kostenpflichtigen Links, Empfehlungen und Bildern bieten sexbezogene Suchmaschinen, wenn auch in weniger ausgereifter Form, diejenigen Funktionen, die von allgemeinen Suchmaschinen bekannt sind.

Eine zweite Kategorie des pornographischen Angebots im Internet bilden Seiten mit ›categorized galleries‹. Es handelt sich gewissermaßen um ›Überblicksseiten‹. Neben sexbezogenen Werbeanzeigen, empfohlenen Links, Bildern und ähnlichem bieten sie vor allem Links, die nach bestimmten Kategorien sortiert sind. In diesen Kategorien sind entweder Links zu Darstellungen bestimmter Sexualpraktiken, bestimmter Sexualformen oder von Personen mit bestimmten Eigenschaften zusammengefasst. Die verschiedenen Kategorien decken eine große Bandbreite von allgemein üblichen bis zu mehr oder minder hoch speziellen Vorlieben ab.[11] Diese Kategorienseiten lassen sich nochmals in solche unter-

---

9   Preisgegeben wird aber die Identität des benutzten Computers durch Übermittlung der IP-Adresse (zumindest sofern keine technischen Vorkehrungen verwendet werden, um dies zu unterbinden).

10 Oftmals finden sich Websites, die mehrere der im Folgenden geschilderten Aspekte und Funktionen kombinieren.

11 So führt etwa www.searchgals.com knapp 600 verschiedene Kategorien bzw. Schlagworte auf (Stand 03.09.2011).

scheiden, die Textlinks bieten und solche, die Bildlinks bieten: Im einen Fall klickt man auf eine Textzeile, die beispielsweise ›blonde with two men‹ lautet, im anderen klickt man ein entsprechendes Bild an.

Die allgemeinste pornographische Unterscheidung ist jene zwischen Softcore und Hardcore. Während sich im Softcore-Bereich, in den eine Vielzahl derjenigen Kategorien fällt, die bestimmte Personeneigenschaften als Hauptkriterium haben, in erster Linie Darstellungen von Nacktheit und/oder Striptease, wie sie von Pin-ups bekannt sind, finden, definiert sich der Hardcore-Bereich durch die explizite Darstellung sexueller Handlungen. Die unter dem Oberbegriff ›Hardcore‹ zusammengefassten Angebote umfassen wenig spezialisierte pornographische Darstellungen, die im Wesentlichen die gängigen Sexualpraktiken zwischen zwei Personen abbilden. Im nicht weiter differenzierten Hardcore-Bereich wird vaginaler, oraler und mitunter auch analer Geschlechtsverkehr in verschiedenen Positionen gezeigt. Neben der Kategorie ›Hardcore‹ finden sich weitere (Unter-) Kategorien, die Links beinhalten, die zu pornographischen Angeboten führen, welche ebenfalls in den Hardcore-Bereich fallen, aber stärker spezialisiert sind. Solche Kategorien sind etwa ›blow job‹ oder ›anal‹. Als eine weitere häufig vorkommende Kategorie findet sich ›facials‹ bzw. ›cum shots‹. Dargestellt werden extrakorporale Ejakulationen entweder, wie in den allermeisten Fällen, auf das Gesicht oder aber auf den Körper einer Frau.

Zum Typus sexualpraktikorientierter Kategorien scheinen zunächst auch die Kategorien Fetischismus, Bizarr, Latex, Sadomasochismus und Transsexualität bzw. ›shemales‹ zu zählen. Eine genauere Betrachtung zeigt allerdings, dass gerade diese ausgefalleneren Kategorien vergleichsweise diffus strukturiert sind: In ihnen finden sich nicht nur, wie zu vermuten wäre, Darstellungen aus dem Hardcore-Bereich, sondern auch eine Vielzahl von Inszenierungen, die eher dem Softcore-Bereich zuzurechnen sind. Von den ›normalen‹ Softcore-Darstellungen unterscheiden sie sich jedoch durch die Integration signifikanter Symbole des entsprechenden Bereichs. Sexuelle Handlungen finden aber in diesen Bereichen nicht unbedingt statt. Ein Beispiel wäre etwa ein Bild einer in Latex-Dessous gekleideten Frau oder eines posierenden Transsexuellen.

Dem Softcore-Bereich sind, wie bereits erwähnt, ein Großteil der Darstellungen zuzurechnen, die anhand von visuellen Personenmerkmalen kategorisiert werden. Ein wichtiges Unterscheidungsmerkmal, das sich auch im Hardcore-Bereich an vielen Stellen findet, ist die Haarfarbe der Frauen. So finden sich oftmals Kategorien wie ›blondes‹, ›brunettes‹ und ›redheads‹. Die entsprechenden Links führen im Softcore-Bereich zu pin up-artigen Darstellungen von Frauen mit der entsprechenden Haarfarbe, im Hardcore-Bereich zu sexuellen Interaktionen mit Frauen, die die jeweilige Haarfarbe haben. Anhand von Unterscheidungen wie dick/dünn, klein/groß, Brustgröße, Hautfarbe und Alter werden weitere Kategorien gebildet. Es gibt Galerien, die Links zu Bildern oder Videoclips mit dicken oder dünnen, kleinen oder großen, groß- oder kleinbusigen und dunkelhäutigen oder besonders jungen Frauen (›teens‹ bzw. ›lolitas‹) und Frauen im mittleren Alter (›matures‹, ›MILF‹[12]), aber auch zu besonders alten Frauen (›grannies‹) zusammenfassen.[13]

All diese Unterscheidungen finden sich auch im Hardcore-Bereich wieder und machen deutlich, dass es beinahe ausschließlich die Eigenschaften der an Hardcore-Darstellungen beteiligten Frauen, kaum aber die der Männer sind, die zur Kategorienbildung genutzt werden.[14] Die Internetpornographie ist insofern an männlichen Blicken orientiert, als sie eine objektanaloge Nutzung weiblicher Körper vorführt. Die Differenzierung des Angebots entlang bestimmter Kategorien lässt darauf schließen, dass ein Spezifikum der Internetpornographie darin liegt, dass sie einen hochselektiven Zugriff auf bestimmte Darstellungsformen erlaubt.

Ein dritter Typus der Kategorisierung wird über die Anzahl der an den dargestellten sexuellen Handlungen beteiligten Personen gebildet. Dieser Typus findet sich nur im Hardcore-Bereich. Die wesentliche Unterscheidung ist diejenige zwischen sexuellen Handlungen von zwei und solchen von mehreren Personen. Sexuelle Interaktionen zwischen mehr als zwei Personen werden in den meisten Fällen als ›group‹, im Falle von drei beteiligten Personen oftmals auch als ›threesome‹ bezeichnet. Darüber hinaus findet sich die Kategorie ›gang bang‹, die auf eine Form von Gruppensex verweist, bei der üblicherweise eine Frau mit einer Mehrzahl von Männern nacheinander oder gleichzeitig sexuell verkehrt. Ausgeschlossen ist, wie auch in anderen Bereichen der heterosexuellen Pornographie, der sexuelle Verkehr zweier Männern miteinander, während die Darstellung lesbischer Handlungen nicht unüblich ist. Männer kommen hingegen

---

12 Ein häufig vorkommendes Akronym für ›matures I like to fuck‹.

13 Weitere recht häufig auftauchende Kategorien sind ›wifes‹ bzw. ›housewifes‹, ›celebrities‹, ›moms‹ und, wohl typisch amerikanisch, ›cheerleaders‹.

14 Es finden sich allerdings einige Ausnahmen, in denen Eigenschaften der Männer als relevantes Kriterium fungieren. Im einen Falle steht die Hautfarbe der Männer im Mittelpunkt – allerdings in der überwiegenden Zahl der Fälle als Kontrast zur Hautfarbe der Frau(en), etwa bei Links zum Thema ›blacks fuck blonde‹. Ferner gibt es einige Links zu ›big cock sex‹. Eine weitere Ausnahme findet sich in Darstellungen, die den Altersunterschied der sexuell Interagierenden betonen: ›old farts‹ bzw. ›young boys‹.

nur dadurch miteinander in Kontakt, dass sie sukzessive oder zeitgleich mit ein und derselben Frau sexuell verkehren.[15]

Ein vierter Kategorientyp wird schließlich durch die sexuelle Orientierung gebildet. Es findet sich die Kategorie ›gay‹ ebenso wie die Kategorie ›lesbian‹. Letztere unterscheidet sich von Ersterer, wie auch aus anderen Bereichen der Pornographie bekannt, dadurch, dass sie sich nicht ausschließlich an ein homosexuelles, sondern auch an ein heterosexuelles (männliches) Publikum wendet.

Die vier genannten Typen umfassen die wesentlichen Kategorien, die Internetseiten mit ›categorized galleries‹ zu bieten haben.[16] In einzelnen Fällen sind diese Kategorien weiter untergliedert oder werden durch Verweise ergänzt, die in extrem spezialisierte Bereiche führen.

Internetseiten mit ›categorized galleries‹ finden sich häufig. Oftmals unterscheiden sie sich danach, ob sie Links zu Serien von Bildern, Videosequenzen oder aber längeren Filmen anbieten. Im kostenfreien Sektor erhält man auf den Seiten, zu denen diese Links führen, pornographischer Darstellungen, die entweder online betrachtet oder auf die Festplatte des eigenen Computers heruntergeladen werden können. Mitunter handelt es sich bei diesen Videosequenzen um ›Teaser‹ oder ›Trailer‹ zu kommerziellen Angeboten, also um kurze Werbefilme.

Von Internetseiten, die mit kategorisierten Galerien der angesprochenen Art aufwarten, sind Seiten zu unterscheiden, die sich auf einen speziellen Bereich, ein spezielles Thema oder auf besondere sexuelle Vorlieben oder Praktiken konzentrieren. Auch hier ist wieder zwischen sexuellen Orientierungen, sexuellen Praktiken und Personenmerkmalen zu unterscheiden. So finden sich Seiten, die sich etwa auf Darstellungen homosexueller oder bisexueller Handlungen konzentrieren, Seiten, die nur oralen oder analen Sex darstellen oder Links zu entsprechenden Seiten anbieten, und schließlich Seiten, die sich etwa an Personen wenden, die nur an pornographischen Darstellungen von blonden oder besonders dicken Frauen interessiert sind.

Zu den spezialisierteren Seiten sind etwa auf Gruppensex ausgerichtete Seiten zu zählen, wobei Gruppensex, sofern er keine besonders ausgefallenen Praktiken umfasst, nahe am Mainstream-Bereich liegt. Als wirklich spezialisierte Seiten bzw. Angebote können hingegen solche Seiten bezeichnet werden, die sich auf verschiedene Fetische, sadomasochistische Praktiken oder aber Sexualformen konzentrieren, die sich an den Grenzen der Legalität bewegen oder diese

---

15 Recht vereinzelt finden sich auch Darstellungen, die den sexuellen Verkehr zweier Männer miteinander zeigen, in den allerdings auch eine Frau involviert ist. Solche Darstellungen firmieren etwa unter der Rubrik ›bi curious‹ oder ›bisexual‹.
16 Ein weiterer Kategorientyp sind ›amateurs‹. Auf diese Form der Pornographie wird weiter unten ausführlich eingegangen.

überschreiten. So finden sich Seiten zu Fußfetischismus, Latex, Leder etc., sadistisch und masochistisch ausgerichtete Angebote und schließlich Seiten, die sich auf Sex mit Minderjährigen oder Tieren sowie auf gewalttätigen Sex konzentrieren oder zumindest entsprechende Bilder, Clips, Filme und Links versprechen.

Die Pornographie hat die Möglichkeiten des user-generierten Webs 2.0 einerseits und neuere technische Entwicklungen wie Videostreams und Filesharing-Plattformen andererseits schnell aufgegriffen[17] und was diesen Sektor von

---

17 Filesharing-Plattformen spielen nicht zuletzt bei der Verbreitung von Raubkopien eine entscheidende Rolle und werden nicht nur von der Musik- und Film-, sondern auch von der Pornoindustrie für hohe Verluste respektive entgangene Umsätze verantwortlich gemacht (ein Unterschied liegt freilich darin, dass die Wehklagen der Pornoindustrie in der Öffentlichkeit aufgrund der Anrüchigkeit ihrer Produkte auf vergleichsweise wenig Resonanz stoßen). Zum ›Geschäftsmodell‹ zahlreicher Filesharing-Plattformen scheint das ›Argument‹ zu gehören, man biete lediglich die Möglichkeit zum Datenaustausch an, könne aber weder kontrollieren noch interessiere man sich dafür, welche Art von Daten, d.h. welcher Inhalt getauscht werde. Die Verantwortung für die Inhalte liege vielmehr bei den Nutzern. Die Filesharing-Plattformen stellen sich, mit anderen Worten, auf einen ähnlichen Standpunkt wie Telefon- respektive Internetanbieter, die auch nicht dafür verantwortlich gemacht werden könnten, was über ihre Leitungen und Netzwerke verbreitet wird.

Welche mittel- bis langfristigen Auswirkungen die Anfang 2012 gegen die Filesharing-Plattform ›Megaupload‹ und ihre Betreiber durchgeführte FBI-Aktion wegen »Verschwörung« und Copyright-Verletzungen auf andere Filesharing-Plattformen sowie die Verbreitung von pornographischen wie anderen Inhalten – ob legaler oder illegaler Art – haben wird, ist derzeit noch nicht abzusehen. Unter der URL ›Megaupload.com‹ wird derzeit (Stand 30.01.2012) jedenfalls lediglich ein Warnhinweis des FBI angezeigt: »This domain name associated with the website Megaupload.com has been seized pursuant to an order issued by a U.S. District Court. A federal grand jury has indicted several individuals and entities allegedly involved in the operation of Megaupload.com and related websites charging them with the following federal crimes: Conspiracy to Commit Racketeering […], Conspiracy to Commit Copyright Infringement […], Conspiracy to Commit Money Laundering […], and Criminal Copyright Infringement […].« In Reaktion auf die Schließung von ›Megaupload‹ haben andere Filesharing-Plattformen entweder ihr Angebot völlig oder vorübergehend eingestellt oder aber, wie etwa ›filesonic.com‹ stark eingeschränkt: »All sharing function on FileSonic is now disabled. Our service can only be used to upload and retrieve files that you have uploaded personally« (www.Filesonic.com, Stand 30.01.2012). Abzuwarten bleibt, ob andere Anbieter und/oder Geschäftsmodelle die so entstandene Lücke füllen können. Sollte jedoch eine dauerhafte Schließung von Filesharing-

den herkömmlichen pornographischen Internetangeboten unterscheidet, ist einerseits eine Verschiebung von Bildern zu Videoclips und von kurzen Videosequenzen zu längeren Filmen. Andererseits, und wohl interessanter, haben sich nicht-kommerzielle Verbreitungskanäle ausgeweitet und neue Möglichkeiten der Herstellung und Verbreitung selbstgemachter Pornographie eröffnet.

Die DSL-Revolution hat aber insbesondere eine Dominanz des Videoclips hervorgebracht. War es bis vor wenigen Jahren kaum (oder doch nur mit erheblichem Zeitaufwand) möglich, größere Video- oder Bilddateien auf dem Computerbildschirm anzuzeigen oder aus dem Netz herunterzuladen, ist dies heutzutage problemlos möglich. Bestanden zuvor das Surfen und die Suche nach pornographischen Bildern und Filmen zu einem nicht unwesentlichen Teil aus Warten, wird das Warten nun durch eine Überfülle an Clips und Filmen abgelöst, die sich in verschwindend geringer Zeit herunterladen lassen. Transaktionszeit und Transaktionskosten wurden zunehmend vernachlässigbar. Kurz gesagt: Während es vor nicht allzu langer Zeit kaum denkbar war, einen zehnminütigen Videoclip im Internet ohne Stockungen und Störungen anzusehen, ist dies heutzutage dank Youtube und ähnlicher Plattformen problemlos möglich. Die ohnehin in der Pornographie enthaltene Tendenz zum bewegten Bild wird durch die DSL-Revolution entscheidend verstärkt. In den letzten Jahren sind die Videoclips nicht nur länger geworden, sondern haben gegenüber unbewegten Bildern an Dominanz gewonnen ohne diese freilich vollständig zu verdrängen.

Wir kommen darauf und auf die Effekte der DSL- und Youtube-Revolutionen zurück, wenden uns zuvor aber einigen pornographischen Randbereichen zu, die sich insbesondere im Internet finden oder aber in kulturellen Phantasmen und massenmedialen, alltäglichen sowie politischen bzw. politisch interessierten Diskursen mit ihm verbunden werden.

RANDBEREICHE UND ABWEICHENDE SEXUALITÄTEN: PÄDOPHILIE, ZOOPHILIE UND GEWALT

Im pornographischen Sektor des Internets werden sexuelle Randbereiche und Darstellungen abweichender Sexualitäten angepriesen und teilweise auch tat-

---

Plattformen gelingen, so wären auch die Auswirkungen auf die Verbreitung von *legaler, keine Copyrights verletzender* Amateurpornographie gravierend. Paradoxerweise könnte sich also die Pornoindustrie letzten Endes als doppelter Gewinner herausstellen: Sie würde nicht nur vom Problem der ›Piraterie‹, sondern auch von lästiger Konkurrenz befreit.

sächlich angeboten, die sich in Videotheken und Sexshops so nicht finden. Da es diese Bereiche sind, an denen sich die öffentliche bzw. massenmedial inszenierte Debatte um Pornographie und Sex im Internet entzündet, lohnt sich eine ausführlichere Betrachtung von drei Formen abweichender Sexualität, die sich tatsächlich oder vermeintlich in der Pornographie des Internets finden: Sex mit Kindern, Sex mit Tieren und gewalttätiger Sex.

Pädophilie

Im Gegensatz zu häufig anzutreffenden Ansichten wird weder das Internet noch dessen pornographischer Sektor von Darstellungen pädophiler, zoophiler oder gewalttätiger Sexualität dominiert. Gerade im Bereich der Pädophilie ist es dem unbedarften Nutzer des Internets nicht allzu leicht möglich, Angebote ausfindig zu machen. Man stößt weder zufällig auf solche noch erschließt sich ein einfacher Zugang zu diesen. Durchaus häufig finden sich jedoch ›pseudopädophile‹ Angebote. Dabei handelt es sich um Abbildungen besonders jung aussehender Frauen, die unter Stichworten wie ›Teens‹ oder ›Lolitas‹ angeboten werden. Es wird aber keine Sexualität mit Kindern gezeigt; selbst bei den jüngsten oder am stärksten auf jung zurechtgemachten Frauen handelt es sich um eindeutig ältere Jugendliche. Zweifelsohne mögen manche dieser Darstellungen pädophile Interessen und Phantasien bedienen, gleichwohl handelt es sich dabei nicht um den massenmediale Hysterie auslösenden ›Sex mit Kindern‹. Eine Pornographie, in der sexuelle Kontakte von Erwachsenen mit Kindern dargestellt werden, scheint im frei zugänglichen Bereich des Internets nur schwer auffindbar zu sein.[18]

Debatten um ›Kinderpornographie‹ – ein Exkurs
Die öffentliche Debatte um ›Kinderpornographie‹ wird, wie u.a. Korinna Kuhnen (2007) ausführt, nicht unwesentlich dadurch befeuert, dass ›Kinderpornographie‹ einerseits nur sehr unklar definiert ist, so dass nicht Weniges von dem, was Betrachter als solche ansehen, nicht den Kriterien von ›Kinderpornographie‹ entspricht, die die Strafverfolgungsbehörden zugrunde legen. Das allgemeine ›Problem‹, dass Pornographie nicht zuletzt in den Augen des Betrachters liegt, wird noch dadurch verschärft, dass in mancherlei Hinsicht unklar ist, bis zu welchem Alter (oder welcher körperlichen Entwicklung) das Kindsein reicht. So fallen etwa Altersstufen unter den Oberbegriff ›Kind‹, die einem üblicherweise nicht in den Sinn kommen, wenn man von Kinderpornographie hört oder liest:

---

18 Dies dürfte nicht zuletzt auf den hohen Verfolgungsdruck sowie einen weitgehenden internationalen Konsens über die Verwerflichkeit von Pädophilie und Kinderpornographie zurückzuführen sein.

man denkt eher an Kinder im Kindergartenalter denn an Teenager. Andererseits wird die Debatte um Kinderpornographie und ihre Verbreitung nicht nur durch derartige Definitionsschwierigkeiten sowohl im Hinblick auf Pornographie als auch im Hinblick auf Kindheit erschwert, sondern hinzu kommt, dass kaum eine Person das entsprechende Material tatsächlich gesehen hat. Schon in der allgemeinen Debatte um Pornographie fällt auf, dass ein nicht geringer Teil der Kritiker der Pornographie und überhaupt jener, die über sie schreiben, in sehr offensichtlicher Weise durch nur geringe Sachkenntnis auffällt[19], so dass es oftmals fraglich erscheint, ob die entsprechenden Autoren jemals Pornographie gesehen haben. Während die allgemeine Pornographie jedoch frei zugänglich ist, existieren im Falle von ›Kinderpornographie‹ im Wesentlichen nur drei Personengruppen, die das entsprechende Material tatsächlich gesehen haben und sich ein kompetentes eigenes Urteil über dieses bilden können: die Hersteller und Nutzer der Kinderpornographie, die Angehörigen der Strafverfolgungsbehörden respektive der urteilenden Gerichte und schließlich Personen, die zufällig über entsprechende Darstellungen gestolpert sind. Kurz gesagt: Die Begriffsverwirrungen und die allermeisten Einschätzungen der Kinderpornographie und ihrer Verbreitung beruhen auf einer grundlegenden und strukturell erzeugten Unkenntnis des Materials. Insbesondere ist zu bedenken, dass die erstgenannte mit dem Material vertraute Personengruppe, die Produzenten und Nutzer, keinerlei Interesse hat, ihre Kenntnisse und Erfahrungen öffentlich zu machen, da sie sich anderenfalls der Strafverfolgung aussetzen würde. Die Strafverfolgungsbehörden kämpfen andererseits – ähnlich wie übrigens auch interessierte Journalisten und Wissenschaftler – mit dem Problem, dass jede Form der Veröffentlichung des Materials, jede Form seiner Zugänglichmachung und überhaupt jede Information über Kinderpornographie nicht nur eine Nachfrage anheizen, sondern selbst unter das Verbot ihrer Verbreitung wie ihres Besitzes fallen könnte. Der auf diese Weise strukturell erzeugte Effekt ist, dass, abgesehen von den genannten Personengruppen, niemand so recht weiß, was Kinderpornographie ›wirklich‹ ist bzw. was als solche gilt, und sich von daher ein jeder unter ihr vorstellen kann, was er oder sie möchte, für realistisch und/oder bedrohlich hält. ›Kinderpornographie‹ ist mithin eine ›Leerstelle‹, in die ein jeder eigene Vorstellungen einschreiben kann. Dass aus eben dieser Sachlage die Vorstellung resultiert, ›Kinderpornographie‹ sei eine gleichsam ubiquitäre Bedrohung, überrascht kaum.

Die entsprechenden Begriffsverwirrungen verstärken das allgemeine Bedrohungsgefühl auch insofern, als sie eine überaus weite Verbreitung von Kinder-

---

19 Man denke etwa an die überaus häufige Verwechslung zwischen ›Hardcore‹ und ›harter Pornographie‹ im Sinne der früheren Definition des Strafgesetzbuches, die unter ›harter Pornographie‹ Pornographie mit Kindern, Tieren oder Gewalt fasste.

pornographie suggerieren. Typischen Pressemeldungen ist meist zu entnehmen, dass ein »Kinderpornographietauschring« zerschlagen wurde, dessen Angehörige »allen Bevölkerungs-, Alters- und Berufsgruppen« entstammen und der zudem »international« und »über das Internet« operierte. Außerdem seien auf den Festplatten der Computer der Verdächtigen »tausende« von kinder- und sonstigen pornographischen Dateien gefunden worden. Suggeriert wird nicht nur, dass die Bedrohung allgemein ist (»hunderte Verdächtige«, »alle Berufsgruppen«, »Verbreitung über das Internet«, vulgo: allgemeine Zugänglichkeit usw.), sondern vor allem wird eine ›Politik der großen Zahlen‹ betrieben. Bereits oben wurde darauf verwiesen, dass sich dank des technologischen Fortschritts mittlerweile innerhalb kürzester Zeit riesige Datenbestände via Internet transportieren lassen, so dass der Besitz einer zehn- oder gar hunderttausende Bilder umfassenden Pornosammlung nicht zwingend darauf schließen lässt, dass ihr Besitzer ein besonders stark engagierter Konsument ist. Interessant ist zudem, dass der Besitz einer riesigen (bzw. als riesig erscheinenden) Menge an Bildern nicht bedeuten muss, dass der Besitzer dieser Bilder tatsächlich jedes einzelne betrachtet oder auch nur selbst einzeln ausgesucht und heruntergeladen hat. So mag sich in einem Paket von beispielsweise 1.000 Bilddateien, auch das eine oder andere kinderpornographisch einschlägige Bild befinden, aber – und nur auf diesem Punkt kommt es an dieser Stelle an – der Schluss, dass der Besitzer dieses Bildes dieses willentlich auf seine Festplatte geladen hat, ist zumindest fragwürdig. Im Hinblick auf Tauschforen weist Korinna Kuhnen (2007: 209ff.) noch auf einen weiteren Aspekt hin: Kinderpornographische sowie andere Darstellungen abweichender Sexualitäten würden mitunter auch von nicht einschlägig interessierten Personen eingetauscht, um als Tauschmittel eingesetzt zu werden. Eher seltene Bilder hätten einen höheren Tauschwert und wären insofern auch für Sammler attraktiv, für die sie keinen Gebrauchswert haben.

Ein zentrales Problem der ›Politik der großen Zahlen‹ liegt zudem darin, dass diese großen Zahlen nicht zuletzt auch durch das angesprochene Problem der Begriffsverwirrung zustande kommen.[20] Dadurch, dass weitgehend unbekannt ist, was strafrechtlich als ›Kinderpornographie‹ gilt, entsteht allzu leicht der Eindruck, ›Kinderpornographie‹ sei weit verbreitet: Es wird mit anderen Worten mehr als ›Kinderpornographie‹ angesehen, als tatsächlich als solche zu charakterisieren ist. Die üblichen Pressemeldungen, die von zehntausenden Bilddateien sprechen, die unter dem Verdacht stehen, kinderpornographisches Material zu enthalten, fragen typischerweise nicht danach, ob es sich tatsächlich um straf-

---

20 Nicht vergessen werden darf, dass mittels Begriffsverwirrungen und dem u.a. aus diesen resultierenden allgemeinen Bedrohungsgefühlen (Sicherheits- und Moral-)Politik betrieben wird.

rechtlich relevantes Material handelt. So berichten auch Angehörige der Strafverfolgungsbehörden, dass aufgrund der entsprechenden Begriffsverwirrungen wesentlich mehr Material als ›kinderpornographisch‹ zur Anzeige gebracht wird, als tatsächlich den strafrechtlichen Kriterien entspricht (vgl. Kuhnen 2007: 121ff.).

In Abwandlung der berühmten Sentenz »I know it, when I see it«, könnte man im Hinblick auf ›Kinderpornographie‹ formulieren: Man sieht bzw. vermutet sie überall, weil man nicht weiß, was sie ist. Weil sie keiner bzw. kaum einer gesehen hat bzw. kaum jemand legalerweise gesehen haben kann, lassen sich keine Vergleiche anstellen und der Einzelne wie die Öffentlichkeit bleiben auf Vermutungen angewiesen.[21] Unabhängig von diesen grundsätzlichen Erwägungen sei aber nochmals betont, dass der frei zugängliche pornographische Sektor des Internets nicht von ›Kinderpornographie‹ überschwemmt ist – und zwar weder von jenen Darstellungen, die die Strafverfolgungsbehörden als ›kinderpornographisch‹ ansehen, noch von solchen, die die allgemeine Öffentlichkeit als Pornographie mit Kindern ansehen würde.[22]

Inzestphantasien
Eine wesentliche Erfolgsbedingung der Pornographie ist das Aufgreifen, das An- und Ausspielen von manifesten wie latenten gesellschaftlichen Tabus.[23] Da diverse sexuelle und neosexuelle Revolutionen, vor allem aber die Durchsetzung einer allgemeinen Konsensmoral auf dem Gebiet des Sexuellen (vgl. G. Schmidt 1998) sexuelle Tabus auf der Ebene der Sexualpraktiken weitgehend aufgelöst haben, ›leidet‹ die zeitgenössische Pornographie an einem Verlust des kulturell Tabuisierten. Ihr wurde, so ließe sich etwas überspitzt sagen, gleichsam die ›Geschäftsgrundlage‹ entzogen. Dies treibt pornographische Angebote einerseits in einen Überbietungswettbewerb, der sich durch die Etablierung neuer Medien-

---

21 Zu unterscheiden wäre freilich zwischen der Tatsache, dass es keinen gesellschaftlichen Konsens über die Definition von ›Kinderpornographie‹ gibt und der Tatsache, dass die (straf-)rechtlichen Definitionskriterien der Öffentlichkeit weitgehend unbekannt sind.

22 Nicht gesagt ist damit, dass es solche Darstellungen im Internet nicht gibt. Aber der unbedarfte Nutzer stolpert nicht über sie. Ganz im Gegenteil scheint es einen nicht unerheblichen Aufwand und vor allem ein nicht geringes Maß an krimineller Energie vorauszusetzen, um in den Besitz entsprechender Bilder zu gelangen. Eine Reihe von pornographischen Internetseiten fordert zudem dazu auf, kinderpornographische Inhalte den Betreibern zu melden.

23 Pornographie und die Debatten um sie eignen sich somit auch als ein guter Indikator für verbreitete tabuisierte sexuelle wie non-sexuelle Wünsche und Ängste.

technologien enorm beschleunigt hat, und andererseits in eine Steigerungsspirale, die aus dem Wegfall interner Stoppregeln resultiert.[24] Aus diesen Entwicklungen resultiert inhärent eine Suche nach bzw. ein Kaprizieren auf noch verbliebene oder neu errichtete Tabus. Diese lassen sich freilich in konsensmoralischen Zeiten kaum auf der Ebene sexueller Praktiken finden.[25] Von daher ist es wenig verwunderlich, dass die Pornographie jene noch verbliebenen Tabus aufgreift, die in mehr oder weniger legaler Form darstellbar sind: neben ›Brutalisierungstendenzen‹ (vgl. auch S.253ff.) handelt es sich auch um Inzestphantasien.[26]

Pornographische Darstellungen inzestuöser sexueller Handlungen und Verhältnisse müssen von der viel beklagten ›Kinderpornographie‹ unterschieden werden, da sie weder notwendig noch zwangsläufig den sexuellen Missbrauch Minderjähriger beinhalten oder zeigen.

Inzestphantasien lassen sich pornographisch in manifester wie latenter Form inszenieren. Im ersteren Fall wird das pornographische Produkt als Darstellung von Inzest angepriesen. Diese Charakterisierung ist freilich im Wesentlichen fiktiv, da die Darstellung selbst keine überprüfbaren Rückschlüsse auf ein tatsächliches Verwandtschaftsverhältnis der Protagonisten erlaubt. Der zweite Fall einer Inszenierung latenter Inzestphantasien bedient sich hingegen eines sichtbaren und mitunter krass ausfallenden Altersunterschieds zwischen den Beteiligten. Freilich sind Überschneidungen beider Fälle gang und gäbe.[27]

Zu unterscheiden wäre demnach zwischen der pornographischen Verletzung des Inzesttabus im engeren Sinne und der Verletzung des Gebots der Altersho-

---

24 Auf letzteren Aspekt kommen wir im Kapitel *Don't Stop?* ausführlich zu sprechen (vgl. insbes. S. 238ff.).

25 So hat beispielsweise Analverkehr durch seine Integration in das protopornographische Skript viel von seiner früheren Bedeutung für die Hardcore-Pornographie verloren.

26 Prinzipiell lassen sich drei Richtungen unterscheiden, in die das pornographische Spektrum expandieren kann. Die Expansion kann in Richtung auf Praktiken, auf Objekte bzw. Personen(gruppen) oder aber auf Intensivierung respektive Brutalisierung erfolgen.

27 Wäre im Falle behaupteter Verwandtschaftsverhältnisse die angebliche Mutter nur unwesentlich älter als der angebliche Sohn, mit dem sie sexuell verkehrt, so würde die Darstellung kaum als glaubwürdig erscheinen. Das der spezifischen Phantasie zugrunde liegende Verwandtschaftsverhältnis der Beteiligten darf folglich nicht rein kognitiv begründet sein – man muss es nicht nur glauben (können), sondern der wahrgenommene Schein darf dem Glauben nicht allzu deutlich widersprechen.

mogenität von Sexualpartnern.[28] Im pornographischen Angebot nicht nur des Internets finden sich beide Formen. So gibt es Seiten und Kategorien, die sich auf sexuelle Beziehungen zwischen Verwandten bzw. innerhalb der Familie konzentrieren: Beliebt scheinen Kategorien wie ›mom and son‹, ›dad and daughter‹ bzw. ›dad and babe‹ sowie ›daddy's girl‹ zu sein. Während in diesen Fällen direkt Inzestphantasien bedient werden, finden sich entsprechende Anspielungen nur indirekt in jenen pornographischen Subgenres, für die ein erheblicher Altersunterschied zwischen den sexuell interagierenden Personen charakteristisch ist: Unter Rubriken wie ›grannies‹ finden sich pornographische Darstellungen älterer Frauen, während Sex mit Frauen mittleren Alters meist unter Oberbegriffen wie ›wifes‹, ›moms‹ oder ›matures‹ angeboten wird. Allerdings spielt in diesen Fällen nicht zwangsläufig der Altersunterschied zwischen den Sexualpartnern die entscheidende Rolle. Unter ›Inzestphantasien‹ lassen sich die entsprechenden Darstellungen zum Teil allerdings deshalb subsumieren, weil die Darstellerinnen der Elterngeneration des Betrachters angehören mögen oder aber das Alter und Aussehen der Frauen mittleren Alters dem Alter der Mütter der Betrachter zu der Zeit entsprechen mag, in dem sie die entsprechenden sexuellen Phantasien ausbildeten.

Sehr deutlich bedienen Darstellungen sexueller Interaktionen älterer Männer mit jungen Frauen sowohl Inzestphantasien als auch Phantasien der Überschreitung des Generationentabus. Da sie weitverbreitete Phantasien über die Sexualität und die Körper junger Frauen inszenieren, ist es wenig erstaunlich, dass entsprechende Darstellungen weit verbreitet sind – gelten doch jugendliche (Frauen-)Körper geradezu als Inbegriff des sexuell Begehrenswerten. Es finden sich im wie außerhalb des Internets eine Fülle entsprechender pornographischer Darstellungen, die unter Labels wie ›old man‹, ›schoolgirl‹, ›barely legal‹, ›dad and babe‹[29], ›teen and old man‹, ›old farts, young tarts‹, ›babysitter‹, ›grandpa‹ u.ä. firmieren. In den meisten Fällen kommt der Sexualverkehr von Frauen im Teenageralter (bzw. Frauen, die wie ›Teenager‹ zurechtgemacht sind) mit Männern, die ihrer Vätergeneration (seltener: ihrer Großvätergeneration) angehören, zur

---

28 Im letzteren Fall mag das Inzesttabu insofern eine Rolle spielen, als ein extremer Altersunterschied der (Sexual-)Partner nur schwer vom für das Eltern-Kind-Verhältnis konstitutiven Generationenunterschied zu trennen ist. Das kulturelle Inzesttabu im engeren, blutsverwandtschaftlichen Sinne scheint sich in Zeiten der normativ geforderten (Alters-)Homogenität von Paaren auch auf Angehörige anderer Generationen ausgeweitet zu haben. Dass es derartige Verhältnisse dennoch in der Realität gibt und dass sich an sie eine Vielzahl von Phantasien knüpft, widerspricht der Annahme nicht.

29 Hier wird, ähnlich wie im Falle von ›mom‹, mit ›dad‹ nicht zwangsläufig ein Verwandtschaftsverhältnis bezeichnet, sondern die Zugehörigkeit zur älteren Generation.

Darstellung. Oder umgekehrt formuliert: Gezeigt wird Sex von Männern mit Frauen der Generation ihrer Töchter. Inzestphantasien werden hier recht offensichtlich ausgespielt, wenn sie auch teilweise hinter dem kulturell privilegierten Begehren nach jungen Körpern verborgen werden.

Es findet sich freilich auch der umgekehrte Fall pornographischer Darstellungen sexueller Handlungen zwischen jüngeren Männern und älteren Frauen. Hier fällt es wesentlich schwerer inzestuöse Bedeutungsgehalte hinter dem Begehren nach jungen Körpern zu verbergen – zumal sich entsprechende pornographische Inszenierungen eher an Männer als an Frauen richten. Pornographische Darstellungen, die sich unter Rubriken ›mom and boy‹, ›mom and son‹, ›son fucks mom‹, ›mom and boys‹ u.ä. finden, inszenieren sehr eindeutig inzestuöse Wünsche und Phantasien, da in ihnen nicht nur ein älterer Körper, sondern ein bestimmter älterer Körper als sexuell begehrenswert und sexuell verfügbar ausgezeichnet wird – nämlich der mütterliche.[30]

Eine nicht selten genutzte Möglichkeit, inzestuöse Komponenten latent zu halten, besteht darin, den Generationenunterschied durch einen Machtunterschied oder eine Rollenasymmetrie zu parallelisieren: Die jüngere Frau tritt beispielsweise als Sekretärin oder Schülerin, die ältere Frau als Lehrerin auf. Hier überschneiden sich Phantasien, die um den Generationenunterschied kreisen, mit dem zentralen pornographischen Traum, dass allen sozialen Verhältnisse entweder sexuelle Verhältnisse zugrunde liegen oder erstere durch letztere derart ausgehebelt werden können, dass erstere sich nur als mühsam durchgehaltener Schein entpuppen. Solche Überschneidungen schaffen eine ›Unschärferelation‹ und damit zugleich die Möglichkeit, sehr verschiedene Phantasien in einer Inszenierung unterzubringen. Insofern sind sie auch als Kompromissbildungen lesbar.

Inzestphantasien reflektieren nicht nur soziale Tabus, sondern werden von der Pornographie gerade deswegen so gerne aufgegriffen, weil Inzest eines der letzten sexuellen Tabus der modernen Gesellschaft ist. Da der Reiz des Pornographischen schon immer in der Inszenierung von Grenzüberschreitungen lag, wäre es erstaunlich, wenn sich die Pornographie dieser Grenze nicht ›annehmen‹ würde.

---

30 Freilich kommt auch das umgekehrte sexuelle Begehren – das der Mutter nach dem Sohn – zur Darstellung. Kurz gesagt: Das Mutter-Sohn-Verhältnis wird als ein von sexuellen Begierden durchzogenes dargestellt und entsprechend ausagiert. In ähnlicher Weise, aber erheblich seltener, finden sich auch Mutter-Tochter-Darstellungen.

Inzestphantasien sind nicht nur offensichtlich weit verbreitet, sondern, sofern sie an den Ödipuskomplex anknüpfen bzw. ihn (re-)inszenieren[31], auch typische sexuelle Phantasien. Zumindest finden sie Anknüpfungspunkte an – durch die ödipale Situation der modernen Kleinfamilie strukturell erzeugte – infantile Phantasien, die trotz mehr oder minder gelungener Verdrängung pornographisch anschlussfähig und ausschlachtbar bleiben.

In pornographischen Inzestphantasien treffen somit zwei Strömungen zusammen: Der Reiz der Verletzung eines der letzten verbliebenen sexuellen Tabus einerseits und der Rückgriff auf Spuren ödipaler respektive infantiler Phantasien andererseits. Insofern ist es, wie gesagt, wenig erstaunlich, dass der pornographische Sektor entsprechende Phantasien bedient. Nochmals sei jedoch betont, dass pornographische Darstellungen von Inzestphantasien nicht mit ›Kinderpornographie‹ gleichzusetzen sind. Sie kaprizieren sich zwar auf deutli-

---

31 Hertha Richter-Appelt (2001: 482) weist im Kontext der psychotherapeutischen Behandlung nach sexueller Traumatisierung darauf hin, dass Inzestphantasien und ödipale Phantasien nicht gleichgesetzt werden dürfen. Vielmehr müsse zwischen »ödipalen Phantasien und [...] Phantasien über reale inzestuöse Handlungen klarer getrennt werden. [...] Während es sich bei der ödipalen Phantasie um eine für das symbolische Denken entwicklungsfördernde Phase handelt, muss man die Inzestphantasie und vor allem die reale Überschreitung des Inzestverbots als entwicklungshemmend ansehen«. Für die pornographischen Inszenierungen entsprechender Phantasien ist diese Unterscheidung eher im Hinblick auf die Konsumenten als im Hinblick auf die Darstellungen von Bedeutung. So ließe sich etwa vermuten, dass jene Konsumenten, die in inzestuöse Phantasien oder Verhältnisse verstrickt waren, eine besondere Bindung an die entsprechenden Pornographieformen entwickelt. Die Anschlüsse der pornographischen Inzestphantasien an den Ödipuskomplex sind aber für die Pornographie insofern interessanter, als ödipale Phantasien ubiquitärer als manifeste Inzestphantasien sind. Freilich wäre hier zwischen sexuellen Handlungen zwischen jüngeren Männern und älteren Frauen einerseits und zwischen älteren Männern und jungen Frauen andererseits zu unterscheiden. Während unter der Annahme, dass sich die Pornographie primär an männlichen Phantasien ausrichtet, im ersten Falle auf ödipale Wünsche geschlossen werden kann, liegen dem zweiten Fall vermutlich eher inzestuöse Phantasien zugrunde. Freilich ist einschränkend festzuhalten, dass diese Unterscheidung, die Phantasien, die sich auf Angehörige der älteren Generation richtet, als ödipal und jene, die sich auf Angehörige der jüngeren Generation beziehen, als inzestuös bewertet, nicht absolut trennscharf ist – vor allem, wenn man bedenkt, dass das ödipale Dreieck von jeder seiner Ecken her phantasiert werden kann, also beispielsweise auch von der Position des Vaters oder der Mutter bzw. ihrer (phantasierten) Stellvertreter aus, zu denen auch ihre Generationsgenossen gehören mögen.

che Altersunterschiede zwischen den sexuell Interagierenden. Allerdings bedeutet dies weder zwangsläufig noch notwendig, dass eine (oder mehrere) der gezeigten Personen minderjährig ist oder sein muss. Freilich vermögen pornographische Inszenierungen von Inzestphantasien in mehr oder weniger verhüllter Weise auch pädophile Interessen und Phantasien zu bedienen.[32]

Gewaltpornographie

Über Gewalt und Pornographie wurde viel und lange debattiert. Insbesondere in den 1980er Jahren versuchten interessierte, meist feministische Kreise, Pornographie und Gewalt in einer Weise verknüpfen, die jede Form pornographischer, ja sexueller Darstellung als Gewalt gegen Frauen erscheinen ließ. Pornographie sei Gewalt gegen Frauen und zwar gegen alle Frauen, nicht nur gegen jene, die als Darstellerinnen an ihrer Herstellung mitwirkten.[33] Unabhängig von dem Problem, dass diese Logik Frauen einerseits ausschließlich den Status des Opfers zuschrieb und andererseits zu absurden Gesetzesentwürfen führte, hatte die Gleichsetzung von Pornographie und Gewalt den Effekt, Grenzen zu verwischen: Wenn Pornographie ohnehin Gewalt ist und/oder Gewalt gegen Frauen propagiert, so lohnt es sich nicht genauer hinzusehen und beispielsweise scheinbare von dargestellter und dargestellte von tatsächlich ausgeübter Gewalt zu unterscheiden.

Im Folgenden werden unter ›Gewaltpornographie‹ respektive ›gewaltförmiger Pornographie‹ ausschließlich jene pornographischen Darstellungen verstanden, die sich durch einen dargestellten Mangel eines Konsenses der Beteiligten hinsichtlich der gezeigten sexuellen Handlungen und/oder durch explizit nichtkonsensuelle Gewalt als integralem Element der pornographischen Inszenierung auszeichnen. Das entscheidende Definitionskriterium ist also nicht das Vorliegen realer Gewalt, sondern die Frage, ob (nicht konsensuell ausgeübte) Gewalt und Zwang als ein Medium und/oder Stilmittel der pornographischen Darstellung fungieren. Damit ist der Begriff der Gewaltpornographie zum einen von konsensuell ausgeübten sadomasochistischen Inszenierungen abgegrenzt. Zum anderen

---

32 Zu unterscheiden wäre allerdings, ob das Bedienen pädophiler Phantasien in gleichsam legaler Form im Vordergrund steht oder das Spiel mit und das Brechen des gesellschaftlichen Tabus des Generationenunterschieds oder aber der Reiz junger weiblicher Körper. Aufschluss hierüber können nur eingehende Studien zur Rezeption von pornographischen Darstellungen durch ihre Nutzer geben.

33 Paradigmatisch – auch und gerade im Hinblick auf eine weit verbreitete Unkenntnis des tatsächlichen pornographischen Angebots – Andrea Dworkin (1981) sowie die ›PorNO‹-Kampagnen der Frauenzeitschrift *Emma*.

wird die Frage nach der Motivation der Darstellerinnen und Darsteller ausgeklammert: Ob sie aufgrund eigener sexueller Interessen, aus finanziellen Erwägungen heraus oder aufgrund von Zwang oder Gewalt an pornographischen Inszenierungen teilnehmen, kann für die Analyse der Darstellungen keine Rolle spielen oder doch nur in jenen Fällen, in denen die Motive in der Darstellung selbst sichtbar sind. In der überwiegenden Zahl der Darstellungen ist freilich nicht erkennbar und daher unentscheidbar, wodurch und auf welche Weise die Darsteller zur Mitwirkung motiviert wurden. Sinnvoll lässt sich von Gewaltpornographie oder von Gewalt in der Pornographie also nur sprechen, wenn sich Gewalt tatsächlich *innerhalb* der pornographischen Inszenierung dargestellt findet *und* zwar als ersichtlich nicht auf konsensueller Basis ausgeübte Gewalt.

In diesem Sinne fallen unter die Rubrik ›Gewaltpornographie‹ auch Darstellungen nicht-konsensueller Gewaltausübungen, deren Darsteller aber aus freien Stücken mitwirken. Gespielte Gewalt fällt also unter ›Gewaltpornographie‹, tatsächliche Gewaltausübung, die aber in der pornographischen Darstellung nicht sichtbar ist, hingegen nicht. Um von ›Gewaltpornographie‹ sprechen zu können, muss Gewalt im Bild anwesend sein, also Teil der Darstellung selbst sein, und es muss sich um Gewalt handeln, deren Ausübung nicht auf erkennbar konsensueller Grundlage beruht.

Im Vergleich zu pädophilen Darstellungen finden sich im frei zugänglichen Bereich des Internets deutlich mehr Angebote gewaltförmiger Pornographie. Das Aufspüren pornographischer Bilder mit gewalttätigen Inhalten erfordert mitunter etwas Geduld und Aufwand, ist aber im Gegensatz zum Auffinden von pädophiler Pornographie recht problemlos möglich. Im Vergleich zur Zahl Mainstream-pornographischer Darstellungen ist die Zahl der manifest gewaltförmigen Darstellungen allerdings verschwindend gering, so dass sich nicht sagen lässt, die Pornographie des Internets würde von gewalttätiger Sexualität dominiert. Gleichwohl lassen sich explizit gewaltförmige Darstellungen finden – bis hin zu Bildern von (meist wohl gestellten) Vergewaltigungen. Ein Großteil der als gewaltförmig angepriesenen Darstellungen fällt aber eher in den Bereich sadomasochistischer Pornographie.

Im Internet findet sich eine gewisse Zahl von Seiten, die sich auf Vergewaltigungen spezialisiert haben, während zugleich viele sexbezogene Suchmaschinen entsprechende Suchanfragen wie ›rape‹ nicht bearbeiten und auf den meisten Seiten mit kategorisierten Galerien keine entsprechenden Links angeboten werden. Der Bereich von auf Vergewaltigungen und gewaltförmige Sexualität spezialisierten Internetseiten scheint von kostenpflichtigen Angeboten dominiert zu werden. Auf angeblich kostenfreien Seiten finden sich, ähnlich wie auf den Eingangsportalen und den Lockseiten der ›pay sites‹, einige kostenlose Videoclips und Bilder, vor allem jedoch Links zu weiteren vorgeblich kostenlosen Seiten sowie zu ›pay sites‹. In den meisten Fällen wird oft mehr versprochen als tatsächlich gezeigt. Unter den frei und kostenlos zugänglichen Bildern und Videos gibt es jedoch eine gewisse Anzahl expliziter und extrem gewalttätiger Darstellungen.[34] Dies gilt besonders für Darstellungen, die über Blogs und Filesharing-Plattformen verbreitet werden (vgl. auch unten).

Im Gegensatz zum Bereich der pädophilen Pornographie scheinen im Bereich der gewalttätigen Pornographie die Möglichkeiten des Mediums Internet in einem stärkeren Maße genutzt zu werden. Gleichwohl ist festzuhalten, dass der Bereich der gewalttätigen Pornographie nur einen geringen Anteil des im Internet frei und kostenlos zugänglichen pornographischen Angebots ausmacht. Darüber hinaus ist der Zugang dadurch vergleichsweise stark restringiert, dass der Bereich der gewalttätigen Pornographie relavtiv stark durch ›pay sites‹ dominiert wird. Der Zugriff auf diese erfordert jedoch die Aufgabe der Anonymität des Nutzers.

Von der ›Gewaltpornographie‹ im engeren Sinne sind jedoch pornographische Darstellungen zu unterscheiden, die sich in einem Grenzbereich bewegen. In diesen fallen etwa extreme Formen der Fellatio, die darauf angelegt sind, dass die Frau weniger aktiven oralen Sex ausführt als dass ihr Mund in einer Weise penetriert wird, die darauf angelegt ist, Würgereflexe hervorzurufen. Darstellungen entsprechender Praktiken firmieren unter dem drastischen Oberbegriff ›gag on my cock‹ und bilden inzwischen eine eigene pornographische Kategorie. In einem gewissen Sinne geht es darum, unwillkürliche körperliche Reaktionen hervorzurufen (vgl. auch unten: *La femme machine*, S. 279ff.).

Im Vergleich zu ›Kinderpornographie‹ fällt auf, dass gewaltpornographische Darstellungen einerseits des öfteren auch mit Mainstream-Porno-Sites verlinkt sind und andererseits, dass sie – ebenfalls im Gegensatz zu ›Kinderpornographie‹ – vom Web 2.0 profitieren (vgl. auch unten). Ein Effekt der Web 2.0-Revolution ist sicherlich, dass gewaltförmige Pornographie leichter zugänglich geworden ist. Dies mag zum einen daran liegen, dass der Verfolgungsdruck seitens der Strafverfolgungsbehörden wesentlich geringer ist und somit auch das Risiko der Anbieter bzw. jener, die entsprechende Verlinkungen herstellen. Zum anderen – und wohl wichtiger – hängt die leichtere Zugänglichkeit auch damit zusammen, dass die Toleranz gegenüber der Darstellung von Gewalt wesentlich

---

34 Inwieweit es sich dabei um gespielte Inszenierungen von Gewalt oder tatsächlich ausgeübte und erlittene Gewalt, um gespielte oder tatsächliche Vergewaltigungen handelt, ist allerdings nicht immer zu erkennen. Technische Aspekte wie Kameraführung, Ausleuchtung usw. sprechen allerdings dafür, dass es sich um Inszenierungen handelt.

höher zu sein scheint als gegenüber sexuellen Darstellungen von Kindern.[35] Von wesentlicher Bedeutung ist weiterhin, dass es sich bei der Darstellung von Gewalt in den meisten Fällen um gespielte, nicht um tatsächlich ausgeübte Gewalt handelt, während sexuelle Darstellungen und Handlungen von und mit Kindern als Abbildungen tatsächlich erfolgter illegitimer wie illegaler sexueller Handlungen wahrgenommen werden. Kurz gesagt: Bei pornographischen Abbildungen von und mit Kindern handelt es sich, sofern diese ein reales Geschehen abbilden, um Bilder eines Verbrechens. Im Falle von gespielter oder konsensuell ausgeübter Gewalt ist dies jedoch nicht der Fall. Da Kinder als nicht zustimmungsfähig angesehen werden, kann es keine legitime oder legale Pornographie mit Kindern geben. Mit der Inszenierung von Gewalt verhält es sich hingegen anders.[36]

Ganz allgemein fällt auch auf, dass in der Pornographie, ganz gleich ob im Internet oder außerhalb, wesentlich weniger Gewalt gezeigt wird als in anderen medialen Genres, seien es Kino- oder Fernsehfilme, Nachrichtensendungen oder Dokumentationen, Videospiele oder Zeitungen. ›Pornotopia‹ ist vergleichsweise gewaltfrei, da eine seiner zentralen Ideologien darin besteht, dass alle seine Bewohner und Bewohnerinnen immer und jederzeit sexuell begehren.[37]

Zoophilie

Den dritten Bereich der abweichenden Pornographieformen, die im Internet angeboten werden, bilden zoophile Darstellungen. Zwar gilt auch für zoophile Pornographie, dass sie nur einen extrem geringen Anteil der Internetpornographie ausmacht. Allerdings sind Darstellungen von Sex mit Tieren im Internet durchaus frei und kostenlos zugänglich. Darüber hinaus finden sich Links, die zu entsprechenden Angeboten führen, unter Stichwörtern wie ›zoo‹, ›bestiality‹, ›animal‹, oder ›dog‹ auch auf manchen Seiten mit kategorisierten Galerien oder in einigen Sex-Suchmaschinen.

Die im Internet kursierende zoophile Pornographie wird von Hardcore-Darstellungen sexuellen Verkehrs von Frauen mit männlichen Hunden und Pfer-

---

35 So fällt z.B. auf, dass sich nicht nur die US-amerikanische Gesellschaft im Allgemeinen wesentlich toleranter gegenüber der Darstellung von Gewalt als gegenüber der Darstellung von Sex (gleich in welcher Form) verhält.

36 Der Inszenierung von Gewalt in pornographischen Darstellungen wären eher ›pseudopädophilen‹ Inszenierungen vergleichbar (s.o.).

37 Allerdings scheint die Dynamik der pornographischen Entwicklung eine gewisse Präferenz für extreme, mitunter auch extrem gewalttätige Darstellungen *inhärent* zu erzeugen. Wir behandeln diesen Aspekt ausführlicher im Kapitel *Don't Stop?* (vgl. insbes. S. 253ff.).

den dominiert. Andere Tiere wie Schlangen, Fische, Schweine oder Affen kommen wesentlich seltener vor, was nicht zuletzt mit der alltäglichen Verfügbarkeit bestimmter Tiere zu tun haben mag. Abbildungen des sexuellen Verkehrs von Männern mit weiblichen oder männlichen Tieren sind hingegen eher selten. Gezeigt wird vor allem oraler, aber auch vaginaler Verkehr von Frauen mit Pferden sowie vaginaler Verkehr von Frauen mit (großen) Hunden. Darüber hinaus sind Darstellungen sowohl aktiven wie auch passiven oralen Verkehrs von Frauen mit Hunden häufig. Abgesehen davon, dass analer Verkehr mit Hunden seltener dargestellt wird, folgt die Chronologie tierpornographischer Darstellungen mit Hunden weitgehend dem normalpornographischen Skript. Seltener wird jedoch eine Ejakulation des jeweiligen Tieres gezeigt; es finden sich aber auch solche Darstellungen. Es fällt auf, dass zoophile Pornographie im Internet recht leicht erhältlich ist. Dies lässt unter anderem darauf schließen, dass bestimmte Moralvorstellungen und Rechtsetzungen offensichtlich nicht weltweit geteilt werden.[38] Gerade im Hinblick auf zoophile Darstellungen unterscheidet sich das Internet recht deutlich von der anderswo allgemein zugänglichen Pornographie. Auch scheinen tierpornographische Angebote in besonderem Maße von der Blog- und Tube-Revolution zu profitieren.[39]

---

38 Für die Bundesrepublik Deutschland ergibt sich die paradoxe Situation, dass das Strafrecht zwar kein Sodomie-Verbot kennt, die Verbreitung, öffentliche Ausstellung, Vorführung oder Zugänglichmachung von »gewalt- und tierpornographischen Schriften« gleichwohl unter Strafandrohung stellt (§ 184a StGB). Im Unterschied zu »kinderpornographischen Schriften« (§ 184b StGB) ist aber – folgt man dem Wortlaut des Gesetzestextes und vergleicht man die einschlägigen Paragraphen – nicht bereits der bloße Besitz oder die Herstellung tierpornographischen Materials strafbewehrt – es sei denn der Zweck der Herstellung oder des Besitzes liegt darin, »sie oder aus ihnen gewonnene Stücke im Sinne der Nummer 1 [Verbreitung – S.L.] oder Nummer 2 [Ausstellung usw. – S.L] zu verwenden oder einem anderen eine solche Verwendung zu ermöglichen« (§ 184a, Abs.3 StGB). Eine § 184b, Abs.4 StGB (»Wer es unternimmt, sich den Besitz von kinderpornographischen Schriften zu verschaffen […] wird mit Freiheitsstrafe bis zu zwei Jahren oder mit Geldstrafe bestraft. Ebenso wird bestraft, wer die in Satz 1 bezeichneten Schriften besitzt.«) entsprechende Regelung fehlt in § 184a StGB.

39 Aus sexualwissenschaftlicher Perspektive ist das sexuelle Interesse an (Haus-)Tieren vergleichsweise schlecht untersucht. Von Bedeutung scheint aber, ähnlich wie im Verhältnis von Eltern und Kindern, eine Intimisierung der Beziehung von Mensch und (Haus-)Tier zu sein, die sexuelle Aspekte tabuisiert. Hinzu kommt, dass das (Haus-)Tier eine recht ambivalente Mischung aus Vertrautem und vollkommen Fremdem darstellt. Sexuelle Kontakte zwischen Mensch und Tier sind zugleich eine Phantasie, die

Die Tatsache, dass, im Gegensatz zu zoophilen Darstellungen, Darstellungen sexuellen Missbrauchs von Kindern im Internet nur schwer zugänglich sind, bedeutet wie erwähnt nicht, dass derartige Darstellungen überhaupt nicht angeboten werden, wohl aber, dass der durchschnittliche, an pornographischen Darstellungen interessierte Internetsurfer auf diese Formen der Pornographie kaum und schon gar nicht zufällig stoßen wird. Der Zugang zu Bildern sexuellen Missbrauchs von Kindern oder Bildern mit explizit gewalttätiger Sexualität scheint ein größeres Maß an Suchaktivitäten, den Einsatz von Geld und eine den Darstellungen entsprechende kriminelle Energie vorauszusetzen. Der Einsatz dieser drei Faktoren – Aufwand, Geld, kriminelle Energie – dürfte jedoch auch jenseits des Internets zu einigen Erfolgen auf der Suche nach pornographischen Darstellungen des gewünschten illegalen Inhalts führen.[40]

PORNO 2.0 UND DIE NEUE ›AMATEURPORNOGRAPHIE‹

›Amateurpornographie‹

Im Internet wird ebenso wie in anderen pornographischen Medien sogenannte Amateurpornographie angeboten. So findet sich unter dem Stichwort ›amateurs‹ eine Vielzahl sexbezogener Links ebenso wie Seiten, die sich auf Amateurpornographie spezialisiert haben. Versprochen werden pornographische Abbildungen nichtprofessioneller Darstellerinnen und Darsteller sowie auch private Bilder, Filme und Videoclips. Da das Internet ein relativ freies Medium ist, in das prinzipiell jeder Inhalte einspeisen kann, kann vermutet werden, dass sich im Bereich der Amateurpornographie eine ›andere‹ Pornographie entwickeln könnte. Die Darstellungen und Skripte der Amateurpornographie des Internets imitieren jedoch häufig die professionelle Pornographie und/oder orientieren sich an dieser. War vor einigen Jahren die Suche nach einer ›anderen‹ Pornographie im Amateurbereich nur wenig erfolgreich, so scheinen sich im Zuge der Web 2.0-Revolution neuere Entwicklungen abzuzeichnen. Bevor jedoch die Effekte des

---

die Kulturgeschichte des Abendlandes mindestens seit der griechischen Antike durchzieht. Man denke etwa an Leda und den Schwan oder Zeus und Europa.

40 Allerdings gewährt das Internet eine scheinbare Anonymität, die bei den Nutzern den Eindruck entstehen lassen kann, ihr Verhalten sei vollständig der (sozialen wie strafrechtlichen) Kontrolle entzogen. Man mag zudem einwenden, dass die Einrichtung von Newsgroups eine entsprechende Erweiterung von Tauschringen ermögliche, aber dies ist keine genuine Möglichkeit des Internets.

Web 2.0 auf den Bereich der Amateurpornographie analysiert werden, soll zunächst das Augenmerk auf die Unterschiede zwischen den in der Amateur- und der professionellen Pornographie gezeigten Personen und ihr Aussehen gerichtet werden.

Wie die professionelle Pornographie dreht sich auch die Amateurpornographie meist um männliche Geschlechtsteile und weibliche Körper. Stehen im professionellen Bereich der ikonisierte, makellose Frauenkörper und der große Penis im Mittelpunkt, so rücken in der Amateurpornographie der durchschnittliche Frauenkörper und der durchschnittlich große Penis ins Zentrum der Darstellung. Die Relation von männlichen und weiblichen Körpern ähnelt derjenigen der professionellen Pornographie jedoch insofern, als auf die Darstellung und Drapierung der männlichen Körper wesentlich weniger Wert gelegt wird als auf die der weiblichen. Der ›Qualitätsunterschied‹ zwischen den weiblichen und den männlichen Körpern, der bereits im professionellen Bereich auffällt, findet sich auch im nichtprofessionellen Bereich, wenn auch auf insgesamt niedrigerer ›Qualitätsstufe‹: Waren die männlichen Körper im professionellen Bereich eher durchschnittlich, so stellen sie sich im nichtprofessionellen Bereich als eher unterdurchschnittlich dar.

Unabhängig von der anderen Körperlichkeit zeichnet sich der Hardcore-Bereich der Amateurpornographie gegenüber den professionellen Darstellungen dadurch aus, dass die gezeigte Sexualität oftmals als weniger ›klinisch‹, weniger ›antiseptisch‹, weniger ›gestylt‹ erscheint und oft auch weniger detailliert gezeigt wird. Fraglich ist allerdings, ob dies aus einem Willen zu einer alternativen Ästhetik oder aber aus schierem Unvermögen resultiert, die professionellen Vorlagen und Standards mit beschränkten Mitteln zu imitieren. Im Gegensatz zur professionellen Pornographie handelt es sich im Falle der Amateurpornographie oftmals nicht um Hochglanzpornographie, die weder Anstrengung noch (unkontrollierte) Lust oder Schweiß zu kennen scheint. An der (glaubhaften) Darstellung sexueller Lust scheitert zwar auch die Amateurpornographie in den meisten Fällen, wohl aber sind in ihren Darstellungen körperliche Anstrengung und körperliche Involviertheit erkennbar(er). Die professionelle Pornographie wirkt hingegen – trotz aller Darstellung von Körperlichkeit – in merkwürdiger Weise unkörperlich; die von ihr inszenierte Körperlichkeit scheint oft weniger aus menschlichen denn aus künstlichen, puppenhaften Körpern zusammengesetzt. Die Körper oder, genauer gesagt, die Körpermaschinen der professionellen Pornographie sind nicht nur ›gestylter‹ als diejenigen des Amateurbereichs, sie scheinen zugleich in einem weitaus geringeren Maße Teil der gezeigten Handlungen zu sein.⁴¹ Die Körper der ›Amateure‹ sind hingegen weniger ikonographisiert und in einem höheren Maße in die gezeigten Handlungen involviert. Mitunter und durchaus nicht untypisch finden sich Situationen, die im Bereich der professionellen Pornographie nicht vorkommen: eine verrutschte Brust hier, ein verschwitzter Hintern dort, ein angestrengter Gesichtsausdruck, ein Pickel, eine Falte, ein Lachen und so weiter.⁴²

Eine wesentliche Entwicklung, die vor allem durch das Internet angestoßen wurde, lässt sich als eine Differenzierung innerhalb des amateurpornographischen Sektors beschreiben. Der Wegfall von ›Zwischenhändlern‹, der Produzenten und Konsumenten gleich welcher Güter und Dienstleistungen näher zusammenrücken lässt, verändert auch und gerade den amateurpornographischen Sektor. Zwar gibt es private bzw. selbstgemachte Pornographie seit die entsprechenden Aufzeichnungs- und Aufnahmemedien in private Hände gelangt sind, aber in den meisten Fällen handelt es sich eher um Erotika und weniger um Pornographie im engeren Sinne – zumindest wenn man unter Pornographie im engeren Sinne sexuelle Darstellungen versteht, die für einen Markt und nicht nur für den eigenen Gebrauch hergestellt werden. Zwar gab es auch früher schon private Tauschzirkel für pornographische Bilder, Aufnahmen und Texte. Um aber Zugang zu einem größeren Markt zu erlangen, war auf die Einschaltung eines mehr oder minder professionellen Vertriebs kaum zu verzichten. Mit dem Aufkommen neuer Verbreitungstechnologien wurde es nicht nur möglich, Tauschzirkel weiter auszudehnen, sondern auch einen direkten Zugang zum pornographischen Markt zu erhalten.⁴³ Kurz gesagt: Mit Änderungen der Distributionskanäle erschließen sich Möglichkeiten der Direktdistribution, die den amateurpornographischen Sektor grundlegend umgestalten: Das private Bild kann direkten Zugang zur Öffentlichkeit finden. Pornographie kann nicht nur selbstgemacht, sondern auch selbst veröffentlicht werden.

Das Resultat dieser Entwicklung ist freilich paradox: Zum einen führt es zu einer Differenzierung zwischen Pornographie mit Amateuren und Pornographie von Amateuren, während zum anderen Grenzen zwischen privaten sexuellen

---

41 Auf den Eindruck des Maschinellen kommen wir im Kapitel *La femme machine* zurück (vgl. S. 279ff.).

42 Bemerkenswert ist, dass eine Unkenntlichmachung von Gesichtern ›außer Mode‹ zu kommen scheint.

43 Der Begriff Markt bezieht sich hier nicht ausschließlich auf kommerzielle Märkte, sondern meint ganz allgemein reale oder virtuelle Orte, an denen Dinge, Güter oder auch Informationen öffentlich oder teilöffentlich angeboten und (aus-)getauscht werden.

Darstellungen und für den Markt bzw. die Öffentlichkeit geschaffener Pornographie zunehmend verwischen.

Vereinfach gesagt, führte für Amateure der Weg zum pornographischen Markt früher meist über professionelle oder doch semiprofessionelle Produzenten und Zwischenhändler. Pornographie ›mit privaten Paaren‹ oder eben Amateuren war bis vor kurzem nicht im Wesentlichen das selbstgemachte Home Video, das freilich auch auf professionelle Distribution und gegebenenfalls Bearbeitung angewiesen war, um seinen Weg in die Öffentlichkeit der Videotheken oder Sexshops zu finden, sondern der mehr oder minder professionell produzierte Pornofilm, der anstatt mit professionellen Darstellern mit Amateuren gedreht wurde. Und selbst wenn er in der Wohnung der Darsteller gedreht wurde, so handelte es sich dennoch um einen professionellen Film, also gerade nicht um die versprochene ›private Sexualität‹. Der Pornofilm mit ›privaten Paaren‹ und Amateuren stand somit nicht vollkommen außerhalb der Logik der professionellen Pornoproduktion[44] und -distribution.

Das Internet als Verbreitungsmedium ermöglicht in seinem Zusammenwirken mit der digitalen Revolution auf dem Sektor der Aufzeichnungsmedien (neben Ton vor allem Fotografie und Film), dass Pornographie mit Amateuren zunehmend auch tatsächlich Pornographie von Amateuren ist, also Pornographie, die nicht professionell nachbearbeitet wird. Freilich existiert daneben weiterhin die ›alte‹ Amateurpornographie, die aber eher dem semiprofessionellen Bereich zuzurechnen ist. Kennzeichnend ist hier, dass nur die Darsteller oder auch nur ein Teil von ihnen Amateure sind, während die Produktion selbst (semi-)professionell organisiert ist.[45]

---

44 Man denke an Ästhetiken und Skripte, aber auch an Schnitttechniken, die eine zumindest rudimentäre Professionalität erkennen lassen und so das (End-)Produkt von tatsächlich selbstgedrehten Filmen unterscheidbar machen.

45 Klassische Kennzeichen, anhand derer sich tatsächlich selbstgemachte Pornographie von professioneller oder semiprofessioneller unterscheiden lässt, sind etwa: verschiedene Kamerapositionen respektive mehrere Kameras, Be- bzw. Ausleuchtung, Schnitttechniken (ein nicht geringer Teil der Pornographie von Amateuren kommt ohne Schnitte aus oder bietet doch nur sehr krude Schnitte), Drehorte usw., aber auch der Ton. Nicht nur, dass dieser im professionellen Pornofilm meist nachbearbeitet (›bestöhnt‹) wird; auch werden unpassende Hintergrundgeräusche eliminiert (das Klingeln des Telefons usw.). Typisch ist auch, dass im selbstgemachten Porno close-ups, also ›meat shots‹ wesentlich seltener sind – nicht zuletzt wohl aufgrund technischer Schwierigkeiten (Ausleuchtung einerseits, das Problem, dass Darstellende und Aufnehmende identisch sind, sprich: die eigene Beteiligung an der aufzunehmenden sexuellen Interaktion zu aufnahmetechnischen Kompromissen zwingt).

Im amateurpornographischen Sektor findet sich immer noch eine Vielzahl von Fotos, die aber vor allem im Zuge der Web 2.0-Revolution (siehe unten) zunehmend durch Videos und Videoclips ergänzt werden. Fotos, wie sie sich auf Webseiten wie amateurblogs.eroprofile.com[46] finden, die sich auf selbstgemachte pornographischen Fotos spezialisiert haben, schwanken nicht nur ästhetisch zwischen Schnappschüssen und mehr oder minder aufwendigen Inszenierungen. Gezeigt wird quasi alles von erotischen Posen über Nacktheit, Reizwäsche und sexuelle Handlungen bis hin zu ausgefallenen sexuellen Praktiken. Erinnert fühlt man sich an eine Art Spielwiese von Exhibitionisten für Voyeure, auf der Amateure ihre Körper und sexuellen Vorlieben vorführen.[47]

An einer Vielzahl dieser pornographischen Fotos und Videos fällt auf, dass die gezeigten Körper von den in der professionellen Mainstream-Pornographie gezeigten Körpern erheblich abweichen. In den meisten Fälle handelt es sich um ›normale‹, um durchschnittliche Körper, wie man sie, freilich in anderen Posen, anders bekleidet und anders ›gerahmt‹, auch in öffentlichen Badeanstalten und in der Sauna zu Gesicht bekommt. Es handelt sich, kurz gesagt, nicht um Hochglanzpornographie, sondern um eine andere Ästhetik. Diese ist nicht allein auf technisches Unvermögen zurückzuführen, sondern unterstreicht den Charakter des Nichtprofessionellen. Erkennbar besteht das Ziel in der Abbildung der eigenen Sexualität der Protagonisten, die eben gerade nicht als Darsteller dargestellt werden (sollen). Hier sind, so scheinen die Bilder sagen zu wollen, Leute wie du und ich, die ihre Sexualität dokumentieren und zeigen wollen.[48] Allerdings findet sich auch hier nicht selten eine gewisse Präferenz für Spektakuläres und abweichende Sexualitäten. Das Internet als Verbreitungsmedium macht freilich nicht nur private Fotoalben der Öffentlichkeit zugänglich, sondern schafft zugleich auch Anreize und Möglichkeiten der sexuellen Selbstdarstellung (vgl. auch: Eichenberg/Döring 2006, Döring 2008). Freilich handelt es sich nicht um eine por-

---

46 Letztmaliges Zugriffsdatum für alle im Text genannten Internetseiten ist, soweit nicht anders angegeben, der 03.09.2011.

47 Martin Dannecker (2009: 32f.) weist allerdings darauf hin, dass es sich bei solchen Inszenierungen der eigenen Sexualität um »Reinszenierungen« handle, »die auf den imaginären Betrachter im Netz und dessen sexuelle Erregung zielen. Im Netz nimmt die in der Realität inszenierte und auf Videos oder Fotos gebannte Sexualität dann ein eigenes, sozusagen zweites Leben an, dessen Dynamik die Produzenten des sexuellen Materials zwar nicht mehr beeinflussen können, an der sie aber gleichwohl imaginär partizipieren. Diese imaginierte Beziehung der Hersteller sexueller Bilder zur Lust der Betrachter im Internet dürfte […] dann auch die eigentliche Lust beim Verfertigen solcher Produkte ausmachen«.

48 So weit zumindest die Ideologie, die diese Bilder transportieren.

nographiespezifische Entwicklung, sondern die entsprechenden amateurpornographischen Websites und Bildergalerien finden ihre direkte Entsprechung in sogenannten sozialen Netzwerken, die private Fotoalben öffentlich zugänglich machen – freilich ohne (offensichtliche) sexuelle Komponenten. Mit anderen Worten: Die neuen Formen der Amateurpornographie sind Teil eines allgemeinen Trends der Veröffentlichung des Privaten. Nicht nur werden Massenmedien immer mehr zu einem Teil des alltäglichen Lebens, sondern auch das alltägliche Leben dringt immer stärker in die Massenmedien ein, ja verschmilzt zunehmend mit ihnen oder doch mit bestimmten Sektoren der Massenmedien, zumeist dem der Unterhaltung. Dieser Logik folgt auch das Versprechen des Web 2.0, ›user generated content‹ zu bieten, also Inhalte, die die Nutzer selbst erstellt und gestaltet haben. In der Ideologie des Web 2.0 fließen die Positionen von Produzenten und Konsumenten ineinander. Der Kult der Amateurs bzw. des Amateurhaften, wie das Web 2.0 ihn feiert, konvergiert in einer sehr merkwürdigen Weise mit einem Versprechen, das der visuellen Pornographie schon immer innewohnte: Endlich soll gezeigt werden, was ›wirkliche‹ Menschen ›wirklich‹ tun und was sie wirklich wollen – ohne Kontrolle der Medienindustrie oder institutionalisierten Filtern.[49]

Porno 2.0?

Wie an eine Vielzahl von medientechnischen Neuerungen knüpfen sich an die rasante Entwicklung des Internets und des Web 2.0 nicht nur mannigfaltige emanzipatorische wie kommerzielle, sondern auch sexuelle Phantasien – und das Versprechen, den Zugang zu Pornographie zu erleichtern.[50] Das als ›Mitmachinternet‹ (an-)gepriesene Web 2.0 inszeniert zudem einen besonderen Kult des nichtprofessionellen Amateurs.

Das Internet der ersten Generation bot hingegen in pornographischer wie in sonstiger Hinsicht, so zumindest die Legende des Web 2.0, im Wesentlichen Inhalte, die von vergleichsweise wenigen, kommerziell orientierten Anbietern hergestellt wurden. Es beruhte zudem auf einer einseitigen Kommunikationsstruk-

---

49 Insofern ähnelt die Euphorie über das Web 2.0 jener, die die Einführung des privaten Fernsehens begleitete.
50 Bei der Verbreitung und (kulturellen) Durchsetzung neuer Technologien fungiert ein sexuelles Versprechen oftmals als wichtige Antriebskraft. So lässt sich die Verbreitung von Videorekordern und insbesondere die Durchsetzung des VHS-Formats kaum verstehen, wenn man nicht in den Blick nimmt, dass Home Video die Möglichkeit eröffnete, pornographische Filme in die eigenen vier Wände zu holen.

tur, deren Überwindung respektive Aufhebung das zentrale Versprechen des Web 2.0 ist: Inhalte würden nun von Nutzern für andere Nutzer selbst erstellt. Die Bedeutung des Web 2.0 – in Verbindung mit der Verbreitung von DSL und sinkenden Preisen für die nötige Hardware (leistungsfähige Computer und digitale Kameras) – besteht in der Möglichkeit der Selbstdistribution: Erstmalig steht Amateuren ein *direkter* Zugang zum pornographischen (Welt-)Markt offen, so dass sie über die Verbreitung ihrer Bilder und Filme selbst bestimmen können.[51]

Die Wahlverwandtschaft zwischen den Möglichkeiten (und Versprechungen) des Web 2.0 und dem Phantasma einer authentischen Amateurpornographie ist so offensichtlich, dass es kaum überrascht, dass sich in Anlehnung an Youtube – das freilich peinlich darauf achtet, sein Angebot von (explizit) pornographischen Inhalten freizuhalten[52] – strukturell ähnlich konzipierte, auf Pornographie spezialisierte Angebote herausgebildet haben.[53]

Ob sexorientierte Blogs, youporn.com, porntube.com oder hardsextube.com oder eben Youtube – das *Versprechen* ist das nämliche: Bilder von Amateuren für Amateure aus dem ›echten Leben‹ in Form von user-generierten Inhalten zu zeigen. Dieses Versprechen ist für Pornographie gerade in ihrem Kampf um Authentizität attraktiv, *sofern* die User-Generiertheit der Inhalte die Echtheit des Gezeigten und vor allem den Amateurstatus der Akteure zu verbürgen vermag. Ähnlich wie Youtube bieten aber auch die entsprechenden pornographieorientierten Seiten nicht nur von Nutzern selbst erstellte Inhalte, sondern eine bunte Mischung aus illegal kopierten professionellen und selbst produzierten, mehr oder minder amateurhaften Videoclips sowie Darstellungen, die nicht in allen Ländern legal vertrieben werden dürfen.[54]

---

51 Diese Form der Selbstbestimmung erweist sich freilich in zumindest einer Hinsicht als Illusion: Jede Veröffentlichung im Web geht mit einem Verlust an Kontrolle einher. Zudem zeichnet sich am Horizont das Risiko ab, dass künftig mittels Bilderkennungssoftware den abgebildeten Personen ihre realweltlichen Namen und Adressen zugeordnet werden können.

52 Bemerkenswert ist dabei, dass (allzu explizite) Sexualisierung zumindest bestimmten kommerziellen Interessen zuwiderzulaufen scheint.

53 Besondere Bedeutung für die Verbreitung von raubkopierten Pornofilmen, Amateurpornographie und pornographischen Darstellungen jenseits des Mainstreams haben aufgrund ihrer geringen Regulierbarkeit Blogs erlangt. Analoges gilt für Internetseiten, die von Servern aus betrieben werden, die in Ländern stehen, in denen Urheberrechte nicht anerkannt respektive faktisch nicht durchgesetzt werden oder deren rechtliche Regulierungen des Pornographischen besonders liberal ausfallen.

54 Analog zu nicht-sexuellen Angeboten des Web 2.0 haben auch kommerzielle Anbieter auf die neuen Entwicklungen reagiert, indem sie u.a. selbst mit Werbebotschaften

Die Entwicklung und Verbreitung von pornographischen Blogs und Videoportalen bedeutet für die Pornographie der Gesellschaft einen Einschnitt, der möglicherweise über die üblichen mit dem Web 2.0 verbundenen Phantasien und Phantasmen hinausgeht bzw. sie überbietet.[55] Pornographie könnte ihr implizites Versprechen einholen und gleichsam ›zu sich selbst‹ kommen. Dieses Versprechen ist (und war schon immer): Authentizität. Mit anderen Worten: Den echten Sex echter, d.h. ›normaler‹ Leute zu zeigen. Das Versprechen der Authentizität ist freilich kein wesentlich pornographisches, sondern befeuert eine Vielzahl von Phantasien, die sich an das Web 2.0 knüpfen. Es stellt gewissermaßen das Korrelat zum Versprechen der ›Interaktivität‹ dar.[56] Nicht zuletzt korrelieren Pornographie und Web 2.0 in einem zentralen Versprechen, das übrigens auch schon das Privatfernsehen zu erfüllen vorgab: Endlich das (unzensiert) zu zeigen, was die Zuschauer wirklich sehen wollen und nicht nur das, so mag man ergänzen, was Zensur, Unterhaltungsindustrie, Mainstream-Medien und öffentlich-rechtlich organisierte Rundfunk- und Fernsehanstalten ihnen ›vorsetzen‹.[57]

Wenngleich zwar auch im Falle der pornographischen Inhalte das Versprechen *primär* user-generierter Inhalte weiterhin der Erfüllung harrt, werden die durch das Web 2.0 geschaffenen Möglichkeiten doch faktisch genutzt und der pornographische Sektor des Web 2.0 bietet eine Vielzahl nicht-kommerzieller Angebote, so dass er nicht nur zu einer deutlichen Ausweitung[58], sondern auch zu der zunehmenden Unübersichtlichkeit wie Unkontrollierbarkeit des pornographischen Angebots im Internet beiträgt.

---

verknüpftes Material und Trailer über die entsprechenden Foren zu vertreiben versuchen.

55 Als ein Nebeneffekt lagert sich zudem ein öffentlich zugängliches Archiv nicht nur der populären, sondern auch der pornographischen Kultur ab.

56 Ähnlich wie das Versprechen von Interaktivität attraktiv wird, weil die moderne Gesellschaft sich nicht mehr auf Interaktion zurückrechnen lässt, scheint ›echte‹ Authentizität als Verheißung zu wirken, weil sich die massenmediale Inszenierung von Authentizität in offensichtliche Paradoxien verstrickt.

57 Dass gerade die privaten Anbieter ein wesentlicher Teil der Unterhaltungs*industrie* sind, ist unbestritten, gehört aber nicht zu ihrem Versprechen, ›näher‹ an ›den‹ Leuten zu sein und die Interessen der Zuschauer besser, d.h. angemessener zu bedienen.

58 Freilich ist zu beachten, dass sich nicht nur das Angebot an pornographischen Inhalten und Websites ausweitet, sondern ganz allgemein eine Ausweitung des Internets stattfindet. Vor diesem Hintergrund sind Zahlen neu entstehender Pornoseiten mit Vorsicht zu genießen – zumindest solange sie nicht in ein Verhältnis zur Zahl der nicht-pornographischen Websites gesetzt werden.

Wie schon im Falle des ›früheren‹ Web (und noch früherer ›neuer‹ Medientechnologien) stellt sich allerdings die grundlegende Frage, ob sich tatsächlich von der Entwicklung einer *qualitativ* neuen Form von Pornographie sprechen lässt oder ob Pornographie nur neue Verbreitungskanäle findet, an denen die professionelle Pornoindustrie vielleicht weniger oder auch gar nichts verdient, die sich aber trotzdem aus deren Inhalten respektive einem amateurhaften Nachspielen ihrer Skripte speist?

Der pornographische Kult des Amateurs und das Eindringen der Kamera in private Räume

Die Welt des Web 2.0 wird, so Andrew Keen (2008) in seiner gleichnamigen Polemik, von einem ›Cult of the Amateur‹ dominiert. Freilich goutierte die Pornographie schon immer den Amateur und das Amateurhafte, da beide als Garanten des Authentischen fungieren: Den pornographischen Amateur zeichnet aus, dass er ›es‹ gerade nicht aufgrund monetärer oder anderweitiger außersexueller Interessen tut, sondern sexuell motiviert ist und aus ›Freude an der Sache‹ mitwirkt. Die Amateurpornographie bietet, so zumindest das Phantasma des pornographischen Kults des Amateurs, Bilder authentischen sexuellen Begehrens. Wenngleich in nicht wenigen Fällen Amateurhaftigkeit auch eine professionell hergestellte Fiktion sein mag, so bricht doch, wie skizziert, die Web 2.0-Revolution zunehmend jene Schranken auf, die die Zirkulation tatsächlich selbstgemachter Amateurpornographie auf vergleichsweise enge Bahnen zwangen.

Der durch die Verbreitung des Internets befeuerte neue Aufschwung der Amateurpornographie kann allerdings auch als eine Gegenbewegung zu der weitgehend aus sozialen Kontexten entbetteten professionellen Pornographie gedeutet werden.[59] Eine Ein- bzw. Rückbettung in außersexuelle soziale Kontexte wird dabei weniger durch besondere Narrative erreicht, sondern verdankt sich mitunter ›technischen‹ Mängeln (Kameraführung, Ausleuchtung usw.), vor allem aber der Tatsache, dass die gezeigte Sexualität in erkennbar privaten Räumen stattfindet, die nicht lediglich ›Drehorte‹ sind.[60] ›Pornography is coming

---

59 Vgl. zum Folgenden auch: Hardy 2008.
60 Auch wenn die Frage, woran sich erkennen lässt, ob es sich bei einer pornographischen Darstellung wirklich um Amateurpornographie oder nicht doch um professionelle Inszenierungen angeblicher Amateurpornographie handelt, anhand der Darstellung nicht immer mit letzter Gewissheit entschieden werden kann, so lassen sich doch Anhaltspunkte ausmachen. Indizien für das Vorliegen ›echter‹ Amateurpornographie

home‹, könnte das Motto dieser Entwicklung lauten, sofern nach dem Einzug von Pornographie in private Räume nun auch private Räume zunehmend Eingang in die Pornographie finden und Pornographie in Räumen entsteht, in denen sich auch das private Alltagsleben ihrer Protagonisten abspielt und die erkennbar privat sind. Diese Entwicklung, die die Drehorte der Pornographie und die Orte ihres Konsums zunehmend annährt, ist freilich nicht ausschließlich Web 2.0-abhängig, wird aber durch dessen Selbstdistributionsmöglichkeiten entscheidend vorangetrieben.

In der selbstgemachten Amateurpornographie ist die Kamera zugleich näher am Geschehen und weiter von ihm entfernt. Während sich eine besondere Nähe aus dem Eindringen in private Räume ergibt, resultiert ihre Distanz zum Geschehen daraus, dass sie – im Gegensatz zur professionellen Pornographie – meist nicht nahezu in die Körper eindringt, sondern ›notgedrungen‹ einen gewissen Abstand zu ihnen hält. Dies mag zum einen technische Gründe haben (vor allem Ausleuchtung und Kameraführung), zum anderen aber personelle, da es für die selbstgemachte Pornographie charakteristisch ist, dass ihre Produzenten auf beiden Seiten der Kamera agieren. Eine häufige Folge ist, dass nicht nur mit nur einer Kamera gefilmt wird, sondern diese selbst meist statisch ist. Was dem Zuschauer geboten wird, ist üblicherweise eine Totale oder Halbtotale. Während für die professionelle Pornographie sexuelle Interaktionen durch häufige Schnitte zerlegt und charakteristischerweise Detailaufnahmen interagierender Genitalien zeigt, wird in der privat hergestellten Amateurpornographie die gesamte sexuelle Interaktion typischerweise aus einer Perspektive gefilmt und nur hin und wieder wird – per Fernbedienung – herangezoomt. Gerade die statische Perspektive der Kamera und die Länge der Einstellungen verstärken den ästhetischen Kontrast zur professionellen Pornographie und tragen zum Eindruck des Amateurhaften bei.

Zwar finden sich auch selbstgemachte pornographische Produkte, die wesentlich ambitionierter sind, mit mehreren Perspektiven, Einstellungen und Schnitten arbeiten und auch die statische Kamera durch den Einsatz einer Handkamera ergänzen oder ersetzen, aber charakteristisch ist nach wie vor, dass es in

---

sind etwa – neben technischen Aspekten wie fehlenden Schnitten, mangelhafter Ausleuchtung etc. – auftretende Hintergrundgeräusche, die offensichtlich mit den gezeigten sexuellen Handlungen in keinerlei Verbindung stehen (z.B. das Klingeln des Telefons), in den gezeigten Räumen hängende Familienbilder der Protagonisten oder auch offensichtlich versehentliche Vermischungen von pornographischen und nichtpornographischen Bildern in Dateien mit Bildstrecken (etwa ein ganz normales Urlaubsbild, das die amateurpornographischen Protagonisten im Kreise ihrer Familie zeigt) und ähnliches mehr.

der selbstgemachten filmischen Pornographie weniger auf detaillierte Aufnahmen der Genitalen anzukommen scheint. In vielen Fällen unterbleibt somit der eindeutige visuelle Beweis, auf den es der professionellen Pornographie ankommt – dass die Penetration tatsächlich stattfindet. Zumindest fetischisiert die Amateurpornographie diesen bildlichen Beweis nicht im gleichen Maße wie die professionelle Mainstream-Pornographie.[61]

An der selbstgemachten Amateurpornographie fällt des Weiteren auf, dass sie, sofern sie sich im Mainstream-Bereich bewegt, auf spektakuläre Inszenierungen und Darstellungen, um die sich die professionelle Pornographie oft dreht, durchaus verzichten kann (oder aus technischen Gründen verzichten muss): Für sie (und wohl auch ihre Konsumenten) scheint es bereits spektakulär genug zu seien, dass sexuelle Handlungen von Privatpersonen veröffentlicht werden. Umgekehrt könnte man über professionelle Pornographie sagen, dass sie das Wissen um ihre Inszenierung mittels des Spektakels zu überspielen versucht. Für sie reicht es eben nicht aus, ›einfach nur‹ Sex zu zeigen, sondern sie ist auf einen (optischen) ›Mehrwert‹ angewiesen, den die selbstgemachte Pornographie bereits dadurch erzielt, dass sie nicht nur Amateure zeigt, sondern diese in ihrem privaten Umfeld bei ›privaten‹ sexuellen Handlungen.

Es ist dieses Eindringen ins Private, vor allem auch in private Räume, das die Amateurpornographie ausmacht. Das Private wird der öffentlichen Beobachtung geöffnet, was unter Umständen so weit führt, dass es auf sexuelle Handlungen letztlich gar nicht mehr ankommt, sondern nur noch auf die ungefilterte Beobachtung des Privaten.[62]

Wie die professionelle Pornographie zeigt auch die Amateurpornographie etwas, das man normalerweise nicht zu sehen bekommt. Während es aber im einen Falle Genitalen und Penetrationen in Nahaufnahme sind, handelt es sich im anderen Falle um Sexualität von Privatpersonen sowie um private Settings und Rahmungen. Der Reiz der Amateurpornographie besteht also nicht nur darin, Sexualität zu sehen und auch nicht nur darin, Sexualität ›privater Paare‹ gezeigt zu bekommen, sondern gleichsam ›echten‹ Sex zu sehen, also Sex wie er ›ist‹

---

61 Häufiger als der ›meat shot‹ findet sich freilich auch in der selbstgemachten Pornographie der sogenannte ›money shot‹, also die sichtbare, extrakorporale Ejakulation. Diese kann als Indiz einer Imitation professioneller Skripte durch die selbstgemachte Pornographie dienen.

62 Eine interessante Analyse eines Beispiels einer sogenannten Amateur-Webcam bietet Zabet Patterson (2004: 119) mit der These, dass in der Amateurpornographie »the enjoyment [...] not just sexual« sei. Es geht, so könnte man in Anlehnung an einen nichtpornographischen Filmtitel formulieren, buchstäblich um das Leben – nicht nur das sexuelle Leben – der Anderen.

bzw. auch wäre, wenn keine Kamera anwesend wäre. Genau dies ist die zentrale Illusion der Amateurpornographie; sie gibt vor, das Normale, das Alltägliche zu zeigen. Sie bringt, metaphorisch ausgedrückt, die Kamera zum Verschwinden und ersetzt sie (wieder?) durchs Schlüsselloch.[63] In gewisser Weise kommt die Amateurpornographie der voyeuristischen Phantasie des unbeobachteten Beobachtens damit näher als jede andere Form des Pornographischen. Der Blick des Beobachters ist im Bild nicht anwesend oder doch nicht in jener penetranten Weise wie in der professionellen Pornographie, deren Ästhetik im Blick auf das Auge des Beobachters, das gleichsam an der Penetration teilnimmt, inszeniert ist. Der Beobachter ist hier in die Inszenierung eingeschrieben, ja in der Szene in einer Weise omnipräsent, die keine Parallele in der Amateurpornographie kennt. Zwar ist auch selbstgemachte Pornographie für eine implizit in der Szene anwesende Kamera inszeniert und diese ist auch in der Szene anwesend, aber nicht in dem Sinne, dass sie und der Beobachter ›umherwandern‹. Kennzeichnend ist eine eher dokumentarische Ästhetik des ›Abfilmens‹, weniger eine in der Szene und mit ihr (inter-)agierende Kamera. Der Beobachter ist in dem Sinne Voyeur, dass das Beobachtete von ihm unbeeinflusst bleibt. Das Gezeigte würde, *so die Phantasie*, auch stattfinden, wenn es nicht beobachtet würde. Der voyeuristische Beobachter bleibt, auch wenn es sich um ein aktives Beobachten handelt, insofern passiv, als er sich nicht in das Beobachtete einmischt. Er mag es zwar seinen Phantasien gemäß ›rahmen‹, aber er greift nicht selbst in jene Handlungen ein, die er ›nur‹ beobachtet.

Die professionelle Pornographie bedient zwar auch voyeuristische Interessen. Sie bietet aber gleichsam ›mehr‹, da ihre Ästhetik nicht lediglich ein be-

---

63 Natürlich ist auch die selbstgemachte Pornographie für die Kamera inszeniert, aber die statische Kamera bringt den Zuschauer quasi in eine heimlich beobachtende Position. Er kann, im Gegensatz zu der durch die professionelle Pornographie erzeugten Beobachterpositionen, nicht gleichsam umhergehen, genauer hinschauen, auf Details achten usw. Sein Auge wird nicht ›herumgeführt‹, sondern wird in eine Position außerhalb der Szene verbannt. Die statische Positionierung der Kamera führt dadurch zu einem Ausschluss des Zuschauers, so dass jede Szene zwangsläufig Elemente aufweist, die seinem Blick entzogen bleiben. Will der Beobachter andere Perspektiven oder Details sehen, kann er nicht einfach, wie bei der professionellen Pornographie, auf den nächsten Schnitt warten. Fehlende Schnitte erzeugen mithin andere Verhältnisse. Sie machen selbstgemachte pornographische Szenen nicht nur lang, sondern mitunter auch langatmig, da nur passiert, was eben sexuell passiert. Sie unterstreichen damit unfreiwillig, dass Sex, oder zumindest das Ansehen von Sex, recht langweilig sein kann. Zum ›Ausgleich‹ bietet Amateurpornographie aber das implizite Versprechen, dass jederzeit etwas Unvorhergesehenes passieren könnte.

wegtes Tableau vor den Augen des Zuschauers entfaltet, sondern mittels multiplen Kameraperspektiven, unterschiedlichen Einstellungen, Schnitten und Detailaufnahmen den beobachtenden Blick in das Gezeigte hineinzieht. Der Beobachter beobachtet nicht nur gleichsam von außen, sondern wird Teil der Szenerie.[64] Auch ist sein Blick kein heimlicher mehr; er ist vielmehr Teil der Inszenierung (und nicht nur eine (Rand-)Bedingung ihrer Möglichkeit).

Mit den neuen Entwicklungen der online verbreiteten Amateurpornographie verschwimmen schließlich Grenzen zwischen den Produzenten und Konsumenten; pornographische Produkte und private Sexualität wie privat hergestellte Pornographie dringen zunehmend in den öffentlichen, zumindest den virtuellen Raum ein.[65] Die Darsteller der Amateurpornographie inszenieren somit nicht nur ›ihre‹ Sexualität im Hinblick auf vorgestellte Betrachter, sondern sie stellen mit ihren privaten Räumen auch ihr privates Umfeld und nichtsexuelle Aspekte ihres privaten Lebens aus. Auch in diesem Sinne penetriert das (Amateur-)Pornographische die Trennung zwischen öffentlichen und privaten Sphären.[66]

Sexuelle Selbstdarstellungen im Internet werden oft auf narzisstische oder exhibitionistische Motive zurückgeführt. Seltener werden sie als Selbstverstän-

---

64 Er geht auch nicht nur einfach durch sie hindurch, wie etwa der Protagonist in Stanley Kubricks *Eyes Wide Shut* durch die Orgie. Die zeitgenössische Hardcore-Pornographie bietet anderes als eine einfache Kamerafahrt durch Räume, in denen Personen sexuell interagieren. Vielleicht ist es auch der dem inneren Auge immer präsente Vergleich mit der Hardcore-Pornographie – und nicht nur der missglückte Versuch, eine Erzählung Arthur Schnitzlers aus der Wiener Moderne um 1900 in das Amerika des späten 20. Jahrhunderts zu transplantieren –, der *Eyes Wide Shut* so antiquiert wirken lässt.

65 Das bedeutet selbstverständlich nicht, dass Pornographie nun öffentlich konsumiert würde; private Pornographie wird nun aber zunehmend selbstkontrolliert *veröffentlicht* und damit zu Pornographie im eigentlichen bzw. engeren Sinne, nämlich zur für einen Markt inszenierten Darstellung von Sexualität.

66 Anzumerken ist freilich, dass dies nicht und vielleicht nicht einmal in erster Linie die Amateurpornographie betrifft; schließlich ist es heutzutage, zumal unter jüngeren Leuten, gang und gäbe nicht nur Bilder von sich selbst (und anderen), sondern auch von privaten Räumen ins Netz zu stellen. Der Unterschied zur Amateurpornographie besteht freilich darin, dass in diesen Fällen private Bilder nicht mit explizit sexuellen Handlungen bzw. selbstgeschaffenen pornographischen Darstellungen verknüpft werden.

digungsdiskurse über das eigene sexuelle Begehren interpretiert[67] und noch seltener auf ihre Rolle im sexuellen Handeln und Erleben der Protagonisten befragt. Letzterem widmet sich der folgende Abschnitt in thesen- und theoriegenerierender Absicht.[68]

Die Einbeziehung anwesender Abwesender

Der Konsum von Pornographie kann prinzipiell als sexuelle Interaktion unter Einbeziehung Nicht-Anwesender bzw. virtuell anwesender Abwesender konzipiert werden. Gleichermaßen sind auch pornographische Selbstinszenierungen sexuelle Interaktionen unter Einbeziehung nicht anwesender Personen. Ein Unterschied liegt freilich in der Art und Weise, wie Abwesende einbezogen werden. Zunächst zeichnet sich Pornographiegebrauch dadurch aus, dass konkrete Andere, wenngleich diese nur virtuell anwesend sind, einbezogen werden. Mögen diese auch persönlich unbekannt sein und in großer Zahl auftreten, so sind sie und ihre Eigenschaften doch eingrenzbar und wahrnehmbar. Sie unterliegen zugleich der Selektion durch den Konsumenten; er wählt jene Darsteller, Szenen und Inszenierungen aus, von denen er sich erregen lassen und mit denen er (virtuell) interagieren möchte. Gänzlich anders gestaltet sich die Situation im Falle pornographischer Selbstdarstellungen. Insbesondere wenn diese über das Internet verbreitet werden[69], erfolgt die Einbeziehung einer unbekannten Zahl unbekannter und nicht konkretisierbarer Abwesender in die sexuelle Interaktion der Protagonisten. Insofern diese in der Interaktion virtuell anwesend sind, verändern sie die Interaktion, so dass diese nicht unabhängig von jenen verstanden werden kann – auch und gerade nicht seitens der realweltlich interagierenden Protagonisten. Sie entwerfen ihre sexuellen Interaktionen gleichsam in Bezug auf die virtuell anwesenden Abwesenden, die dadurch Bestandteil der Interaktion werden. Es geht also nicht nur um sexuelle Inszenierungen für abwesende Andere, sondern auch um die Einbeziehung abwesender Anderer. Damit verändert sich die Interaktion selbst und genau darin, so wäre zu vermuten, liegen ein Reiz und ein Motiv der Erstellung von privater bzw. Amateurpornographie. Es geht somit um mehr und

---

67 Vgl. aber, wenn auch nicht explizit und ausschließlich auf Pornographie bezogen: Eichenberg/Döring (2006) und Überlegungen bei Dannecker (2009) sowie unten (S. 196ff.).

68 Ein anschließendes Projekt zur Erforschung Pornographie produzierender Amateure, das auch der empirischen Überprüfung der im Folgenden dargestellten theoretischen Annahmen und Hypothesen dienen soll, befindet zurzeit in Vorbereitung.

69 Und das Ziel der Verbreitung während der Herstellung den Beteiligten bewusst ist.

anderes als (ausschließlich) um Exhibitionismus (vgl. auch: Dannecker 2009: 36f.). Die medial vermittelte Anwesenheit Abwesender wird vielmehr zu einem Teil der sexuellen Skripte, die die realweltliche Interaktion steuern. Die Verschränkung der real und virtuell Anwesenden findet dabei auf allen drei Ebenen sexueller Skripte, also sowohl auf Ebene der intrapsychischer und interaktioneller Skripte wie kultureller Szenarien statt.[70] Die Herstellung pornographischer Erzeugnisse kann, mit anderen Worten, selbst Bestandteil eines intrapsychischen Skriptes werden, wenn sich sexuelle Erregung an der Phantasie festmacht, das eigene sexuelle Handeln der Beobachtung nicht anwesender Dritter auszusetzen bzw. mit Blick auf diese oder gar ›für‹ diese zu handeln.

Pornographie zeichnet sich dadurch aus, dass die Anwesenheit einer Kamera, auch wenn keine weiteren Personen als die unmittelbar interagierenden anwesend sind, die sexuelle Interaktion selbst verändert. Die Kamera ist sowohl Symbol als auch Medium der Anwesenheit Abwesender und, sofern sie die Interaktion für deren Blicke öffnet, verändert sie diese. Eine Illusion, die Pornographie – und nicht zuletzt Amateurpornographie – freilich herzustellen versucht, ist jene, dass die Kamera nur zufällig anwesend ist, selbst aber nicht in das sexuelle Geschehen eingreift und in ihm auch nicht weiter präsent ist, sondern nur ein Geschehen abfilmt, wie es auch ohne sie so ablaufen würde.

Die Kamera ist also ein ambivalenter ›Störfaktor‹, da sie zwar die sexuelle Interaktion für einen Betrachter öffnet, aber zugleich Sexualität zur Pornographie macht. Sie versperrt und ermöglicht den Zugang zur Sexualität anderer Leute, aber ihr Paradox liegt darin, dass sie die Sexualität, indem sie sie zur Pornographie macht, nicht unverändert lässt. Wo der Betrachter die ›echte‹ Sexualität anderer Personen beobachten möchte, bekommt er letztlich doch ›nur‹ Pornographie zu sehen. Mit diesem strukturellen Problem muss jede Form des Pornographischen in der einen oder anderen Weise umgehen, zumal der Blick des Betrachters einzig und allein durch die Kamera vermittelt wird.[71]

Während in der professionellen Pornographie die Inszenierung des Sexuellen für eine beobachtende Kamera meist offensichtlich ist und kaum die Illusion erzeugt werden kann, dass die Interagierenden die Anwesenheit der Kamera nicht bemerken und ihre Interaktionen nicht auf sie beziehen würden, lebt die private

---

70 Zur Theorie sexueller Skripte, vgl.: Gagnon/Simon 2005, Simon/Gagnon 2000.
71 Man könnte sagen, dass das Auge des Betrachters und die Kamera zusammenfallen. Allerdings übersieht diese Kongruenzannahme, dass der Betrachter auch kurz die Augen schließen oder woanders hinsehen kann als auf den Bildschirm. Auch wenn das Bild den Blick des Betrachters gleichsam aufzusaugen scheint, ist damit nicht ausgeschlossen, dass auch die Umwelt des Bildes in den Blick(winkel) des Betrachters gelangt.

Amateurpornographie von der Erzeugung ebendieser Illusion. Auch ihr gelingt es freilich nicht, die Anwesenheit der Kamera vollständig vergessen zu machen und die Anwesenheit der Kamera verwandelt die private Sexualität unweigerlich in eine für Dritte beobachtbare und damit öffentliche Sexualität.[72]

Die Anwesenheit der Kamera – und nicht erst das explizite Spiel mit ihr – wird zu einem Moment der sexuellen Interaktion, da sie in der einen oder anderen Weise die Interaktion strukturiert[73] und zu einem Element dieser wird. Dies betrifft nicht nur die manifeste und sichtbare sexuelle Interaktion selbst, sondern auch die intrapsychischen Skripte der Beteiligten sowie die kulturellen sexuellen Szenarien, die durch die Anwesenheit der Kamera und den durch sie vermittelten Bezügen zur ›Pornographie der Gesellschaft‹ aktualisiert werden.

Die Anwesenheit der Kamera verwandelt die sexuelle Interaktion in eine pornographische, fügt sie gewissermaßen in den ›Strom‹ des Pornographischen ein und setzt sie auch dem Vergleich mit anderen pornographischen Szenen aus. All dies bleibt auch den Interagierenden nicht verborgen, sondern ist in der Szene präsent. Der Vergleich mit anderer Pornographie ist auch insofern für jede einzelne pornographische Szene konstitutiv, als keine pornographische Inszenierung isoliert auftritt, sondern sich in ein rekursives Netzwerk anderer pornographischer Erzeugnisse einfügt: Bereits ihre Erkennbarkeit als Pornographie impliziert eine Referenz auf andere pornographische Erzeugnisse.[74] Die vor einer Kamera sexuell Interagierenden wissen also, was sie tun: sie erzeugen Pornographie.[75] Die Erzeugung von Pornographie, also sexuelles Interagieren vor einer

---

72 Die Veränderung ist durchaus unabhängig davon, ob die Aufnahmen auch tatsächlich veröffentlich werden, oder die Beobachtung durch Dritte lediglich imaginiert wird.

73 Und sei es zunächst nur in der einfachen Hinsicht, dass die sexuelle Interaktion erst beginnt, wenn die Kamera eingeschaltet wird. Bereits der Zusammenfall des Beginns der sexuellen Interaktion mit dem Beginn ihrer Aufzeichnung verdeutlicht, dass die sexuelle Interaktion inszeniert, ›in Szene gesetzt‹ wird.

74 Vgl. zur Rekursivität des Pornographischen auch die Ausführungen im Kapitel *Don't Stop*, S. 227ff.

75 Die Frage, ob sich nicht-pornographische Aufnahmen von sexuellen Interaktionen machen lassen, wäre zu verneinen, wenn es nicht auch Abbildungen in Anatomie- und Biologiebüchern geben würde. In diesen Fällen werden freilich explizite Anstrengungen unternommen, diese Abbildungen nicht als pornographisch erscheinen zu lassen. Man muss wohl präziser formulieren und sagen, dass es keine Aufnahmen von sexuellen Interaktionen, die zur sexuellen Erregung des Betrachters beitragen sollen, mehr geben kann, die nicht pornographisch sind.

und für eine Kamera[76], geschieht nicht im ›luftleeren‹ Raum. Dieser ›Raum‹ ist vielmehr angefüllt von pornographischen Skripten, Phantasien und nicht zuletzt Erinnerungsspuren. Es ist, mit anderen Worten, kaum anzunehmen, dass die Darsteller zuvor weder Pornographie gesehen haben noch ihnen entsprechende pornographische Muster und Erwartungsstrukturen unbekannt sind. Ganz im Gegenteil fällt an vielen privatpornographischen Inszenierungen auf, dass sie sich an gängigen Darstellungsweisen der Mainstream-Pornographie orientieren. Die ›Pornographie der Gesellschaft‹ ist also in der pornographischen Interaktion selbst präsent, auch wenn sie diese nicht eindeutig strukturieren mag.[77] Gerade auch da, wo die Skripte der professionellen Pornographie nicht nachgespielt werden, sind sie dadurch präsent, dass sie das repräsentieren, wovon explizit abgewichen wird.

Im Gegensatz zum Handeln professioneller Darsteller ist das pornographische Handeln der Amateure nicht primär ökonomisch motiviert. Ihre Motive müssen jedoch nicht zwangsläufig und in erster Linie exhibitionistisch sein. Ihr Motiv ist ein sexuelles, kein monetäres und zu vermuten steht, dass sich ihre Motivation, Pornographie herzustellen, aus ihren intrapsychischen wie interaktionellen sexuellen Skripten speist und auf diese zurückwirkt. Die sexuell erregende exhibitionistische Phantasie, bei sexuellen Handlungen beobachtet zu werden, mag eine nicht unbedeutende Rolle spielen, allerdings unterscheidet sich der medial vermittelte Exhibitionismus grundlegend vom realweltlichen.[78]

---

76 Die Kamera fungiert gewissermaßen als Dritter in der Interaktion. Während nicht-pornographische Sexualität auf einen sexuellen Partner bezogen ist, zeichnet sich pornographische Sexualität dadurch aus, dass sie außerdem auf die Kamera und damit nicht-anwesende Beobachter bezogen ist. Während in der professionellen Pornographie die Kamera der wesentliche Referenzpunkt der sexuell Interagierenden ist, ist für private Pornographie charakteristisch, dass die Interagierenden ihre Handlungen auf *zwei* Referenzpunkte hin ausrichten: die Kamera *und* den Partner.

77 Inwieweit pornographische Skripte auch die nicht-pornographische, alltägliche Sexualität strukturieren bzw. in sie eindringen, ist eine andere Frage. An dieser Stelle geht es jedoch ausschließlich darum, dass pornographische (Selbst-)Inszenierungen von gängigen pornographischen Skripten nicht unbeeinflusst bleiben können, *gerade weil* es sich bei ihnen um Pornographie handelt.

78 Nicht zuletzt bildet das Wissen, dass Beobachter nur vermittelt über ein Aufzeichnungsmedium anwesend sind, eine Sicherung gegen ein direktes Eingreifen eines Zuschauers in die Interaktion. Während man von real anwesenden Voyeuren nie wissen kann, wie sie reagieren, belässt die Möglichkeit des Abschaltens der Kamera bzw. die Möglichkeit des Nichtveröffentlichens der Aufnahmen die Kontrolle über die Situation bei den Interagierenden.

Verobjektivierung und Transzendierung des sexuellen Begehrens

Die Erstellung pornographischer Aufnahmen verobjektiviert nicht nur sexuelle Handlungen, sondern transzendiert darüber hinaus das eigene sexuelle Erleben. Indem das augenblickhafte Handeln auf Speicherungsmedien gebannt wird, wird es nicht nur objektiviert und in dem Sinne wiederholbar, dass es sich erneut vergegenwärtigen lässt, sondern das eigene Handeln und Erleben wird – gewissermaßen in einer Beobachtung zweiter Ordnung – selbst beobachtbar. Das Erleben kann reflexiv werden, wenn auch in zeitversetzter Weise. Im Ansehen der Aufnahmen kann das (vergangene) eigene Erleben erlebt werden, die eigene sexueller Erregung in einer Form beobachtet, genossen und erinnert werden, die sonst nur externen Beobachtern möglich wäre.[79] Um ein Transzendieren handelt es sich insofern, als die eigene sexuelle Erregung überschritten und beobachtet werden kann, ohne selbst in ihr vollständig aufzugehen. Das Transzendieren des Sexuellen gemahnt zugleich auch an das Lacan'sche Spiegelstadium. Die Kamera und ihr Produkt dienen als eine Art Spiegel und erlauben dem sexuellen Subjekt, sich selbst in sexuellen (Inter-)Aktionen zu betrachten, seine sexuelle Erregung zu beobachten und so ein Bild von sich selbst als sexuellem Körpersubjekt zu gewinnen. Narzisstisch sind diese Vergnügungen insofern, als sexuelle Erregung durch die Beobachtung der eigenen sexuellen Erregung erzielt werden kann. Die Selbstbeobachtung zweiter Ordnung, die Möglichkeit, sich selbst mit den Augen eines anderen zu sehen, kann so als ein wesentliches Element jener sexuellen Skripte entschlüsselt werden, die der Herstellung von Amateurpornographie zugrunde liegen.[80] Freilich kommt als ein weiterer Aspekt die Referenz

---

79 In einem gewissen Sinne folgt demnach die Aufzeichnung eigener sexueller Handlungen dem Prinzip Casanovas, aus der Erinnerung an sexuelle Erlebnisse erneut sexuelle Erregung zu ziehen.

80 Man kann hier an die Bedeutung denken, die Mead (1934: 102ff.) der vokalen Geste zumisst: Diese liege darin, dass sie von dem sie gebrauchenden Subjekt in gleicher Weise wie von seinem Gegenüber wahrgenommen werden könne. Identität bildet sich in Meads Perspektive bekanntlich im Gebrauch vokaler Gesten, die in Kommunikation zu signifikanten Symbolen werden. Die Bedeutung technischer Apparaturen, die die Wahrnehmbarkeit des eigenen sexuell agierenden Körpers ermöglichen, für die Konstruktion sexueller (im Unterschied zu geschlechtlichen(!)) Identitäten wäre ein lohnenswertes Untersuchungsfeld und verspräche mancherlei Aufschluss über die Rolle und Bedeutung der Amateurpornographie.

auf ein abwesendes, aber virtuell anwesendes Publikum hinzu, auf das sich die aus- bzw. vorgeführten sexuellen Handlungen beziehen.

Die sexuell vor einer Kamera Handelnden spiegeln weder sich selbst einfach in der Kamera noch beobachten sie sich nur mittels einer Kamera gleichsam mit den Augen anderer. Dem Reiz, den das sexuelle Agieren vor einer Kamera den Akteuren bietet, scheinen komplexere Beobachtungsverhältnisse zugrunde zu liegen, als sie in einer einfachen Selbstbeobachtung, etwa vor einem Spiegel, realisiert werden können. Die Kamera ist mehr als ein Spiegel, sofern sie ein Symbol der Anwesenheit abwesender Anderer, sprich: eines virtuellen Publikums ist. Die vor der Kamera interagieren Personen beobachten also nicht nur ihr eigenes Interagieren, sondern sie beobachten bzw. imaginieren, wie *andere* ihre Handlungen beobachten. Es geht um eine Beobachtung des Beobachtens anderer, also eine Beobachtung zweiter Ordnung, insofern beobachtet wird wie andere den Beobachter beobachten, der sie selbst in ihren Handlungen beobachtet. Der Handelnde beobachtet das Publikum, wie es den Handelnden beobachtet. Diese zirkulären Beobachtungsverhältnisse machen, so ist zu vermuten, einen wesentlichen Reiz aus, privat Pornographie herzustellen bzw. sexuelle Interaktionen für eine Kamera zu inszenieren.

Diese Beobachtungsverhältnisse werden freilich dadurch verkompliziert, dass die beobachteten Beobachter nicht realweltlich, sondern nur virtuell anwesend sind, sich selbst also gerade nicht der Beobachtbarkeit aussetzen. An ihre Stelle treten vielmehr Fiktion und Phantasie der Handelnden. Das Problem der Beobachtung unbeobachtbarer, weil abwesender Anderer gemahnt zumindest strukturell an religiöse Beobachtungsverhältnisse bzw. -probleme; auch von daher liegt die Beschreibung des Phänomens als ein Transzendieren nicht allzu fern.[81] Das grundlegende Problem der Beobachtung Abwesender – zumal wenn es sich um Beobachtungen zweiter Ordnung handelt – liegt darin, dass sich im Abwesenden Anhaltspunkte der Nichtbeliebigkeit finden bzw. festmachen lassen müssen. Würden Abwesende sich in beliebiger Weise verhalten und auf beliebige Weise beobachten, wäre ihr Beobachten also vollkommen kontingent, so wäre es sinnlos, das eigene Handeln auf sie zu beziehen und an ihren Beobachtungen auszurichten. Das Problem liegt, mit anderen Worten, in der Imagination einer Nichtbeliebigkeit der Beobachtungen bzw. des Verhaltens abwesender Anderer, da es anderenfalls sinnlos wäre, sie zu beobachten, um sich an ihnen zu orientieren. Sind die zu beobachtenden Anderen tatsächlich anwesend oder aber auf andere Weise beobachtbar, so wird es der Beobachtung nicht allzu schwer fallen, Anhaltspunkte für Nichtkontingenz zu finden. Anders verhält es sich aber im

---

81 Freilich wird hier der Begriff des Transzendierens gänzlich religionsfern und theologiefrei verwendet.

Falle der Beobachtung Abwesender, mit der religiöse Beobachtungen reichhaltige Erfahrung gemacht haben. Natürlich ist der zu beobachtende Beobachter pornographischer Selbstinszenierungen nicht Gott; aber er ist ebenso wie dieser aus Perspektive der jeweiligen Handlungssituation transzendent, mithin unerreichbar und muss folglich imaginiert werden. Zugleich ist es jene unerreichbare Transzendenz, in die hinein sich die pornographische Selbstinszenierung entwirft.

Die sexuell erregende Beobachtung eines Beobachters, der einen selbst beobachtet, ist etwas anderes als reine Selbstbeobachtung, wirft aber eben das Problem der Beobachtung dieses Beobachters auf, der im Falle der Herstellung von Pornographie abwesend, also nicht (unmittelbar) beobachtbar ist. An die Stelle der direkten Beobachtung müssen folglich Fiktionen treten, die aber, damit es sinnvoll erscheint, einen Beobachter zu unterstellen oder doch zu imaginieren, ebenso wenig beliebig sein dürfen wie die Beobachtungen des imaginierten Beobachters.[82] Nur wenn letztere als nichtbeliebig imaginiert werden können, lässt sich das eigene Handeln an ihnen ausrichten, also das Problem doppelter Kontingenz aufbrechen. Die Unbekanntheit der abwesenden Anderen muss also in der einen oder anderen Weise ›eingefangen‹ werden. Ohne die Unterstellung, dass es sie gibt, wäre die Konstellation reizlos und die Kamera könnte abgeschaltet bleiben. Die Einschränkung der Kontingenz auf Seiten der Transzendenz muss gewissermaßen immanent gelöst werden: An die Stelle der unmöglichen Beobachtung des beobachtenden transzendenten Beobachters tritt die Imagination der vor der Kamera agierenden Amateure. Diesen ist es zwar durchaus möglich, allgemeine Informationen über ihr Publikum zu erhalten, beispielsweise über typische Konsumenten pornographischer Darstellungen oder sie können sich an anderen pornographischen Darstellungen und Skripten orientieren. Die Orientierung an protopornographischen Skripten vermag in gewisser Hinsicht jene Lücke zu füllen, die die Unbeobachtbarkeit der Beobachter lässt. Allerdings bleiben die Beobachter dennoch ebenso unbestimmt wie anonym und spätestens mit der Veröffentlichung der Aufnahmen verlieren die Amateure die Kontrolle über sie.

Die Paradoxie der unbeobachtbaren Beobachter liegt schließlich darin, dass diese nicht direkt in die sexuelle Interaktion involviert, aber doch in strukturierender Weise anwesend sind. Im Gegensatz zu direkten Interaktionspartnern sind sie sowohl als beteiligte wie als unbeteiligte Beobachter vorstellbar. Entschei-

---

82 Professionelle Pornographie mag hier einen entscheidenden Vorteil in Instrumenten der Markt- und Absatzbeobachtung haben. Im Internet verbreitete Amateurpornographie kann sich hingegen allenfalls mit Seitenaufrufen und eventuellen Bewertungen durch Nutzer behelfen. Das ändert aber prinzipiell wenig daran, dass die Beobachtungen abwesender Beobachter imaginiert werden müssen.

dend für die sexuelle Erregung, die das Interagieren vor der Kamera hervorrufen mag, dürfte die Phantasie sein, Abwesende durch das eigene Handeln sexuell zu erregen, also an der Interaktion zu beteiligen. In der Erregung des imaginierten abwesenden Anderen transzendieren sich wiederum die eigene sexuelle Erregung und das eigene sexuelle Handeln. Das grundlegende Problem, das nur durch Imagination gelöst werden kann, ist freilich, dass die sexuelle Erregung der abwesenden Anderen nicht beobachtbar, sondern nur vorstellbar ist.

Die Orientierung am Begehren der Anderen ist also auf Imagination dieses Begehrens angewiesen. Die teilweise Imitation protopornographischer Skripte mag somit als eine Strategie fungieren, diese Imagination auf Bahnen der Nichtbeliebigkeit zu lenken. Wie immer das Problem gelöst bzw. bearbeitet wird – ein wesentlicher Reiz der Amateurpornographie scheint aus Sicht der Darsteller nicht nur darin zu liegen, zu zeigen, was man zeigen möchte, sondern darin, zu zeigen, was andere sehen wollen.[83]

Das Transzendieren des eigenen Handelns und Erlebens ist freilich nicht zwangsläufig auf tatsächliche oder imaginierte Andere angewiesen. Bereits die Selbstbeobachtung kann dies leisten, vor allem dann, wenn sie durch technische Aufzeichnungsmedien unterstützt wird. Insbesondere die visuelle Aufzeichnung eigenen sexuellen Handelns und Erlebens erlaubt es nicht nur sich durch dieses zu einem späteren Zeitpunkt wieder sexuell erregen zu lassen, sondern verleiht diesem Objektivität insofern, als man ihm wie einer objektiven Tatsache gegenübertreten kann. In diesem Sinne könnte man von sexueller Selbstentäußerung (und im Anschluss daran gegebenenfalls auch von Selbstentfremdung sprechen), insofern die Aufzeichnung ein Produkt darstellt, während bei sonstigen sexuellen Interaktionen, sofern sie nicht gerade die Zeugung eines Kindes implizieren, kein Produkt geschaffen wird, in dem sich die Interaktion gleichsam objektiviert.

Die Objektivierung in einem Produkt verändert aber den ›Produktionsprozess‹ – in diesem Falle die sexuelle Interaktion. Die Akteure wissen, dass ihre Handlungen technisch aufgezeichnet werden und verhalten sich entsprechend. Die Aufzeichnung selbst ist bewusster Teil der sexuellen Inszenierung, die eben nicht nur im Hinblick auf den konkreten Interaktionspartner und den konkreten Augenblick hin entworfen wird, sondern auch im Hinblick auf spätere Zeiten und andere Personen.

In einer gewissen Weise mag die Kamera auch zu einer Art ›Sexspielzeug‹ werden, da sie in der einen oder anderen Weise in die sexuelle Interaktion mit einbezogen wird. Ein solcher Einbezug findet bereits statt, wenn ihre Anwesenheit als sexuell erregend empfunden wird.

---

83 Beziehungsweise das zu zeigen, wovon man glaubt, dass es andere sehen wollen, oder auch das zu zeigen, was man von anderen gerne sehen würde.

Das Phänomen der privat hergestellten Amateurpornographie lässt sich folglich nur verstehen, wenn man die Möglichkeit des Transzendierens des eigenen sexuellen Handelns und Erlebens ebenso in die Analyse einbezieht, wie die Tatsache, dass dieses Transzendieren und die Einbeziehung imaginierter Anderer in die sexuelle Interaktion sowie die Ausrichtung des eigenen Handelns auf diese, die sexuelle Interaktionen nicht nur mit zusätzlichen, sondern mit ganz eigenen, medienspezifischen sexuellen Erregungsqualitäten aufzuladen imstande ist. Eine Analyse hingegen, die dies übersieht, und sich stattdessen auf bloßen Exhibitionismus als Motiv beschränkt, verfehlt das Phänomen sexueller Selbstdarstellungen von Amateuren.

Polyseme ›Risiken‹

Eine zentrale These der Cultural Studies lautet, dass massenmediale Produkte nur dann erfolgreich sind, wenn ihre Inhalte polysem sind, also auf mehr als nur eine Art gelesen werden können. Konsumenten würden die jeweiligen Produkte auf je eigene Weise interpretieren und umschreiben. Mediennutzer seien somit keine ›Kulturtrottel‹, sondern aktive Produzenten der Bedeutung medialer Inhalte.[84] Dieses Denkmodell lässt sich auch auf die private Herstellung von Amateurpornographie übertragen. Während die Cultural Studies in ihrer klassischen Version davon ausgehen, dass Konsumenten ihre Lesart in mediale Produkte einschreiben, scheint es sich im Falle der Amateurpornographie jedoch so zu verhalten, dass die Produzenten ihre Lesarten in die imaginierten Reaktionen der Konsumenten ihrer sexuellen Selbstdarstellungen einschreiben. Ebenso wie im umgekehrten Falle ist auch hier der Verweisungshorizont offen, aber gleichwohl nicht völlig beliebig. Wie der Konsum das manifeste massenmediale Produkt trotz jener polysemen Lesarten, die es offeriert, nicht vollkommen zu ignorieren vermag, so können auch pornographieproduzierende Amateure weder den angenommenen Geschmack ihres Publikums vollkommen ignorieren noch die Lesarten des von ihnen geschaffenen Produkts festlegen. Der Bezug auf den Geschmack des Publikums wird freilich durch die Ausdifferenzierung verschiedener Publikumssegmente, die durch das Internet noch befeuert wird, erleichtert. Unschwer lässt sich für nahezu jede sexuelle (Selbst-)Inszenierung ein Publikum finden. Schwerwiegender dürfte die Unmöglichkeit einer Kontrolle der Reaktionen des Publikums auf die sexuellen Selbstdarstellungen wiegen. Die Produzenten medialer Produkte können weder festlegen noch sicher voraussagen, wie ihre Produkte durch die Konsumenten interpretiert und genutzt werden. Dies gilt vor

---

84 Vgl. auch die entsprechenden Ausführungen im Kapitel *Der Traum der Pornographie* (S. 33ff.).

allem dann, wenn die Konsumenten prinzipiell unbekannt sind, also nicht für bestimmte Personen(gruppen), sondern einen unüberschaubaren Markt produziert wird. Dies kann etwa, um ein Beispiel Martin Danneckers (2009: 42) aufzugreifen, dazu führen, dass sexuelle Selbstdarstellungen eines heterosexuellen Mannes durch homosexuelle Betrachter homosexualisiert bzw. in einen homosexuellen Kontext integriert werden.[85]

Die Veröffentlichung sexueller Selbstdarstellungen im Allgemeinen und pornographischer Selbstdarstellungen im Besonderen setzt diese einem Risiko der Umcodierung und De- bzw. Rekontextualisierung aus, das durch die Produzenten nicht kontrollierbar ist. Dies gilt zwar prinzipiell für alle medialen Produkte, jedoch ist die Problematik im Falle privater sexueller Selbstdarstellungen anders gelagert. Da es sich um private Aufnahmen handelt und, wie ausgeführt, die Imagination virtuell anwesender abwesender Anderer für die sexuelle Inszenierung selbst bedeutsam ist, kann den sich selbst darstellenden Personen die Frage nicht vollkommen gleichgültig sein, wie andere ihre Selbstdarstellungen lesen, rahmen und (um-)deuten. Es macht, mit anderen Worten, für die Inszenierung einen Unterschied, wie sich die sich selbst Darstellenden vorstellen, dass sie beobachtet werden. So wird es vermutlich für eine sich selbst als lesbisch identifizierende Frau einen Unterschied machen, ob ihre sexuellen Selbstdarstellungen von Frauen oder von (heterosexuellen) Männern ›genutzt‹ werden, und Rückwirkungen auf die jeweilige Selbstinszenierung haben.[86] Sofern sich

---

85 Diese ›Problematik‹ ist freilich nicht vollkommen neu und auch nicht von der Verbreitung des Internets abhängig. Man denke etwa an James Dean, der zu einer homosexuellen Ikone geworden ist. Ebenso ist nicht undenkbar, dass heterosexuelle Männer sich im Alltag begehrlichen homosexuellen Blicken ausgesetzt sehen und auf diese Weise homoerotisiert werden.

86 Mag das Publikum auch anonym sein, so macht es doch einen Unterschied, *wie* man es sich vorstellt. Es ist zugleich dieser Unterschied, der für die private Amateurpornographie charakteristisch sein dürfte. Da ihre Herstellung nicht monetär, sondern sexuell motiviert ist und, wie wir argumentiert hatten, ein sexueller Reiz in der Vorstellung einer medial vermittelten Interaktion mit abwesenden Anderen liegt, die abwesenden Anderen also begehrt werden, kann deren Begehren nicht vollkommen gleichgültig sein. Es darf sich gewissermaßen nicht um unerwünschtes Begehren handeln, da die Vorstellung eines unerwünschten Begehrens das Erregende der sexuellen Selbstinszenierung (zer-)stören würde. Auch insofern gilt, dass die Beobachtungsweisen der anonymen abwesenden Beobachter nicht als vollkommen kontingent vorgestellt werden können bzw. dürfen. Sie müssen vielmehr dem eigenen Begehren entsprechen oder zumindest entgegenkommen. Es mag Unbehagen auslösen, sich vorzustellen, dass andere mit dem eigenen Bild etwas machen, das man selbst nicht will – auch wenn man

Menschen in sexuellen Darstellungen selbst inszenieren, rührt die Möglichkeit, dass die eigenen Abbildungen durch andere auf nicht intendierte Weise genutzt werden könnten, unter Umständen auch an (sexuellen) Identitätsfragen. Was bedeutet es zum Beispiel für die eigene heterosexuelle Identität, wenn ihre Abbildungen homosexuell benutzt werden (können) und man dies wissen (oder vermuten) kann? Wie reagiert und was empfindet eine heterosexuelle Person, wenn sie entdeckt, dass Abbildungen von ihr in homosexuelle Kontexte integriert werden, also beispielsweise auf einer Website auftauchen, die sich an schwule Männer richtet?

Aufgrund der einfachen Verbreitung und Reproduzierbarkeit von Bildern, Filmen und Dateien erleichtert bzw. provoziert das Internet derartige De- und Rekontextualisierungen von Darstellungen. Damit wird das immer schon mit Selbstdarstellungen gleich welcher Art gegebene Problem potenziert, von anderen (möglicherweise) auch so gesehen zu werden, wie man nicht gesehen werden will bzw. wie man sich nicht vorstellen will, dass man gesehen werden könnte. Die sexuelle Selbstdarstellung im Internet setzt sich also nicht nur, wie jede Kommunikation, dem Risiko der Ablehnung aus (alles, was kommuniziert wird, kann auch abgelehnt werden), sondern zudem auch dem Risiko einer Umcodierung: Die sich Darstellenden werden zu beobachtbaren Objekten. Diese Objektwerdung in den Augen des Beobachters bzw. Nutzers trifft sich wiederum mit der oben beschriebenen Selbsttranszendierung des eigenen sexuellen Handelns und Erlebens. Die sexuelle Selbstdarstellung sieht sich also, besonders wenn sie im Internet verbreitet wird, mit einer grundlegenden Paradoxie konfrontiert: Das Transzendieren des eigenen Handelns und Erlebens objektiviert dieses und setzt es damit der unkontrollierbaren Umdeutung und Verwendbarkeit – und gegebenenfalls der kommerziellen Verwertung – durch andere aus. Hierin liegen sowohl sexuelle Reize privatpornographischer Sexualität, als auch Gefahren der Zerstörung der auf diese Weise hervorgerufenen sexuellen Erregung. Erfolgreiche, i.e. die Darsteller selbst erregende sexuelle Selbstdarstellungen dürften mithin darauf beruhen, hier eine Balance zu finden, die nicht von ungefähr an jene Balance gemahnt, die Robert J. Stoller (1975) im Auge hat, wenn er schreibt, dass sexuelle (bzw. perverse) Inszenierungen nur dann gelingen, wenn sie Angst sowohl binden als auch in sexuelle Erregung zu verwandeln vermögen. Im Falle sexueller Selbstdarstellungen dürfte eine Angst darin liegen, dass diese

---

es als erregend empfinden mag, dass das eigene Bild andere erregt, mag man beispielsweise die Vorstellung als grenzüberschreitend empfinden, dass andere auf dieses ejakulieren.

Selbstdarstellungen auf unerwünschte Weise benutzt werden (können)[87], während die sexuelle Erregung durch die Vorstellung getragen oder doch zumindest befeuert wird, sie würden so genutzt, dass sich das eigene Begehren im Begehren der anderen widerspiegelt, von ihnen begehrt wird und sich in ihrem Begehren transzendiert.

Wir haben die Amateurpornographie in diesem Kapitel ausführlicher behandelt, da sie einerseits von der Etablierung des Internets in besonderer Weise profitiert und möglicherweise dabei ist, den professionellen Pornofilm als pornographisches Leitmedium abzulösen. Unsere Analysen amateurpornographischer Phantasien und Illusionen sind freilich, vor allem was das Transzendieren angeht, nicht von der virtuellen Verbreitung amateurpornographischer Aufzeichnungen abhängig, sondern mutatis mutandis auch auf nicht zur Veröffentlichung gedachte sexuelle Aufzeichnungen übertragbar. Wir kehren nun zum engeren Bereich der Internetpornographie zurück.

UNTERKOMPLEXITÄT, MANNIGFALTIGKEIT, KONSTRUKTIVISTISCHE LÜSTE UND VIRTUELLES ›CRUISING‹

Für die Pornographie des Internets sind, wie beschrieben, einerseits eine ›Renaissance‹ und ein Formwandel der Amateurpornographie sowie andererseits eine Revolutionierung der Distributionswege und des Zugangs zu pornographischen Darstellungen charakteristisch. Kennzeichnend für das pornographische Angebot des Internets ist darüber hinaus eine eigentümliche Kombination von Unterkomplexität, Formenvielfalt und Kontingenz. Diese spiegelt den genuin modernen Zusammenhang von kontingenter Komplexitätssteigerung und komplexitätsreduzierenden Mechanismen in paradoxer Weise wider. Geboten wird eine schier unüberschaubare Mannigfaltigkeit sexueller Formen, Praktiken, Phantasien, Skripte und Perversionen. Indem die Internetpornographie die ›normale‹ Sexualität mit Abweichungen konfrontiert und andere Sexualitäten sichtbar macht, trägt sie dazu bei, die Sexualität der Gesellschaft mit Kontingenzbewusstsein aufzuladen. Die Vielgestaltigkeit der pornotopischen Vorstellungswelten entpuppt sich andererseits aber auch als Resultat der Einführung des

---

87 Man denke etwa an Diskussionen um virtuelle Vergewaltigungen, die im Wesentlichen eine Schädigung bzw. Schändung einer virtuellen Identität darstellen, mit der man sich – auch realweltlich – identifiziert.

Kontingenzgedankens in die Welt des Sexuellen. Wie andere kulturelle Phänomene wird nun auch das Sexuelle zunehmend als kontingent wahrgenommen und so von Vorstellungen der Notwendigkeit, wie sie sich im sexuellen Triebkonzept manifestier(t)en, abgelöst.

Während die für die moderne Sexualität charakteristische Plastizität des Sexuellen sehr weitgehend ausgeschöpft wird, bleibt auch die Internetpornographie in vielerlei Hinsicht trieb- und orgasmusfixiert. Diese Paradoxie ist, insofern sie Unterkomplexität und kontingente Mannigfaltigkeit aneinander zu steigern ermöglicht, ein Dreh- und Angelpunkt (internet-)pornographischer Darstellungen. Die Unterkomplexität protopornographischer Skripte bildet zusammen mit der Triebfixierung einen Mechanismus, der sexuelle Formenvielfalt für den Betrachter handhabbar und erträglich macht. Trieborientierungen und prototypische pornographische Skripte bieten gewissermaßen Orientierung im ›Dschungel‹ kontingenter Sexualitäten. Sie wirken komplexitätsreduzierend und ermöglichen es somit, Komplexität in anderen Hinsichten zu steigern. So entfaltet die Internetpornographie eine sexuelle Komplexität und Vielgestaltigkeit, die – auf Grundlage eines unterkomplexen Triebkonzepts – ein weitverbreitetes Bedürfnis nach Unterkomplexität ebenso bedient, wie sie voyeuristischen Wünschen entgegenkommt. Beide wiederum lassen sich mit einer spezifischen Lust an der Suche kombinieren.

Die Unterkomplexität (internet-)pornographischer Skripte bildet ein Gegenbild zur Überkomplexität der modernen Gesellschaft. Die Attraktivität internetpornographischer Angebote, die soziale und sexuelle Verhältnisse auf einfache und unterkomplexe Weise darstellen, beruht nicht zuletzt auf diesem Gegenbildcharakter, der die eskapistische Funktion pornotopischer Welten unterstreicht.[88] Als ein wesentlich komplexitätsreduzierendes Moment zeitgenössischer Sexualität lässt sich der Orgasmus bzw. das Orgasmusparadigma beschreiben (vgl. Lewandowski 2001). In der Internetpornographie findet sich der Orgasmus an zwei Stellen: Im protopornographischen Skript ist der männliche Orgasmus in Form der extrakorporalen Ejakulation Ziel sexueller Interaktionen. Aber auch auf Seiten der Nutzer der Internetpornographie schlägt sich das Orgasmuspara-

---

88 Hochkomplexe Gesellschaften scheinen ganz allgemein ein kulturelles Bedürfnis nach Unterkomplexität hervorzurufen. Dieses Bedürfnis stellt eine wichtige Erfolgsbedingung für Soap Operas ebenso wie für den zuschauerbezogenen (Leistungs-)Sport dar. Die Welt der Soap Operas ähnelt insofern der Welt der Pornographie, als beide unterkomplexe Sozialverhältnisse darstellen, deren Handlungen und Akteure jeweils an der Oberfläche bleiben und denen Idiosynkrasien, innere Tiefe, Ambivalenz und Mannigfaltigkeit unbekannt sind.

digma nieder. Indem der Orgasmus sowohl als Ziel wie als Endpunkt fungiert, bildet er ein verbindendes Element zwischen Darstellung und Betrachter. Für Letzteren bedeutet er oftmals eine (zumindest vorläufige) Beendigung der Beschäftigung mit internetpornographischen Angeboten. Dem Orgasmus des Nutzers kommt eine exkludierende Funktion zu: Er schließt ihn aus der pornotopischen Welt aus. Und insofern erscheint er als eigentümlich ambivalent: Mag er auch ein Ziel der Nutzung des internetpornographischen Angebots sein, so beendet er aufgrund seiner exkludierenden Wirkung zugleich die spezifische Lust an der Suche und dem eigenen Begehren. Er mag dem Nutzer folglich als zu früh erscheinen, so dass möglicherweise eine neue Form der Ejaculatio praecox entsteht. Das eigentümlich Neue liegt darin, dass es sich um ein ›zu früh‹ in Relation zur eigenen Lust, nicht zur Lust eines Partners handelt. Als ›zu früh‹ in Relation zur eigenen Lust wird ein Orgasmus vor allem dann wahrgenommen werden, wenn es gerade nicht ausschließlich die Suche nach Orgasmusmöglichkeiten ist, die die Nutzung (internet-)pornographischer Angebote motiviert.

Rückt an die Stelle der Suche nach einem Orgasmus aber die Lust an der Suche selbst, also die Lust an der Mannigfaltigkeit, dem Überfluss und der Lust am eigenen Begehren, so wird plausibel, warum ein Orgasmus als ›zu früh‹ empfunden wird. Steht nicht die (schnelle) Befriedigung im Vordergrund, sondern die Lust an der Lust bzw. am Begehren, so ist ein Orgasmus – sofern er dem angestrebten Zustand ein Ende bereitet – eher hinderlich. Es ist hingegen nicht zuletzt die Lust der Suche, die das ›cruising‹ im virtuellen Raum attraktiv macht. Diese Lust ist selbstreferentiell strukturiert, insofern es sich um eine Lust an der eigenen Lust handelt.

Diese Aufwertung der ›Vorlust‹ in der Form eines virtuellen ›cruising‹ führt nicht unbedingt zur Aufgabe der Orgasmusorientierung. Internetpornographische Suchaktivitäten mögen jedoch eine spezifische Lustquelle darstellen. Diese spezifische Lust läge, vergleichbar der Lust am ›cruising‹, nicht nur in der Fülle des Angebots, sondern auch in einer Art sexuellem »Gestimmtsein«[89], das nicht zuletzt eine (Re-)Konstruktion und Versicherung des eigenen Begehrens verspricht. Wenn sexuelles Begehren, wie manche vermuten, tatsächlich zu einer knappen Ressource geworden ist, so wäre die Annahme plausibel, dass das subjektive Erleben der Fähigkeit, sexuell zu begehren, an Relevanz gewinnt, während sexuelle Befriedigung möglicherweise reziprok an (kultureller) Bedeutung

---

89 Henning Bech (1995: 19) bezieht etwa den Ausdruck »sexuell« explizit auf eine bestimmte Art von Stimmung oder Gestimmtseins, als Ausdruck »einer bestimmten Auf- und Angeregtheit«.

einbüßt.[90] Das virtuelle ›cruising‹ erscheint vor diesem Hintergrund gerade dadurch attraktiv, dass es dem Nutzer erlaubt, sich als begehrend zu erleben.

Die Internetpornographie fungiert somit unter anderem als ein Medium, das eine neue Form begehrensorientierter Sexualität ermöglicht und dem Begehren nach Begehren dadurch entgegenkommt, dass es die Teilnahme an einem phantasmatischen sexuellen Raum erlaubt, der in einem gewissen Maße auch selbstkonstruiert ist. Im Unterschied zu anderen pornographischen Massenmedien erlaubt die Internetpornographie, ob der Möglichkeiten des präzisen Auffindens der gewünschten Inhalte, des ›cruisings‹ und der Mannigfaltigkeit des Materials die Konstruktion eines eigenen, mehr oder minder individuellen ›Pornotopias‹. Sie stärkt und verändert damit die Position des Nutzers in erheblichem Maße. Dass die individuell geschaffenen pornotopischen Welten freilich aus vorgestanztem Material zusammengesetzt sind, ändert daran wenig. In einem gewissen Sinne handelt es sich um einen Ausdruck »copierter Existenz« (vgl. Luhmann 1989: 220ff.). Hierin unterscheiden sich pornotopische Welten aber weder von sexuellen Phantasien noch von modernen Individualitätskonstruktionen.[91] Wie in den Analysen zur Amateurpornographie ausgeführt, erlaubt die Internetpornographie aber auch die Konstruktion individueller pornotopischer Welten, da sie interessierten Personenkreisen einen direkten Zugang zum pornographischen Markt eröffnet, auf dem sie sich mit selbst gestalteten Inszenierungen ihrer Sexualität anbieten können. Ob sich hier eine ›alternative‹ Pornographie entwickeln wird, bleibt freilich abzuwarten.

---

90 An anderer Stelle haben wir die Unterscheidung von sexuellem Begehren und sexueller Befriedigung als binären Code des Sexualitätssystems der modernen Gesellschaft und als Leitunterscheidung aller modernen Sexualitäten beschrieben (vgl. Lewandowski 2004: 198-211).

91 Ein ähnliches Argumentationsmuster findet sich auch beim ›frühen‹ Ulrich Beck (1986: 205ff.) in der Betonung, dass Individualisierung und Standardisierung in dem Sinne Hand in Hand gingen, dass Individuen von standardisierten (Markt-)Angeboten abhängig würden, aus denen sie sich ihre Individualität ›zusammenbasteln‹ müssten. Ähnliches gilt für Sexualität und sexuelle Identitäten. So illusorisch die Annahme ist, diese entstünden unabhängig von der Sexualität der Gesellschaft, so wahrscheinlich ist es, dass sie in der einen oder anderen Weise von der zeitgenössischen Pornographie beeinflusst werden. Von Bedeutung dürfte hier weniger eine Übernahme konkreter sexueller Skripte in die reale Alltagssexualität sein, als vielmehr die angesprochene Konfrontation dieser mit der u.a. durch Pornographie vermittelten Kontingenz alles Sexuellen. Diese wird unter Umständen bereits schon durch das bloße Wissen vermittelt, dass es so etwas wie Pornographie, also eine andere Form des Sexuellen gibt.

Die Möglichkeit der digitalen Bearbeitung und Manipulation der im Netz angebotenen Bilder lädt schließlich den Nutzer dazu ein, die Lust an der Suche und am eigenen Begehren mit konstruktivistischen Lüsten zu verbinden, die zugleich Omnipotenzgefühle hervorrufen mögen. Dem Nutzer wird so ermöglicht, sein eigenes Begehren in einem durchaus materiellen Sinn und nicht nur auf der Ebene bewusster und unbewusster Identifikationen in pornographische Bilder einzuschreiben. Gerade im Verschmelzen der eigenen Phantasien mit den Bildern und in der Möglichkeit des technischen Manipulierens und Veränderns der Bilder entsprechend eigener Phantasien liegt ein eigentümlicher Reiz und eine neue Qualität der virtuellen Pornographie, die sie von herkömmlichen Pornographieformen unterscheidet. Das ›eigene‹ Begehren kann gleichsam in ›Interaktion‹ mit internetpornographischen Darstellungen auf neuartige Weise konstruiert werden. Das Verhältnis von Darstellung und Phantasie erfährt insofern einen grundlegenden Wandel, als sich die Darstellungen der individuellen Phantasie zumindest partiell anpassen lassen. Liegt in der Suchaktivität eine spezifische Lustquelle, so wird diese durch die Manipulierbarkeit der Bilder zu einer konstruktivistischen Lust erweitert.

Die Suche nach Lustmöglichkeiten mag sich nicht zuletzt auch als Lust an durch die Mannigfaltigkeit des internetpornographischen Angebots ermöglichten Kontingenzerfahrungen erweisen. Die Fixierung auf Trieb und Orgasmus bändigt freilich diese Kontingenzerfahrungen, so dass sie dem Nutzer nicht bedrohlich werden. Auch aus dieser Perspektive stellt die angesprochene Unterkomplexität der Darstellungen kein Manko, sondern eine Bedingung ihres Erfolges dar. Die Möglichkeiten der technischen Manipulation der Bilder eröffnen neue Formen der Pornographienutzung. Inwieweit diese Möglichkeiten tatsächlich realisiert werden, harrt eingehenden empirischen Untersuchungen; dennoch wird deutlich, dass für pornographische Inhalte Ähnliches gilt wie für andere massenmediale Produkte: Die Bedeutungen ihrer Inhalte liegen nicht primär in den Darstellungen, sondern sie werden seitens des Betrachters in Prozessen aktiver Aneignung und Bedeutungskonstruktion geschaffen.

An diesem Punkt treffen sich die neuere Systemtheorie, die sich weigert, Menschen als Trivialmaschinen zu betrachten, und die Konzepte der Cultural Studies, die aufzeigen, dass die Bedeutung von Medieninhalten in der Rezeption durch die Nutzer entsteht. Systemtheoretisch formuliert wäre die Bedeutung von Medieninhalten als kontingent zu beschreiben, so dass sie lediglich das Ausgangsmaterial für soziale und psychische Bedeutungskonstruktionen darstellten. Überträgt man diese Überlegungen auf die Pornographie des Internets, so wird die postulierte konstruktivistische Lust offensichtlich. Die Möglichkeiten der Bildmanipulation erlauben dem Nutzer nicht nur, eigene Phantasien in die Darstellungen einzuschreiben, sondern sie unterstützen, indem sie zu Neukonstruktionen einladen, Prozesse aktiver Aneignung.

Die Nutzung von Massenmedien erfordert zwar Fähigkeiten zur Entschlüsselung von Bedeutungen. Es kann jedoch nicht angenommen werden, dass der Nutzer im Sinne eines einfachen Sender-Empfänger-Modells Botschaften und Bedeutungen so entschlüsselt, wie sie der Produzent der Medieninhalte vorgegeben hat. ›Entschlüsselungen‹ sind vielmehr genuine Bedeutungskonstruktionen und folglich in polysemer Weise möglich. Medieninhalte werden von den Nutzern im wahrsten Sinne des Wortes ›genutzt‹, das heißt: interpretiert, teilweise umcodiert, umgestaltet und in die jeweils eigenen Bedeutungskontexte und Sinnhorizonte der Nutzer integriert. Systemtheoretisch reformuliert werden Medieninhalte nur insofern aufgenommen und wirksam, als sie in der Sinnwelt des Nutzers anschlussfähig sind. Anschlussfähigkeit ist jedoch selbst kontingent; sie ist nicht einfach gegeben oder nicht gegeben, sondern wird in komplexen Prozessen der Anpassung und Umcodierung von Medieninhalten einerseits und innerhalb des Sinnhorizonts des Nutzers andererseits hergestellt.[92]

Gefordert sind somit nicht nur Lese- und Phantasiefähigkeiten des Nutzers, sondern auch die Fähigkeit, Bedeutungskontexte selbst zu schaffen. Die Internetpornographie bietet spezifische Möglichkeiten der Herstellung von Bedeutungen, die aufgrund ihrer virtuellen und anonymen Form nicht auf sozialen Konsens angewiesen sind. Die Möglichkeiten der Internetpornographie sind nicht zuletzt Ausdruck eines Individualisierungsprozesses, der freilich mit mannigfaltigen Standardisierungen einhergeht. Betrachtet man internetpornographische Angebote als zumindest in Maßen verweisungs- und interpretationsoffen und zieht man die gezeigte Mannigfaltigkeit und Plastizität des Sexuellen in Betracht, so erweist sich die Medienkompetenz der Nutzer als entscheidend. Und Medienkompetenz bedeutet in diesem Falle nicht zuletzt, dass die Nutzer fähig sind, die pornotopische Welt von der realen zu unterscheiden.

FAZIT

Internetpornographie ist visuelles Vergnügen, Zeitvertreib und möglicherweise permanente Versuchung. Sie ist rund um die Uhr zugänglich und nur einen Mausklick weit entfernt. Sie etabliert einen Modus des ›click, fuck and forget‹ und bietet zugleich die Lust des virtuellen ›cruising‹. Bei der Nutzung internetpornographischer Angebote kommen jedoch wohl nicht nur voyeuristische, son-

---

92 Vgl. auch oben, S. 33ff.

dern auch konstruktivistische Lüste zum Ausdruck, da Internetpornographie dem Nutzer erlaubt, seine Phantasien in einem durchaus materiell-technischen Sinne in die angebotenen Darstellungen einzuschreiben. Während die Mannigfaltigkeit des internetpornographischen Angebots den Lüsten der Suche und der Vielfalt entgegenkommt, fungiert die Unterkomplexität pornographischer Skripte einerseits als wichtiger komplexitätsreduzierender Mechanismus und andererseits als pornographische Erfolgsbedingung, die die Grenzen ›Pornotopias‹ stabilisiert, indem sie eine Differenz zur Überkomplexität der modernen Gesellschaft markiert.

Obwohl das Internet ein relativ freies und vergleichsweise unkontrolliertes Medium ist, fällt auf, dass sich seine pornographischen Inhalte nur langsam von anderweitig verbreiteten Hardcore-pornographischen Darstellungen zu unterscheiden beginnen. Als ein Vorreiter neuer Entwicklungen fungiert der amateurpornographische Sektor. Das pornographische Angebot des Internets spiegelt bereits jetzt schon eine mitunter extreme Ausdifferenzierung sexueller Lebenswelten und sexualmoralischer Milieus wider.

Die größten Vorteile, die die Internetpornographie verglichen mit anderen pornographischen Medien ihren Nutzern zu bieten hat, liegen in den Möglichkeiten eines hochselektiven Zugriffs auf die gewünschten Darstellungen, des virtuellen ›cruisings‹ und der Möglichkeit, Pornographien zu finden, die in der einen oder anderen Weise vom Mainstream abweichen. Zwar sind sowohl pornographische Zeitschriften als auch der pornographische Videomarkt entlang spezifischer sexueller Vorlieben und Praktiken sortiert; eine so weitgehende Ausdifferenzierung wie im Bereich der Internetpornographie gibt es dort jedoch nicht. Sexbezogene Suchmaschinen, sexorientierte Blogs, Seiten mit entsprechend sortierten Links und Youtube-artige Angebote ermöglichen es den Nutzern, mit hoher Zielgenauigkeit zu finden, was sie suchen. Die Internetpornographie kombiniert somit beides: ein riesiges, nahezu unüberschaubares Angebot und die Möglichkeit eines relativ präzisen Zugriffs auf Gewünschtes.

Die Internetpornographie beendet somit endgültig die Verknappung sexueller Darstellungen in massenmedialen Kontexten. Sie ersetzt Knappheit durch ein Überangebot und spiegelt darin die Strukturen konsumkapitalistischer Gesellschaften wider.[93] Und deshalb kann die Knappheit an Bedürfnissen ebenso problematisch werden wie die zunehmenden Selektionszwänge.

---

93 Die Ersetzung von Knappheit durch Überfluss betrifft nicht nur den Umfang des Angebots, sondern auch seine Zugänglichkeit. Im Gegensatz zu früheren Zeiten erfolgt keine Beschränkung des Zugangs zur Pornographie entlang von Standes-, Schicht- oder Klassengrenzen. Die Expansion des pornographischen Angebots erfolgt also gerade auch innergesellschaftlich.

Die Pornographie des Internets leistet schließlich der Hervorbringung flexibler Menschen Vorschub und fügt sich in die Genese neosexueller Begehrensmodelle ein. Im Internet geht es nicht mehr so sehr um die alten und unflexiblen Perversionen, auch wenn diese oft genug zur Darstellung gelangen, sondern vielmehr um sexuellen Überfluss, ausdifferenzierte sexuelle Formen und Phänomene sexueller Kontingenz.

An der in virtuellen Räumen verbreiteten Pornographie fällt schließlich ein merkwürdiges Paradox auf. Einerseits verspricht und ermöglicht sie, ebenso wie das Aufkommen der Amateurpornographie, die Erweiterung des pornographischen Spektrums jenseits der von der Pornoindustrie gesetzten Standards, Darstellungsweisen und Skripte. Die Demokratisierung der Pornographie biete das Versprechen »of a general queering of pornographic texts, with a greater diversity and variety reflecting the greater range of people producing their own material rather than simply having to accept the standard of male dominated porn industry.« (Hardy 2008: 62) Diesen Versprechungen kontrastiert scharf, dass ein Großteil der über das Internet verbreiteten Pornographie den altbekannten Mustern folgt: »While the internet appears to offer limitless choice and the freedom

---

Ein anderes, gleichwohl zentrales Problem des Endes der Verknappung bzw. der Knappheit des pornographischen Angebots besteht darin, dass es in eigentümlicher Weise ein zentrales Versprechen des Pornographischen bricht, insofern dieses an Exklusivität gebunden war. Je stärker das Obszöne auf der Szene erscheint (vgl. Williams 2004a), desto mehr verliert die Pornographie ihren exklusiven Charakter. Pornographie ›lebt(e)‹ ja in einem gewissen Sinne von Beschränkungen. Sie versprach exklusiven Zugang zur Sexualität der Anderen, zu der man üblicherweise keinen Zugang hat. Wenn der Zugang allgemein wird, verliert sich zumindest der entscheidende Reiz des Exklusiven wie des Geheimen (vgl. zum Aspekt exklusiver Zeugenschaft auch: D. Schmidt 2005).

Der Verlust des pornographischen Versprechens der exklusiven Zeugenschaft scheint wenigstens teilweise durch die Amateurpornographie aufgefangen zu werden. Umgekehrt formuliert lässt sich vermuten, dass der (Wieder-)Aufstieg und die Popularität der Amateurpornographie von der ›Entknappung‹ des kommerziellen pornographischen Angebots insofern profitieren, als die Amateurpornographie noch immer die Illusion des Exklusiven aufrecht zu erhalten vermag; etwa in der Form der Überzeugung, dass dies die einzigen pornographischen Bilder der gezeigten Personen sind und keine weiteren Filme von ihnen existieren. Kurz gesagt: Die Amateurpornographie scheint auf die Entwicklung des allgemeinen pornographischen Angebots nicht nur durch (scheinbare) Authentizität zu reagieren, sondern auch durch (ebenso scheinbare) Exklusivität. Die Paradoxie des Exklusiven liegt freilich darin, dass es seinen Charakter durch seine Verbreitung – gerade im Internet – dementiert.

to explore multiple fantasies and desires, the options available on most websites are in fact restricted and highly codified.« (Ebd.) Was sich, mit anderen Worten, als Individualisierung und Pluralisierung generiert und anpreist, entpuppt sich möglicherweise als Element eines Standardisierungsprozesses. So auch Simon Hardy: »While the process of logging-on and tracking down gratifying images and sexual fantasies, may be experienced by the individual consumer as an exploration of deeply personal preferences, taken as a whole the overall effect of cyberporn can be seen as the highly commercial homogenization of desire.« (Ebd.) Die weitere Entwicklung, die aufgrund der enormen evolutionären Dynamik virtueller Welten nur schwer zu prognostizieren ist, bleibt freilich abzuwarten.

Pornographie und die Semantik des Sexuellen

PORNOGRAPHIE, SEXUALITÄT UND ROMANTISCHE LIEBE

Pornographie erzählt keine Liebesgeschichten. Zwar handeln ihre Geschichten nicht ausschließlich von Sexualität, wohl aber meist von einer spezifischen Form des Sexuellen, nämlich von einer Sexualität, die außerhalb gesellschaftlicher Einbindungen existiert. Sexualität stellt, so *eine* zentrale Fiktion des Pornographischen, eine autonome Macht dar und Pornographie, wie immer mit anderen Komponenten und Aspekten vermischt, handelt zunächst und vor allem von Sexualität.[1]

Die Skripte und Narrative, die Pornographie zu bieten hat, unterscheiden sich von jenen der romantischen Liebe. Während sich der Diskurs der romantischen Liebe um Individualität und Gefühl dreht, rücken im Pornographischen Sexuali-

---

1 Aber auch hier ist eine Einschränkung angebracht. Die These, dass Pornographie primär von Sexualität handelt, entspricht der pornographischen Selbstbeschreibung und stellt insofern die ›offizielle‹ Version dar. Nun gibt es eine breite Theorieströmung, die davon ausgeht, dass sich sexuelle Lust und Erregung gerade an den nicht-sexuellen Elementen des Sexuellen im Allgemeinen und sexueller Darstellungen im Besonderen festmachen. Überspitzt lautet die These dieser Richtung, dass sexuelle Erregung von einem zumindest minimalen ›Überzug‹ des Sexuellen mit psychischen respektive sozialen Bedeutungen abhängig ist. Im Widerspruch zu dieser These scheinen pornographische Darstellungen zu stehen, die nichts anderes als Sexualität bzw. sexuelle Interaktionen zeigen. Allerdings ist auch hier zu vermuten, dass derartige Darstellungen nur ›funktionieren‹, sofern der Betrachter sie – bewusst oder unbewusst – mit zusätzlichen Bedeutungen aufladen bzw. anreichern kann. Vgl. auch die entsprechenden Analysen im Kapitel *Der Traum der Pornographie* (insbes. S. 43ff.).

tät und Körperlichkeit in den Mittelpunkt. In alltagsweltlichen Diskursen ist es ein stehender Topos, dass Liebesfilme und -romane primär Frauen ansprächen, während Pornographie ›Männersache‹ sei. Eine zentrale Kritik an der Pornographie gipfelt schließlich in dem Vorwurf, sie konzentriere sich (zu) ausschließlich auf Sexualität und erzähle bzw. sei eben – keine Liebesgeschichte.² Zugleich fällt auf, dass Pornographie ein Genre ist, das in nicht-psychologisierender Weise vom Sexuellen spricht, während der Diskurs der romantischen Liebe psychologienah operiert.

Die Frage nach dem Verhältnis von romantischer Liebegeschichte und Pornographie – oder allgemeiner von Liebe und Sexualität – lässt sich jedoch wesentlich fruchtbarer angehen als mittels weiterer Variationen des Vorwurfs, dass Pornographie ›lieblos‹ sei.

Die Geschichte der romantischen Liebe ist eine Geschichte literarischer Formen, die ebenjene Vorstellungen hervorbrachten, entwickelten und transportierten, insbesondere des modernen Romans. In seiner Studie *Liebe als Passion* zeigt Niklas Luhmann, dass Liebe nicht nur ein Gefühl, sondern auch ein Kommunikationscode ist, der auch dazu ermutigt, entsprechende Gefühle zu bilden (Luhmann 1982: 9). Was wäre, so kann man ironisch fragen, aus der Idee der romantischen Liebe ohne Romane wie *Madame Bovary* geworden; vor allem aber: Was wäre aus Emma Bovary geworden, wenn sie keine Liebesromane gelesen hätte? Vermutlich eine glückliche Landarztfrau und kein Roman… Am Beispiel von Flauberts Roman zeigt sich mithin, dass das romantische Narrativ selbst drauf reflektiert, dass es zunächst und vor allem eine literarische Form ist. Freilich hat sich diese literarische Form, wie das Schicksal der Emma Bovary illustriert und Luhmanns Studie analysiert, als sozial höchst wirkungsmächtig erwiesen.

Wenn aber romantische Liebe in ihrer historischen Entwicklung von der literarischen Form der Liebesgeschichte abhängig ist, also jede Liebe eine Liebesgeschichte ist und keine Liebe ohne Liebesgeschichten auskommt, die gleichsam ihren Hintergrund bilden und die entsprechenden Muster, Formen und Codes bereitstellen, Liebe also nicht unabhängig vom Diskurs der romantischen Liebe, wie er sich in Romanen, Filmen und anderen kulturellen Formen niederschlägt, zu denken ist, so drängt sich die Frage nach dem Verhältnis der modernen Sexualität zur Pornographie auf: Pornographie ist wahrlich keine Liebesgeschichte, aber erfüllt sie für die Herausbildung der modernen Sexualität nicht analoge Funktionen wie der Liebesroman für die romantische Liebe?

---

2 Die Frage, ob und inwieweit diese und ähnliche Kritiken an das Pornographische unpassende Erwartungshaltungen herantragen, soll uns an dieser Stelle nicht weiter beschäftigen.

Diese Hypothese lässt sich in einer trivialen und einer elaborierteren Form entfalten. Die triviale Variante liefe auf die Vermutung hinaus, Pornographie verbreite sexuelle Skripte und Handlungsanleitungen, die nicht adäquat wären, sie propagiere sexuelle Formen, die unpassend, und Begierden, die nicht wünschenswert seien. Diese Trivialvariante der Hypothese, die die Form ›ohne Liebesromane, keine Liebesvorstellungen und ohne Pornographie keine inadäquate Sexualität‹ annimmt, denkt jedoch zu schematisch, um die Bedeutung des Pornographischen für die Entwicklung der modernen Sexualität fassen zu können. Wir werden im Folgenden stattdessen eine elaboriertere Variante dieser Hypothese entwickeln, die sich an Niklas Luhmanns Konzeption des Verhältnisses von *Gesellschaftsstruktur und Semantik* orientiert (Luhmann 1980a, 1980b, 1982, 1989, 2008b).

NIKLAS LUHMANNS KONZEPT ›GESELLSCHAFTSSTRUKTUR UND SEMANTIK‹

Niklas Luhmanns Konzept *Gesellschaftsstruktur und Semantik* basiert auf der Unterscheidung sozialstruktureller und ideengeschichtlicher Evolutionsprozesse. Weder lasse sich die sozialstrukturelle Evolution auf Ideen zurückführen noch die Ideenevolution aus sozialstrukturellen Evolutionsprozessen herleiten. Es sei – im Gegensatz zu marxistischen Annahmen – nicht so, dass die Gesellschaftsstruktur die zu ihr ›passenden‹ Ideen in dem Sinne hervorbringe, dass semantische Konzepte und Ideen lediglich Ideologien darstellten, die bestehende Zustände legitimierten. Der entscheidende Vorzug des Luhmann'schen Modells liegt darin, dass es erlaubt, eine ›Interaktion‹ zwischen beiden Evolutionsprozessen derart zu konzipieren, dass diese zwar unabhängig voneinander und aufeinander irreduzibel sind, aber gleichwohl interagieren, indem sie wechselseitig füreinander ›Umweltbedingungen‹ schaffen. Sie fungieren jeweils als Teil der Bedingungen, die die Selektionen jener Formen und Variationen (mit-)steuern, die der jeweils andere Evolutionsprozess hervorbringt.

Evolution konzipiert Luhmann (1997: 413ff.) als einen aus drei Teilprozessen bzw. -elementen bestehenden Prozess: Variation, Selektion und Restabilisierung, wobei es ihm vor allem auf die beiden ersten Prozesse ankommt. Die drei Teilprozesse werden dabei als voneinander unabhängig gedacht. Luhmann folgt insofern der Konzeption Darwins, als er davon ausgeht, dass Variationen ungeplant, willkürlich und unkoordiniert entstehen. Eine ›Koordination‹ respektive Ordnung entsteht erst durch Selektionsprozesse, die aber gerade *nicht* die Variation selbst, wohl aber die ›Überlebensfähigkeit‹ der Varianten beeinflussen. Selektion findet dadurch statt, dass manche Variationen aufgrund unvorhersehbarer Umweltbedingungen bessere ›Überlebenschancen‹ als andere haben. Zugleich betont Luhmann, dass Selektionsprozesse ebenso kontingent sind wie Variationsprozesse, so dass sich weder vorhersagen lässt, welche Formen entstehen, noch welche die soziale Evolution selektiert. Die entscheidende Variable für Selektionsprozesse liegt in der *Anschlussfähigkeit*. Die Bedingungen der Anschlussfähigkeit werden jedoch auf sehr unterschiedliche Weise strukturiert. Variationen müssen sowohl system*intern* anschlussfähig wie system*extern* ›tolerabel‹ sein. Für die Evolution von Ideen, also jenen Bereich, den Luhmann mit dem Begriff der gepflegten Semantik[3] fasst, gilt zunächst einmal, dass sich neue Ideen und Formen in den Kosmos bestehender Ideen als sinnvoll und denkbar einfügen lassen müssen.[4] Neue Vorstellungen und Ideen, die laufend entstehen, müssen sich, um aufgegriffen zu werden und erfolgreich zu sein, zunächst innerhalb des semantischen Feldes bewähren und als plausibel erweisen. Plausibilität lässt sich beispielsweise durch Rückgriff auf ältere Vorstellungen und Vorläuferkonzepte herstellen, so dass sich die Chance bzw. Wahrscheinlichkeit der Selektion erhöht.

Der erste Selektionsprozess, dem neue Vorstellungen und Ideen ausgesetzt sind, ist also jener, der auf der Ebene (tradierter) semantischer Bestände stattfindet. Ähnliches geschieht auf gesellschaftsstruktureller Ebene: Neu auftretende Ereignisse und Formen sind in den Bestand tradierter Formen und Strukturen zu integrieren, um strukturbildende Wirkungen entfalten zu können. Der zentrale Selektionsmechanismus liegt ebenfalls in der Anschlussfähigkeit des Neuen. In beiden Fällen gilt, dass sich das jeweils Neue in das Bestehende ›integrieren‹ muss, welches als ein wesentlicher Selektionsmechanismus für Neues bzw. für Abweichungen fungiert. Mittels eines solchen evolutionstheoretischen Zuschnitts lässt sich gut erklären, warum die meisten Abweichungen und Innovationen recht schnell wieder verschwinden, ohne strukturbildend zu wirken: Die

---

3   Luhmann (1980a: 19) unterscheidet zwischen Semantik im Allgemeinen, die er als »höherstufig generalisierten, relativ situationsunabhängig verfügbaren Sinn« definiert und »gepflegter Semantik«, die insbesondere in textlicher Form vorliegt und tradiert wird, sofern es sich um »ernste, bewahrenswerte Kommunikation« handelt. Wenn wir im Folgenden von Semantik sprechen, meinen wir gepflegte Semantik, wenngleich wir Luhmanns Fixierung auf schriftliche und vor allem gedruckte Texte nicht teilen.

4   Freilich können sich neue Ideen auch als Bruch mit alten Ideen inszenieren, aber gerade durch diese Inszenierungspraxis stellen sie einen Bezug zu eben jenen alten Ideen und Vorstellungen her.

Abweichung erweist sich als unpassend, als Zufall, als einmaliges Ereignis oder als Misserfolg.[5]

Interessanter als Formen des ›business as usual‹ der sozialstrukturellen wie semantischen Evolution sind Phasen rapider sozialer Um- und Strukturbrüche, da sie die Frage aufwerfen, wie offensichtlich Neues schnell strukturbildend werden kann. *Eine* Antwort auf diese Frage gibt Marx (1852): Das Neue ›verkleide‹ sich als Altes (oder umgekehrt das Alte als Neues), um so seine Selektionschancen zu erhöhen. Luhmanns Innovation besteht hier in der Überlegung, dass sich, insbesondere in Zeiten rapiden sozialen Wandels, *gesellschaftsstrukturelle* Innovationen zwecks ihrer schnellen Plausibilisierung tradierter semantischer Bestände bedienen können. Die Ebene der Semantik vermöge in Zeiten schnellen sozialen Umbruchs entscheidenden Einfluss auf sozialstrukturelle Selektionsprozesse gewinnen. Luhmanns Paradebeispiel hierfür ist die Entwicklung der romantischen Liebe von einer literarischen Form zu einer Methode der Wahl von Ehepartnern. In *Liebe als Passion* analysiert Luhmann (1982) wie sich eine literarische Konzeption romantischer Liebe weitgehend losgelöst von sozialstrukturellen Relevanzen vor allem im frühmodernen Roman entwickelte – ohne jemals für die Wahl von Ehepartnern, die anhand sozialstruktureller Kriterien erfolgte, Bedeutung zu erlangen. Es lagerte sich so ein komplexes semantisches Ideengut ab, dessen Evolution im Wesentlichen eigengesetzlich verlief, niemals aber einer Art sozialstrukturellem ›Realitätstest‹ auf breiter Basis ausgesetzt wurde.

Mit dem Anbruch der Moderne, also dem Übergang von stratifizierter zu funktionaler Gesellschaftsdifferenzierung wird die sozialstrukturelle Grundlage der traditionellen Wahl von Ehepartner und Ehebündnissen unterspült. Just in Momenten wie diesem, in denen das Alte seinen Sinn und seine Plausibilität verliert und alternative Handlungsmuster und Skripte nicht zu Verfügung stehen, können Möglichkeiten eines Rückgriffs auf tradierte semantische Bestände entscheidende Bedeutung gewinnen und dazu dienen, neue soziale Strukturen rasch zu plausibilisieren. In einer Situation, in der nicht mehr klar ist, nach welchen Kriterien man Ehepartner auswählen soll, konnte das *literarische* Konzept der romantischen Liebe eine ›Lösung‹ plausibel scheinen lassen, die die Wahl des Ehepartners ins individuelle Belieben der künftigen Gatten stellte. Umgekehrt

---

5 Eine Bemerkung wird nicht aufgegriffen, eine Idee abgewiesen oder ein Wortspiel nicht wiederholt, das sich unter geringfügig anderen Bedingungen vielleicht zu einem ›Bonmot‹ oder einem geflügelten Wort hätte entwickeln können. Eine Lebensform wird nicht fortgeführt, findet keine Anhänger (mehr), verschwindet und gerät schließlich in Vergessenheit, weil sie nicht zum Lebensgefühl passt oder als unzeitgemäß angesehen wird.

könnte man natürlich auch formulieren, dass der rapide sozialstrukturelle Umbruch durch die Umstellung auf funktionale Differenzierung die Bedingung der Möglichkeit schuf, dass Ideenbestände, deren Relevanz bislang auf der Ebene der Semantik (und der individuellen wie kollektiven Phantasien) verblieb, plötzlich alltagspraktische Bedeutung gewinnen konnten.[6] Die Semantik der romantischen Liebe hatte, folgt man Luhmann, somit den *Effekt*, die Umstellung des Heiratsmusters auf die freie Wahl des Ehepartners zu plausibilisieren.

Luhmanns Konzeption weist jedoch eine eigentümliche Janusköpfigkeit auf. *Einerseits* argumentiert er, dass, wie am Beispiel romantischer Liebe skizziert, semantisches Ideengut »tiefgreifende Veränderungen in den Sozialstrukturen vorbereiten, begleiten und hinreichend rasch plausibilisieren« kann (Luhmann 1982: 9), während er *andererseits* hervorhebt, dass die Semantik, wenn überholte semantische Formen trotz sozialstrukturellen Wandels beibehalten werden, »der sozialstrukturellen Innovation eine gewisse Schonzeit [gewährt], bis sie so weit gefestigt ist, daß sie als Ordnung aus eigenem Recht behauptet werden kann« (Luhmann 1997: 539).

»Inkongruenzen zwischen systemstruktureller und semantischer Evolution« (Luhmann 1997: 539) verdeutlichen aber letztlich nur, dass es sich um *zwei* Evolutionsprozesse handelt, die insbesondere auf Ebene der Variation voneinander unabhängig sind. Für die Rolle der Pornographie bei der Ausdifferenzierung des Sexuellen ist vor allem Luhmanns These, die Semantik ermögliche »die vorzeitige Fixierung von Ideen, die erst später sozialen Funktionen zugeordnet werden« (ebd.: 540) von Bedeutung. Die Bedingung, dass dafür »genügend Gedächtniskapazitäten gegeben« sein müssen, darf im Falle der Pornographie als erfüllt gelten. Pornographie trägt in erheblichem Maße zur Schaffung jenes kulturellen Gedächtnisses bzw. Archivs bei, das die Ausdifferenzierung und Autonomisierung des Sexuellen als plausibel erscheinen lässt.

DON QUIJOTE, EMMA BOVARY UND DAS PROBLEM DER MEDIENKOMPETENZ – EIN EXKURS

Luhmanns Lesart der Geschichte der romantischen Liebe bietet noch eine zweite, gewissermaßen medientheoretische Argumentationslinie, die sich wohl am

---

6 Freilich wurden die entsprechenden *literarischen* Ideen und Konzepte nicht entwickelt, um eines Tages alltagsrelevant zu werden. Auf sie wird aber in einer Phase zurückgegriffen, in der bisherige Alltagsplausibilitäten und Handlungsmuster verschwunden bzw. fragwürdig geworden sind und kein Ersatz vorhanden ist.

treffendsten mit dem bekannten Bonmot La Rochefoucaulds charakterisieren lässt, dass sich manche Menschen nicht verlieben würden, wenn von Liebe nicht so viel die Rede wäre. Ähnlich wie zuvor Cervantes in seiner bekannten Satire auf Ritterromane und ihre schädlichen Wirkungen hat Flaubert mittels des nämlichen Motivs Emma Bovary ins Unglück gestürzt – freilich nicht ohne Umweg über jene Glücksmomente, die das romantische Liebesmotiv auch für Nicht-Romanfiguren attraktiv werden ließ.

Während Don Quijotes wie Emma Bovarys Unglück ein Resultat der Lektüre von zu vielen einschlägigen Romanen ist, so unterscheiden sich beider Schicksale doch in zumindest einer Hinsicht: Don Quijote scheitert, weil er die Romane, die er liest, allzu wörtlich nimmt und auf ebenso naive wie amüsante Weise versucht, das Gelesene in die Tat umzusetzen. Sein Schicksal ist das Ergebnis einfacher Verblendung, da er sich – modern gesprochen – als unfähig erweist, zwischen medialer und realer Realität zu unterscheiden. Emma Bovarys Wahn – wenn es denn ein solcher ist – mag oberflächlich betrachtet dem Wahn von Cervantes' Helden entsprechen. Zwar ist ihr Problem das nämliche – wie Don Quijote liest sie zu viele Romane –, aber er versucht das Gelesene *unmittelbar* umzusetzen, während sie zugleich daran verzweifelt, nicht jene Gefühle, von denen sie liest, selbst empfinden zu können. Im Gegensatz zu Don Quijote, der nicht erkennt, dass seine historische Realität nicht der fiktiven Realität seiner Ritterromane entspricht, lernt Emma Bovary durch Lektüre, ihre zeitgenössische Realität zu beobachten und als defizitär zu erkennen. Anders als der Ritter von der traurigen Gestalt versucht sie gerade nicht, Realität durch Fiktion zu ersetzen, sondern sie unternimmt den vergeblichen Versuch, Fiktion und Realität zu verschmelzen, um so das Fiktive in ihr reales Leben hineinzuholen. Das Drama der Emma Bovary liegt im Gegensatz zu Don Quijote nicht in ihrer Verblendung, sondern vielmehr darin, dass sie in einer Gesellschaft lebt, die die Realisierung jener Träume, die sie in Form des Romans massenmedial verbreitet, verhindert. Emma Bovarys Problem besteht also nicht darin, dass sie Realität und Fiktion verwechselt, sondern darin, dass sie sich von den Ideen, die sie in Romanen liest, infizieren lässt und einen Teil dessen, was die Romane versprechen, in ihr eigenes Leben holen möchte. Indem sie sich mit Romanheldinnen identifiziert und vergleicht, lernt sie sich selbst und ihr eigenes Leben zu beobachten und in dieser Beobachtung stößt sie auf eine Leere, die sie mit romantischen Formen, Sehnsüchten und schließlich Affären zu füllen sucht. So wird sie schließlich zum Opfer jener Ideen, die die Romane propagieren, aber nicht in eine Form zu bringen vermögen, die dem realen Leben angemessen ist. Oder genauer gesagt: Die Tragödie der Emma Bovary besteht darin, dass sie in einer Gesellschaft lebt, die ihr Verhalten weder toleriert noch ihr einen Ausweg zu bieten vermag. Wie Don

Quijote wird auch Emma Bovary, wenngleich auf andere Weise, durch die Lektüre von Romanen ins Verderben getrieben. Während freilich der *Don Quijote* eine frühe Mediensatire bleibt, beschreibt Flauberts *Madame Bovary* in literarischer Form das allzu reale Schicksal lesender wie liebender Frauen. Gemeinsam bleibt beiden literarischen Figuren freilich, dass ihnen, hätten sie nicht begonnen, Romane zu lesen, ein beschauliches Leben beschieden gewesen wäre. Allerdings wären sie dann auch nicht selbst Romanfiguren geworden.[7]

Emma Bovary ersetzt nicht wie Don Quijote Realität durch Fiktion. Sie ist nicht unzurechnungsfähig, unterliegt keinem Wahn im klinischen Sinne und behält ihr Realitätsbewusstsein, das lediglich, wie im Rahmen von ›acting-out‹-Prozessen nicht ungewöhnlich, etwas verzerrt ist. Emma Bovarys ›Wahn‹ besteht vielmehr in dem Versuch, Konzepte, von denen sie in Romane gelesen hat, in ihren Alltags zu überführen. Während Don Quijote die reale Welt aus den Augen verliert und in seinen Fiktionen aufgeht, behält Emma Bovary ein Bewusstsein der Realität bei, die sie lediglich um Elemente ihrer romantischen Phantasien und Ideale zu ergänzen versucht. Sie schert im Gegensatz zum Ritter von der traurigen Gestalt nicht aus der Realität aus und versucht auch nicht diese zu fiktionalisieren, sondern sie begreift jene Vorstellungen, die sie ihrer Lektüre entnimmt, als Modelle der Führung ihres eigenen Lebens. Don Quijote erliegt, da er medial inkompetent ist, einem Wahn; Emma Bovarys ›Wahn‹ besteht hingegen darin, dass sie glaubt, ein Liebes- und Lebensmodell realisieren zu können, dessen Realisierung die Gesellschaft, in der sie lebt, nicht duldet. Don Quijote ist ein Opfer seines individuellen Wahns und seiner mangelnden Medienkompetenz, während Emmy Bovary zum Opfer einer Gesellschaft wird, die zwar die Idee der romantischen Liebe, nicht aber deren Verwirklichung goutiert. Sie scheitert aber auch daran, dass sie nicht in der Lage ist, jene Gefühle zu empfinden, von denen sie gelesen hat. Im verzweifelten Versuch, jene Gefühle in sich

---

7 Die Geschichte von *Madame Bovary* findet hier nicht deshalb Erwähnung, weil Flauberts Roman u.a. als ›pornographisch‹ verfolgt wurde, obwohl dies insofern bemerkenswert ist, als das Beispiel der Indizierung *Madame Bovarys* aufs Trefflichste illustriert, dass nicht nur das Pornographische selbst, sondern auch der Begriff des Pornographischen und das, was mit ihm zu fassen versucht wird, einem Wandel unterliegt. Entscheidend ist nicht so sehr, dass *Madame Bovary* aus heutiger Perspektive gerade nicht pornographisch ist – es finden sich beispielsweise keine expliziten, bis ins Detail ausgemalten Sexszenen (die Kutsche schwankt zwar, aber dem Leser wird kein Einblick gewährt) –, sondern dass der zeitgenössische Begriff der Pornographie alle nicht direkt sexuellen Elemente ebenso ausgeschieden hat, wie dies die Pornographie selbst getan hat.

selbst hervorzurufen bzw. zu simulieren, stürzt sie sich in jenen exzessiven Konsum, der sie schließlich ruiniert.

Romane wie *Madame Bovary* illustrieren, dass das Konzept der romantischen Liebe sich der literarischen Evolution verdankt, aber gleichwohl erhebliche Auswirkungen im realen Leben zeitigt. Gelesenes wird zwar nicht ungebrochen in alltägliches Handeln umgesetzt; literarische Lektüre ist aber auch nicht sozial bedeutungslos, sofern sie den Leser zur Beobachtung seiner selbst anleitet. Die literarische Evolution der romantischen Liebesvorstellung schafft zugleich ein kulturelles Wissen um Formen der gefühls- und später individualitätsorientierten Partnerwahl, die auf lange Sicht auf einem Konflikt mit jenen Mustern der Partnerwahl zusteuert, die die ständische Gesellschaft vorschreibt. Ausgetragen wird dieser Konflikt wiederum mit literarischen Mitteln – man denke etwa an Schillers *Kabale und Liebe*.

Die Genese der romantischen Liebe hatte freilich zur Voraussetzung, dass der literarische Evolutionsprozess, dem sie sich verdankt, von sozialstrukturellen Entwicklungen und Pressionen abgekoppelt war. Nur in dieser Abschirmung von sozialstruktureller Relevanz, gleichsam in einem literarischen Schutzraum, konnten ihre Formen, die im Falle unmittelbarer realweltlicher Erprobung rasch zerfallen wären, zu einer Entfaltung gelangen. Als literarische Fiktion und semantische Ideenwelt konnte sie hingegen sowohl jene Stabilität als auch Plausibilität gewinnen, die sie schließlich in der Phase des Zusammenbruchs der stratifizierten Sozialordnung als anknüpfungsfähiges Modell der Partnerwahl erscheinen ließ.

Der Umbruch zur modernen Gesellschaft veränderte den sozialstrukturellen Selektionsprozess so grundlegend, dass Ideen und Konzepte, die zuvor lediglich praktisch unerprobte literarische Fiktionen und Phantasien waren, zu lebenspraktischen Orientierungsmustern und Handlungsanleitungen werden konnten, da ihnen der evolutionären Vorteil der Verständlichkeit und Elaboriertheit eigen war – letzteres freilich nur auf literarischer Ebene, aber diese Einschränkung fiel insofern wenig ins Gewicht, als herkömmliche Konzepte an Selbstverständlichkeit und Legitimation verloren hatten, keine Orientierung mehr boten und (weitere) Alternativen nicht vorlagen.[8]

Dem Diskurs der romantischen Liebe verdankt die moderne Gesellschaft freilich nicht lediglich die Entstehung ihrer Literatur und ein neues Muster der Ehepartnerwahl, sondern auch die Ausdifferenzierung einer Sphäre privaten Lebens.

---

8 Ähnlich wie die Konzeption der romantischen Liebe ist auch die moderne Vorstellung des Individuums bzw. Subjekts eine literarisch geformte Figur (vgl. auch Luhmann 1989: 149-258).

CLELAND, DE SADE UND DIE ENTSTEHUNG DER PORNOGRAPHIE

Stellt sich romantische Liebe als ein literarisches bzw. in ihrer sozialen Form als literarisch induziertes Produkt dar, so lässt sich in analoger Weise nach dem Verhältnis von Pornographie und Sexualität fragen. Der Vergleich ist auch insofern naheliegend, als beide – romantische Liebe wie Pornographie – Kinder der modernen Gesellschaft sind. Und so wie die kulturelle Form der romantischen Liebe nicht ohne jene literarischen Formen denkbar ist, in denen das Konzept der romantischen Liebe entwickelt wurde, so fällt auf, dass die Entwicklung der Pornographie der Genese der modernen kulturellen Form ›Sexualität‹ unmittelbar vorausgeht. Etwa um Mitte des 18. Jahrhunderts beginnt – nach einigen frühen Vorläufern (z.B. Aretino und *L'écolle des filles* (anonym, etwa Mitte des 17. Jahrhunderts))[9] – ›das Geschlechtliche‹ als literarisches Sujet eine eigene Karriere, in der es mehr und mehr in den Mittelpunkt rückt. Mit John Clelands *Fanny Hill* (1748) beginnt sich parallel zur Entwicklung des modernen Romans eine Linie der modernen Belletristik zu entwickeln bzw. abzuspalten[10], die jenes Phänomen in den Mittelpunkt rückt, das noch ›geschlechtliche Liebe‹ heißt, aber im Jahrhundert nach *Fanny Hill* unter dem neuartigen Wort ›Sexualität‹ Karriere machen wird.

Während *Fanny Hill* im prostitutiven Milieu angesiedelt ist und insofern dem Begriff ›Pornographie‹ alle Ehre erweist, löst sich eine Generation später bei de Sade das Sexuelle von Prostitution ebenso wie von Liebe ab und steigt zum eigenständigen und zentralen Handlungsmotiv auf. Das Entscheidende an de Sades Schriften ist nicht so sehr die exzessive Bindung von Sexualität an Gewalt, son-

---

9 Vgl. zur »prä-pornographischen Ära«: Kendrick (1996: 33-66), der einerseits die geringe Zahl pornographischer Werke jener Zeit betont und andererseits herausstreicht, dass es sich bei diesen im Wesentlichen um Anknüpfungen an Aretinos Werk handelte: »The most remarkable facts about hard-core pornography before the nineteenth century are how little of it there was and how obsessively those few works fed off one another. [...] Aretino's notoriety seems to have derived from the fact that no one before him, and very few writers in the three centuries after, regarded the sexual act as an arena for diversity and experimentation.« (Kendrick 1996: 64)

10 Der pornographische Roman partizipiert, zumindest in seiner Anfangszeit, an der Entwicklung des modernen Romans. Die Spaltung ist zunächst noch eine rein thematische; erst später wird der pornographische Roman, ebenso wie noch später der pornographische Film den Anschluss an den ›state of art‹ des jeweiligen Mediums verlieren und zu einer literarisch bzw. cineastisch minderwertigen Form herabsinken.

dern vielmehr die Abkopplung der sexuellen Lust von allen anderen sozialen Einbindungen.[11] Der Furor der Gewalt, der de Sades Schriften durchzieht, mag das Bild verdunkeln; tatsächlich bedeutsam ist aber die Autonomisierung des Sexuellen. Und nicht von ungefähr ist es dieser Aspekt, an den die weitere pornographische Entwicklung anschließt, während die Amalgamierung von Sexualität und Gewalt allenfalls als Unter- und Nebenstrom präsent bleibt. Vielleicht weil sie zu absolut sind, haben de Sades pornographische Romane kaum Nachfolger gefunden, während jene Autoren, die *Fanny Hills* Spuren folgen, zahllos sind.[12]

De Sades Bedeutung liegt in der Vorwegnahme einer zentralen Entwicklungslinie der Pornographie, deren gleichsam idealtypischen Endpunkt seine Schriften markieren. Seine Romane schildern eine Sexualität, die sich allein um

---

[11] De Sades Darstellungen sind sowohl typisch als auch atypisch für die moderne Pornographie. Zum einen bilden sie einen frühen Höhepunkt der Pornographie, allerdings einen, der nie wieder und vor allem nicht in jener – für de Sade so charakteristischen – manischen Konsequenz erreicht werden wird. Insofern steht de Sades Werk innerhalb des pornographischen Kosmos singulär. Auffällig ist zudem, dass de Sades Schriften heutzutage weniger pornographisch als philosophisch interessierte Personen anzusprechen scheinen (vgl. etwa Flaßpöhler 2007). Jenseits ihrer philosophischen Exkurse und Rechtfertigungen sind de Sades Werke aber auch paradigmatisch für die moderne Pornographie: Sie nehmen die ausschließliche Orientierung aller Handlungen am sexuellen Lustgewinn vorweg, zeigen aber zugleich, dass dieser Lustgewinn auch sozial informiert ist (die Bedeutung keuscher, adeliger Jungfrauen etc.). Das Universum de Sades ist insofern das pornographische Universum schlechthin, als sein Zentralgestirn das Streben nach sexueller Lust ist. Was de Sade jedoch von der modernen Pornographie wie von der Pornographie seiner Zeit trennt, ist, dass er sich sexuelle Lust kaum anders denn als gewalttätige Handlung und nur sehr bedingt als wechselseitigen Lustgewinn vorstellen kann. Gewalt und Unterwerfung verdecken bei ihm jene Leerstelle, die dadurch entsteht, dass er sich Lustgewinn auf Grundlage von Gegenseitigkeit nicht recht vorzustellen vermag.

Alles in Allem verkörpern de Sades Schriften so zwar einerseits das Prinzip der modernen Pornographie – Orientierung am maximalen Lustgewinn – nahezu in Reinform; zum anderen aber ist sein Werk zu monolithisch und vor allem zu singulär, um als typisch für die Pornographie gelten zu können. In de Sade erlebt das Pornographische einen frühen und vielleicht auch absoluten Höhepunkt und es ist wohl nicht zufällig, dass de Sade *pornographisch* niemals eingeholt oder gar übertroffen wurde.

[12] Insofern sind auch nicht *Justine und Juliette* und erst recht nicht die *120 Tage von Sodom* der Prototyp des modernen pornographischen Romans. Zumindest *in dieser* Hinsicht wird de Sade *über*schätzt.

sexuelle Lust dreht und Gewalt (wie auch alle anderen in de Sades Romanen vorkommenden ›Accessoires‹) wird ausschließlich zum Zwecke der Steigerung sexueller Lust einsetzt. Sexuelle Lust ist zum höchsten und alleinigen Endzweck allen Handelns geworden – und genau in dieser, aber auch nur in *dieser* Hinsicht sind de Sades Schriften paradigmatisch für die moderne Pornographie: Sie führen die sexuell motivierte Umwertung aller Werte im Sinne eines absoluten ›Lust-Utilitarismus‹ vor.

Durch die Autonomsetzung des Geschlechtlichen bereiten de Sades Romane, aber nicht nur die seinigen, jenes Feld bzw. jene *Sinnsphäre*, die das 19. Jahrhundert als ›Sexualität‹ entdecken wird. Die pornographischen Romane des 18. und frühen 19. Jahrhunderts entwickeln Vorstellungen einer autonomen Sphäre des Sexuellen; ganz so, wie die Romane jener Zeit das Konzept der romantischen Liebe entfalten, das sich zunehmend in Opposition zu sozialstrukturellen Erfordernissen und Selbstverständlichkeiten manövriert. Ähnlich wie die Idee der romantischen Liebe alternative Selbstverständlichkeiten etabliert und alte untergräbt, beginnt auch die Pornographie Vorstellungen des Sexuellen als einer autonomen Kraft zu entwickeln und in beiden Fällen entzündet sich der Konflikt mit der traditionellen Gesellschaft schließlich daran, dass es die semantischen Entwicklungen auf dem einen wie dem anderen Felde zunehmend unplausibler erscheinen lassen, warum sich Liebe respektive Sexualität nachdem sie sich im Denken als autonome Sphären etabliert haben, weiterhin überkommenen Einbindungen fügen sollten. In beiden Fällen spielen literarische Entwicklungen eine entscheidende Rolle, indem sie Liebe wie Sexualität nicht nur als autonome Sphären, sondern auch als selbstreferentielle Phänomene hervorbringen, so dass es letztlich nur eine Frage der Zeit zu sein scheint (bzw. schien), bis die reale soziale Welt ihnen als ein Korsett erschien, das es zu sprengen galt.

Die historische Entwicklung nahm freilich einen anderen Verlauf, in welchem besagtes Korsett *von außen* durch den Zusammenbruch der stratifizierten Ordnung gesprengt wurde. In die Lücke, die dieser Zusammenbruch hinterließ, konnte sich das Modell der romantischen Liebe als Modus der Partnersuche wie der Begründung von Privatheit einfügen, während sich die Geschichte der Sexualität in eine Richtung entwickeln sollte, die ihre vorgestellte Autonomie in einen anderen Bereich ›abdrängen‹ würde. Die romantische Liebe hatte an dieser Entwicklung einen nicht geringen Anteil – gelang es ihr doch, *legitime* Sexualität so weit zu monopolisieren, dass alle anderen Formen des Sexuellen illegitim und letztlich zu psychopathologischen Fällen wurden.

Die Ausdifferenzierung der Pornographie als literarische Form und ›soziales Problem‹

Im 19. Jahrhundert, vor allem ab dessen Mitte, beginnt sich der Diskurs über Sexualität zunehmend in zwei Erzählströme zu spalten. Neben der romantischen Liebe, die aber keinen sexuellen Erzählstrom im engeren Sinne hervorbringt, ist es einerseits die Psychopathologie, die sich des Sexuellen bemächtigt. Andererseits wird die Pornographie, die den zweiten Hauptstrom der Erzählung über das Sexuelle bildet, keineswegs zum Schweigen gebracht – sie nimmt vielmehr an Umfang und Verbreitung zu –, aber sie verliert jeglichen legitimen Status und wandert gleichsam ›unter den Ladentisch‹ ab. Während der Roman trotz mancherlei moralischer Bedenken seinen Aufstieg zum allgemeinen Kulturgut (und nicht zuletzt auch zu einer Ware, mit der man legitimen Handel betreiben kann) feiert, sieht sich das Pornographische zunehmender Verfolgung ausgesetzt. Ein entscheidender Wandel, der zugleich viel über die Autonomisierung des Sexuellen aussagt, liegt darin, dass pornographische Darstellungen nun aufgrund ihres sexuellen Charakters verfolgt werden und nicht, wie zuvor üblich, wegen blasphemischer oder politischer Inhalte. Im Wandel der Indizierungsgründe spiegelt sich aber zugleich auch eine wesentliche Entwicklungstendenz des Pornographischen wider. Die Pornographie wird zunehmend ausschließlich sexuell und koppelt sich so von religiösen wie politischen Referenzen ab: sie will erregen, nicht aufklären oder politisch aufrühren. Sie ist nicht länger Religions- oder Gesellschaftskritik, sondern versteht sich als eine Art ›Dienstleistung‹ am Leser. Sie bringt Bücher und Bilder hervor, die man ›mit einer Hand‹ liest bzw. betrachtet, aber nicht länger politische oder religiöse Manifeste, die Gesellschaftskritik mit Mitteln des Sexuellen bzw. Pornographischen betreiben.[13]

Die Verfolgung der Pornographie entzündet sich nun primär daran, dass sie aufgrund neuer Verbreitungstechnologien und der zunehmenden Alphabetisierung breiter Bevölkerungskreise der Kontrolle der Oberschichten entgleitet: Zum zentralen Motiv, pornographische Darstellungen zu verfolgen, wird die ›Angst‹, sie könnten in die Hände von ›unbefugten‹, ›unreifen‹ oder ›unschuldigen‹ Personen gelangen, die nicht ›richtig‹ mit ihnen umzugehen wüssten, sprich: in Hände von Frauen, Kindern oder – vor allem – Angehörigen niederer Stände. Vorstellungen davon, dass sich erotische oder sexuelle Darstellungen auch ne-

---

13 Man denke etwa an die exzessive Häufigkeit, mit der Angehörige des Klerus Protagonisten früher pornographischer Darstellungen sind, aber auch an Karikaturen, die politisches Fehlverhalten in sexueller Form darstellten, etwa: Necker vergewaltigt Frankreich (Abbildung in Hunt 1993: 261).

gativ auf Angehörige der höheren Stände, also des eigenen, auswirken könnten, schienen hingegen nicht sehr ausgeprägt. Kurz gesagt: Der Kampf gegen Pornographie war nicht zuletzt Teil eines Klassenkampfes oder, genauer gesagt, Teil des Kampfes gegen jene gesellschaftlichen Entwicklungen, die die ständische Ordnung und die Privilegien der oberen Stände, inklusive des privilegierten Zugangs zu ›unzüchtigen‹ Werken, endgültig zerstören sollten (vgl. Kendrick1996). Mit dem Zusammenbruch der stratifizierten Gesellschaft, die sicherstellte, dass pornographisches Material nur in die Hände von Gebildeten und somit ›Befugten‹ gelangen konnte, wird Pornographie zugleich als soziales Problem entdeckt.[14]

DISKURSE ÜBER SEXUALITÄT: PORNOGRAPHIE UND PSYCHOPATHOLOGIE

Im 19. Jahrhundert etablieren sich – neben dem Liebesroman – zwei wesentliche Weisen, vom Sexuellen zu sprechen: Pornographie einerseits und Psychopathologie andererseits, die ersterer schon bald den ersten Rang in der Rede vom Sexuellen streitig macht.[15]

Insbesondere in der zweiten Hälfte des 19. Jahrhunderts etabliert sich neben dem pornographischen ein psychopathologischer Diskurs über Sexualität, der schnell an Bedeutung und, zumal im Vergleich zur Pornographie, an Legitimität gewinnt. Auch wenn beide Diskurse, nicht zuletzt in den Augen der Nutzer wie der skeptischen Öffentlichkeit, ineinander überzugehen drohen, so folgen beide doch unterschiedlichen Organisationsprinzipien und Erzählstrategien – die Pornographie einem Willen zu Lust, die Psychopathologie einem Willen zu Wahr-

---

14 Die Konzeption des Pornographischen als sozialem Problem folgt auch noch heutzutage diesen Spuren – die unbefugte, unreife und ungebildete Person, die nun vor der Pornographie, über die sie zufällig oder gewollt ›im Internet‹ stolpern könnte, geschützt werden muss, ist das Kind. Hinzugekommen ist freilich die Vorstellung, dass der Konsum von Pornographie selbst schädliche Wirkungen auf die konsumierende Person, gleich welcher Reife, welchen Alters oder welcher Bildung, habe.

15 Der entscheidende Unterschied zwischen beiden liegt natürlich darin, dass die Psychopathologie ihre Erzählungen nicht zum Zwecke des Lustgewinns ersinnt – auch wenn eine gewisse Martha Bernays glaubte, dass die Wissenschaft, die ihr Mann betrieb, ›irgendwie‹ der Pornographie verwandt sei.

heit.[16] Entscheidend ist an dieser Stelle aber nicht so sehr die Differenz der diskursiven Logiken, sondern die Gemeinsamkeit, die darin liegt, dass Pornographie und Psychopathologie die beiden Diskurse sind, die im 19. Jahrhundert das Denken über Sexualität bestimmen. Durchaus bezeichnend ist eine merkwürdige Umkehr – während die Psychopathologie ein Diskurs ist, der in legitimer Weise von den illegitimen sexuellen Lüsten handelt, handelt die Pornographie auf illegitime Weise (auch) von Lüsten, die – im entsprechenden ehelichen Rahmen oder, wie man mit Blick auf die bürgerliche Doppelmoral formulieren muss, im Bordell genossen – durchaus legitim sein können. Gemeinsam bringen Pornographie und Psychopathologie aber ein Wissen und ein Archiv der sexuellen Begierden und Lüste ihres Zeitalters hervor. Es handelt sich freilich um konkurrierende Wissensformen: Die Psychopathologie muss den lüsternen Blick ebenso unterbinden, wie die Pornographie den pathogenen oder nosomorphen Blick nicht zulassen darf. Psychopathologie und Pornographie organisieren im 19. Jahrhundert gemeinsam, wenn auch nicht immer strikt arbeitsteilig, den Diskurs und das Denken über Sexualität. Gemeinsam ist ihnen auch, dass sie nicht nur ein Wissen vom Sexuellen, sondern auch um die Autonomie der Sexualität hervorbringen. Beide sind zudem Anhänger eines ›Triebparadigmas‹, mittels dessen sie das Sexuelle gleichsam als Außersoziales zu isolieren suchen. Während der Psychopathologie der Trieb Rätsel und Lösung zugleich ist (vgl. auch Ph. Weber 2008), ist er der Pornographie selbstverständlich und allenfalls dann rätselhaft, wenn es um das sexuelle Begehren der Frau geht. Aber dieses ist ja auch der Psychopathologie in vielerlei Hinsicht ein Rätsel geblieben.

Eine allzu strikte Differenzierung von Pornographie und Psychopathologie anhand der Unterscheidung von Lust und Wissen geht freilich nicht auf, da auch der psychopathologische Diskurs nicht nur Wissen, sondern ebenso Lust am Wissen wie auch ein Wissen um sexuelle Lüste produziert. Da eine wesentliche Erkenntnismethode des psychopathologischen Diskurses das Fallberichte generierende Gespräch von Arzt und Patienten ist, ist die Hervorbringung eines Wissens über die Lust nicht ›sauber‹ vom lustvollen Sprechen zu trennen. Der Erkenntnis schaffende Akt ist unter Umständen also auch ein lustvoller. Michel Foucault (1976: 91) spricht davon, dass das Abendland keine Lust geschaffen habe, außer jener, von der Lust zu sprechen, und Philippe Weber (2008) sieht im

---

16 Wir greifen hier eine Unterscheidung auf, die Svenja Flaßpöhler (2007) gegen die übliche Lesart de Sades aus Perspektive des von Michel Foucault (1976) ausgemachten Willens zum Wissen, in Anschlag bringt. Wir folgen jedoch *nicht* Flaßpöhlers Argumentation, die allzu sauber zwischen einem Willen zum Wissen und einem Willen zur Lust trennt und in der Pornographie – zumindest jener de Sades – nur letzteren am Werke sieht (vgl. auch Lewandowski 2009).

psychopathologischen Diskurs über das Sexuelle einen »Trieb zum Erzählen« am Werk. Über diese Lust am Erzählen, an der beide partizipieren, werden sowohl der psychopathologische als auch der pornographische Diskurs identitäts- und unter Umständen auch handlungsrelevant.[17]

Psychopathologische Fallgeschichten sind nicht lediglich Geschichten über Fälle, sondern auch Produkte der Selbstreflexion ›Betroffener‹ (vgl. auch Oosterhuis 2001, sowie: Ph. Weber 2008). Es handelt sich bei ihnen nicht nur um Fremdbeschreibungen aufgrund von Selbstbeschreibungen, sondern die Fallgeschichte beschreibt und rekonstruiert subjektive Identitätskonstruktionen. Genauer gesagt: Im Gespräch und in der Auseinandersetzung mit dem Psychopathologen oder später dem Psychoanalytiker erzählen und beschreiben Patienten nicht nur ihre sexuellen Lüste und Identitäten, sondern sie konstruieren sich selbst als sexuelle Subjekte. Sexuelle Identitäten sind dem Diskurs – sei es dem der Psychopathologie, sei es dem der Pornographie – also nicht vorgängig, sondern entstehen in Auseinandersetzung mit diesem. Insofern wirkt der jeweilige Diskurs identitätsgenerierend *und* identitätsstützend. Sowohl der psychopathologische als auch der pornographische Diskurs machen jeweils – zum Teil unterschiedliche, zum Teil ähnliche – Deutungs- und Identifikationsangebote, in denen das Subjekt sich und seine Begierden wieder finden mag und in die es sie einschreiben kann. Nicht zuletzt daher erklären sich die Briefe jener Menschen an Richard von Krafft-Ebing, die sich in den Fallgeschichten seiner *Psychopathia sexualis* wiederzuerkennen meinten und zugleich aus eigener Erfahrung Korrekturen anzubringen wünschten (vgl. Oosterhuis 2001). Publizierte Fallgeschichten – sicherlich nicht nur jene Krafft-Ebings – wirken somit weit über den Kreis der unmittelbar Betroffenen, deren ›Fälle‹ sie schildern, als Selbstverständigungsmedien sexuell Abweichender. In psychopathologischen Fallgeschichten (freilich nicht nur in diesen) gerinnen sexuelle Phantasien, Erlebnisse und Praktiken zu benennbaren Identitäten – Masochisten, Sadisten, Fetischisten und vor allem: Homosexuelle. Zwar tragen die Fallgeschichten nicht unbedingt zur kulturellen Normalisierung und positiv gewendeten sozialen Anerkennung der Betroffenen bei; eine Anerkennung erfolgt aber dennoch insofern ihnen eine psy-

---

17 Analog zu romantischen Liebessemantiken ist nicht nur die Pornographie, sondern auch der psychopathologische Diskurs als literarische Form zu verstehen. Dies zeigt sich u.a. auch an der hohen Kunst der Fallgeschichte, die, zumindest im gelungenen Falle, nicht nur ein ärztlich-wissenschaftliches Dokument, sondern auch ein Stück Literatur darstellt.

chische wie soziale Identität gegeben wird[18]: sie werden für sich wie für andere ›sichtbar‹.

Die wohl von den Autoren nicht intendierte Funktion der (nicht nur fach-) öffentlichen Sichtbarmachung sexueller Identitäten und Minderheiten trug zum durchschlagenen Erfolg sexualpsychologischer bzw. sexualpathologischer Fallgeschichten entscheidend bei. Die Narrative des sexualpathologischen Diskurses erwiesen sich als überaus anschlussfähig und lösten, wie Philippe Weber (2008) zeigt, einen »Trieb zum Erzählen« aus. Sie boten Formen an, in die Individuen ihre Geschichten einschreiben konnten, ja überhaupt Formen, in denen bestimmte Geschichten erzählt werden und ans Licht der Öffentlichkeit treten konnten. Indem Fallgeschichten ein Archiv sexueller Lüste ablagern und Anschlusserzählungen hervorrufen, bilden sie Formen gepflegter Semantiken.

Die nämliche, ebenso latente Funktion der Sichtbarmachung und Konstruktion abweichenden sexuellen Begehrens erfüllt auch die Pornographie. Pornographie bringt ebenso wie der psychopathologische Diskurs ein Wissen über das Sexuelle hervor und sedimentiert zugleich ein Archiv sexueller Begierden. Diese Sedimentbildung sowohl pornographischer Formen wie sexueller Begierden ist jenen Semantiken vergleichbar, die Luhmann (1980a, 1982) in Auge hat. Es findet auch hier, ähnlich wie im psychopathologischen Diskurs oder der romantischen Liebesvorstellungen, eine ›Ideenevolution‹ statt und zwar insofern, als sich auch in der Pornographie spezifische Formen herauskristallisieren und sich ein bestimmter Vorrat an Ausdrucksweisen etabliert und tradiert. Hierunter fallen zunächst all jene narrativen und ästhetischen Formen, die pornographische Darstellungen als solche erkennbar werden lassen, sie also von nichtpornographischen Darstellungen unterscheidbar machen. Pornographische Inszenierungen lassen sich, noch bevor sexuelle Akte gezeigt wurden, als solche erkennen, so dass Umberto Ecos ironische Anleitung *Wie man einen Pornofilm erkennt* als ebenso absurd wie entbehrlich erscheint (vgl. Eco 1992). Die Semantik[19] der Pornographie reduziert sich nicht auf die Inszenierung sexueller Handlungen,

---

18 Man hat, wie Harry Oosterhuis (2001) und Philippe Weber (2008) zeigen, wohl zu oft und zu Unrecht die repressiven Aspekte des Werks von Krafft-Ebing zuungunsten seiner oft vergessenen Liberalität betont – für eine ambivalente Einschätzung Krafft-Ebings: vgl. Sigusch 2008: 175-193, insbes. 183 und 193, wo Sigusch in Zweifel zieht, ob man Krafft-Ebing als »Begründer der Sexualwissenschaft« ansehen »*sollte*« (Herv. – S.L.). Sigusch meint hier selbstverständlich Sexualwissenschaft im »kritischen« Sinne, also in seinem.

19 Wir fassen unter den Begriff der Semantik nicht nur sprachliche, sondern auch visuelle Formen und weichen damit von Luhmanns Konzeption ab, die diese vernachlässigt.

sondern umfasst spezifische Ästhetiken, visuelle Formen und Erzählpraktiken (vgl. etwa Steven Marcus' Analyse pornographischer Romane der viktorianischen Epoche; Marcus 1974: 180-215).[20]

SEMANTIK UND GENREBILDUNG

Ein zentraler Effekt der Etablierung semantischer Formen liegt, sofern es sich um (massen-)medial gepflegte Semantik handelt, in der Genrebildung, die sich für den pornographischen Roman spätestens im 19. Jahrhunderts vollzieht und zu dem Zeitpunkt abgeschlossen ist, an dem pornographische Romane nicht mehr lediglich galante bzw. erotische Romane sind, sondern sich in ebenso ausschließlicher wie expliziter Weise der Darstellung des Sexuellen zum Zwecke der Erregung des Lesers, seltener der Leserin, widmen. Die Genrebildung, die sich beim Film wesentlich früher in seiner Geschichte vollzieht (nicht zuletzt, weil bei der Erfindung der Fotographie wie des Films das literarische Genre der Pornographie bereits etabliert war), schlägt sich auch in einer Differenzierung der Märkte respektive der Orte nieder, an denen die einschlägigen Produkte zum Verkauf bzw. zur Aufführung gelangen. Von Bedeutung für die Etablierung des literarischen wie filmischen Genres ›Porno‹ ist insbesondere auch seine Ausdifferenzierung in ›Subgenres‹ entlang verschiedener sexueller Praktiken (klassisch etwa: Flagellantismus, verschiedene Fetischismen usw.), aber auch differenter Ästhetiken (beispielsweise: Amateurpornographie, Stagfilm oder pornographischer Spielfilm).[21]

In analoger Weise wie andere semantische Formen entwickelt auch das pornographische Genre seine *eigenen* Gesetzmäßigkeiten, seinen eigenen Formenreichtum sowie eigene Traditionen und Traditionslinien. Auch hier finden sich evolutionäre Prozesse der Variation und der Selektion, wobei – typisch für Evolutionsprozesse auf semantischer Ebene – die abgelagerten semantischen Formen die Bedingungen der Selektion jener Formen strukturieren, die die Variation

---

20 Diese semantischen Formen werden etwa deutlich, wenn man eine pornographische Darstellung mit Darstellungen in Biologiebüchern oder Aufklärungsfilmen vergleicht. In allen drei Fällen werden sexuelle Handlungen gezeigt, aber in unterschiedlichen Formen und unterschiedlichen Einbettungen. Kurz gesagt: Pornographie ist ›mehr‹ als die Vorführung bzw. Abbildung sexueller Handlungen. Entscheidend sind ästhetische wie kulturelle Rahmungen.

21 Vgl. zur Geschichte des pornographischen Films insbesondere: Seeßlen 1990, Williams 1989, 2008.

hervorbringt.²² Die Evolution folgt also auch hier dem bekannten Muster, dass bereits selektierte Formen jene Strukturen bilden, die als Mechanismus der Selektion weiterer Variationen fungieren. Die Ideenevolution produziert auf diese Weise ein (System-)Gedächtnis, das weitere Selektionsprozesse (mit-)steuert und jede Selektion von Formen schreibt eine Systemgeschichte fort, die als semantische Tradition wiederum die Mechanismen der Selektion beeinflusst. Dieser zirkuläre Prozess lagert Sediment um Sediment ab und die vorhergehenden Ablagerungen bestimmen bzw. beeinflussen, was sich künftig ablagern kann. So bilden sich ideengeschichtliche Traditionen aus, auf die je nach Bedarf zurückgegriffen werden kann. Die Semantik stellt sich somit als historische Maschinerie dar, die nicht zuletzt bestimmt, was sich einfügen lässt und was nicht und damit auch, was möglich, was wahrscheinlich oder unwahrscheinlich ist und was schließlich unmöglich wird.

Im Falle der Pornographie ist zunächst vor allem die Etablierung des pornographischen Genres, etwa die Trennung vom Liebes- wie vom erotischen Roman²³, sowie die Entstehung von Subgenres von Bedeutung. Hinzu treten protopornographische Skripte, wie sie für zeitgenössische Pornofilme charakteristisch sind, sowie unterschiedliche ›Wertigkeiten‹ verschiedener sexueller Praktiken.

---

22 Dass die Umwelt diese eigenevolutionären Prozesse in der einen oder anderen Weise ›dulden‹ muss, versteht sich von selbst. Sie kann sie jedoch nicht steuern, wie nicht zuletzt die Geschichte der Pornographie zeigt, die *auch* eine Geschichte der Auseinandersetzung von Pornographie und Zensur ist. Die Pornographie entwickelt sich zwar nicht vollkommen unabhängig von Zensurbemühung, aber ihre Formenbildung, wenn auch nicht ihre Verbreitung, wird von Zensurbemühung nur bedingt beeinflusst. Diese Beeinflussung betrifft vor allem jene Formen, für die legale Distributionsmöglichkeiten angestrebt werden. In diesen Fällen schlägt sich die Zensur durchaus in den Inhalten nieder, da jeglicher Konflikt mit dem Zensor vermieden wird, um nicht die Indizierung des gesamten Produkts zu riskieren. In diesem Sinne passen sich die Inszenierungen der heutigen (kommerziellen) Pornographie inhaltlich durchaus den Bedingungen der Zensur an. Dies gilt freilich nur für die kommerzielle Pornographie und auch nur insofern diese legal vertrieben werden soll. Die Beeinflussung pornographischer Darstellungen durch Zensurmaßnahmen läuft hier also über ökonomische Motive. Auch setzt eine Beeinflussung der Inhalte durch Zensur voraus, dass es überhaupt einen legalen Markt für pornographische Produkte gibt: Wären alle pornographischen Darstellungen gleichermaßen illegal, so wäre eine inhaltliche Anpassung an Zensurrichtlinien sinnlos. Die langfristige Betrachtung zeigt freilich, dass Zensurmaßnahmen meist nur kurzfristig erfolgreich waren.

23 Parallele Prozesse finden sich bei der Differenzierung von Nacktheit und Pornographie in visuellen Medien.

Diese ›Wertigkeiten‹, die sexuelle Praktiken in eine normative Reihung einfügen, welche von ›normal‹ und ›üblich‹ bis ›ausgefallen‹ bzw. ›pervers‹ verläuft, strukturieren zugleich die protopornographischen Skripte: Fellatio, seltener Cunnilingus, Vaginalverkehr in verschiedenen Positionen, Analverkehr, Gruppensex usw.

Ein zentraler Aspekt dieses Musters unterschiedlicher ›Wertigkeiten‹ besteht darin, dass sexuelle Praktiken mit ›Bedeutungen‹ versehen und mit kulturellem ›Sinn‹ aufgeladen werden. Nur insofern sie etwas Bestimmtes (bzw. Bestimmbares) bedeuten, lassen sie sich in eine normative Ordnung bringen. Bedeutungen rekurrieren auf gemeinsam geteilten Sinn, aber Sinn entsteht innerhalb der Ordnung eines bestimmten Genres, also auf Ebene der Semantik. Es wäre mithin zu einfach gedacht, wenn man davon ausginge, dass die normative Ordnung der verschiedenen sexuellen Praktiken seitens der Pornographie schlichtweg aus ihrer gesellschaftlichen Umwelt importiert werde. Es handelt sich auch nicht um eine einfache Umkehr, etwa in dem Sinne, dass die Pornographie all jenes normativ als besonders bzw. als besonders ›geil‹ auszeichnete, was in ihrer Umwelt als besonders ›pervers‹ oder Ekel erregend abgelehnt würde. In Auseinandersetzung mit ihrer gesellschaftlichen Umwelt etabliert sie vielmehr eigene Vorstellungen davon, was als sexuell erregend gilt.[24] In analoger Weise wie die Semantik romantischer Liebe ein ›Wissen‹ über die Anzeichen von ›Liebe‹ entwickelt, entwickelt auch die Pornographie ein Zeichensystem sexueller Bereitschaft, sexuellen Begehrens und sexueller Befriedigung. Sie greift hierzu zwar auf außerpornographische Anzeichen und Bilder zurück, aber auch die alltäglichen sexuellen (An-)Zeichen sind Symbole, insofern sie kulturell, d.h. mit Sinn aufgeladen sind. Auch für sexuelle Zeichen gilt die bekannte semiotische Lehre, dass Zeichen in Zeichensysteme eingebunden sind. Obendrein sind diese Verknüpfungen sozial erzeugt. Die Mainstream-Pornographie scheint es sich freilich ›einfach‹ zu machen, indem sie Zeichen, wie etwa die männliche Erektion, verwendet, die als gleichsam natürlich erscheinen. Freilich gilt auch in diesem scheinbar eindeutigen Fall, dass es die entsprechende Kontextualisierung ist, die ein Zeichen als sexuell erscheinen lässt.[25]

---

24 Als ein Beispiel mag de Sades Pornographie gelten, in der der sexuelle Verkehr mit einer Adligen besondere Erregung verspricht – ein Topos, der weitgehend ausgestorben ist oder doch nur noch als ferner Abglanz in jenen pornographischen Szenen überlebt hat, die sexuelle Kontakte zwischen sozial ungleichen Personen darstellen und versuchen, aus dieser Ungleichheit spezifische *sexuelle* Reize zu ziehen.

25 Um im Beispiel zu bleiben: Eine morgendliche Erektion wird erst dann zu einem sexuellen Zeichen, wenn sie nicht im Kontext ›Harndruck‹ wahrgenommen respektive kommuniziert wird. In pornographischen Darstellungen stellt sich oftmals das umge-

Die Pornographie etabliert eigene Vorstellungen des Begehrenswerten, die von alltagsüblichen Vorstellungen mitunter deutlich abweichen. Bemerkenswert sind insbesondere jene Elemente pornographischer Inszenierungen, die keine Entsprechungen im sexuellen Alltag bzw. in der außer-pornographischen Realität finden – etwa die im professionellen Pornofilm mit Beginn sexueller Handlungen einsetzende Hintergrundmusik mitsamt ›Bestöhnung‹, vor allem aber das in einer *extra*korporalen Ejakulation kulminierende protopornographische Skript. Mit dem protopornographischen Skript, der ausschließlichen Orientierung an sexueller Lust und der allseitigen sexuellen Verfügbarkeit aller im pornographischen Kontext auftretenden Körper etabliert die Pornographie eine eigene Welt, ein ›Pornotopia‹, das sich von anderen – realen wie fiktiven – Welten grundlegend unterscheidet.

Historisch betrachtet entsteht die moderne Pornographie durch die ›Ausscheidung‹ nicht-sexueller Elemente aus der Darstellung des Sexuellen einerseits und der Differenzierung sexueller Darstellungen andererseits.[26] Es findet mithin eine zunehmende Konzentration auf das Sexuelle, den sexuellen Kern pornographischer Inszenierungen statt, die letztlich im close-up kulminiert. Dieser Kulminationspunkt bleibt allerdings weitgehend fiktiv, da er allein als pornographische Inszenierung nicht funktioniert. Um sexuelle Erregung hervorrufen zu können, scheint hingegen ein minimaler sozialer ›Überzug‹ notwendig zu sein, an den sich die Phantasien des Betrachters gleichsam ›anhaften‹ können. Dies ändert allerdings nichts daran, dass die Erregung sexueller Erregung zum zentralen Maßstab und Kriterium der pornographischen Inszenierung wird, dem sich alle Elemente unterordnen müssen. Folglich werden all jene Elemente, die nicht direkt oder indirekt diesem Ziel dienen und nicht dem Imperativ sexueller Lust gehorchen, ausgeschieden – etwa politische Implikationen, aber inzwischen auch

---

kehrte Problem: Sexuelle Erregung muss inszeniert werden, *obwohl* Darsteller offensichtlich unter Erektionsproblemen leiden.

26 Mit jener »Intellektualisierung« des Sexuellen, die mit der frühen Pornographie begann, entsteht die Möglichkeit, »that one could now conceive of ›sex‹ in its own right, sorting it out from the moral, legal, and religious contexts in which it had hitherto been embedded. […] ›Pornography‹ as the twentieth century has known it requires this understanding of sex for its very existence« (Kendrick 1996: 65). Gerade jene Ausdifferenzierung verdankt das Sexuelle der Pornographie, da sie in erheblichem Maße zu besagter Intellektualisierung bzw. Rationalisierung der Sexualität im Sinne Max Webers (1915: 222ff.) beiträgt.

weitgehend humoristische, folkloristische und, zumindest was die zeitgenössische Hardcore-Pornographie angeht, auch erotische Elemente.[27]

Der Pornographie ist es, so darf man wohl zusammenfassend festhalten, gelungen, sich als eine populärkulturelle Form zu etablieren, die über eigene Handlungs- und Darstellungslogiken sowie über ein ihr eigenes Traditionsgut verfügt, sich an eigenen Mustern orientiert und insofern ein hohes Maß an Autonomie und Orientierung an sich selbst und ihrer Geschichte erreicht hat. Auch kann man ihr unterstellen, weitgehend selbstreferentiell zu operieren; jedenfalls hat sie sich von anderen populärkulturellen Formaten abgekoppelt. Und obwohl Softcore-pornographische Ästhetiken und Elemente in andere Segmente der Popkultur – wie Musikvideos oder Werbung – Eingang gefunden haben, so bleibt die Grenze zur Hardcore-Pornographie doch unüberschritten und weitgehend intakt. Hardcore-Pornographie hat sich als Genre mit eigenständigen semantischen bzw. bildsemantischen Traditionsbeständen, eigenen Ästhetiken, Darstellungsformen, Inszenierungsweisen und sexuellen Skripten etabliert, was darauf schließen lässt, dass die moderne Gesellschaft eine solche Entwicklung wenn nicht toleriert, so doch zumindest nicht unterbinden kann. Zu vermuten steht freilich, dass sie sich aus strukturellen Gründen ihr gegenüber indifferent verhält (bzw. verhalten muss). Damit ist zugleich das Verhältnis der modernen Gesellschaft und insbesondere ›ihrer‹ Sexualität zur Pornographie angesprochen, dem sich das folgende Kapitel widmet.

FAZIT

Die skizzierte Ausbildung und Ablagerung einer gepflegten Semantik des Sexuellen, wie sie u.a. durch Pornographie hervorgebracht wird, ist für den sexuellen Wandel in zweierlei Hinsicht von Bedeutung. Sie plausibilisiert zum einen die Vorstellung einer Eigenlogik des Sexuellen und bereitet zum anderen, indem sie in literarischen wie in visuellen Formen die Ausdifferenzierung der Sexualität gewissermaßen ›avant la lettre‹ beschreibt, der Ausbildung einer autonomen sexuellen ›Wertsphäre‹ den Boden und treibt sie voran. Die sozialstrukturelle Ausdifferenzierung der modernen Sexualität wird schließlich jenen Spuren und Mustern folgen, die die Evolution des semantischen Feldes ›Sexualität‹ etabliert hat.

---

27 Schließlich gehören zur semantischen Eigenevolution des Pornographischen jene Steigerungs- und Überbietungslogiken, die wir im Kapitel *Don't Stop* behandeln und als Effekt der Ausdifferenzierung und Schließung des Pornographischen interpretieren (vgl. S. 227ff.).

Insofern sie eine ausschließlich an sexueller Lust orientierte Sexualität sowohl inszeniert als auch plausibilisiert, bildet Pornographie einen Teil der ›Begleitmusik‹ und Durchsetzungssemantik der Ausdifferenzierung des modernen Sexualitätssystems. Sie gehört mithin zu den Geburtshelfern der modernen Sexualität.[28]

Zu fragen bleibt schließlich, was aus der Pornographie wird, *nachdem* sie ihre Rolle als Durchsetzungssemantik der modernen Sexualität respektive des Sexualitätssystems so überaus erfolgreich gespielt hat. Wir vermuten, dass sie im historischen Verlauf gleichsam ›die Seite gewechselt‹ hat und nun, nachdem die Realität ihre Visionen zumindest in struktureller Hinsicht eingeholt hat, als *Selbstbeschreibung* des Sexualitätssystems fungiert. Dieser These widmet sich das folgende Kapitel.

---

28 Wichtig ist der nochmalige Hinweis, dass es sich bei semantischen Entwicklungen nicht um intendierte ›Vorarbeiten‹ der Ausdifferenzierung bestimmter Sozialsysteme handelt. Sie werden nicht mit dem Ziel unternommen, ein entsprechendes System zu bilden; der Eindruck einer Finalität ergibt sich lediglich ex post. Deutlich wird dies nicht zuletzt an jenen Semantiken oder semantischen Alternativen, die sich *nicht* durchgesetzt haben bzw. sich als nicht hinreichend anschlussfähig erwiesen haben – sei es aus Gründen der semantischen Evolution, sei es aufgrund fehlender gesellschaftsstruktureller Anschlussfähigkeit. So hat sich im Falle der Intimität, laut Luhmann (1982), die Semantik romantischer Liebe gegenüber Freundschaft durchgesetzt, weil es ersterer im Gegensatz zu letzterer möglich gewesen sei, Sexualität einzubeziehen.

Selbstbeschreibungen – Pornographie und die Sexualität der Gesellschaft

Die folgenden Erörterungen nehmen jenen Faden wieder auf, den wir in unserem obigen Versuch, Pornographie als gepflegte Semantik zu analysieren, gesponnen haben. Wieder greifen wir auf systemtheoretisches Gedankengut zurück und versuchen, mittels der Denkfigur systemischer Selbstbeschreibungen das Verhältnis der Pornographie zur Sexualität der Gesellschaft zu deuten. Ausgehend von der These, dass soziale Systeme Beschreibungen ihrer selbst anfertigen, soll gezeigt werden, dass Pornographie als eine Selbstbeschreibung des Sexualitätssystems der modernen Gesellschaft fungiert. Vor diesem Hintergrund werden auch jene Übersteigerungen des Pornographischen plausibel, die Pornographie als spektakulär erscheinen lassen. Wir werden argumentieren, dass Pornographie nicht zuletzt deshalb auf Spektakuläres setzt, weil sich in ihr nicht die alltägliche Sexualität und auch nicht die durchschnittliche Sexualität des Alltags beschrieben finden, sondern jene Autonomie und Selbstreferentialität des Sexuellen, die das moderne Sexualitätssystem auszeichnen. Die Selbstbeschreibung des Sexualitätssystems – wie übrigens auch anderer sozialer Systeme – läuft nicht über die alltäglichen Operationen des Systems, sondern über Spektakuläres. Die besondere Attraktivität des Spektakulären lässt sich schließlich auf seine besondere Attraktivität für das System der Massenmedien zurückführen, das für systemische Selbstbeschreibungen eine bedeutende Rolle spielt.

Um Pornographie mit systemtheoretischen Mitteln als Selbstbeschreibung des Sexualitätssystems beschreiben zu können, ist es – ähnlich wie schon im Falle der Deutung von Pornographie als (Ausdifferenzierungs-)Semantik des Sexuellen – notwendig, Niklas Luhmanns Konzeption systemischer Selbstbeschreibungen von der Fixierung auf geschriebene Texte zu lösen und nach der Rolle visueller Selbstbeschreibungen zu fragen (vgl. auch Stäheli 2007b, sowie unten S. 209ff.).

Analysiert man Selbstbeschreibungen, so lässt sich weder die Frage nach dem ›Selbst‹, das beschrieben wird, noch die Frage nach alternativen Beschreibungen ignorieren. Während wir die erste Frage mit dem Verweis auf das moderne Sexualitätssystem und die Strukturen der Sexualität der Gesellschaft beantworten werden, erfordert die zweite Frage umfangreichere Ausführungen. Wir werden diese Frage einerseits durch eine Analyse möglicher alternativer Selbstbeschreibungen zu lösen versuchen, indem wir sowohl nach anderen (Selbst-)Beschreibungen des Sexuellen Ausschau halten als auch der Frage nachgehen, ob Pornographie lediglich spezifische Aspekte der modernen Sexualität beschreibt. Andererseits werden wir die Frage nach alternativen Beschreibungen dadurch zu lösen versuchen, dass wir uns dem Phänomen zuwenden, dass soziale Systeme eine Mehrzahl von Selbstbeschreibungen aufweisen können. Im Blick auf die (Selbst-)Beschreibungen der zeitgenössischen Sexualität, zu denen Pornographie zu zählen ist, wirft die Pluralität systemischer Selbstbeschreibungen die Frage nach der augenscheinlichen Dominanz der Pornographie auf, der wir uns zum Abschluss dieses Kapitel widmen wollen: Woher rührt, wenn es doch auch andere Beschreibungen des Sexuellen gibt, die Dominanz des Pornographischen in der Art und Weise, wie sich die zeitgenössische Sexualität beschrieben findet?[1]

PORNOGRAPHIE UND SEXUALITÄT – KLASSISCHE POSITIONEN

Dass sich in der Pornographie gesellschaftliche Einstellungen zum Sexuellen in wie auch immer verzerrter Form widerspiegeln, ist eine zentrale Grundannahme jeder sozialwissenschaftlich ausgerichteten Analyse des Pornographischen. Die Pornographie und die Sexualität einer Gesellschaft hängen, so die These, in einer Weise, die nicht ausschließlich über Psychisches läuft, zusammen. Die Verbindungen zwischen Pornographie und Sexualität sind also nicht allein derart, dass sich in der Pornographie individuelle sexuelle Phantasien inszeniert finden und die Verbindung zum Sozialen nur darin besteht, dass eben jene Phantasien auch kulturell geprägt sind. Eine sozialwissenschaftliche Analyse muss nicht nur danach fragen, welche *kollektiven* sexuellen Phantasien die Pornographie der Gesellschaft befeuern, sondern sie muss vor allem das Verhältnis der Sexualität der

---

1 Die folgenden Ausführungen haben gleichsam zwei Referenzen: Sie verstehen sich sowohl als Analyse des Verhältnisses von Pornographie und moderner Gesellschaft als auch als Beitrag zur Theorie systemischer Selbstbeschreibungen.

Gesellschaft zum Pornographischen analysieren: Wie und in welcher Weise spiegeln sich die Struktur der modernen Gesellschaft und die gesellschaftliche Ordnung des Sexuellen in der Pornographie wider?

Die klassischen Positionen eines Zusammenhangs zwischen der Pornographie und der gesellschaftlichen Sexualordnung lassen sich im Wesentlichen auf drei divergierende Annahmen zurückführen: (1) die Pornographie und die Sexualität der Gesellschaft widersprächen einander, (2) sie ergänzten sich wechselseitig und (3) sie entsprächen einander, so dass sich in der Pornographie die Grundprinzipien der gesellschaftlichen Sexualordnung ausdrückten.

Klassisch sind Analysen, die sich der Figur einer Wiederkehr des Verdrängten bedienen.[2] Im Pornographischen kehrten, so die These, jene Anteile des Sexuellen wieder, die kulturell der Verdrängung anheimgefallen seien. So wird etwa argumentiert, dass die aggressiven Komponenten des Sexuellen im herrschenden Diskurs romantischer Liebe keinen Platz fänden, deshalb verdrängt würden und in der Pornographie wiederkehrten. Pornographie erscheint so nicht nur als Gegenbild zur intimisierten Sexualität, sondern zugleich als ihre ›notwendige‹ respektive ›zwangsläufige‹ Ergänzung[3]: Pornographie ergänze die liebesförmige, intimisierte Sexualität zum gesamten Spektrum des Sexuellen. Ganz ähnlich verfährt die Argumentationsfigur der Abspaltung. Angenommen wird, die moderne bürgerliche Gesellschaft habe das Sexuelle derart aufgespalten, dass es in einen intim-romantischen und einen verdrängten Teil zerfallen sei, wobei sich letzterer in der Pornographie wieder finde.[4]

Gemeinsam ist all diesen Denkfiguren, dass sie sich das Sexuelle – in merkwürdiger Analogie zum platonischen Mythos – als ein ›Ganzes‹ vorstellen, von dem Teile abgespalten bzw. verdrängt würden. Die Entwicklung der Pornographie führen sie auf diese Abspaltung und die Verdrängung (bestimmter Aspekte) des Sexuellen aus dem offiziellen und legitimen Diskurs zurück. Die Pornogra-

---

2   Analysen, die dem Muster einer Wiederkehr des Verdrängten folgen, liegen gleichsam quer zu den drei angesprochenen Annahmen, da sie sowohl mit der ersten als auch der zweiten der genannten Annahmen verbunden werden können.

3   Die Argumentation greift auf Freuds berühmte Formulierung der Trennung zärtlicher und sinnlicher Strömungen zurück: »Wo sie lieben, begehren sie nicht, und wo sie begehren, können sie nicht lieben.« (Freud 1912: 82)

4   Analoge Konzeptionen finden sich auch in der Literatur- und Filmkritik. In beiden Fällen wird die Entwicklung des pornographischen (Sub-)Genre als Reaktion auf die Verdrängung des (explizit) Sexuellen aus dem Roman respektive dem (Hollywood-) Spielfilm gedeutet.

phie reflektiere folglich die Sexualität der Gesellschaft in dem Sinne, dass sie deren ›dunkle Seite‹ widerspiegle.[5]

Diese klassische Argumentationsfigur tritt in verschiedenen Formen auf. In ihrer kritischen Fassung deutet sie die Entwicklung und Existenz von Pornographie als Symptom unmoralischer Zustände: Pornographie wird als Ausdruck einer perversen Gesellschaft und Effekt einer aus den Fugen geratenen sexuellen Ordnung gedeutet. In der feministischen Variante stellt sich das Pornographische schließlich als Ausdruck einer von männlicher Herrschaft, Gewalt und Unterdrückung geprägten Sexualordnung dar: Pornographie drücke die Grundzüge der zeitgenössischen Sexualität in ›reinerer‹ und drastischerer Form aus.

Eine andere, eher diagnostisch ausgerichtete Form der Annahme einer Spaltung zwischen alltäglicher und pornographischer Sexualität bietet die These einer Entwicklung zweier Sexualwelten. In der zeitgenössischen Gesellschaft hätten sich, so Gunter Schmidt (2005: 59f.), zwei Sexualwelten herausgebildet, die weitgehend friedlich nebeneinander existierten. Die moderne Sexualität zeichne sich einerseits durch eine hohe Intimisierung und relative Nüchternheit aus, während sich auf der anderen Seite eine vornehmlich durch Massenmedien erzeugte Realität des Sexuellen finde, die anderen Prinzipien gehorche. Die Spaltung liegt hier nicht unbedingt zwischen alltäglicher und pornographischer Sexualität, sondern umfassender zwischen einer Sexualität des Alltags und einem massenmedialen Sexualitätsdiskurs, der den Eindruck einer umfassenden Dauersexualisierung erzeuge, die aber, so die Pointe der Argumentation, im (paar-)sexuellen Alltag nur geringen Niederschlag finde. Neben dem öffentlichen Sexualitätsdiskurs, der sich auf das sexuell Spektakuläre kapriziere, existiere eine eher nüchterne, intimisierte Alltagssexualität. Beide sexuellen Welten kämen sich jedoch kaum in die Quere, sondern existierten nebeneinander. Weder kolonialisiere die massenmediale Sexualität die Alltagssexualität noch umgekehrt, wobei freilich nicht ausgeschlossen werden kann, dass sie sich dennoch wechselseitig ergänzen.

Die These der Entwicklung zweier Sexualwelten ähnelt der Abspaltungsthese insofern, als auch sie von einem Widerspruch zweier sexueller Sphären ausgeht. Ein grundlegender Unterschied liegt freilich darin, dass in dieser Version die Spaltung weder beklagt noch dramatisiert, sondern ohne moralisierende Tendenzen nüchtern registriert und als Ausdruck der modernen Sexualität hinge-

---

5 Zu den Merkwürdigkeiten dieser Argumentationsrichtung gehört, dass sie implizit annimmt, dass eine Zusammenführung respektive (Wieder-)Vereinigung der offiziell legitimen intimisierten Sexualität mit jenen Komponenten, die ins Pornographische abgedrängt würden, zu der einer ›ganz(heitlich)en‹ – und man darf wohl ergänzen: ›guten‹, ›schönen‹ und ›wahren‹ – Sexualität führen würde.

nommen wird. Interessant ist an dieser Argumentation jedoch, dass sie implizit annimmt, dass das Pornographische gleichsam neben der Alltagssexualität herlaufe, auf diese aber wenig Einfluss nehme. Die alltägliche Sexualität scheint sich, so die implizite Annahme, so gewandelt zu haben bzw. eine Form gefunden zu haben, die keinen Utopiebedarf mehr entwickelt. Einer anderen Form der Spaltungsthese, die Pornographie als eine utopische Form begreift, die sich auf Grundlage eines als unbefriedigend erlebten sexuellen Alltags entwickle, wird somit die Grundlage entzogen. Wenn dem aber so ist, so wäre zumindest erklärungsbedürftig, warum das Pornographische nicht abstirbt.[6]

Ansätze, die das Pornographische als Inszenierung sexueller Utopien deuten, argumentieren ebenfalls mit der Annahme einer Aufspaltung von alltäglicher und pornographischer Sexualität. Sie verstehen Pornographie, ähnlich wie die kritische Variante der Spaltungstheorie, als einen Ausdruck der sexuellen Verhältnisse der Gesellschaft: Sie kritisieren jedoch nicht die Pornographie aus Perspektive der Gesellschaft, sondern verstehen die Pornographie als Ausdruck einer Kritik an der gesellschaftlichen Sexualordnung. Die Pornographie wird als eine utopische Form gedeutet, die sexuelle Träume und Phantasien als realisiert darstellt. Pornographie wird in diesem Sinne als Darstellung einer Sexualität verstanden, die von ihrer gesellschaftlichen Unterdrückung befreit ist. Pornographisches kann aus dieser Perspektive ebenso als eine Form der Gesellschaftskritik gedeutet werden wie Darstellungen des Schlaraffenlandes.[7]

Im Kern geht die Utopiethese davon aus, dass sich eine Unterdrückung des Sexuellen in der Pornographie reflektiere – jedoch nicht als Ergänzung einer unbefriedigenden sexuellen Alltagswelt, sondern als Form ihrer Kritik. Nicht von der gesellschaftlich legitimen Sexualität her (wie im Falle pornographiekritischer Ansätze) wird die Pornographie kritisiert, sondern umgekehrt von der pornographischen Utopie her die Sexualität der Gesellschaft. Der utopische Diskurs, der

---

6   Die These einer friedlichen Koexistenz von alltäglicher und pornographischer Sexualität bietet aber auch Ansatzpunkte für die Evolution der Pornographie. Das Pornographische profitiert von der Abkopplung von der alltäglichen Sexualität insofern, als ihm neue Wege der Formen- und ›Ideenevolution‹ eröffnet werden und es ›Eigenwerte‹ ausbilden kann, die auf eine Rückkopplung an die sexuellen Welten des Alltags zunehmend verzichten können. Die Differenzierung zwischen alltäglicher und pornographischer Sexualität gibt gewissermaßen den Raum für eine eigenständige pornographische Evolution frei.

7   Von diesen Formen der utopischen Kritik an der gesellschaftlichen Unterdrückung des Sexuellen ist die Gesellschaftskritik mittels Pornographie zu unterscheiden. Im letzteren Falle werden pornographische Darstellungen als Medium der Gesellschaftskritik verwendet. Es geht nicht um sexuelle, sondern um politische Erregung.

Pornographie als implizite Kritik der sexuellen Repression der Gesellschaft begreift, verliert freilich in dem Maße an Plausibilität, in dem die moderne Gesellschaft Sexualität freigibt.

Die Utopiethese erlebt jedoch insofern eine Art Auferstehung als sie sich, in differenzierterer Form freilich, auch auf die zeitgenössische Sexualität anwenden lässt. Die zwei Sexualwelten, von denen Gunter Schmidt (1998, 2005) spricht, stehen einander nicht nur gegenüber, sondern ihr Verhältnis ist durch eine Asymmetrie gekennzeichnet. Während nämlich die intimisierte Sexualität hohe kulturelle Anerkennung genießt (Stichwort: Verhandlungsmoral), leidet der pornographische Sektor unter ›Legitimationsproblemen‹. Die Existenz von Pornographie wird zwar nicht bestritten und auch der Kampf gegen pornographische Produkte – zumindest gegen jene, die sich der Verhandlungsmoral zu fügen scheinen – ist merklich abgeflaut. Dass freilich Pornographie(konsum) zu einer ganz ›normalen‹ medial geformten Freizeitbeschäftigung geworden sei, kann bestritten werden; ihr Konsum ist, wie überhaupt die Inanspruchnahme sexueller Dienstleistungen zwar weit verbreitet, aber gleichwohl weiterhin stigmatisiert.

Die Asymmetrie der beiden sexuellen Sphären kann im Sinne der Utopiethese nun so gewendet werden, dass Pornographie insofern utopische Formen realisiere, als sie jene Sexualitäten darstelle, die gesellschaftlich stigmatisiert bzw. delegitimiert würden. Pornographie inszeniere sexuelle Verhaltensweisen und Praktiken, die sich nicht der allgemeinen kulturellen Intimisierung des Sexuellen fügten. Sie zeige jene Sexualitäten, die sich nicht als »Partialtrieb der Intimität« (Schmidt 1998: 26) verstehen lassen. Zwar stelle Pornographie nicht das Verdrängte der Sexualität der Gesellschaft, wohl aber das Delegitimierte dar. Es handelt sich also nicht um Produkte einer Abspaltung (im psychoanalytischen Sinne), wohl aber ein ›Anderes‹ der kulturell legitimen Sexualität. Die Utopiethese läuft in diesem Falle darauf hinaus, dass es dieses ›Andere‹ sei, das im Pornographischen dargeboten werde. Die Entwicklung und der Erfolg der Pornographie werden damit als Reaktionen auf die Intimisierung des Sexuellen gedeutet. Das Modell folgt wiederum der Freud'schen Unterscheidung zwischen zärtlichen und sinnlichen Strömungen (Freud 1912) und hebt darauf ab, dass die kulturelle Privilegierung der zärtlichen Strömung die sinnliche Strömung in den Bereich des Pornographischen abdränge. In der Pornographie spiegle sich also die Intimisierung des Sexuellen in negativer Form wider. Die Pornographie der Gesellschaft korrespondiere folglich mit der Sexualität der Gesellschaft in dem Sinne, dass sie sich auf das kapriziere, was jene delegitimiere (und vice versa). Die Folge sei eine kulturelle Spaltung des Sexuellen in Intimes und Pornographisches und die Utopie liefe auf eine Versöhnung beider Sphären hinaus. Und zwar eine Versöhnung, die sich nicht mit einem Nebeneinander begnügt, sondern auf eine Form der Integration von Intimität und Sexualität abzielt, die Pornographie letzten Endes unnötig mache.

Die skizzierten Theoreme des Verhältnisses der Pornographie und der Sexualität der Gesellschaft laufen darauf hinaus, dass erstere die letztere insofern widerspiegle, als sich in ihr dargestellt finde, was in der ›guten‹ Gesellschaft – sei es als Verdrängtes, sei es als kulturell Delegitimiertes – keinen Platz habe bzw. haben solle. Die Pornographie wird – ob nun als Widerspruch oder Ergänzung, als Utopie oder Konkretisierung – der legitimen Sexualitä tder Gesellschaft gegenübergestellt. Die Pornographie reflektiere die jeweils zeitgenössische Sexualität dadurch, dass sie sich ihr gegenüberstelle, indem sie das ihr Fehlende in irgendeiner, oftmals als sozial unerwünscht angesehenen Weise ergänze oder jedenfalls von dem profitiere, was der legitimen Sexualität in der einen oder anderen Weise ›fehle‹.

Als problematisch mag man an solchen Theoremen ihre normativen Implikationen ansehen, da sie zumindest implizit Vorstellungen darüber mit sich führen, wie eine ›ganzheitliche‹ Form des Sexuellen aussehen solle – oder zumindest annehmen, dass eine ideale Form des Sexuellen in der einen oder anderen Weise ›ganzheitlich‹ sein müsse. Vor dem Hintergrund dieser Ganzheitlichkeitsidee erscheinen sowohl pornographische wie intimisierte Formen des Sexuellen als defizitär.[8]

Die Thesen, die von den soeben skizzierten Ansätzen vertreten werden, sind nicht falsch; sie erweisen sich jedoch für eine Analyse des Verhältnisses der Pornographie zur Sexualität der Gesellschaft als nur bedingt fruchtbar, da sie sich auf pornographische Inhalte und Darstellungsweisen konzentrieren und sich oftmals darauf beschränken, diese an normativen Vorstellungen über das Sexuelle zu messen.

SYSTEMISCHE SELBSTBESCHREIBUNGEN

Die folgenden Überlegungen setzten anders an und analysieren die Verbindung zwischen der Pornographie und der Sexualität der Gesellschaft nicht im Sinne eines komplementären Verhältnisses zwischen intimisierter und pornographischer Sexualität. Auch kaprizieren sie sich nicht auf die Widersprüche beider Sphären oder auf eine Utopie ihrer dialektischen Aufhebung. Sie ziehen viel-

---

8   Typischerweise gilt aber die pornographische Form als noch defizitärer als die intime. Deutlich wird dies u.a. daran, dass Vorschläge, die intimisierte Form solle sich stärker der pornographischen Variante anpassen, keinen legitimen Status genießen.

mehr die Konsequenz aus der Überlegung, dass das Pornographische nicht jenseits der Sexualität der Gesellschaft steht, sondern ebenso wie die intimisierte Form, Teil dieser ist.

Zunächst und für sich genommen ist diese Erwägung trivial – denn wie und wo sollte das Pornographische stattfinden, wenn nicht innerhalb der Gesellschaft, wenn nicht als Teil dessen, was die Sexualität der Gesellschaft ausmacht? Die These, das Pornographische ›partizipiere‹ an der Sexualität der Gesellschaft, entzieht aber zunächst einmal der Vorstellung eines grundsätzlichen Antagonismus von pornographischer und nicht pornographischer Sexualität die Basis und öffnet damit Raum, das Verhältnis der Pornographie zur Sexualität der Gesellschaft in einem anderen konzeptionellen Rahmen zu behandeln als jenem eines Vergleichs von Formen und Inhalten, Praktiken und Ästhetiken.[9] Ein Analyserahmen, der mit Ähnlichkeiten und Abweichungen, Entsprechungen und Widersprüchen und schließlich mit der Figur der ›Wechselwirkungen‹ arbeitet, greift jedoch zu kurz. Ohne derartige Betrachtungen auszuschließen, soll im Folgenden der Versuch einer tiefer ansetzenden Analyse unternommen werden. Diese bedient sich Niklas Luhmanns Konzepts systemischer Selbstbeschreibungen (vgl. Luhmann 1990a: 469-548; 1993: 496-549; 1995: 393-507; 1997: 958-983; 2000a: 319-371; 2000b: 320-356, sowie: Kieserling 2004). Luhmanns These lautet, dass soziale Systeme nicht nur extern, etwa durch wissenschaftliche Untersuchungen oder massenmediale Thematisierungen, beobachtet und beschrieben werden, sondern auch Beschreibungen ihrer selbst anfertigen. Selbstbeschreibungen seien, so Luhmann, von Fremdbeschreibungen strikt zu unterscheiden, da sie durch das sich beschreibende System selbst, also nach systemeigenen Kriterien angefertigt würden und somit das sich beschreibende System durch die Beschreibung verändere. Die Beschreibung käme, so Luhmann, im Beschriebenen wieder vor und sei daher mitzubeschreiben. Als Effekt ergeben sich einerseits Paradoxien, andererseits aber, da jede Selbstbeobachtung eine systemische Operation sei, die sich nicht zugleich selbst beobachten könne, auch blinde Flecken.

Systemische Selbstbeschreibungen erfüllen zugleich spezifische Funktionen für das sich beschreibende System. Es wäre deshalb und aufgrund der unvermeidlichen blinden Flecken der Selbstbeschreibungen, verfehlt, Selbstbeschreibungen an Kriterien wissenschaftlicher Wahrheitsfindung zu messen. So kann die wissenschaftliche Fremdbeschreibung in vielerlei Fällen zeigen, dass systemische Selbstbeschreibungen objektiv falsch oder sachlich unangemessen sind. Sie kann aber auch beobachten, welche Funktionen diese Selbstbeschreibungen

---

9   Nicht gesagt ist damit, dass ein Vergleich unmöglich wäre, und zu behaupten, dass es zwischen beiden Formen keine Unterschiede bestünden, wäre absurd.

für das jeweilige System erfüllen, während es gerade diese Funktionen sein können, die der systemischen Selbstbeschreibung entgehen. Das Kriterium für systemische Selbstbeschreibungen liegt somit nicht in ihrer Bewertung im Schema wahr/unwahr, sondern ist im Hinblick auf ihre Funktionalität für das sich selbst beschreibende System zu suchen. Dass systemische Selbstbeschreibungen oftmals auf Selbstmissverständnissen beruhen bzw. solche reproduzieren, ist also mitnichten ein Argument gegen sie. So fällt unter anderem auf, dass sich soziale Systeme in ihren Selbstbeschreibungen durch (wissenschaftliche) Fremdbeschreibungen nur sehr bedingt irritieren lassen.[10]

Wendet man Luhmanns Theorie systemischen Selbstbeschreibungen auf das Pornographische an, so kehrt sich die übliche Fragerichtung um. Es geht nun nicht mehr darum, inwieweit die pornographische der nichtpornographischen Sexualität entspricht oder widerspricht, wie die eine die andere beeinflusst oder kolonialisiert oder ob sich gar eine ›Pornographisierung‹ der Gesellschaft abzeichnet. Sieht man Pornographie als Selbstbeschreibung an, so muss nach der Systemreferenz, also demjenigen System gefragt werden, das sich durch Pornographie beschreibt. Bevor wir uns jedoch zeitgenössischen Beschreibungen des Sexuellen zuwenden, müssen wir zunächst einige Überlegungen zu systemischen Selbst- und Fremdbeschreibungen sowie zu deren Verhältnis zum System der Massenmedien anstellen.

SELBST- UND FREMDBESCHREIBUNGEN – FREMDE SELBSTBESCHREIBUNGEN?

Nun ist für Selbstbeschreibungen die Frage der vollumfänglichen Repräsentativität ebenso wenig entscheidend wie die Frage nach ihrer wissenschaftlichen Adäquatheit. Auch geht es nicht um die ›Vollerfassung‹ des Systems. Selbstbeschreibungen ›duplizieren‹ nicht das von ihnen beschriebene System; sie beschreiben nicht alle seine Strukturen, sondern es geht in ihnen um die Einheit und Identität des Systems. »Wie alle Beschreibungen sind auch Selbstbeschreibungen Simplifikationen, die alles außer acht lassen, was sie nicht inkorporieren können.« (Luhmann 2000b: 353) Die Selbstbeschreibung eines Systems impliziert weder, dass sie die einzige Möglichkeit seiner Beschreibung, noch dass sie innerhalb (!) des Systems selbst konkurrenzlos sein muss. Widerstreitende Selbstbeschreibungen ein und desselben Systems sind durchaus möglich. Die

---

10 Man denke etwa an das Verhältnis von Religion und Religionssoziologie (dazu auch: Kieserling 2004: 152-169).

Funktion der Selbstbeschreibung ließe sich, so die These, auch erfüllen, ohne dass sich die Selbstbeschreibung selbst als solche markiert.[11] Die Analyse von Selbstbeschreibungen ausschließlich auf das zu fixieren, was sich innerhalb des Systems explizit als Selbstbeschreibung ausflaggt, hieße den Analyserahmen unnötig zu beschneiden. Es liefe letzten Endes gar auf eine Übernahme der systemischen Selbstbeschreibung in die Fremdbeschreibung hinaus.[12] Es muss folglich untersucht werden, ob Systeme auch ganz andere als ihre ›offiziellen‹ Selbstbeschreibungen operativ nutzen. So kann beispielsweise die Analyse von Organisationen oftmals zeigen, dass die organisationalen Selbstbeschreibungen mit dem realen Operieren der Organisation und den durch sie erfüllten Leistungen und Funktionen recht wenig zu tun haben. Ähnliche Analysen funktionssystemischer Selbstbeschreibungen stehen freilich noch aus.[13]

Eine Pluralität systemischer Selbstbeschreibungen

Die moderne Gesellschaft kennt eine Pluralität von Selbstbeschreibungen; sie ist, mit anderen Worten, nicht auf einen Punkt zu bringen. »Der Begriff der Selbstbeschreibung schließt«, so Luhmann (1997: 891), »nicht aus, daß es eine Mehrheit von Selbstbeschreibungen ein und desselben Systems geben kann«. Die Möglichkeit einer Mehrzahl von Selbstbeschreibungen ist jedoch nicht auf die Gesamtgesellschaft beschränkt, sondern gilt auch für einzelne Funktions- respektive Subsysteme. Zwar haben Funktionssysteme nur einen binären Code und erfüllen nur eine Funktion, aber eine analoge Einheitlichkeit gilt nicht für die Beschreibung ihrer selbst. Sie können sich vielmehr in verschiedenen, miteinander konkurrierenden Weisen selbst beschreiben. Das Religionssystem bilde beispielsweise keine Gesamtbeschreibung aus, sondern sei »ein System (*ein Sy-*

---

11 In Analogie zu einer funktionalen Analyse, die ›Funktion‹ als Konstruktion eines Beobachters begreift, kann in manchen Fällen erst durch Fremdbeobachtung erschlossen werden, was in einem System als Selbstbeschreibung fungiert.

12 Nämlich insofern es dann die Selbstbeschreibung des Systems wäre, die bestimmte, was die wissenschaftliche Beobachtung als Selbstbeschreibung analysieren soll.

13 Dies mag zum Teil daran liegen, dass den Selbstbeschreibungen der klassischen Funktionssysteme einige Prominenz zukommt und sie zudem eine hohe Alltagsplausibilität genießen, so dass sie sich weder leicht ›umgehen‹ noch für irrelevant erklären lassen. Wer würde nicht bei Religion an Theologie denken? Andererseits finden sich aber Funktionssysteme, deren Selbstbeschreibung weniger klar ausgemünzt ist und die folglich eine stärkere Konkurrenz von Selbstbeschreibungen ausbilden (etwa: Sport, Tourismus, Sexualität) oder gar, wie das medizinische System, Selbstbeschreibungen blockieren.

stem!) mit einer Mehrheit von nichtintegrierten Selbstbeschreibungen« (Luhmann 2000b: 346, Herv. im Original).[14] Freilich schränkt Luhmann sogleich ein, dass man den unterschiedlichen Selbstbeschreibungen »als Gemeinsamkeit [...] unterstellen [kann]: Codierung, Funktion und Abgrenzung gegenüber nichtreligiöser Kommunikation« (ebd.). Diese Gemeinsamkeiten resultieren aus der Tatsache, dass ein und dasselbe System beschrieben wird und die Identität des Systems an seiner binären Codierung und seinen Abgrenzungen zu seiner Umwelt hängt. Eine Beschreibung, die die Identität und Ausdifferenzierung des Systems ignoriert, kann also keinesfalls als Selbstbeschreibung fungieren. Die Selbstbeschreibung bezieht sich, so schreibt Luhmann an anderer Stelle (2000a: 322), »auf den Code des Systems, das heißt auf diejenige Unterscheidung, mit der das System sich selbst identifiziert und Operationen nach zugehörig/nichtzugehörig zuordnen kann«. Im Falle des Sexualitätssystems muss sich folglich jede Selbstbeschreibung auf dessen binären Code Begehren/Befriedigung beziehen.

Diese Überlegung beantwortet freilich noch nicht die Frage, warum sich bestimmte Selbstbeschreibungen gegenüber alternativen Selbstbeschreibungen als dominant erweisen. Wir vermuten, dass sich die Dominanz einer Selbstbeschreibung *nicht* allein aus der Logik des sich selbst beschreibenden Systems ableiten lässt; vielmehr ist anzunehmen, dass unterschiedliche Selbstbeschreibungen auf sehr unterschiedliche (Umwelt-)Bedingungen treffen, die ihre weitere Evolution bestimmen. Von Bedeutung dürften hier vor allem die strukturellen Kopplungen des jeweils sich selbst beschreibenden Systems mit den Massenmedien respektive die Frage sein, inwieweit die jeweiligen Selbstbeschreibungen massenmedial anschlussfähig sind.

Selbstbeschreibungen sind zwar immer Selbstsimplifikationen eines Systems, aber jene von ihnen, die simpel genug sind, um in massenmediale Fremdbeschreibungen Eingang zu finden und/oder für diese aus dem einen oder anderen Grunde – etwa: Konfliktintensität, Spektakel oder Abweichung – besonders attraktiv sind, werden bessere Chancen auf Wahrnehmung, Resonanz und gegebenenfalls Resonanzverstärkung haben.[15]

---

14 In ähnlicher Weise spricht Luhmann (2000a: 366f.) in *Die Politik der Gesellschaft* von der Möglichkeit einer Mehrheit von Selbstbeschreibungen: »Es kann in modernen Funktionssystemen [...] eine Mehrheit unterschiedlicher Selbstbeschreibungen geben.«

15 In *Das Recht der Gesellschaft* betont Luhmann die Abhängigkeit systemischer Selbstbeschreibungen von (massen-)medialen Verbreitungstechniken: »Es versteht sich von selbst, daß Selbstbeschreibungen Schrift als Form für Texte voraussetzen. [...] Erst mit Hilfe des Buchdrucks entsteht ein Textvolumen, das weitere Differenzierungen ermöglicht. [...] erst der Buchdruck ermöglicht eine im Rechtssystem selbst ausdiffe-

Amalgame und Asymmetrien –
Selbstbeschreibungen *mittels* Massenmedien

Während im Allgemeinen davon ausgegangen wird, dass systemische Selbstbeschreibungen ›wissen‹ (müssen), dass es sich bei ihnen um solche handelt, ist abzuwägen, was man gewinnt, wenn man diese Bedingung fallen lässt. Von welchem ›Nutzen‹ ist also diese Einschränkung und welche Erkenntnismöglichkeiten blockiert sie? Gerade an jenen Systemen, für die die modernen Massenmedien von hoher Bedeutung sind, fällt auf, dass sich in ihnen bzw. mit Bezug auf sie Beschreibungen finden (lassen), die den binären Code und die Einheit des Systems in einem Maße reflektieren, dass sie durchaus als funktional äquivalent zur systemischen Selbstbeschreibung angesehen werden können.[16] So stellen sich manche Formen der Selbstbeschreibung als Amalgame aus Selbst- und massenmedialen Fremdbeschreibungen dar. Systeme reagieren in ihren Selbstbeschreibungen, insbesondere in für ein Publikum angefertigten Selbstbeschreibungen, auf die Bedingungen des Systems der Massenmedien. Und in dem Maße, in dem sich Funktionssysteme um Popularisierung bemühen (müssen), sind sie in der Entwicklung von Selbstbeschreibungen auf die Berücksichtigung massenmedialer Operationsweisen angewiesen (vgl. auch: Stäheli 2007a, Stäheli 2007b). Die (Selbst-)Beschreibung mittels bzw. seitens der Massenmedien lässt systemische *Selbst*beschreibungen also nicht unbeeinflusst. Sie haben sich vielmehr den Formen der Verbreitungsmedien anzuschmiegen.[17]

---

renzierte Reflexion [...]. Die Operation der Selbstbeschreibung ist mithin gedruckte Publikation; und was aus dem einen oder anderen Grund (*der nichts mit Recht zu tun haben muß*) nicht gedruckt werden kann, hat somit keine Chance, auf die Selbstbeschreibung des Systems einzuwirken.« (Luhmann 1993: 500f., Herv. – S.L.) Unabhängig davon, dass wir Luhmanns Engführung von Selbstbeschreibungen auf *Texte* nicht folgen, sondern die Bedeutung visueller Selbstbeschreibungen betonen (vgl. auch: S. 209ff.), machen Luhmanns Ausführungen deutlich, wie sehr nicht nur der Erfolg, sondern bereits die Möglichkeit der Selbstbeschreibung von medialen Technologien abhängt.

16 Man denke etwa an Arztromane und Krankenhausserien, deren Beschreibungen des Gesundheitssystems mit dessen Selbstbild in mancherlei Hinsicht konform gehen, so im Hinblick auf die Hypostasierung des Werts ›Gesundheit‹ und die Semantik des Heilens.

17 Diese Überlegung ist freilich nicht neu. Bereits die Entwicklung der Schrift und später des Buchdrucks hatte Konsequenzen, die Selbstbeschreibungen nicht ignorieren konnten.

Es ist, mit anderen Worten, kurzschlüssig von der Beschreibung eines Systems mit den Mitteln der (modernen) Massenmedien darauf zu schließen, dass es sich zwangsläufig und ausschließlich um eine Fremdbeschreibung durch das System der Massenmedien handelt. Ganz im Gegenteil bedienen sich systemische Selbstbeschreibungen massenmedialer Formen, insbesondere dann, wenn es ihnen um öffentliche Wahrnehmbarkeit geht.[18]

Das Verhältnis systemischer Selbstbeschreibungen zu den Massenmedien lässt sich als strukturelle Kopplung verstehen, die beide Systeme – das sich selbst beschreibende System und das System der Massenmedien – auf den Pfad einer Koevolution führt. Privilegiert werden dabei Formen systemischer Selbstbeschreibung, die den zentralen Operationsweisen der Massenmedien entgegenkommen, etwa deren Präferenz für Neuartiges und Spektakuläres. Jene Selbstbeschreibungen, die sich auf spektakuläre, aber auch auf leicht zu visualisierende Aspekte des sich selbst beschreibenden Systems konzentrieren, gewinnen evolutionäre Vorteile gegenüber Selbstbeschreibungsformen, die sich dem verweigern.[19] Illusorisch ist jedoch die Annahme, systemische Selbstbeschreibungen blieben durch die Realität der Massenmedien unbeeinflusst. Zwar können sich systemische Selbstbeschreibungen gegenüber abweichenden Fremdbeschreibungen indifferent verhalten[20]; jedoch ist zu bezweifeln, ob dies auch für das Verhältnis zu massenmedialen Fremdbeschreibungen gilt. Zu vermuten steht vielmehr, dass sich gerade diese kaum ignorieren lassen, sondern von Selbstbeschreibungen in der einen oder der anderen Weise berücksichtigt und miteinbe-

---

18 Man kann daraus folgern, dass dem System der Massenmedien in der zeitgenössischen Gesellschaft insofern eine Schlüsselstellung zukommt, als Selbstbeschreibungen gezwungen sind, sich massenmedialer Formen zu bedienen.

19 Allerdings fügt sich nicht jede Selbstbeschreibung der Logik der Massenmedien. Zu denken ist insbesondere an Systeme, deren Selbstbeschreibungen auf eine Form von operationsnotwendiger Seriosität abzielen, die eine massenmediale Repräsentation wenn nicht unmöglich, so doch schwierig macht. So sind etwa die Grenzen einer Popularisierung des Rechts oder der Wissenschaft vergleichsweise eng gezogen und selbst die Popularisierung des Politischen scheint an Grenzen zu stoßen. Andererseits können selbst die genannten Systeme sich nur schwer der Beschreibung durch Massenmedien und dem so erzeugten ›structural drift‹ entziehen.

20 Luhmann (2000a: 320, Fn. 1) argumentiert gar, dass systemische Selbstbeschreibungen der Auseinandersetzung mit und der Abwehr von Fremdbeschreibungen dienten, und nennt als Beispiele religiöse, pädagogische und juristische Selbstbeschreibungen. Ähnlich Kieserling (2004: 55): »Zur Abwehr solcher Fremdbeschreibungen oder zur Ermöglichung eines selektiven Umgangs mit ihnen bilden sich in allen Funktionssystemen Einrichtungen der Selbstbeschreibung heraus.«

zogen werden müssen. Eine unmodifizierte Übernahme massenmedialer Fremdbeschreibungen als systemische Selbstbeschreibung scheidet freilich ebenso aus wie die Entwicklung von Selbstbeschreibungen – besonders, wenn sie nach außen kommuniziert werden sollen –, die die Bedingungen der massenmedialen Verbreitung vollständig ignorieren. Zur Selbstbeschreibung mittels Massenmedien gibt es folglich so gut wie keine Alternativen – und welche Selbstbeschreibung käme allein mit Kommunikation unter Anwesenden aus? Die medialen Träger nehmen also Einfluss auf die Selbstbeschreibungen, die sie transportieren, und so gilt auch hier: The media is the message.

Idealtypisch lassen sich zwei grundlegende Formen von Selbstbeschreibungen unterscheiden. Einerseits können Selbstbeschreibungen gerade das Typische, quasi das alltägliche Operieren eines Systems in den Mittelpunkt stellen, während sich andererseits Selbstbeschreibungen finden, die sich nicht auf das Alltägliche, sondern vielmehr auf das Spektakuläre der systemischen Operationen kaprizieren. Konzentrationen auf spektakuläre Aspekte des Systems werden einerseits durch eine Form der Idealtypisierung gefördert, die letzten Endes darauf abzielt, dass sich die Identität eines Systems nicht zwangsläufig in denjenigen Operationen widerspiegelt, die am häufigsten oder am alltäglichsten sind. Es sind oftmals gerade nicht die häufigen und alltäglichen Geschehnisse, die als besonders erinnernswert und identitätsrelevant erachtet werden; die Selbstbeschreibung läuft in solchen Fällen vielmehr über das Außergewöhnliche und Spektakuläre, das erinnernswert ist.[21]

Eine Konzentration auf Spektakuläres wird in dem Maße wahrscheinlicher, in dem sich Systeme in der Anfertigung ihrer Selbstbeschreibungen struktureller Kopplungen mit anderen Systemen, insbesondere dem System der Massenmedien, bedienen (müssen). Besonders für Selbstbeschreibungen, die für externe Adressaten angefertigt werden, scheint es zwingend notwenig zu sein, diese im Hinblick auf die Realitäten und Funktionsweisen der Massenmedien und ihrer Präferenz für Spektakuläres wie für Visuelles zu entwerfen. Von Selbstbeschreibungen, die sich auf das Alltägliche und Erwartbare des Systems fokussieren, ist hingegen kaum zu erwarten, dass sie auf nennenswerte massenmediale Resonanz stoßen oder von den Massenmedien als Fremdbeschreibung des sich selbst beschreibenden Systems übernommen werden. Mit anderen Worten: Die Abhängigkeit von den Massenmedien und die strukturellen Kopplungen des sich selbst beschreibenden Systems mit ihnen zwingt Selbstbeschreibungen *strukturell* in Richtung auf eine Ausrichtung am Spektakulären.

---

21 Etwa Rekorde im Sportsystem, nicht aber alltägliche Wettkämpfe, wissenschaftliche Durchbrüche, nicht aber der Alltagsbetrieb des Wissenschaftssystems, spektakuläre politische Erfolge, nicht aber das Klein-Klein des alltäglichen Parlamentsbetriebs etc.

Eine wesentliche Konsequenz der Koevolution von systemischer Selbst- und massenmedialer Fremdbeschreibung liegt im Verschwimmen ihrer Differenz. Wie und wodurch unterscheiden sich, so ist zu fragen, systemische Selbstbeschreibungen mittels Massenmedien von Fremdbeschreibungen durch Massenmedien? Oder führen kaum vermeidbare strukturelle Kopplungen mit den Massenmedien zu einem Verschwimmen dieser Differenz und letztlich zu einer Amalgamierung?[22]

Das Verhältnis von systemischen Selbstbeschreibungen und massenmedialen Fremdbeschreibungen weist gleichwohl Asymmetrien auf. Während sich beinahe jede Selbstbeschreibung massenmedialer Formen bedient und sich diesen gegebenenfalls angleichen muss, geht nicht jede Fremdbeschreibung durch die Massenmedien mit den Selbstbeschreibungen des jeweils beschriebenen Systems konform. Gerade die Präferenz der Massenmedien für Abweichungen, Spektakuläres und Moralisierungen macht vollständige Kongruenzen zwischen Selbst- und Fremdbeschreibung unwahrscheinlich. So trifft beispielsweise die massenmediale Präferenz für politische Skandale und die Beschreibung der Politik als wenig vertrauenswürdig in den Selbstbeschreibungen des politischen Systems auf wenig Gegenliebe und findet insofern auch kaum Eingang in diese. Ähnliches gilt für massenmediale Fremdbeschreibung der Religion im Verhältnis zu religiösen Selbstbeschreibungen.

Die entscheidende Differenz zwischen funktionssystemischen Selbstbeschreibungen und massenmedialen Fremdbeschreibungen[23] liegt im Verhältnis der Beschreibung zum beschriebenen System: Während sich Selbstbeschreibungen konstitutiv affirmativ zum beschriebenen System verhalten, gilt dies für Fremdbeschreibungen gerade nicht. Damit ist nicht gesagt, dass Fremdbeschreibungen notwendig oder auch nur zwangsläufig kritisch sein müssen. Sofern sie sich affirmativ zum beschriebenen System verhalten, können sie mit dessen

---

22 Instruktiv dürfte der Fall des modernen Leistungssports sein, der von seiner strukturellen Kopplung mit den Massenmedien existenziell abhängig ist. Diese – durchaus wechselseitige – Abhängigkeit zeigt sich gerade an Sportarten, die auf ihre Vernachlässigung durch die Massenmedien mit einer Anpassung ihres Reglements an die Logik der massenmedialen Verwertbarkeit reagierten.

23 Interessant ist in diesem Zusammenhang natürlich die *Selbst*beschreibung der Massenmedien. Eine solche ist einerseits ausschließlich mit den *eigenen* Operationen der Massenmedien herstellbar, aber andererseits findet die im Text als entscheidend angesprochene Differenz zwischen Selbstbeschreibung und massenmedialer Fremdbeschreibung im Falle der Selbstbeschreibung der Massenmedien keinen Platz bzw. muss als Paradoxie verdeckt – oder aber als massenmediale Kritik der Massenmedien ausbuchstabiert werden.

Selbstbeschreibungen konform gehen. Im Gegensatz zu jenen können sie zu ihm aber auch auf Distanz gehen. Sie sind weder gezwungen, die eigenen Beschreibungsoperationen dem beschriebenen System zuzurechnen, also für dessen Operationen anschlussfähig zu sein, noch sich affirmativ zu diesem zu verhalten. Selbstbeschreibungen haben hingegen keine andere Wahl, als sich zu ›ihrem‹ System affirmativ zu verhalten, da sie in diesem prinzipiell anschlussfähig sein müssen, auch wenn sie nicht jede einzelne Operation ›betreuen‹. Sie können sich somit nur schwer von dem von ihnen beschriebenem System distanzieren.[24]

Übernahme von Fremdbeschreibungen in systemische Selbstbeschreibungen

Massenmediale Fremdbeschreibungen *können* zwar kongruent zu systemischen Selbstbeschreibungen ausfallen; sie müssen es aber nicht, da für sie kein Affirmationszwang im Verhältnis zum beschriebenen System besteht. Im Gegensatz zu Selbstbeschreibungen ›tragen‹ sie weder den ›Sinn‹ noch die Identität des Systems. Fremdbeschreibungen können, aber sie müssen nicht im beschriebenen System anschlussfähig sein. Selbstbeschreibungen eines Systems können sich jedoch Fremdbeschreibungen durchaus bedienen. Sie mögen diese mit systemeigenen Mitteln beobachten und sie sich, wenn sie sie für treffend halten, gegebenenfalls aneignen. Eine solche ›Aneignung‹ geschieht freilich nach Maßgabe der eigenen Begreifungskraft des jeweiligen Systems und nicht als vollständige Übernahme von Fremdbeschreibungen. Das System transformiert die Fremdbeschreibung vielmehr dadurch in eine Selbstbeschreibung, dass es das aus seiner Perspektive passende aufnimmt. Die Selbstbeschreibung vollzieht nicht die operative Erzeugung der Fremdbeschreibung mit, sondern integriert deren Produkt nach eigenen Kriterien und Strukturen und gegebenenfalls durch Umschreibungen in die eigene Selbstbeschreibung. Insofern sind Systeme nicht gezwungen, ihre gesamte Selbstbeschreibung mit eigenen Mitteln zu erzeugen, sondern es ist ihnen auch die Möglichkeit gegeben, Fremdbeschreibungen so zu transformieren, dass sie zu Elementen der eigenen Selbstbeschreibung werden. Indem sie auf diese Weise eine Differenz von Selbst- und Fremdbeschreibung erzeugen, ist

---

24 Freilich können Systeme intern Subsysteme ausdifferenzieren, die sich auf die Selbstbeschreibung des Gesamtsystems kaprizieren. Anzunehmen ist, dass diese besondere strukturelle Kopplungen mit den Massenmedien realisieren. Die Ausbildung von Subsystemen zur Selbstbeschreibung des Gesamtsystems schafft wiederum Möglichkeiten der Distanznahme der Selbstbeschreibung des Systems zum System innerhalb des Systems.

es ihnen möglich, Fremdbeschreibungen aufzugreifen und zu eigenen Zwecken zu verwenden.[25] Indem die Fremdbeschreibung mit systemeigenen Mitteln in eine Selbstbeschreibung transformiert wird, entstehen wiederum charakteristische Differenzen zu Fremdbeschreibungen.[26]

Affirmation ist jedoch kein zentrales Differenzierungskriterium zwischen Selbst- und Fremdbeschreibungen. Die Differenz von Selbstbeschreibung und Fremdbeschreibung ist nicht kongruent zur Differenz affirmativ/kritisch. So können massenmediale Fremdbeschreibungen hochgradig affirmativ ausfallen, aber den Möglichkeiten einer kritischen Selbstbeschreibung werden durch das sich selbst beschreibende System enge Grenzen gezogen. Schließlich würde die Kritik am System auch die Kritik an der Selbstbeschreibung, die ja Teil des Systems ist, implizieren, sich also letztendlich in Paradoxien verstricken. Mögliche Paradoxien werden durch das Abblenden der Möglichkeit der (Selbst-)Kritik des Systems abgedunkelt. Affirmation ist in diesem der einzig gangbare Weg.

Systemische Selbstbeschreibungen können also von Fremdbeschreibungen prinzipiell fast alles übernehmen – wenn es denn passt –, müssen aber eines notwendig ausschließen: die Möglichkeit eines nichtaffirmativen Verhältnisses zum System. Das ändert freilich nichts daran, dass Systeme zur Erstellung ihrer Selbstbeschreibungen auf ›Allianzen‹ bzw. Kopplungen mit dem System der Massenmedien (zunehmend) angewiesen sind. Aber sie werden nicht immer ›easy‹, wenngleich auch nicht zwangsläufig ›uneasy bedfellows‹ sein. Das Verhältnis dürfte sich vor allem daran entscheiden, inwieweit Selbst- und Fremdbeschreibung zueinander passen bzw. ob und inwieweit es dem sich selbst beschreibenden System gelingt, Fremdbeschreibungen passend zu machen. An den Massenmedien führt jedoch kein Weg vorbei.

---

25 Ein solcher Fall ist bereits gegeben, wenn beispielsweise eine Organisation eine andere Organisation damit beauftragt, Konzepte der Selbstdarstellung für die auftraggebende Organisation zu entwickeln, etwa wenn es darum geht, ein neues Logo für eine Bank oder einen neuen Namen für einen Einzelhandelskonzern zu entwerfen bzw. zu erfinden. Freilich ist es die Organisation, die den Auftrag erteilt, die letztlich entscheidet, ob die durch fremde Hände erzeugte Beschreibung als Selbstbeschreibung angenommen oder Logo und Name verworfen werden.

26 Zu denken ist auch an Fälle, in denen Selbstbeschreibungen als Produkt expliziter Abgrenzungen zu Fremdbeschreibungen entstehen. So werden Systeme durch massenmediale oder auch wissenschaftliche, medizinische oder religiöse Fremdbeschreibungen geradezu zur – affirmativen – Beschreibung ihrer selbst gezwungen. Beispiele wäre etwa abweichende Sexualitäten oder tribiale Kulturen im Zusammenstoß mit Ethnologen.

Eine Zwischenbetrachtung

Bislang wurden zwei miteinander kombinierbare Thesen entwickelt: (1) Systeme können sich zum Zwecke ihrer Selbstbeschreibung der Fremdbeschreibung durch andere Systeme, insbesondere massenmedialer Beschreibungen bedienen. (2) Systemische Selbstbeschreibungen müssen sich nicht zwangsläufig selbst als Selbstbeschreibungen beobachten. Entscheidend ist vielmehr, dass bestimmte Formen und Darstellungsweisen (etwa: Kommunikationsweisen, Semantiken oder visuelle Darstellungen) für das System als Beschreibungen seiner selbst fungieren. Ein System kann sich also – aus wissenschaftlicher Perspektive – nicht nur im Irrtum über die Adäquatheit seiner Selbstbeschreibungen befinden, sondern auch im Hinblick auf den Charakter bestimmter Hervorbringungen als systemische Selbstbeschreibungen. Unterzieht man systemische Selbstbeschreibungen einer solchen Analyse, so wird man nicht nur Irrtümer feststellen, sondern möglicherweise auch auf Fälle stoßen, in denen die für das System tatsächlich relevanten Selbstbeschreibungen nicht nur anders ausfallen, sondern an anderer Stelle angefertigt werden, als es das System selbst vermuten würde. Zu denken wäre beispielsweise an Fälle, in denen das System jene Selbstbeschreibung für entscheidend hält, die den systemischen Alltagsoperationen besondere Aufmerksamkeit widmet, während sich mittels einer Fremdbeobachtung der systemischen Selbstbeschreibungen zeigen lässt, dass die Einheit des sich beschreibenden Systems durch ganz andere Formen der Selbstbeschreibung beschrieben wird, etwa durch solche, die die spektakuläreren Operationen des Systems als für es identitätsstiftend und typisch in den Mittelpunkt der Beschreibung rücken – ohne deshalb Fremdbeschreibungen sein zu müssen.

Letztere These setzt freilich (3) die bereits oben angesprochene Annahme voraus, dass Systeme nicht nur eine, sondern eine Mehrzahl konkurrierender Selbstbeschreibungen anfertigen (können).

PORNOGRAPHISCHE SELBSTBESCHREIBUNGEN

Die These, Pornographie stelle nicht nur sexuelle Interaktionen dar, sondern fungiere als eine (Selbst-)Beschreibung der modernen Sexualität, wirft die Frage auf, *was* Pornographie beschreibt. Was ist, mit anderen Worten, das ›Selbst‹ der pornographischen Beschreibung? Zunächst lässt sich annehmen, dass in der Pornographie vor allem die Sexindustrie und – darüber hinausgehend – die Kommerzialisierung des Sexuellen zur Darstellung gelangen. Sodann kann aber – nicht zuletzt mit Blick auf die Amateurpornographie – ebenso plausibel argumentiert werden, dass Pornographie der Selbstverständigung und Reflexion abweichender Sexualitäten respektive sexualmoralischer Milieus dient. Allerdings scheint Pornographie ›mehr‹ und anderes als lediglich eine quasi empirische (Voll-)Erfassung und Dokumentation sexueller Begehrensformen zu leisten. In ihr spiegle sich, so wird angenommen, vielmehr die Sexualität der Gesellschaft wider.[27] Und schließlich lässt sich Pornographie, so unsere These, als Selbstbeschreibung des Sexualitätssystems verstehen. Freilich schließen sich die genannten Möglichkeiten nicht wechselseitig aus.

Bevor wir uns jedoch mit der Frage befassen, ob Pornographie als Selbstverständigungsmedium sexueller Minderheiten und Subkulturen fungiert und ob sich in der Pornographie eine allgemeine Kommerzialisierung des Sexuellen oder zumindest die Sexindustrie beschrieben findet, widmen wir uns zunächst einigen wichtigen kulturellen Rahmungen des zeitgenössischen Diskurses über Sexualität.

Intimisierung, Konsensmoral und Gefahr

Blickt man auf zeitgenössische Diskurse über Sexualität, so fallen mehrere Rahmungen, die auf unterschiedlichen Ebenen operieren, ins Auge. Dominant scheinen zunächst (Selbst-)Beschreibungen zu sein, die auf eine Intimisierung einerseits und eine kulturelle Relativierung des Sexuellen andererseits abheben. Sexualität wird in Semantiken der romantischen Liebe beschrieben und als Ratifikationsweise von Intimität verstanden. Sie wird positiv, aber als ›nicht so wichtig‹ gewertet. Die kulturelle Sexualüberschätzung, die weite Teile des 19. und 20. Jahrhunderts kennzeichnete, ist offensichtlich an ein Ende gelangt. Das sexuelle ›Klima‹ scheint sich abgekühlt und eine Rationalisierung des Sexuellen stattgefunden zu haben – so lesen sich jedenfalls die Studien von Gunter Schmidt et al. (2006; vgl. auch G. Schmidt 2005).

Dem Intimitätsdiskurs steht freilich ein Diskurs der Gefahr gegenüber. In den späten 1970er und den frühen 1980er Jahren fand – bereits *vor* AIDS – ein Umschlag in der kulturell dominierenden Beschreibung des Sexuellen statt. Während Sexualität in den späten 1960er und frühen 1970er Jahren in Semantiken der Freiheit und Befreiung gedacht wurde, verknüpfte sich seit Ende der 1970er Jahre das Sexuelle zunehmend mit einem semantischen Feld der Gefahr und der Bedrohung. Entscheidende Stichworte lieferten und liefern noch immer vor allem die Debatten über sexuellen Missbrauch sowie die regelmäßigen Verschär-

---

27 Wir hatten uns bereits oben (S. 176ff.) mit einigen Varianten dieser Widerspiegelungsthese befasst, die wir hier nicht wiederholen müssen.

fungen des Sexualstrafrechts[28]; weniger – und erstaunlicherweise – hingegen die Bedrohung durch AIDS. Diese hat vielmehr, nach anfänglich hysterischen Reaktionen, langfristig eher zu einer Intimisierung des Sexuellen beigetragen und – nicht zuletzt – zu einer kaum jemals zuvor erreichten gesellschaftlichen Toleranz gegenüber Homosexualität.

Die zeitgenössische Sexualität wird darüber hinaus – und wechselseitig mit den bereits genannten Diskursen verflochten – noch von mindestens zwei anderen relevanten Diskursivierungen des Sexuellen strukturiert. Das Recht auf sexuelle Selbstbestimmung[29] einerseits und die Figur der sexuellen Identität[30] andererseits sind tragende Säulen des modernen Verständnisses von Sexualität. Beide konvergieren in der Vorstellung, dass das sexuelle Begehren Ausdruck der Identität einer Person und von daher zu tolerieren und gegebenenfalls zu schützen sei. Im Kern geht es um das Recht auf freie Entfaltung der Persönlichkeit und zu dieser wird das Sexuelle zugerechnet[31] – beides typisch moderne Formen.[32]

Für den Kontext einer Theorie der modernen Pornographie ist einerseits von Bedeutung, dass die gesellschaftlichen Debatten um das Pornographische im Kontext jener widersprüchlichen Diskurse situiert sind und andererseits sich jene Diskurse als konkurrierende (Selbst-)Beschreibungen des Sexuellen verstehen.[33]

---

28 Vgl. zum Sexualstrafrecht instruktiv Klimke/Lautmann (2006), die dessen Entwicklung im Rahmen des neoliberalen Diskurses analysieren.

29 An dieser Stelle ist nicht die juristische Figur, sondern die kulturell-normative Vorstellung eines Rechts auf sexuelle Selbstbestimmung gemeint. Die rechtliche Implementierung dieser Vorstellung zeigt vor allem ihre kulturelle Prominenz an (vgl. auch Lewandowski 2004: 308ff.)

30 Eine systemtheoretisch angeleitete Analyse sexueller Identitäten findet sich in: Lewandowski 2004: 291ff.

31 Mit Blick auf Pornographie stellt es sich als ein – wohl typisch amerikanisches bzw. aus dem US-amerikanischen Kontext importiertes – Missverständnis dar, dass es bei der Frage nach dem Umgang mit Pornographie im Kern um ›freie Meinungsäußerung‹ vs. ›Zensur‹ gehe.

32 Ohne die genannten Diskurse und kulturellen Einbettungen des Sexuellen in ihren Entwicklungen, Widersprüchen und Wechselwirkungen im Einzelnen verfolgen zu können, sei darauf verwiesen, dass sich diese Diskurse nicht auf einen Nenner bringen lassen, da sie notwendigerweise jene sexuellen Begehrensformen und Praktiken ausschließen, die nicht nur das Ideal der Intimität, sondern auch jenes der Konsensmoral verfehlen. Gunter Schmidt (1999) diskutiert diese Widersprüche in erhellender Weise am Beispiel der »Tragik pädophiler Männer«.

33 Dass sich die zentralen gesellschaftlichen Einstellungsmuster zur Pornographie auf die genannten Diskurse zurückführen lassen, berührt die Ausführungen dieses Kapitels

Im Diskurs *der* Pornographie finden freilich die genannten Diskurse in verschiedener Weise ihren Niederschlag, wie insbesondere an der (Selbst-)Situierung des Pornographischen in oftmals scharfem Kontrast zur liebesförmigen Intimisierung des Sexuellen deutlich wird. Pornographie ist definitiv ›not a love story‹.[34] Und pornographische Darstellungen machen im Allgemeinen recht deutlich, dass es in ihnen nicht um Liebe geht. Konstitutiv ist vielmehr, dass sie mit dem romantischen Intimitätsdispositiv brechen – und zwar nicht nur aus Perspektive der Fremdbeobachtung. Als treibende Kraft ihrer Akteure stellt sich gerade nicht romantische Liebe, sondern sexuelles Begehren dar. Die Etablierung einer Differenz zu romantischen Narrativen geschieht also *innerhalb* der pornographischen Darstellung.[35]

Der konsensmoralische Diskurs ›illuminiert‹ die Entwicklung der Pornographie nicht nur, sondern schlägt sich auch direkt in ihr nieder. Die weit überwiegende Mehrzahl pornographischer Darstellungen zeigt konsensuelle sexuelle Interaktionen. Recht selten und in keinster Weise für die allgemein zugängliche Mainstream-Pornographie repräsentativ sind hingegen Fälle, in denen gegen die allgemein herrschende Konsensmoral explizit verstoßen wird. Die Konsensmoral fungiert zugleich als eine Art Legitimation der Pornographie, da sie all jene sexuellen Formen zu legitimieren imstande ist, die auf konsensueller Zustimmung durch die Beteiligten beruhen.

In die nämliche Richtung laufen das Recht auf sexuelle Selbstbestimmung und die Figur der sexuellen Identität. Im Rahmen beider kann pornographische Sexualität als legitimer Ausdruck sexueller Selbstbestimmung bzw. individuellen sexuellen Begehrens verstanden werden, gegen den sich so lange nicht argumentieren lässt, wie die nämlichen Rechte anderer nicht verletzt werden.[36]

---

nur insofern, als es um die Frage geht, wie und auf welche Weise in der modernen Gesellschaft Sexualität beschrieben wird. Dass auch und gerade die Debatte um Pornographie von jenen Diskursen befeuert wird, ist hingegen – zumindest an dieser Stelle – von allenfalls sekundärem Interesse.

34 Es geht hier, daran sei nochmals erinnert, nicht um die These, dass das Sexuelle in eine intim-romantische und eine pornographische Komponente aufgespalten wird, sondern um die Selbstbeschreibung bzw. -situierung des Pornographischen.

35 Das schließt nicht aus, dass auch in der Pornographie romantische Narrative Verwendung finden können, aber die pornographische Narration zielt im Gegensatz zur romantischen nicht auf Intimität, sondern auf Sexualität ab.

36 Nicht von ungefähr verwenden moderne Anti-Pornographie-Kampagnen oftmals Argumentationsstrategien, die den Kreis derjenigen, deren Rechte verletzt werden, weit über den Kreis der Darsteller und Konsumenten pornographischer Produkte aus-

Pornographische Selbstbeschreibungen subkultureller sexueller Identitäten

Pornographische Darstellungen zeigen nicht einfach nur Sex, sondern sofern in ihnen auch ›ausgehandelt‹ wird, was als begehrenswert und sexuell erregend gilt, fungiert Pornographie als ein Medium der Selbstverständigung und Selbstinszenierung sexualmoralischer Milieus. Insbesondere sexuellen Subkulturen und Minderheiten dient sie der Selbstbeschreibung wie der (virtuellen) Vergemeinschaftung und spielt so bei der Ausformung und Ausdifferenzierung sexueller Begehrensformen eine bedeutende Rolle. Auf diese Weise trägt Pornographie auch zur Genese und Stabilisierung individueller wie kollektiver sexueller Identitäten bei.

Identitäten, die sich weder an äußerlichen Erscheinungen festmachen lassen noch im Modus der Unterstellung zugeschrieben werden, erheben einen diskursiven Geltungsanspruch, der sich (ähnlich wie der Anspruch der Wahrhaftigkeit) nicht (allein) diskursiv einlösen lässt. Um Anerkennung zu erlangen, muss der jeweilige Geltungsanspruch im *praktischen* Verhalten eingelöst werden. Identität kann mit anderen Worten – durch das Subjekt selbst wie durch andere Personen – nur (an-)erkannt werden, sofern sie sich im praktischen Handeln und *nicht ausschließlich* im subjektiven Erleben manifestiert.[37] Der Anspruch auf Anerkennung einer *abweichenden*, d.h. als nicht selbstverständlich unterstellten Identität, treibt mithin in Identitätsinszenierungen und zugleich in die Selbstreflexion.[38]

Pornographiekonsum kann vor diesem Hintergrund als Teil und Ausdruck sexueller Identitätsarbeit verstanden werden, da er einerseits ein praktisches Erleben sexueller Identität ermöglicht[39] und andererseits die Zugehörigkeit des er-

---

weiten. Betroffen seien, so wird argumentiert, *alle* Frauen, da deren Recht auf sexuelle Selbstbestimmung durch die bloße Existenz von Pornographie verletzt werde.

37 So argumentiert etwa Martin Dannecker (2004), dass durch heterosexuelle Kontakte und Praktiken nicht nur heterosexuelle, sondern auch männliche Identität stabilisiert werde. ›Doing male gender‹ komme ohne ›doing heterosexuality‹ nicht aus. Vor diesem Hintergrund versteht Dannecker die relativ geringe Fähigkeit von Männern, auf sexuelle Kontakte zu verzichten, nicht als Ausdruck männlicher Triebhaftigkeit, sondern als Hinweis auf die Fragilität ihrer geschlechtlichen Identität.

38 Nicht von ungefähr äußern sich Kämpfe um Anerkennung auch in Kämpfen um (öffentliche) Sichtbarkeit bzw. Sichtbarmachung.

39 Sexuelle Erregung kann sowohl der Bestätigung als auch der Ver(un)sicherung sexueller Identität dienen: Wenn mich dies oder jenes sexuell (nicht) erregt, so *bin* ich (nicht)... Identitätsrelevant ist sexuelle Erregung im einen wie im anderen Falle.

lebenden Subjekts zu (s)einer sexuellen Identitätsgemeinschaft zu bestätigen vermag.[40] In diesem Sinne trägt Pornographie auch zu einer *virtuellen* Vergemeinschaftung auf Basis sexueller Begehrensformen und zur Genese sexualmoralischer Milieus bei.

Entscheidender ist an dieser Stelle jedoch das Phänomen, dass abweichende Sexualformen zur Sicherung und Bestätigung ihrer sexuellen Identität einen erhöhten Selbstreflexionsbedarf aufweisen und von daher eine Vielzahl von nicht nur, aber auch pornographischen Selbstbeschreibungen hervorbringen. Für unsichere bzw. ungesicherte, vor allem aber für marginalisierte sexuelle Identitätsformen vermögen Pornographie und Pornographiekonsum somit wichtige identitätsstabilisierende Funktionen zu erfüllen und die pornographische Affinität zu abweichenden Sexualformen und sexuellen Spektakeln mag auch von ihrer Rolle als Selbstbeschreibungsmedium jener Sexualitäten und Begehrensformen herrühren, für die im Kosmos der heterosexuellen ›Normal‹-Sexualität kein bzw. nur wenig Raum vorgesehen ist.[41]

Neben der Aufrechterhaltung sexueller Identitäten und der Bildung sexualmoralischer Milieus respektive sexueller Affektkulturen können Pornographie und Pornographiekonsum auch bei der (Re-)Konstruktion sexueller Sinnwelten eine bedeutsame Rolle spielen: Pornographie (re-)konstruiert und aktualisiert sexuelle Skripte und generiert sexuelle ›Gestimmtheiten‹, die nicht nur sexuelles Identitätserleben erlauben, sondern auch sexuelles Handeln rahmen. Der Gebrauch von Pornographie erlaubt sowohl ein ›Eintauchen‹ in sexuelle Sinnwelten[42] als auch die Erschaffung eines ›Pornotopia‹. Pornographie kann dabei sowohl der Bestätigung bestehender als auch der Herstellung neuer individueller wie kollektiver sexueller Skripte und Sinnwelten dienen. Andererseits kann sie

---

40 Pornographiekonsum unterscheidet sich in dieser Hinsicht freilich nicht vom Konsum anderer identitätsrelevanter unterhaltungsindustrieller Angebote.

41 Auch hier stößt man mithin auf das bekannte Phänomen, dass der Reflexionsbedarf des sich als selbstverständlich ansehenden Normkonformen vergleichsweise gering ist, während abweichende Formen einen hohen Reflexionsbedarf entwickeln. Zugleich ließe sich aber auch argumentieren, dass die Mainstream-Pornographie eine Form der Selbstbeschreibung der ›normalen‹ (männlichen) Heterosexualität darstelle – bietet sie doch eine Möglichkeit, in nicht psychologisierender Weise vom Sexuellen zu ›sprechen‹.

42 Pornographie hat in dieser Hinsicht freilich kein Alleinstellungsmerkmal. Der Übergang in eine sexuell-erotische Sinnwelt lässt sich auch auf andere Weise bewerkstelligen, etwa durch besondere Be- und Entkleidung, spezielle Beleuchtung (Kerzen, gedämpftes Licht), sinnliche Musik, erotisch aufgeladene Symboliken usw., mithin durch jedes Element etablierter sexueller Skripte und Szenarien.

auch der Aktualisierung sexueller Sinnwelten dienen, indem ihre Nutzung als ein Distinktionsmerkmal fungiert, das einen Übergang in sexuell-erotische Welten und Handlungsweisen markiert. Die Nutzung pornographischer Produkte kann, mit anderen Worten, dazu beitragen, außeralltägliche Welten und Sinnprovinzen zu markieren, herzustellen und aufrechtzuerhalten. Hierzu gehören freilich nicht nur soziale wie atmosphärische Rahmungen, sondern auch die Aufrechterhaltung sexueller Erregung, die sich wiederum nicht allein körperlichen Stimulationen und Sensationen, sondern auch einer spezifischen Gestimmtheit (vgl. Bech 1995) verdankt und Pornographie kann dazu dienen, bei ihren Nutzern eine solche auszulösen, zu verstärken und/oder aufrechtzuerhalten.

Indem Pornographie eine Ressource zur Aktualisierung und (Re-)Konstruktion sexueller Sinnwelten bildet, verbindet sie zugleich individuelle Sexualwelten mit der Sexualität der Gesellschaft und einer Welt des Konsums. Insofern den meisten – materiellen wie immateriellen – Konsumgütern ein symbolischer Mehrwert innewohnt und mit ihrem Konsum das Versprechen der Inklusion in bestimmte Sinnsphären der Populärkultur einhergeht, dienen Konsumakte immer auch der – mehr oder minder intentionalen – Stützung individueller wie kollektiver Identitäten.[43]

Der Konsum pornographischer Produkte verbindet also die individuelle Sexualität mit der Sexualität der Gesellschaft, er dient der Aktualisierung, der (Re-) Konstruktion und dem Eintauchen in sexuelle Sinnwelten und er kann als ein Aspekt einer Arbeit am sexuellen Selbst verstanden werden. Er erweist sich aber auch insofern als eine sexuelle Handlung, als er nicht nur sexueller Lust und gegebenenfalls sexueller Befriedigung dient, sondern ihm auch eine performative Komponente innewohnt, deren ›Produkt‹ ein sexuelles Subjekt ist, das auf eine bestimmte Weise bestimmte Objekte begehrt und auf spezifische Weise sexuell erregbar ist. Der Konsum (passender) pornographischer Produkte trägt – wie jede andere sexuelle Handlung auch – zur Stärkung bzw. Stabilisierung sexueller Identitäten bei. In diesem Sinne kann der Gebrauch von Pornographie auch der sexuellen Selbstvergewisserung und somit der Konstruktion sexueller Wirklichkeiten dienen, die, wie Berger/Luckmann (1966) für soziale Wirklichkeiten im Allgemeinen zeigen, ohne fortlaufende Bestätigung zerfallen würden.

Bedenkt man diese Stützungsfunktion, so wird verständlich, warum vor allem abweichende Sexualformen und als nicht selbstverständlich angesehene Begehrensweisen eine derart große Zahl an Selbstbeschreibungen hervorbringen, dass sie die Pornographie der Gesellschaft mitunter zu dominieren scheinen.

---

43 Dies gilt, wie etwa Sabine Grenz (2007) in ihrer Studie über Prostitution herausarbeitet, nicht zuletzt auch für den Konsum sexueller Dienstleistungen.

Die pornographische Selbstreflexion sexualmoralischer Milieus und abweichender Sexualitäten beschreibt aber nicht nur diese selbst, sondern trägt zugleich zur Selbstbeschreibung der Sexualität der Gesellschaft bei, indem sie deren Binnendifferenzierung nachzeichnet.

Ökonomisierung und Kommerzialisierung?

Eine Analyse des Pornographischen darf nicht aus den Augen verlieren, dass trotz des Bedeutungszuwachses der Amateurpornographie die meisten pornographischen Inszenierungen aus kommerziellen Motiven produziert und vertrieben werden. Somit liegt die Vermutung nahe, dass sich in der Pornographie eine allseitige Kommerzialisierung des Sexuellen widerspiegle. Pornographie sei, so lautet die Argumentation, Ausdruck einer ökonomischen Verwertung und Verformung der Sexualität, die typisch für die zeitgenössische Gesellschaft sei. Die allseitige Kommerzialisierung sei, so etwa Volkmar Sigusch (1998, 2005: 33f. und passim), das Charakteristische der modernen Sexualität. Pornographie ließe sich von daher einerseits als eine massenmediale Form begreifen, die diese Ökonomisierung propagiere und andererseits, im Verein mit Prostitution, zugleich ihre zentrale Ausdrucksform sei. Vor diesem Hintergrund wäre Pornographie als eine (Selbst-)Beschreibung der Unterwerfung des Sexuellen unter ein Diktat der Ökonomie zu verstehen.

Diese Überlegung gewinnt an zusätzlicher Plausibilität, wenn man den Begriff der Ökonomie weit fasst und unter dem Ökonomischen nicht lediglich kommerzielle Verwertung versteht: Eine Beschreibung des Pornographischen in ökonomischen Kategorien legen auch pornographische Darstellungsweisen nahe. Es geht – gerade auch in den Inszenierungen – um Angebot und Nachfrage, Knappheit und Überfluss, vor allem jedoch um die Maximierung sexueller Lust. Jedoch brechen pornographische Darstellungen auch mit dem Diktat der Ökonomie – gerade indem sie ein Schlaraffenland der unbegrenzten sexuellen Möglichkeiten darstellen, in dem die Knappheit an verfügbaren Körpern wie an Möglichkeiten der Lustbefriedigung aufgehoben ist. Auch versiegt das Begehren nie, so dass nach dem Sex immer auch vor dem Sex ist. In der pornographischen Sexualität erfüllen sich zwei zentrale Phantasmen des Ökonomischen (die ihm aber zugleich Grenzen ziehen): weder Begehren noch Befriedigungsmöglichkeiten werden jemals knapp und auch ein Sättigungseffekt tritt nie ein. Jedes Angebot trifft auf eine Nachfrage, jede Nachfrage auf ein entsprechendes Angebot.

Für den Versuch, das Pornographische als (Selbst-)Beschreibung der Ökonomisierung und Kommerzialisierung des Sexuellen zu deuten, spräche weiterhin, dass sich die Pornographie affirmativ zu dieser verhält. Einer genaueren Betrachtung fällt freilich auf, dass in den pornographischen Darstellungen ökonomische Verhältnisse im engeren Sinne ausgeblendet sind. Das ökonomische Verhältnis der Darsteller zueinander kommt in der Darstellung nur selten zum Ausdruck.[44]

Wenngleich unbestreitbar ist, dass die kommerzielle Verwert*barkeit* des Sexuellen für die Entwicklung der modernen Sexualität von großer und für die Entwicklung der Pornographie von höchster Bedeutung ist, so spricht doch wenig für die These, dass das Sexuelle vollständig unter ein Diktat des Ökonomischen geraten ist (vgl. auch: Lewandowski 2007) und Pornographie primär die Kommerzialisierung des Sexuellen reflektiere – zumal diese, wie gesagt, in der pornographischen Inszenierung kaum einen Niederschlag findet. Damit ist freilich nicht ausgeschlossen, dass sich in der Pornographie die Sexindustrie selbst beschreibt.[45]

Fazit

Die Beschreibung von Pornographie als Selbstbeschreibung der modernen Sexualität muss folglich zwischen der pornographischen Selbstreflexion sexualmoralischer Subkulturen, einer Widerspiegelung von Kommerzialisierungstendenzen des Sexuellen in der Pornographie und pornographischen Selbstbespiegelun-

---

44 Zwischen der pornographischen Inszenierung und ihren Umweltbedingungen ist strikt zu unterscheiden. Die Rückführung der Inhalte der Darstellungen auf die ökonomisch strukturierten Bedingungen und Motivationen ihrer Produktion ist im Falle des Pornographischen ebenso irreführend und unzulässig wie in der Analyse jedes anderen medialen Formats, etwa des klassischen Theaters. Entscheidend für die Frage danach, was in und durch Pornographie beschrieben wird, ist nicht das Zustandekommen ihrer Produkte, sondern die Art und Weise, in der sie das Sexuelle inszenieren. Man mag einwenden, dass die Art der Inszenierung den marktwirtschaftlichen Absatzmöglichkeiten geschuldet ist. Dies trifft zweifelsohne zu, belegt aber nicht mehr, als dass sich die Produktion des Pornographischen daran orientieren muss, verbreitete sexuellen Phantasien zu bedienen.

45 Professionelle Pornographie ist ein quasi industriell hergestelltes sexindustrielles Produkt, das das Sexuelle zwar einer Tauschlogik unterwirft – getauscht wird jedoch nicht Sex gegen Geld, sondern Sex gegen Sex. Allerdings hebelt die Pornographie mit der ihr eigenen Negation von Knappheit zugleich eine wesentliche Grundlage des Ökonomischen aus – alles ist im Überfluss vorhanden: begehrenswerte Körper, Befriedigungsmöglichkeiten, Orgasmen, Sperma – und in der prototypischen pornographischen Inszenierung ist Sex gerade nicht etwas, wofür bezahlt werden muss!

gen der Sexindustrie einerseits und der Selbstbeschreibung der Sexualität der Gesellschaft mittels Pornographie andererseits unterscheiden können. Diese Unterscheidung ist selbstverständlich so zu denken, dass die eine Seite – die Selbstbeschreibung der Sexualität der Gesellschaft – die andere mit einschließt; die Selbstreflexionen und -beschreibungen der sexuellen Subkulturen, der Sexindustrie und der Kommerzialisierung des Sexuellen sind Teil der Selbstbeschreibung der Sexualität der Gesellschaft, da sie nicht außerhalb der Sexualität der Gesellschaft stehen. Die Selbstbeschreibungen der einzelnen sexuellen Subkulturen usw. tragen in einem sehr wesentlichen Sinne zur Selbstbeschreibung der Sexualität der Gesellschaft bei. Wie bereits ein kurzer Blick auf das pornographische Mainstream-Angebot lehrt, ist dieses hochgradig nach Praktiken, Begehrensformen, sexuellen Identitäten, Ästhetiken, Formen der Darstellung, Personen usw. differenziert. Diese oftmals recht kleinteiligen Differenzierungen spiegeln die Binnendifferenzierung des Sexuellen entlang von sexuellen Präferenzen, Identitäten, Begehrensformen und sexualmoralischen Milieus wider. Sie sind also nicht allein auf Vermarktungs- und Diversifikationsstrategien der Sexindustrie und Pornographieproduktion zurückzuführen, sondern treffen offensichtlich auf entsprechende Nachfragen. Entscheidend ist aber, dass Pornographie die Sexualität der Gesellschaft bereits insofern beschreibt, als sich in der Differenziertheit ihres Angebots die (Binnen-)Differenzierung jener widergespiegelt findet.[46]

Die pornographischen Darstellungen abweichender Sexualitäten sind jedoch nicht allein als Selbstverständigungsdiskurse der entsprechenden sexualmoralischen Milieus zu verstehen, sondern bilden einen wesentlichen Teil der zeitgenössischen Selbstbeschreibung des Sexuellen. Wenngleich man einwenden mag, dass weder sexuelle Abweichungen noch deren Darstellungen repräsentativ für das sexuell Übliche oder die am stärksten verbreiteten und am häufigsten vorkommenden sexuellen Formen oder Praktiken, also für die real existierenden sexuellen Verhältnisse der zeitgenössischen Gesellschaft sind, so lässt sich doch kaum bestreiten, dass sie für die *Dynamik* der Sexualität der Gesellschaft überaus charakteristisch sind. In der Ausdifferenzierung des pornographischen Angebots spiegelt sich, mit anderen Worten, die Dynamik des sexuellen Wandels und von daher bietet es sich an, Pornographie als dessen Selbstbeschreibung zu verstehen. In diesem Sinne illustriert sie durchaus etwas für die moderne Sexualität typisches, nämlich Entwicklungsprozesse, die sich auf die Formel ›Wandel durch Ausdifferenzierung‹ bringen lassen.

---

46 Natürlich betont die Pornographie als massemediales Phänomen spektakuläre Aspekte und Formen, aber darauf kommt es an dieser Stelle nicht an.

Die Widerspiegelung der Binnendifferenzierung des Sexuellen in der Pornographie hebt die Argumentation zugleich auf eine andere Ebene, die sich in Analogie zur Beobachtung zweiter Ordnung beschreiben ließe. Die einfache (und leicht zu widerlegende) These, dass Pornographie sexuelle Verhältnisse in dem Sinne widerspiegle oder darstelle, dass sich das, was Pornographie zeige, so oder so ähnlich auch in der alltäglichen sexuellen Realität finde – dass beispielsweise Analverkehr im ›realen‹ Leben genauso weit verbreitet sei wie in pornographischen Darstellungen –, wird durch die These ersetzt, dass Pornographie die *Strukturen* und Differenzierungs*muster* der Sexualität der Gesellschaft widerspiegle. Es geht mit anderen Worten nicht um das Dargestellte oder die Darstellungsweisen, sondern um Entsprechungen in den Strukturen. Dass Pornographie übertreibe oder ihre Inszenierungen wesentlich spektakulärer als die alltägliche Sexualität seien, ist mithin kein Einwand gegen die hier zu entwickelnde Argumentation. Diese läuft darauf hinaus, dass sich in der Pornographie die Sexualität der Gesellschaft in ihren strukturell typischen Formen beschreibe und zu diesen gehören, neben anderem, Tendenzen der Ausdifferenzierung sexueller Formen und Begehrensmuster.

PORNOGRAPHIE UND DIE SEXUALITÄT DER GESELLSCHAFT

Die moderne Sexualität verdankt die Entstehung ihrer Form wie ihrer Begrifflichkeiten dem späten 18. und vor allem dem 19. Jahrhundert.[47] Im frühen 19. Jahrhundert wird der Begriff des Sexuellen geformt und in den folgenden Dekaden wird ihm all das eingeprägt, was heutzutage mit ihm verbunden wird. Die wesentlichsten Entwicklungen betreffen zum einen die Dauerthematisierung des Sexuellen. Zum anderen findet eine folgenschwere Verknüpfung von Sexualität und Identität statt. Sexualität wird zu einem Schlüssel des menschlichen Individuums – ›Sage mir, was und wie Du begehrst und ich sage Dir, wer Du bist‹ – und zu einem ›Wahrheitsspiel‹: Im sexuellen Begehren verberge sich, so wird nun angenommen, eine Wahrheit, die entdeckt, gestanden und diskursiviert werden muss. Menschen bekommen in dem Sinne eine Sexualität, dass Sexualität Ausdruck und Medium ihres allerpersönlichsten Inneren wird (vgl. Foucault 1976).

Dem 19. Jahrhundert verdankt sich nicht zuletzt auch die Entwicklung der Sexualwissenschaften, die zunächst als Wissenschaften vom sexuell Pathologi-

---

47 Vgl. auch die Ausführungen im Kapitel über Semantik (insbes. S. 160ff.)

schen auftreten. Die Diskurse über die menschliche Sexualität und ihre schließliche Verankerung im Wesen des Menschen nehmen ihren Weg über das Pathologische und selbst Freud wird von diesem Pfad kaum abweichen. Bedeutend ist zweifelsohne Richard von Krafft-Ebings Psychopathia sexualis von 1886, da es Krafft-Ebing ist, der zahlreiche Begrifflichkeiten prägt, die noch heute in Verwendung sind und – überraschenderweise – zu positiv besetzten Selbstbeschreibungen sexueller Subkulturellen geworden sind: Sadismus, Masochismus, Fetischismus etc.

Die Quellen, aus denen Krafft-Ebing schöpft und die Phänomene und Begehrensformen, die er differenziert und definiert, reichen freilich weiter zurück. Die de Sade'schen Phantasien und Schriften gab es, bevor der Sadismus analysiert wurde; gleichwohl sind die Perversen, die Krafft-Ebing beschreibt ebenso wie die Nichtperversen, die ›Normalen‹, deren Bild einerseits als Folie der Beschreibung der Abweichenden fungiert, andererseits jedoch durch die Beschreibung der Abweichungen erst hervortritt, Kinder der modernen Gesellschaft.

Obgleich Vorentwicklungen erkennbar sind – erotische Diskurse, prostitutive Sexualitäten, romantische Liebesvorstellungen, frühe Erotika usw. – verdankt sich die Genese der modernen Sexualität, ihres Bedeutungsfeldes und ihrer Begehrensstrukturen der Entstehung der modernen Gesellschaft, deren Konturen sich ab Mitte des 18. Jahrhunderts zunehmend deutlicher abzuzeichnen beginnen.

Um aber sehen zu können, inwiefern sich in der Pornographie die Sexualität der modernen Gesellschaft beschreibt, müssen wir uns zunächst deren Grundstrukturen und der Ausbildung des modernen Sexualitätssystems zuwenden.[48]

Funktionale Differenzierung und die moderne Sexualität

Charakteristisch für die Entstehung der modernen Gesellschaft – wir folgen hier der Systemtheorie Niklas Luhmanns (1997) – ist die Umstellung der primären gesellschaftlichen Differenzierungsform von Stratifikation auf funktionale Differenzierung. Funktionale Differenzierung impliziert die Ausbildung einer Mehrzahl sozialer Systeme, die sich auf die Erfüllung einer und nur einer Funktion kaprizieren, die Erfüllung dieser Funktion aber monopolisieren. So wird etwa ausschließlich das Wissenschaftssystem für die Hervorbringung von Wahrheit, ausschließlich das politische System für das Treffen und die Durchsetzung allgemein verbindlicher Entscheidungen, allein das Rechtssystem für die Entschei-

---

48 Wir können uns jedoch vergleichsweise kurz fassen, da wir der *Sexualität in den Zeiten funktionaler Differenzierung* bereits eine umfangreiche Studie gewidmet haben (Lewandowski 2004).

dung über Recht und Unrecht, nur das Wirtschaftssystem für die Produktion und Verteilung von Gütern zuständig usw. Für das Verhältnis der Funktionssysteme untereinander sind Unabhängigkeit und Indifferenz charakteristisch: Keines kann die Funktion eines anderen übernehmen, obwohl alle Funktionssysteme auf das Funktionieren der jeweils anderen angewiesen sind, ohne diese jedoch steuern zu können. Die wechselseitige Indifferenz der Funktionssysteme, die sich aus der Konzentration auf die jeweils eigene Funktion und die Bearbeitung der Wirklichkeit gemäß der jeweils systemeigenen Begreifungskraft ergibt, ist für die Ausdifferenzierung des Sexuellen von entscheidender Bedeutung.

Die Entstehung der modernen Sexualität fällt in jene Phase der historischen Entwicklung, in der funktionale Differenzierung irreversibel wird. Die Ablösung der alten stratifizierten Ordnung, die jedem einzelnen Menschen einen festen Platz in der gesellschaftlichen Hierarchie zugewiesen hatte, durch funktionale Differenzierung, die den Menschen als sozial ortlos voraussetzt, hat jene Freiräume geschaffen, in denen sich Sexualität entwickeln und ausdifferenzieren konnte. Die moderne sexuelle Freiheit verdankt sich, kurz gesagt, primär der funktionsnotwendigen Indifferenz der einzelnen Funktionssysteme gegenüber ihrer sozialen wie nicht-sozialen Umwelt. Im Gegensatz zu stratifizierten Gesellschaften kann es sich die moderne, funktional differenzierte Gesellschaft ›leisten‹, sich gegenüber dem Sexuellen strukturell indifferent zu verhalten und Sexualität in das Belieben der Individuen zu stellen, da sie für ihre Stabilität wie ihre Differenzierungsform keine Gefahr darstellt. Die zunehmende Autonomisierung des Sexuellen ist aber nicht nur Resultat der Indifferenz der Funktionssysteme ihm gegenüber, sondern die moderne Sexualität fügt sich auch in die Differenzierungsform der modernen Gesellschaft ein: Neben anderen sozialen Großsystemen bildet sich auch ein Sexualitätssystem aus (vgl. Lewandowski 2004, 2007, 2008).

Binäre Codierung und Wandel der Leitdifferenzen

Mit der Ausdifferenzierung des modernen Sexualitätssystems auf Basis des Orgasmusparadigmas und der Etablierung einer exklusiven sexualitätsspezifischen binären Codierung gehen sowohl eine bis dato unerreichte Binnendifferenzierung als auch eine Abkopplung des Sexuellen von nichtsexuellen Referenzen und Einbettungen sowie seine Umstellung auf Selbstreferentialität einher (vgl. Lewandowski 2004). Pornographie reflektiert, so unsere These, all dies.

Entscheidend für die Ausdifferenzierung und operative Schließung höher generalisierter Sozialsysteme ist die Etablierung einer exklusiven binären Codierung, die gleichsam als ›Sortierregel‹ funktioniert, um zwischen im System Anschlussfähigem und Nichtanschlussfähigem, zwischen Dazugehörigem und Nichtdazugehörigem zu unterscheiden und die so der Abgrenzung gegenüber den Operationen anderer Systeme dient. Im Falle des Sexualitätssystems fungiert als binäre Codierung die Differenz Begehren/Befriedigung – immer wenn auf diese Unterscheidung referiert wird, handelt es sich um sexualitätssystemische Operationen.[49]

Charakteristisch für binäre Codierungen ist, dass sie nicht nur dritte Optionen ausschließen, sondern auch orthogonal zueinander stehen. Jede einzelne binäre Codierung weist jede andere zurück und gemeinsam ist ihnen, dass eben jene Zurückweisung auch moralische Leitunterscheidungen trifft – die Operations- und Leistungsfähigkeit der modernen Funktionssysteme beruht nicht zuletzt darauf, dass sie sich mittels der Etablierung eigener binärer Codierungen von moralischen Leitunterscheidungen abgekoppelt haben.

Die Entwicklung und Ausdifferenzierung des Sexuellen lässt sich einerseits als Abkopplung von moralischen Leitunterscheidungen[50] und andererseits als Verschiebung der die Sexualität orientierenden Leitdifferenz von Keuschheit/Sünde, Ehre/Schande, reproduktiv/nicht-reproduktiv über ehelich/unehelich, männlich/weiblich, heterosexuell/homosexuell, normal/pervers bis hin zur heutigen Leitdifferenz Begehren/Befriedigung mit dem Orgasmus als Differential beschreiben (vgl. Lewandowski 2008). An dieser Entwicklungsreihe fällt vor allem auf, dass die jeweiligen Leitunterscheidungen zunehmend ›sexualitätsnäher‹ werden, sich also von externen Referenzen und sozialstrukturellen Einbindungen zunehmend ablösen. Die Differenz Begehren/Befriedigung ist schließlich als rein selbstreferentiell zu verstehen; sie ergibt außer im Bezug auf das Sexuelle keinen Sinn. Zugleich erweitert sie die ›Reichweite‹ des Sexuellen respektive des Sexualitätssystems in enormer Weise, da sie, im Gegensatz zu früheren das Sexu-

---

49 Peter Fuchs (1999: 43) formuliert sehr plastisch, dass ein System »immer dann angeschaltet ist, wenn die Referenz auf jene fundamentale Unterscheidung [i.e. der binäre Code des Systems – S.L.] genommen wird, und wenn nicht, dann nicht«.

50 Dem scheint das von Gunter Schmidt (1998, 2005) konstatierte Verschwinden einer genuinen Sexualmoral zugunsten einer allgemeinen Verhandlungsmoral zu widersprechen. Eine genauere Betrachtung offenbart jedoch den Rückzug der Moral aus dem engeren, dem autonomen Bereich des Sexuellen. Dies zeigt sich, wie auch Schmidt argumentiert, explizit an einem Verschwinden der moralischen Bewertung sexueller Praktiken. Die moralische Bewertung zieht sich stattdessen auf die Art und Weise des Zustandekommens der jeweiligen sexuellen Interaktion zurück.

elle strukturierenden Leitdifferenzen, keine sexuellen Formen und Begehrensweisen ausschließt.[51]

DIFFERENZEN ZU DEN SELBSTBESCHREIBUNGEN ANDERER SYSTEME

Die pornographische Selbstbeschreibung des Sexualitätssystems unterscheidet sich von den Selbstbeschreibungen anderer Funktionssysteme in mancherlei Hinsicht. Gemeinsam ist ihnen hingegen, dass sie die Einheit und Ausdifferenzierung des sich selbst beschreibenden Systems reflektieren und insbesondere für die Beobachtung der Differenz von System und Umwelt bedeutsam sind.[52]

Im Folgenden werden zunächst Unterschiede der Pornographie zu anderen systemischen Selbstbeschreibungen diskutiert und anschließend wird der Versuch unternommen, Luhmanns Konzept systemischer Selbstbeschreibungen um visuelle Dimensionen zu erweitern.

Keine Reflexionstheorie im engeren Sinne

Der erste wesentliche Unterschied der Pornographie zu den Selbstbeschreibungen anderer Funktionssysteme liegt darin, dass das Sexualitätssystem in der Pornographie keine Reflexions*theorie* im engeren Sinne ausbildet. Im Bereich des Sexuellen gibt es keine Formen der theoretischen Reflexion, die der politischen Theorie, der Theologie oder der Wissenschaftstheorie vergleichbar wären. Die Entwicklung einer sexualitätssystemischen Reflexions*theorie* ist in eigentümlicher Weise blockiert. Zum einen mag dieser Mangel der historisch relativ späten Ausdifferenzierung des Sexuellen geschuldet sein.[53] Zum anderen – und entscheidender – wird eine sexualitätssystemische ›Theoriebildung‹ in ähnlicher Weise wie im Falle des Gesundheitssystems durch Eigentümlichkeiten der jeweiligen Leitdifferenzen blockiert. Ein Ineinanderfallen von positivem Codewert

---

51 Die selbstreferentielle Orientierung des Sexuellen ist nicht nur Produkt eines gesellschaftlichen Evolutionsprozesses, sondern bedarf, wie im Kapitel über *Semantik* (vgl. S. 151ff.) ausgeführt, auch semantischer Plausibilisierungen.

52 Die Differenz von System und Umwelt wird selbst nicht über Selbstbeschreibungen, sondern bereits auf (›normal‹-)operativem Wege erzeugt. Selbstbeschreibungen machen hingegen das System und die Einheit des Systems für das System ›handhabbar‹.

53 Freilich ist das Geschlechtliche ein altes Reflexionsthema. Jedoch finden die entsprechenden Reflexionen primär im Rahmen von Religion, Ethik und Medizin statt.

und systemischer ›Zielformel‹ einerseits und eine »perverse Vertauschung der Werte« des medizinischen Codes mache, so Luhmann (1990b: 187f.), die Entwicklung einer medizinischen Reflexionstheorie entbehrlich. Die positive Wertung der Gesundheit, die zugleich den negativen (!) Wert des Codes krank/gesund bildet, schneidet die Möglichkeit der Entwicklung von Reflexionstheorien in zweierlei Hinsicht ab. Der Wert der Gesundheit ist zum einen (nicht nur) für das Medizinsystem so selbstverständlich, dass sich jede Reflexion zu erübrigen scheint und sie daher zum anderen nicht mit systemeigenen Mitteln geleistet werden kann bzw. geleistet werden muss. Hinzu kommt, dass Gesundheit zwar als Zielformel fungiert, aber für das Medizinsystem eigentlich ein negativer Wert ist, da Gesundheit innerhalb des Systems nicht anschlussfähig ist. Gesundheit ist aus Perspektive des Gesundheitssystems in etwa das Gleiche wie der Tod des Patienten – in beiden Fällen entfällt die Zuständigkeit des Systems, da es nichts (mehr) zu behandeln gibt. Die Operationen und Anschlussmöglichkeiten des Systems finden sich allein auf der als negativ bewerteten Seite seines binären Codes. Behandlungsbedürftig – und mithin im System anschlussfähig – sind einzig und allein Krankheiten. Insofern gibt es viele Krankheiten, aber nur eine Gesundheit und entsprechend läuft die Ausdifferenzierung des Medizin- respektive des Gesundheitssystems über die differentialdiagnostische Vermehrung und Ausdifferenzierung der Krankheiten und die Entwicklung entsprechender Behandlungsmethoden.

Ähnliche Phänomene sind auf dem Gebiete der Sexualität zu beobachten. Auch hier läuft die Ausdifferenzierung im Wesentlichen *nicht* über den negativen (!) Wert der Befriedigung. Es sind in erster Linie die Begehrensformen, die sich ausdifferenzieren. Auch kann das Sexualitätssystem mit Befriedigung ähnlich wenig ›anfangen‹ wie das System der Krankenbehandlung mit Gesundheit. Nicht Befriedigung, sondern Begehren ist systemisch anschlussfähig und damit differenzierbar. Da Befriedigung aber ebenso die Zielformel des Sexualitätssystems bildet, wie Gesundheit die Zielformel des Gesundheitssystems ist, scheint auch im Falle der Sexualität die Ausbildung einer Reflexionstheorie blockiert zu sein. Auch hier fallen Reflexions- und Zielformel in eins, so dass eine Reflexionstheorie entbehrlich zu sein scheint (vgl. Lewandowski 2004: 172-179).

Visuelle Selbstbeschreibungen und Körperbezug

Die Entbehrlichkeit oder Blockierung der Ausbildung von Reflexionstheorien besagt freilich nichts für die Entwicklung von Selbstbeschreibungen – oder doch nur soviel, dass es unwahrscheinlich ist, dass diese die Form hochgradig elaborierter *Theorien* annehmen. Anstelle einer Ausbildung von Theorien findet sich im Falle des Sexuellen eine ›Flucht‹ ins Bild, in die Utopie und den Roman. Literarische und vor allem visuelle Diskurse des Begehrens besetzen die Stelle der Theoriebildung. Obgleich sich in der Moderne mannigfaltige Theorien *über* das Sexuelle entwickeln, scheint dieses selbst zu sehr durch eine Nähe zum körperlichen Vollzug gekennzeichnet zu sein, als dass sich umfassende theoretische Konzeptionen aus ihm heraus entwickeln lassen. Was bleibt sind erregende Texte und Bilder. Diese gewinnen ihre Nähe zur Praxis und zum körperlichen Vollzug einerseits durch ein Ausschalten von Reflexion – Texte reizen zum Widerspruch, Bilder zur Affirmation – und andererseits dadurch, dass sie Körperlichkeit abbilden und auf körperliche Erregung zielen. Aus erregenden Bildern wie Körperzuständen lassen sich jedoch schlecht Theorien destillieren, so dass der Diskurs des Theoretischen immer wieder in die bloß beschreibende Darstellung oder eine Faszination des Visuellen abzugleiten respektive zu kollabieren droht. Auf diese Weise werden zwar (Selbst-)Beschreibungen hervorgebracht, aber eben keine (Reflexions-)Theorien.

Ähnliche Schwierigkeiten treten in all jenen sozialen Systemen auf, die sich durch eine große Nähe zum Körperlichen und/oder Visuellen auszeichnen, so in der Medizin und im zuschauerbezogenen Spitzensport. Die Entwicklung von Reflexionstheorien findet sich in eigentümlicher Weise blockiert, während die genannten Systeme Selbstbeschreibungen und Selbstdarstellungen in großer Menge hervorbringen und zwar gerade in dem ihrem Körperbezug adäquaten Medium der visuellen Darstellung.

Visuelle Selbstbeschreibungen bleiben jedoch nicht auf körperaffine Sozialbereiche beschränkt. Vielmehr fällt auf, dass auch körperferne und hochabstrakte Sozialsysteme sich in ihren Selbstbeschreibungen zunehmend visueller Darstellungen bedienen (vgl. Stäheli 2007b, sowie: unten, S.211ff.). Man könnte hier vermuten, dass sie visuelle Beschreibungen ihrer selbst zu entwickeln suchen, um die Abstraktheit ihrer Operationen gleichsam im konkret Wahrnehmbaren ›einzufangen‹ bzw. ›zu verankern‹. Im Bild scheinen sie gleichsam Halt zu suchen und mittels des Visuellen ihre Einheit kommunizieren zu wollen.[54] Theoretische Selbstbeschreibungen werden in diesen Fällen zwar nicht vollständig er-

---

54 Man denke an Logos für ›corporate identities‹ oder an Werbung, in der sich Unternehmen als Anbieter und Garanten ›unsichtbarer‹ Produkte wie etwa ökonomischer Sicherheit oder eines bestimmten Life Styles darstellen. Instruktiv ist hier nicht nur die von Stäheli (2007b) analysierte Werbung von Banken, sondern auch jene politischer Parteien.

setzt, aber durch adressatenfreundlichere Formen der visuellen Selbstbeschreibung ergänzt.[55]

Während die Selbstbeschreibungen der Wirtschaft, der Religion und der Politik durch visuelle Darstellungen ergänzt werden, entstehen – gewissermaßen umgekehrt – Selbstbeschreibungen im Falle der Sexualität gleichsam als Neben- bzw. ›Abfallprodukte‹: Das Pornographische intendiert keine Selbstbeschreibung des Sexualitätssystems, sondern bringt sie eher nebenbei hervor.[56] Sie versteht sich von daher auch nicht unbedingt als solche.[57]

Bevor wir uns aber eingehender mit der Frage befassen, *was* Pornographie beschreibt, wenden wir uns zunächst dem Konzept visueller Selbstbeschreibungen zu, wie es Urs Stäheli (2007b) entwirft.

VISUELLE SELBSTBESCHREIBUNGEN JENSEITS VON TEXTEN UND THEORIEN

Um Niklas Luhmanns Theorie systemischer Selbstbeschreibungen für unseren Kontext fruchtbar zu machen, ist sie einigen Revisionen zu unterziehen. Diese betreffen vor allem Luhmanns Fixierung auf Texte, sodann die Ausrichtung seiner Analysen auf Reflexions*theorien*. Luhmann setzt – aus der Wahl der von ihm analysierten Selbstbeschreibungen des Kunst-, des Rechts-, des Religions- und des politischen Systems verständlich und naheliegend – Selbstbeschreibungen weitgehend mit Texten und schriftlich verfassten Reflexionstheorien gleich, ohne die Bedeutung von anderen Medien der Selbstbeschreibung wie etwa visuellen oder audiovisuellen Medien in Betracht zu ziehen.[58] Dass ›Texte‹ nicht

---

55 Zu bedenken ist jedoch, dass derartige Selbstbeschreibungen in den meisten Fällen in der Form von Werbung auftreten. Werbung bedient sich freilich des Ästhetischen, dessen Logik darin liegt, dass sich ihm kaum widersprechen lässt. Die Möglichkeit der Ablehnung wird zwar nicht vollständig eliminiert, aber sie wird unwahrscheinlich (vgl. Luhmann 1996: 87). Die Wahl visueller Selbstbeschreibungen ist hier also primär strategisch bedingt. Sie verdankt sich darüber hinaus einer Kopplung mit dem System der Massenmedien.

56 Auch ist das Pornographische keine Werbekampagne für Sexualität.

57 Dies führt zu dem Gedanken zurück, dass es für die Analyse darauf ankommt, ob das Pornographische sinnvollerweise so beobachtet werden kann, dass es als Selbstbeschreibung des Sexualitätssystems *fungiert*.

58 Es verstehe sich, so Luhmann (1993: 500) »*von selbst*, daß Selbstbeschreibungen Schrift als Form für Texte voraussetzen« (Herv. – S.L.).

zwangsläufig schriftlich sein müssen, scheint Luhmann ebenso wenig in den Sinn zu kommen, wie dass sehr wesentliche Formen der Selbstbeschreibung – gerade auch der von ihm analysierten Funktionssysteme – visuell sind. Man denke etwa an Ikonographie, Parteifarben und -embleme, parlamentarische Sitzordnungen, politische Repräsentationsarchitektur, Justitia mit verbundenen Augen und ähnliche Symbolisierungen in anderen Funktionssystemen, die alle Komponenten der Selbstbeschreibung des jeweiligen Systems sind, ohne schriftlich verfasste Texte zu sein.

Aber auch schriftliche Selbstbeschreibungen müssen nicht zwangsläufig zu ausgearbeiteten Reflexions*theorien* gerinnen. Sicherlich sind Rechtstheorien, Theologie, politische und ästhetische Theorien prominente Formen von Selbstbeschreibungen. Ob sie allerdings auch paradigmatisch sind, kann als offene Frage angesehen werden. Analoge Fragen ließen sich auch im Hinblick darauf formulieren, dass für manche Funktionssysteme Selbstbeschreibungen aus historischen Gründen offensichtlich einen höheren Stellenwert haben als für andere.[59]

Schließlich fällt auf, dass die verschiedenen Funktionssysteme der modernen Gesellschaft höchst unterschiedliche ›Selbstbeschreibungsbedürfnisse‹ haben. Zwar gilt für alle Funktionssysteme, dass Selbstbeschreibungen nicht unbedingt »die tägliche Praxis des Systems steuern«, wie Luhmann (1993: 498) für das Rechtssystem formuliert. Aber in einigen Systemen sind Selbstbeschreibungen für das alltägliche Operieren bedeutsamer als in anderen. So kommen beispielsweise das Wirtschafts- und das Gesundheitssystem beinahe ohne Selbstbeschreibungen aus, während etwa das Religionssystem und das Wissenschaftssystem in Form von Theologie respektive Wissenschaftstheorien in einem erheblichen Umfang Selbstbeschreibungen hervorbringen.

Unterschiede schlagen sich auch in den für Selbstbeschreibungen gewählten Formen nieder. So sind einige Funktionssysteme in einem höheren Maße textaffin, während andere wiederum eher bildaffin sind. Visuelle Präsentationen und Selbstbeschreibungen finden sich beispielsweise stärker im Sportsystem (Siegertreppchen und Medaillen symbolisieren die Einheit des Systems, das sich auf errungene Bestleistungen und Ranglisten kapriziert) als im Wissenschafts- oder im Erziehungssystem. Textuelle und visuelle Selbstbeschreibungen schließen sich freilich nicht wechselseitig aus. Zudem ist an ein Wandel von Selbstbe-

---

59 So sind Bedeutungen wie Formen von Selbstbeschreibungen zumindest teilweise auf die Ausdifferenzierungsgeschichte des jeweils sich selbst beschreibenden Systems zurückzuführen, wobei sich vermutlich zeigen ließe, dass sich Selbstbeschreibungen primär (aber nicht ausschließlich) jener Medien bedienen, die zur Zeit der Ausdifferenzierung des jeweiligen Systems als gesellschaftliche Leitmedien fungierten.

schreibungsformen zu denken, der nicht zuletzt den Wandel der Massenmedien widerspiegelt und vielleicht sogar aus ihm heraus zu erklären ist.[60]

Der Versuch, Pornographie als Selbstbeschreibung des Sexualitätssystems zu deuten, sieht sich also mit dem Problem konfrontiert, dass sich Niklas Luhmanns Konzept systemischer Selbstbeschreibungen auf *Texte* fixiert, während andere, insbesondere visuelle Selbstbeschreibungsweisen unterbelichtet bleiben. So fällt es vergleichsweise leicht, mit Luhmanns Denkapparat den pornographischen Roman des 18. und 19. Jahrhunderts mit der Herausbildung der modernen Sexualität in Verbindung zu bringen.[61] Jedoch wurden mit der Verbreitung von audiovisuellen Aufzeichnungstechniken Worte durch Bilder als Leitmedien abgelöst. Geschriebene Pornographie ist zwar nicht verschwunden; das zentrale Medium der zeitgenössischen Pornographie ist aber das (bewegte) Bild. Diese Entwicklung wirft die Frage nach dem Verhältnis von Bild und System auf, genauer gesagt: die Frage nach der Möglichkeit visueller Selbstbeschreibungen oder, in Urs Stähelis Worten, nach der »Sichtbarkeit sozialer Systeme« (Stäheli 2007b).[62]

Die Sichtbarkeit sozialer Systeme

Die Vernachlässigung des Visuellen durch die Luhmann'sche Theorie systemischer Selbstbeschreibungen sieht Urs Stäheli (2007b: 71) als problematisch an, da »ein großer Teil gegenwärtiger Sinnproduktion in Funktionssystemen nicht sprach-, sondern bildgestützt« sei. Zu fragen sei daher, wie sich »Funktionssysteme als Einheit ›buchstäblich‹ sichtbar machen« (ebd.: 72). Es geht mithin darum, Bilder als Selbstbilder und Selbstbilder als Selbstbeschreibungen zu analysieren. Um aber »der Rolle visueller Semantiken für Selbstbeschreibungen gerecht werden« zu können, müssten, so Stäheli (ebd.), »einige Annahmen klassischer schriftbasierter Semantiktypen modifiziert werden«. Dies gelte insbeson-

---

60 An diese und ähnliche Überlegung knüpft nicht zuletzt die Frage nach der Popularisierung von Funktionssystemen an, wobei insbesondere ›Pop‹ ein wesentlich audiovisuelles, kaum aber oder allenfalls sekundär ein schriftbasiertes Medium ist.

61 Eine solche Analyse, wenn auch nicht in systemtheoretischen Begrifflichkeiten, unternimmt etwa Svenja Flaßpöhler (2007) für den Fall des Marquis de Sade; ähnlich, wenn auch weniger philosophisch: Kendrick (1996) und Marcus (1974). Vgl. auch Foucaults Hinweise auf die Bedeutung von *My Secret Life* für die Verknüpfung von Sexualität und Identität (Foucault 1976: 32ff.), sowie unsere Ausführungen im Kapitel *Pornographie und die Semantik des Sexuellen* (S. 151ff.).

62 Wir widmen uns Stähelis Ansatz im Folgenden ausführlicher, da er einen ›missing link‹ zwischen Luhmanns Konzept der systemischen Selbstbeschreibungen und unserer Intention bildet, Pornographie im Rahmen ebendieses Konzepts zu fassen.

dere für die Verengung von Semantikanalysen auf elaborierte funktionssystemische Reflexionstheorien und ›ernsthafte‹ Semantiken. Auf diese Weise würden nämlich »gerade jene Semantiken ausgespart, die von den Funktionssystemen selbst produziert werden und welche auch operativ von Bedeutung sind« (ebd.: 72)[63]. Die Theorie systemischer Selbstbeschreibungen muss folglich für populäre Semantiken und Formate geöffnet werden und zu diesen zählen vornehmlich visuelle Semantiken. Stäheli streicht die Bedeutung von Bildern für die Herstellung von Systemidentität und systemischen Selbstbeschreibungen heraus und knüpft daran die These an, dass sich Funktionssysteme »mit Hilfe visueller Selbstbeschreibungen [...] Selbstbilder schaffen, die häufig unmittelbarer in deren Operieren eingehen als wissenschaftlich elaborierte Reflexionstheorien« (ebd.: 73). Visuelle Darstellungen, die Systeme selbst hervorbringen, sind also bei der Analyse systemischer Selbstbeschreibungen ernst zu nehmen – gerade auch, wenn sie in populärer Form vorliegen.

Das zeitgenössische Zusammenfallen von Populärem und (Audio-)Visuellem unterstreicht zudem die Bedeutung visueller Semantiken auch in jenen Fällen, in denen es um die Popularisierung der Inklusionsangebote verschiedener sozialer Systeme geht (vgl. auch Stäheli 2007a).[64]

Stäheli (2007b: 74) entwickelt sein Konzept visueller Semantiken am Beispiel der Finanzwerbung, in der »nicht nur Bilder von Organisation entworfen, sondern besonders signifikante Semantiken ökonomischer Selbstbeschreibungen re-kombiniert« würden. Sein besonderes Augenmerk richtet sich dabei auf Inklusionsprozesse[65]: Bilder der Finanzwerbung »entwerfen ökonomische Inklusionsfiguren, [...]. Zu diesem Zweck übersetzen sie die undurchschaubare Komplexität der Finanzökonomie in ökonomische Metaphern, die in und außerhalb der Finanzökonomie anschlussfähig sind. Mehr noch, sie laden ökonomische In-

---

63 Und weiter: »Was häufig als Selbstbeschreibung verstanden wird, sind dann doch eher Semantiken des Wissenschaftssystems als Selbstbeschreibungen des jeweiligen Funktionssystems.« (Stäheli 2007b: 72)

64 Die Analyse visueller Semantiken wirft allerdings das Problem auf, dass an diesen nicht allein das sich selbst darstellende System beteiligt ist, sondern auch Massenmedien und mitunter wirtschaftssystemische Organisationen. Die erfolgreiche visuelle Selbstdarstellung eines Systems darf also die Gesetze der Massenmedien nicht vollständig ignorieren (vgl. die obigen Ausführungen zu Selbstbeschreibungen *mittels* Massenmedien, S. 186ff.).

65 Hier ist die These von Bedeutung, dass sich Inklusion – entgegen weit verbreiteter Annahmen – nicht von selbst verstehe, sondern vielmehr popularisiert werden müsse (vgl. Stäheli 2007a: 24ff., sowie: Stichweh 2005: 44).

klusionsprozesse affektiv auf – produzieren ökonomische Intensitäten, durch welche Inklusion in die Finanzökonomie attraktiv wird« (ebd.: 74).

Die Popularisierung des Sexuellen

Stähelis Argument lässt sich beinahe umstandslos auf Pornographie übertragen. Zwar sind pornographische Darstellungen nicht in dem Sinne Werbung für sexuelle Dienstleistungsorganisationen wie Finanzwerbung Werbung für Banken ist. Pornographische Darstellungen entwerfen aber gleichwohl sexuelle Inklusionsfiguren, wobei diese jedoch, gerade im Vergleich zu ökonomischen Inklusionsfiguren, im Alltag wesentlich leichter anschlussfähig sind. Ihre vergleichsweise hohe Anschlussfähigkeit resultiert einerseits aus der Nähe des Pornographischen respektive des Sexuellen zum Körperlichen und andererseits, sofern Körperlichkeit lustvoll-affektiv besetzt wird, auf der großen Nähe des Körpers zum Populären – sofern man ›populär‹ mit ›lustvoll‹ assoziiert. Die wesentliche Hürde, die die Finanzwerbung – nämlich Konkretisierung und emotionale Aufladung *abstrakter* Sachverhalte – zu überwinden hat, liegt im Falle des Pornographischen erheblich niedriger. Eine Hürde ist es gleichwohl; auch pornographische Darstellungen leisten Komplexitätsreduktionen. Allerdings geht es hier weniger um eine Schleifung des Abstrakten als um eine Form der Komplexitätsreduktion, die Nichtzugehöriges, also alle nicht sexuellen Aspekte, ausscheidet. Die Ausscheidung des Nichtsexuellen wirft jedoch ein Popularitätsproblem ganz eigener Art auf: Während im Alltag das Konzept der romantischen Liebe in einem nicht unerheblichen Maß zur Popularisierung des Sexuellen beiträgt[66], besteht das ›Problem‹ der Pornographie in der Popularisierung sexueller Formen, die erkennbar jenseits des normativ aufgeladenen Konzepts romantischer Liebe angesiedelt sind. Zu den Inklusionsfiguren, die die Pornographie entwirft, zählen beispielsweise die allseits begehrte Frau, der immer potente Mann und die Fiktion, dass ein jeder Körper begehrenswert sein kann und ein jedes Begehren auf Erwiderung hoffen darf. Ihre Popularität gewinnen diese und ähnliche Figuren u.a. aus der Tatsache, dass sie unterkomplex sind und sich daher als Projektionsflächen und Wunschbilder anbieten.

Da das Sexuelle bereits hinreichend affektnah ist, steht das Pornographische nicht vor dem Problem, etwas Affektfernes affektuell aufladen zu müssen. Die Ausgangslage ist also eine andere als im Falle affektferner Phänomene bzw. af-

---

66 Dies widerspricht nicht der Ausdifferenzierung der Sexualität als autonomem System, sondern unterstreicht vielmehr die Bedeutung struktureller Kopplungen (vgl. auch Lewandowski 2004: 249-321, insbes. 282ff.).

fektferner sozialer Systeme; das Problem der (Selbst-)Visualisierung der Systeme ist jedoch ähnlich gelagert.[67]

Dimensionen visueller Semantiken

In seiner Analyse visueller Semantiken unterscheidet Stäheli (2007b) mehrere Dimensionen. Der Zusammenhang von »visueller Totalisierung« und systemischer Identitätsbildung erweist sich in unserem Zusammenhang als besonders bedeutungsvoll. Stäheli (2007b: 75) argumentiert, dass sich »die Einheit eines Systems [...] besonders gut durch visuelle Mittel repräsentieren« lässt: »Bilder können gleichsam stabilisierend und schützend im Rahmen von Identitätskonstruktionen sein«. Entscheidend sei, dass – im Gegensatz zu (schrift-)sprachlichen Semantiken – visuelle Semantiken »nicht negiert« werden können. Sie folgen insofern der Logik des Ästhetischen bzw. der schönen Form, die Möglichkeiten des Widerspruchs abschneidet – gegen Ästhetik, gegen die schöne Form oder allgemeiner: gegen visuelle Wahrnehmung, die immer auch als Evidenzgarantie fungiert, lässt sich nicht argumentieren.[68] Gerade die »Absenz von klaren Gegenbegriffen« mache »es – in Analogie zum Traum – möglich, in einem Bild gegensätzliche Bedeutungen zu vereinigen« (ebd.: 76). Aus den fehlenden Negationsmöglichkeiten des Visuellen folgert Stäheli nun, dass diese »in visuellen Selbstbeschreibungen durch zwei Darstellungsmodi kompensiert« würden: »assoziative Logiken und Erzeugung visueller Evidenz« (ebd.: 76). Wir meinen freilich, dass es sich eher andersherum verhält, und betrachten die Möglichkeit der Assoziation und der Herstellung visueller Evidenz nicht als Kompensationsformen, sondern als Möglichkeiten, welche das Visuelle eröffnet bzw. dem Textuellen und Sprachlichen voraushat. Das Bild ist der Sprache und dem Text gerade dadurch *überlegen*, dass es ihm gelingt, Evidenz und Assoziativität zu kombinieren. Das Visuelle vermag Evidenz herzustellen und zugleich zur be-

---

67 Ein Unterschied ist freilich, dass Sexuelles aufgrund seines spezifischen Körperbezugs bildaffiner ist als beispielsweise Liebe oder Finanzspekulationen. Die nämliche Bildaffinität des Sexuellen mag dazu beigetragen habe, dass Pornographie nie auf dem ›Schirm‹ systemtheoretischer Semantikanalysen auftauchte. Weitgehend ungeklärt ist freilich die Frage, warum das Sexuelle populär in seiner heutigen Form ist und wie es populär wurde.

68 Ein ähnliches Argument führt Niklas Luhmann (1996: 87) in seiner Analyse visueller Werbung an. Umso interessanter ist, dass Stäheli hier nicht an Luhmann, sondern an Freuds Beobachtung anschließt, dass weder der Traum noch das Unbewusste die Negation kennen.

wussten wie unbewussten Assoziation einzuladen bzw. zu stimulieren – genau darin gründet seine Popularität.

Die »Logik der Assoziation«, die Stäheli als zweite Dimension anführt, beruht jedoch weniger darauf, dass der Betrachter eines Bildes mit diesem Assoziationen verknüpft, als dass mittels der Verknüpfung verschiedener, oftmals disparater Elemente in einem Bild Assoziationen hergestellt werden, indem etwa die Leistungsfähigkeit von Finanzinstituten durch Bilder aus der Welt des Sports ›dargestellt‹ wird. Visuelle Selbstbeschreibungen können, so folgert Stäheli (2007b: 77), auch »fremde Bilder« für die eigenen Identitätskonstruktionen nutzen. Dies gelte insbesondere für die »Außendarstellungen von Funktionssystemen«, die bereits etablierte populäre Bilder nutzten, um Anschlussfähigkeit herzustellen. Stäheli erkennt hierbei einen »spezifische[n] Modus visueller Selbstdarstellungen: Andere gesellschaftliche Bereiche werden auf ihre erfolgreichen Bilder hin regelrecht gescannt, um diese etablierten Bilder für eigene Zwecke einzusetzen. Visuelle Selbstbeschreibungen beobachten«, so Stäheli weiter, »andere Selbstbeschreibungen, um auf diese Weise ein Bildrepertoire zu erhalten, das eigenständig kombiniert werden kann« (ebd.: 77f.). Dass Bilder, auf die zu diesem Zwecke gerne zurückgegriffen wird, nicht nur der Welt des Sports, des Showbusiness oder der Popkultur entstammen, sondern gerade sexuelle Bilder attraktiv sind, versteht sich beinahe von selbst. Pornographie – wie überhaupt das Sexuelle – hat hier wiederum den Vorteil, selbst über ein hinreichend attraktives Bildrepertoire zu verfügen.

Die dritte von Stäheli angeführte Dimension, dass Interaktionsbilder der Darstellung von Funktionssystemen dienen (können), *scheint* für das Pornographische zu entfallen. Sie muss vielmehr eigens rekonstruiert werden, da die Tatsache, dass visuelle (Hardcore-)pornographische Darstellungen quasi per definitionem Interaktionsbilder bieten, suggeriert, dass Pornographie und Sexualität in Interaktion aufgingen. Übersehen wird dabei, dass sich das Pornographische nicht in Interaktionsbildern erschöpft, sondern die pornographischen Interaktionen über sich hinausgehend auf etwas anderes verweisen. Sie sind ebenso gut Abbildungen sexueller Interaktionen, wie diese Interaktionen das Sexualitätssystem repräsentieren. Deshalb gilt auch für visuelle Pornographie, dass »gerade figurale Bilder [...] die Personalisierung und Dramatisierung von Funktionssystemen« ermöglichen: »Was insbesondere in der Bildwerbung in den Vordergrund tritt, ist die Inszenierung von Systemidentität als Inklusionsidentität«, da es visuelle Darstellungen ermöglichten, Inklusionsformen und funktionale Differenzierung aufeinander zu beziehen: »Die Bildinszenierungen nutzen Inklusionsbilder, um von der funktionalen Differenzierungsform zu sprechen« (ebd.: 79).

In Abgrenzung zu Luhmanns Verständnis von (semantischer) Evidenz stützt sich für Stäheli die Produktion (visueller) Evidenzeffekte nicht »so sehr auf die Passung von Semantik und Sozialstruktur, sondern auf die immanente Struktur und Medialität von Semantiken. [...] Evidenzerzeugung entlastet Diskurse von argumentativem Druck – und schafft doch Klarheit. Evidenz mobilisiert ein Vorwissen, ohne aber die Behauptung selbst argumentativ einzuholen – und sie damit angreifbar zu machen« (ebd.: 81). Von jener Form ›argumentativer‹ Evidenz, die Zusammenhänge und Thesen behauptet, indem sie sie assoziativ in visuellen Darstellungen vereint und sich dabei die fehlende Negationsfähigkeit des Visuellen zunutze macht, sind freilich Formen visueller Evidenz zu unterscheiden, die sich auf direkte visuelle Beweise kaprizierten, die mit technischen Mitteln hergestellt werden – etwa, dass Pferde im Galopp alle Hufe vom Boden erheben oder dass eine Penetration tatsächlich stattgefunden hat. Nur ersterer Fall, den Stäheli anspricht, ist freilich für visuelle Selbstbeschreibungen von Bedeutung, während zweiterer der Verschränkung von realer und fiktiver Realität dient.

Stähelis Konzeption kommt das Verdienst zu, die Verengung systemtheoretischer Semantik- und Selbstbeschreibungsanalysen in mehrerlei Hinsicht aufzubrechen: Nicht nur Texte, sondern auch Bilder, nicht nur elaborierte und theoretische, sondern auch populäre Selbstbeschreibungen respektive -bilder, nicht lediglich selbst-, sondern auch in ›Kooperation‹ mit anderen Systemen hervorgebrachte (Selbst-)Beschreibungen werden in den Fokus der Analyse gerückt. Stäheli öffnet mit anderen Worten die systemtheoretische Semantikanalyse für populäre Formen der visuellen Selbstdarstellung von Systemen. Dabei betont er vor allem die Differenz zu sprachlichen Semantiken: »Gerade weil visuelle Semantiken auf die erst durch Sprache mögliche Negationsleistung verzichten müssen, kann ihr Funktionieren nicht mit dem schriftlicher Semantiken gleichgesetzt werden.« (Stäheli 2007b: 84) Entscheidend ist allerdings, dass sie dennoch als Semantiken und gegebenenfalls als Selbstbeschreibungen ernst genommen werden müssen – und somit der systemtheoretischen Semantikanalyse offen stehen, die nicht zuletzt nach der Funktion der Semantiken für soziale Systeme fragt. Stähelis Konzeption eröffnet somit den Weg, visuelle Darstellungen als Selbstbeschreibungen sozialer Systeme zu analysieren.

Visuelle Semantiken eigneten sich in besonderer Weise zu »populäre[n] Außendarstellungen« von Systemen, weil sie gegenüber sprachlichen Semantiken den Vorzug hätten, »hochgradig anschlussfähig« zu sein und Systemgrenzen schneller zu »überschreiten« als »schriftliche historische Semantiken«. Daraus folge jedoch keine Entdifferenzierung: »Funktionssysteme mögen anderen Bilderwelten zwar ausgeliefert sein; sie versuchen jedoch, diese Fremdbilder nicht zuletzt mit sprachlichen Mitteln zu stabilisieren und für die Selbstbezeichnung fruchtbar zu machen.« (Stäheli 2007b: 84)

Der allgemeine Siegeszug des Visuellen gegenüber dem Schriftlichen zwingt, so könnte man an Stähelis Argumentation anschließen, höher generalisierte soziale Systeme dazu, ihre Selbstbeschreibungen zu visualisieren. Dies gilt insbesondere für jene Systeme, die um Inklusion werben, sich also um Popularität bemühen müssen. Stähelis Analysen (2007a, 2007b) schreiben sich somit in eine allgemeine Problematisierung von Inklusion ein, die zu entdecken beginnt, dass Inklusion in Funktionssysteme aus Sicht des zu inkludierenden Publikums nicht per se attraktiv ist. Kurzum: Inklusion versteht sich nicht von selbst, sondern gelingende Inklusion ist auf Popularisierung von Inklusionsangeboten angewiesen. Vor diesem Hintergrund gewinnen populäre Inklusionssemantiken an Bedeutung, die sich die spezifischen Charakteristika des Visuellen zunutze machen.

Unterschiede und Ähnlichkeiten zwischen Finanzwerbung und Pornographie

Nun unterscheidet sich das Sexuelle in mehrerlei Hinsicht von der Finanzökonomie, die Stäheli (2007a, 2007b) analysiert: Sexualität ist weniger abstrakt und aufgrund ihrer Körpernähe leichter zu visualisieren. Eine gewisse Wahlverwandtschaft zum Visuellen macht sie zugleich zu einem jener Lieferanten von Bildrepertoires, auf die andere Systeme für ihre Visualisierungsversuche und -strategien angewiesen sind. Ähnlich wie etwa der Sport stellt sie einen Vorrat an Bildern bereit, der sich, nicht nur im Kontext von Werbung, zur Außendarstellung verschiedener Systeme eignet. Die Symbolwelt des Sexuellen vermag beruflichen, sportlichen, aber auch politischen oder kulturellen Erfolg zu signalisieren oder zu ›verkörpern‹, da sexuelle bzw. sexualisierte Darstellungen selbst Teil der populären Kultur geworden sind.[69]

Die Körpernähe des Sexuellen erlaubt es zwar, sich der sexuellen Bilderwelt zu bedienen, um abstrakte Zusammenhänge anderer Kontexte darzustellen, lässt es aber zunächst als wenig sinnvoll erscheinen, sexuelle Bilder als Selbstdar-

---

69 So sehr Sexuelles in die populäre Außendarstellung anderer Systeme einfließt, so geht es doch seiner sexuellen Referenzen nicht verlustig. Die visuelle Bindung sexualisierter Darstellungen an Semantiken des Erfolgs – ein alternder Politiker mit einer jungen Schönheit an seiner Seite – impliziert zugleich eine Aufwertung des Sexuellen und unterfüttert Identifikationen und Parallelisierungen von Erfolg und sexuellem Erfolg.

stellungen des Sexuellen zu analysieren. Im Unterschied zu den Selbstbeschreibungen und Selbstdarstellungen anderer Systeme, die wesentlich durch Organisationen getragen werden, leidet das Sexualitätssystem unter einem Organisationsdefizit (vgl. auch Lewandowski 2004: 238ff.). Zwar ließe sich eine Analyse der Außen- und Sexualitätsdarstellungen verschiedener sexualitätsbezogener Organisationen – von Sexualberatungsstellen, Bordellen, Escortservices bis hin zu Sexshops – durchführen. Auch wenn diese sexuelle Bilderwelten mitprägen, so ist die Sexualität der Gesellschaft doch in weit geringerem Maße durch formale Organisationen geprägt als etwa das Rechts-, das Wirtschafts- oder das Wissenschaftssystem. Insofern sind auch ihre Bemühungen um populäre Außendarstellungen anders strukturiert. Zwar geht es auch im Falle des Sexuellen um Inklusion, aber – im Gegensatz zu den ›klassischen‹ Funktionssystemen – nur in den wenigsten Fällen auch um Inklusion in Organisationen (gleich ob in die Leistungs- oder die Publikumsrolle).[70] Die Inklusionsproblematik des Sexualitätssystems ist hingegen anders gelagert; direkt vergleichbar wäre lediglich die Inklusion in Bereiche seines organisierten Sektors, etwa in die Prostitution. Kurz gesagt: Pornographie ist nicht im gleichen Sinne Werbung für Sexualität, wie die populären Außendarstellungen der Finanzökonomie, des Kunstsystems (›lange Nacht der Museen‹) oder der Wissenschaft Werbung für ökonomische, kunstsystemische und wissenschaftssystemische Inklusion sind. Es verhält sich also im Falle des Sexuellen nicht so, dass Organisationen des entsprechenden Systems popularisierende Werbekampagnen zum Nutzen der eigenen Organisation in Auftrag geben, die zugleich der Popularisierung des jeweiligen Funktionssystems und der Inklusion in dieses dienen. Wie gesagt: Pornographie ist kein Werbefilm für sexualitätssystemische Organisationen.[71]

Neben den genannten Unterschieden lassen sich aber auch Ähnlichkeiten und Entsprechungen ausmachen. Zu diesen zählt vor allem die Überlegung, dass auch visuelle Darstellungen als systemische Selbstbeschreibungen fungieren können. Folgt man Stähelis (2007b: 72) Kritik an der üblichen Verortung von Selbstbeschreibungen, die sich oft genug als Semantiken des Wissenschaftssystems herausstellten, die für die Operationen des sich selbst beschreibenden Sy-

---

70 Um bei Urs Stähelis Beispiel der Inklusion in die Finanzökonomie zu bleiben: In den von ihm analysierten Werbeanzeigen geht es zugleich – und vielleicht zuvörderst – darum, Personen als *Kunden* für einen *bestimmten* Finanzdienstleister zu gewinnen. Die Inklusion in die Finanzökonomie ist in einem gewissen Sinne lediglich ein sekundäres, wenn auch unverzichtbares Nebenprodukt.

71 Der Unterschied zur Werbung für ein Produkt oder eine Dienstleistung liegt nicht zuletzt darin, dass die Hardcore-pornographische Darstellung selbst das Produkt ist, das verkauft werden soll.

stems nur von bedingter Relevanz sind, so wird deutlich, dass etwa die Sexualwissenschaften als Selbstbeschreibung des Sexualitätssystems kaum in Frage kommen. Nicht nur, dass diese selbst in ihrer popularisierten Form als Sexualratgeber kaum in der Lage sind, die Sexualität der Gesellschaft angemessen zu beschreiben; die Sexualwissenschaften sind für den sexuellen Alltag zu unbedeutend und prägen die sexuellen (Bild-)Welten weit weniger stark als etwa die Pornographie. Ähnlich wie die Sexualwissenschaften, Sexualratgeber oder auch andere mehr oder weniger populäre Diskurse (›die Pornographisierung der Gesellschaft‹, ›sexueller Kulturverfall‹ usw.), bietet aber auch die Pornographie eine Beschreibungen der zeitgenössischen Sexualität an. Von anderen Beschreibungen der Sexualität der Gesellschaft unterscheidet sich die Pornographie nicht zuletzt durch ihre Popularität, die sie zugleich als dominant erscheinen lässt, sowie durch die Tatsache, dass Pornographie selbst sexualitätssystemische Operationen vollzieht. Analysiert man Pornographie als Selbstbeschreibung des Sexualitätssystems, so stellen sich nicht so sehr Fragen danach, inwieweit diese allumfassend und realitätsadäquat ist[72], sondern die entscheidende Frage ist vielmehr, ob sie als zentrale Selbstbeschreibung des Sexualitätssystems fungiert.

Systemische Selbstbeschreibungen sind keine vollständigen Abbildungen, also keine Verdoppelungen des sich selbst beschreibenden Systems. Sie bilden nicht das System, sondern seine Einheit, seine ›Identität‹ ab. Zu dieser gehören vor allem seine binäre Codierung und seine Aus- wie Binnendifferenzierung. Selbstbeschreibungen handeln primär von der Autonomie des jeweiligen Systems. Analysiert man Pornographie aus dieser Perspektive, so wird deutlich, dass in ihr zentrale Entwicklungslinien der modernen Sexualität zum Ausdruck kommen: die Orientierung an sexueller Lust und am Orgasmus(paradigma), die Abkopplung des Sexuellen von nichtsexuellen Bezügen sowie eine fortschreitende Pluralisierung sexueller Verhältnisse und Begehrensformen. Pornographie beschreibt die Sexualität der Gesellschaft zwar nicht in allen ihren Ausdrucksformen; wohl aber beschreibt sie die ihr zugrunde liegenden Strukturen.[73]

---

72 Dies sind Selbstbeschreibungen selten.
73 Vgl. auch oben, S. 202ff.

Die Entfesselung des Sexuellen und die Selbstbeschreibung des Sexualitätssystems

Die Ausdifferenzierung des Sexualitätssystems führt in dem Maße, in dem ›Außenhalte‹ abgebaut werden, zu einer ›Entfesselung‹ des Sexuellen, wie sie gerade in der Entwicklung der Pornographie augenfällig wird. Es handelt sich freilich nicht primär um eine pornographische Realitätsverzerrung, obwohl auch die Eigendynamik des Pornographischen als massenmedialem Phänomen wie auch als eigenständige Semantik eine Rolle spielen. Die ›Entfesselung‹ des Sexuellen stellt vielmehr einen Effekt seiner Umstellung auf Selbstreferentialität und mithin des Abbaus von Fremdreferenzen dar, wie er auch aus anderen systemischen Kontexten bekannt ist. Ein zentrales Korrelat der Umstellung von Fremd- auf Selbstreferenz, mithin der autopoietischen Systembildung, liegt im Abbau externer Stoppregeln. Das jeweilige System setzt sich auf den Pfad eigenlogischer Evolution und gewinnt daraus eine enorme Dynamisierung. Die ausschließliche Orientierung an der systemeigenen Leitdifferenz – im Falle des Sexualitätssystems der binären Codierung Begehren/Befriedigung – schneidet einerseits die Möglichkeit ab, dem System von außen Stoppregeln oder überhaupt Regeln zu geben, und andererseits die Möglichkeit, systeminterne Stoppregeln zu entwickeln: Aus binären Codierungen und aus den auf ihrer Grundlage eingerichteten selbstreferentiellen Operationen des Systems lassen sich *prinzipiell* keine Begrenzungen dieser Operationen gewinnen. Mit anderen Worten: Autopoietische Systeme können extreme Stoppregeln nicht akzeptieren und interne nicht entwickeln.[74] Sie sind, wie sich an allen autopoietisch operierenden Sozialsystemen und insbesondere an den Funktionssystemen der modernen Gesellschaft zeigen lässt, hochgradig eigendynamisch und intern unruhig. Diese Unruhe findet ihr Korrelat in einer allen Funktionssystemen eigenen expansiven Dynamik: mehr Ökonomisierung, mehr Verrechtlichung, mehr Politisierung, mehr Verwissenschaftlichung, mehr massenmediale Durchdringung, mehr Sex(ualisierung) – so lauten gleichsam die Imperative der entsprechenden Funktionssysteme. Was ebenso unpräzise wie populistisch als ›Pornographisierung der Gesellschaft‹ wahrgenommen wird, hat hier seinen Grund; es ist Ausdruck und Korrelat der expansiven Dynamik der modernen Sexualitätssystems. Pornographie ist dessen Begleit- und Durchsetzungssemantik sowie das Medium seiner Selbstbeschreibung.

Die Frage, was durch Pornographie beschrieben wird, welches also das ›Selbst‹ ist, zu dem sie sich als *Selbst*beschreibung verhält, findet nun im Ver-

---

74 Diese These wird im Kapitel *Don't Stop* weiter entfaltet (S. 227ff.)

weis auf das Sexualitätssystem eine Antwort: Pornographie ist die Selbstbeschreibung des Sexualitätssystems, der ausdifferenzierten, von externen Rücksichtnahmen entbundenen Sexualität der Gesellschaft.

Dem Einwand, die in der Pornographie dargestellten und inszenierten Sexualitäten seien für die ›normale‹, alltägliche Sexualität nicht repräsentativ, ist damit zugleich begegnet: Die pornographische Selbstbeschreibung des Sexualitätssystems *ist kein Abbild* der sexuellen Alltagswelt (ihrer Lüste und Nöte), *sondern reflektiert* gerade die Ausdifferenzierung und Eigendynamik des Systems sowie den Abbau aller externen Stoppregeln. Es geht also weder um die Verdopplung der sexuellen Alltagsrealität noch um eine sexual*wissenschaftlich* verfahrende Erhebung des sexuell Typischen, sondern um eine Reflexion der Einheit des Sexualitätssystems mittels mitunter spektakulärer Formen. Indem sie sich strikt am Orgasmusparadigma und dem Primat sexueller Lust orientiert und anhand der binären Codierung Begehren/Befriedigung ihre Formen gewinnt, zielt die Pornographie der Gesellschaft auf die Einheit des Sexualitätssystems – trotz und auf Grundlage seiner Binnendifferenzierung – ab. In der Pornographie werden sowohl die ins Extrem getriebenen Binnendifferenzierungen des Sexuellen wie die Einheit des Sexualitätssystems, die in der ausschließlichen und exklusiven Orientierung an Begehren und Befriedigung liegen, vorgeführt. Die Pornographie kombiniert beides: Mannigfaltigkeit und Einheit, vor allem aber Mannigfaltigkeit *auf Basis* von Einheit. In ihr finden sich die Möglichkeiten der eigendynamischen Evolution des Sexuellen in hohem Maße entfaltet. In genau diesem Sinne reflektiert die Pornographie die von externen Stoppregeln freigesetzte Sexualität der Gesellschaft. Sie führt vor, welcher Formenreichtum, welche Differenzierungen und welche feinen Unterschiede möglich (und legitim) werden, wenn das Sexuelle gesellschaftlich freigegeben wird und sich auf Selbstreferenz umstellt.[75] Die Pornographie reflektiert die Einheit *und* Mannigfaltigkeit respektive Binnendifferenzierung des Sexualitätssystems *aufgrund* seiner binären Codierung und kann von daher als seine Selbstbeschreibung angesehen werden.

---

75 Die so entwickelte Perspektive führt nicht zuletzt aus Annahmen heraus, die die pornographische Sexualität gleichsam als platte ›Anleitung‹ zu sexuellen Verhaltensweisen betrachten.

Alternative (Selbst-)Beschreibungen des Sexuellen und die Dominanz der Pornographie

Pornographie ist nicht die einzige Weise, in der sich das Sexuelle beschrieben findet. Woher, so die Frage, rührt also die eigentümliche Dominanz des Pornographischen? Wir hatten bislang argumentiert, dass sie darauf zurückzuführen sei, dass Pornographie die Ausdifferenzierung des Sexuellen, seine Abkopplung von außersexuellen Sinngehalten, die Binnendifferenzierung des Sexualitätssystems und die Umstellung der Sexualität der Gesellschaft auf die Leitunterscheidung Begehren/Befriedigung reflektiere. Unser Argument lief darauf hinaus, dass Pornographie als zentrale Selbstbeschreibung des Sexualitätssystems fungiere, weil sie diesem gleichsam ›angemessen‹ sei.

Nun ist Adäquatheit einerseits kein Kriterium für systemische Selbstbeschreibungen – es schadet einem System nicht, wenn es sich über sich selbst im Irrtum befindet; möglicherweise kann es aus diesem Irrtum gerade einen spezifischen Nutzen ziehen[76] – und andererseits erklärt Adäquatheit noch nicht die Dominanz einer bestimmten Selbstbeschreibung.

Im Falle des Sexuellen fällt es nicht schwer zu erkennen, dass es neben Pornographie noch andere etablierte Beschreibungen gibt. Zu diesen ›alternativen‹ Beschreibungen sind etwa die Sexualwissenschaften, psychologische Diskurse, biologische und biologistische Ansätze, aber auch populärwissenschaftliches Wissen und alltagstheoretische wie folkloristische Annahmen über Sexualität zu zählen. Bemerkenswert ist, dass diese alternativen Weisen der Beschreibung des Sexuellen zwar nicht verschwunden sind, aber in ihrer relativen Bedeutung gegenüber dem Pornographischen abgenommen haben oder aber durch Pornographisches ›unterwandert‹ wurden.[77]

Ebenfalls abgenommen hat der Einfluss der Sexualwissenschaften auf den öffentlichen wie privaten Diskurs über Sexualität. Dies fällt vor allem im Vergleich zu früheren Zeiten auf, in denen die Sexualforschung den Diskurs über das Sexuelle vielleicht nicht bestimmte, aber doch erheblich beeinflusste. Man denke etwa an die Fallstudien Krafft-Ebings sowie an die Kinsey-Reports, die das Denken über das Sexuelle in ihrer Epoche entscheidend geprägt haben.

---

76 Bei der Beschreibung einer Selbstbeschreibung als ›irrtümlich‹ handelt es sich selbstredend um eine Fremdbeschreibung, die sich wiederum an anderen, etwa wissenschaftlichen Kriterien orientiert.

77 So finden sich beispielsweise in der sexuellen Ratgeberliteratur Abbildungen, die vor nicht allzu langer Zeit noch als ›pornographisch‹ zensiert worden wären.

Wenngleich nicht-pornographische Beschreibungen der Sexualität der Gesellschaft nicht verschwunden sind, so hängt ihr relavtiver Bedeutungsverlust zum einen mit einer neuen Dominanz des Visuellen gegenüber dem Textuellen zusammen. Visuelle Pornographie hat es, knapp gesagt, leichter, sich ›Gehör‹ zu verschaffen und die Wahrnehmung auf sich zu lenken als gedruckte Texte (selbst wenn diese pornographisch sind). Die neue Ordnung des Visuellen schafft, mit anderen Worten, Bedingungen, die der Evolution und Verbreitung der Pornographie günstiger sind als etwa der Verbreitung der sexualwissenschaftlicher Erkenntnisse. Zum anderen verdankt sich die Dominanz der Pornographie gegenüber anderen Beschreibungen der Sexualität der Gesellschaft der Tatsache, dass Pornographie direkt an sexuelles Handeln anschlussfähig ist – Pornographie vermag direkt sexuell zu erregen.

Visuelle Darstellungen im Allgemeinen und pornographische Darstellungen im Besonderen profitieren schließlich davon, dass sie als selbstverständlich erscheinen, vor allem aber keine hohen Rezeptionsschranken errichten. Bewegte und unbewegte Bilder sind, sofern es sich nicht um abstrakte Kunst handelt, unmittelbar zugänglich, gewissermaßen selbstevident. Sie fordern dem Betrachter wenig Mühen ab und können von jedermann problemlos ›gelesen‹ werden. Visuelles zeichnet sich durch eine spezifische Affinität zum Populären auf, die umso stärker durchschlägt, je mehr Visualität zu einen gesellschaftlichen Leitmedium und einer normativen Erwartung wird. Was nicht visualisiert wird bzw. nicht visualisierbar ist, hat auf dem Markt der Aufmerksamkeit nur geringe Chancen.

Die zunehmende Präferenz für Visuelles gewinnt für eine Reihe von systemischen Selbstbeschreibungen an Bedeutung, die sich, besonders wenn sie auch zur Außendarstellung verwendet werden, Techniken der Visualisierung bedienen müssen, um populär oder überhaupt wahrgenommen zu werden. Das Pornographische ist jedoch in zweierlei Hinsicht ein Sonderfall. Zum einen weist bereits das Sexuelle eine gewisse Affinität zum Visuellen auf und zum anderen realisieren sich in der Pornographie sexualitätssystemische Operationen in direkter Weise: In der Pornographie fallen sexualitätssystemische Operation und Selbstbeschreibung in eins, insofern Pornographie selbst sexuelle Handlungen realisiert. Pornographie *ist* Sexualität, die zugleich Beschreibungen ihrer selbst hervorbringt. Diese Gleichzeitigkeit von Realisierung und Beschreibung schafft der Pornographie ›Konkurrenzvorteile‹ gegenüber anderen Beschreibungen des Sexuellen. Im Gegensatz zur Pornographie beschreiben die Sexualwissenschaften und populärwissenschaftliche Ratgeber sexualitätssystemische Operationen lediglich oder leiten gegebenenfalls sexuelle Handlungen und Interaktionen an; sie vollziehen sie aber nicht. Auch rufen sie im Allgemeinen keine sexuelle Erregung hervor.[78] Um nicht selbst in den Verdacht der Pornographie zu geraten, sind die seriösen Sexualwissenschaften gut beraten, auf Visualisierungen, damit aber auch auf eine stärkere Popularisierung ihrer Ergebnisse zu verzichten.[79]

Die Dominanz der pornographischen Selbstbeschreibung der Sexualität der Gesellschaft verdankt sich also dem Zusammenspiel dreier Faktoren: (1) Die zeitgenössische Populärkultur zeichnet sich durch eine Präferenz für Visuelles aus, (2) dem Sexuellen wohnt eine spezifische Affinität zum Visuellen inne, die durch Pornographie noch verstärkt wird, und (3) pornographische Inszenierungen beschreiben nicht nur sexuelle Ordnungen und Strukturen, sondern realisieren zugleich sexuelle Handlungen und Interaktionen und vermögen darüber hinaus selbst sexuelle Erregung hervorzurufen. Sofern Pornographie selbst sexualitätssystemische Operationen realisiert, handelt es sich bei ihr um eine *Selbst*beschreibung des zeitgenössischen Sexuellen in einem sehr engen Sinne. Neben sexuellen Referenzen weist Pornographie zwar vor allem Bezüge zum System der Massenmedien auf, sie wird aber nicht, wie beispielsweise die Sexualwissenschaft, durch wissenschaftssystemische Referenzen ›behindert‹. Aufgrund der Präferenz der Massenmedien für Bildliches wie für Spektakuläres legen die Strukturen der Massenmedien der Darstellung von Sexuellem im Allgemeinen und der Pornographie im Speziellen nur wenige Schranken auf. Vielmehr scheinen sexuelle Darstellungen und der Unterhaltungssektor des Systems der Massenmedien in mancherlei Hinsicht wahlverwandt. Kurz gesagt: die Pornographie ist seitens der Strukturen der Massenmedien nur wenig Restriktionen unterworfen.[80] Aus den genannten Gründen hat die Pornographie daher gewisse evolutionäre Vorteile, wenn es um die Besetzung der Position der zentralen Selbstbeschreibung der Sexualität der Gesellschaft geht. Hinzu kommt, dass, wie wir oben argumentiert haben, die Beschreibungen, die die zeitgenössische Pornographie anbietet, in dem Sinne adäquat sind, dass sie die Ausdifferenzierung und die

---

78 Historisch betrachtet liegt die entscheidende Voraussetzung der Etablierung der Wissenschaften vom Sexuellen in der glaubwürdigen Abgrenzung gegen das oftmals unterstellte Motiv, selbst der sexuellen Lust zu dienen.

79 Nicht zuletzt deshalb enthält das vorliegende Buch keine Abbildungen.

80 Jedenfalls wesentlich weniger Restriktionen als beispielsweise die Sexualwissenschaften, wenn sie sich der Massenmedien bedienen müssen, um ihre Ergebnisse jenseits des einschlägigen Fachpublikums ›an den Mann‹ zu bringen. Das System der Massenmedien bevorzugt bekanntermaßen prägnante Formulierungen, leichte Visualisierbarkeit und mitunter auch drastische Bilder, während es sich gegenüber wissenschaftlicher Vorsicht und wissenschaftlichen Differenzierungsbemühungen eher aversiv verhält. Und so gelangt eben nicht jeder Sexualwissenschaftler auf die Titelseite des ›Kölner Express‹.

Umstellung auf Selbstreferentialität, die die moderne Sexualität charakterisieren, deutlich, wenn auch in überspitzter Weise, nachzeichnen. Um Missverständnissen vorzubeugen, sei aber abschließend nochmals betont, dass unsere These nicht besagt, dass die Pornographie die Sexualität der Gesellschaft vollständig oder auch nur adäquat abbilden würde, sondern lediglich, dass sie ihre Grundstrukturen – also: binäre Codierung, operative Schließung und systemische Autonomie und Ausdifferenzierung – beschreibt. Und selbstverständlich ist hier die vorgenommene Beschreibung von Pornographie als Selbstbeschreibung des Sexualitätssystems eine *Fremd*beschreibung. Sie impliziert nicht, dass die Selbstbeschreibung sich selbst als solche beschreiben würde; sie muss sich aber – gemäß der ihr eigenen Systemreferenz – durch Anschlussfähigkeit im Wissenschaftssystem rechtfertigen lassen können.

Don't stop? –
Über den Verlust von Stoppregeln

MARKT, VERGLEICHBARKEIT UND REKURSIVITÄT

Ein klassischer Topos der Pornographie und wesentlicher Teil ihres Traumes ist Unersättlichkeit, das nie erlöschende Verlangen, dem die Unmöglichkeit entspricht, ein logisches Ende der vorgeführten sexuellen Kombinationen oder überhaupt ein Ende zu finden. So sehr die Pornographie um eine Strukturierung ihrer Inszenierungen kämpft und diese zumindest teilweise durch protopornographische Skripte, die eine bestimmte Reihenfolge sexueller Praktiken vorschreiben und erwartbar machen, erreicht, so fehlt ihr doch die Möglichkeit, aus sich selbst heraus zu einem plausiblen Ende zu gelangen. Die Pornographie ist, so könnte man sagen, aus strukturellen Gründen endlos und diese Endlosigkeit mag einen Teil ihrer Tristesse ausmachen. Im Gegensatz zu anderen narrativen Formaten, wie etwa dem Roman oder dem Spielfilm, ist dem Pornographischen ein stimmiger Abschluss des Erzählten kaum möglich. Während der Roman insofern eine in sich geschlossene Form ist, als er mit der Auflösung der geschilderten Verwicklungen *aus sich heraus* zu einem Ende gelangt, ist der Pornographie aufgrund der infiniten Wiederholbarkeit des Sexuellen dieser Ausweg versperrt – jedoch nicht nur aufgrund ihrer repetitiven Struktur, sondern auch wegen ihrer Armut an Komplexität. Wie Linda Williams (1989) herausgearbeitet hat, steht der pornographische Film somit auch weniger dem Spiel- als dem Musicalfilm nahe. Wie Filmmusicals sind pornographische Filme nicht episch, sondern episodisch und im einem wie im anderen Falle dient die Rahmenhandlung im Wesentlichen dazu, von Nummer zu Nummer zu gelangen – von einer Tanz- und Gesangsszene zur nächsten, von einer sexueller Interaktion zu einer weiteren. Wiederholung und Komplexitätsarmut scheinen einander zu bedingen, aber man verstünde das jeweilige Genre falsch, würde man als zentralen Kritikpunkt die Oberflächlichkeit der von Szene zu Szene führenden Handlungssegmente betonen, da es auf diese doch eigentlich gar nicht ankommt. Sie sind allenfalls Rahmungen, kaum Rahmenhandlungen und ihre Funktion liegt weniger darin, das Zustandekommen der ›Nummern‹ plausibel erscheinen zu lassen, als dem Zuschauer Gelegenheit zur Entspannung zu geben. Auch geht es darum, Intensität zu unterbrechen und so die Möglichkeit der Steigerbarkeit zu gewinnen. Zur Logik des pornographischen wie des Musicalfilms gehört es, dass jede folgende Szene jede vorangegangene an Intensität und Spektakularität übertrifft und den bereits vorgeführten Elementen, Handlungen und Stellungen weitere Kombinationen, sei es tänzerischer, sei es sexueller Art, hinzufügt. Das Problem einer solchen Steigerungslogik liegt jedoch darin, dass sie – ähnlich wie im Sport – keine in sich selbst liegende Limitierung kennt, die Zahl der denkbaren Kombinationsmöglichkeiten aber nicht unendlich ist. Das Problem der Überbietbarkeit ist zwar kein genuin pornographisches, aber die Pornographie scheint in dieser Hinsicht besonders ›verwundbar‹ zu sein, da sie über nur wenige Möglichkeiten verfügt, dieses Problem zu entschärfen.

Das Problem der (Un-)Überbietbarkeit bzw. der Steigerbarkeit betrifft zunächst die einzelne pornographische Inszenierung und den einzelnen pornographischen Film, letzten Endes aber auch die Pornographie als Genre. Der einzelne Film gewinnt seine Struktur daraus, dass er nicht nur möglichst umfassende Kombinationen von Körpern und sexuellen Interaktionen vorführt, sondern diese Vorführungen und Kombinationen in eine Reihung bringt, die so angeordnet ist, dass im Verlauf des Films eine Steigerung erreicht wird: mehr Personen, ausgefallenere Praktiken usw.

Zugleich existiert aber kein pornographisches Produkt allein für sich selbst. Ganz abgesehen davon, dass es sich einem Genre zuordnet, genretypische Skripte in die eigenen Inszenierungen inkorporiert und genreüblichen Darstellungsweisen folgt, nimmt jede pornographische Darstellung, indem sie sich in den Diskurs der Pornographie einfügt, auf andere pornographische Inszenierungen rekursiven Bezug. Dies kann explizit, beispielsweise durch das Zitieren bekannter pornographischer Szenen – man denke etwa an ›Deep Throat‹[1] – oder implizit geschehen: Jedem pornographischen Produkt wohnt das ›Wissen‹ inne, nicht das einzige seiner Art zu sein. Jede einzelne pornographische Inszenierung fügt sich in eine Reihe bzw. ein Netzwerk weiterer vergangener wie zukünftiger pornographischer Inszenierungen ein – im Rahmen einzelner Interaktionssequenzen in einem Film ebenso wie im Rahmen aller pornographischer Darstel-

---

1 Sowohl als Reverenz an den Film als auch als Referenz auf ihn sowie als Bezeichnung einer sexuellen bzw. eher pornographischen Praktik.

lungen der Vergangenheit, der Gegenwart und der Zukunft.[2] Man könnte in diesem Sinne sagen, dass alle pornographischen Darstellungen miteinander ›kommunizieren‹ respektive aneinander anschlussfähig sind. Nur auf diese Weise können ein protopornographisches Skript und eine pornographische Semantik entstehen und tradiert werden. Ähnlich wie der Leistungssport und die wissenschaftliche Forschung die in der Vergangenheit erbrachten Leistungen respektive den Forschungsstand nicht ignorieren können, muss sich Pornographie an dem orientieren, was bereits gezeigt wurde. Da die Bedeutung von Zensur und Strafrecht für das, was *in* der Pornographie zu sehen ist, zurückgegangen ist[3], sind es inzwischen nicht mehr primär die Zensur- und Strafverfolgungsbehörden, sondern die pornographischen Inszenierungen selbst, die den jeweils aktuellen pornographischen Standard definieren. Pornographische Inszenierungen orientieren sich, mit anderen Worten, mehr und mehr ausschließlich an anderen pornographischen Inszenierungen; diese sind es, die bestimmen, was möglich ist und vor allem: was als ›state of art‹ gilt. Bereits dieser rekursive Bezug auf andere pornographische Inszenierungen führt sowohl zu einer Etablierung von (Mindest-)Standards als auch in eine selbst induzierte Steigerungsspirale hinein: Wenn beispielsweise die eine Hardcore-Produktion Analverkehr zeigt, so kann auch die andere hinter dem einmal gesetzten Standard nicht dauerhaft zurückbleiben und muss zugleich nach Möglichkeiten suchen, dem, was Standard geworden ist, nicht nur in der einen oder anderen Weise zu genügen, sondern es auch zu überbieten. Pornographie sieht sich so zumindest gezwungen, nicht hinter den einmal erreichten Möglichkeiten der Darstellung zurückzubleiben[4]; sie muss folglich im Auge behalten, was anderswo gezeigt wird. Sie zieht daraus zwei unterschiedli-

---

2 Das Denkmodell, dem wir hier folgen, entstammt Niklas Luhmanns Theorie sozialer Systeme und richtet sich an der Vorstellung aus, dass Ereignisse nur in einem Netzwerk anderer, vergangener wie zukünftiger Ereignisse gleicher Art vorkommen und strukturbildend wirken. Vgl. etwa für den Fall von Entscheidungen in Organisationen: Luhmann 2000c.

3 Zwischen Pornographie und Zensur respektive Strafrecht scheint sich in westlichen Gesellschaften eine Art ›Gleichgewicht‹ eingependelt zu haben: Man kennt wechselseitig die jeweiligen Standards und scheint sich im Wesentlichen an sie zu halten.

4 Dem widerspricht nicht, dass es neben extremen Hardcore-Darstellungen noch Softcore-Pornographie, Pin-ups und eine Vielzahl erotischer Darstellungen gibt, die nicht explizit Hardcore-pornographisch sind. Die pornographische Steigerungslogik führt ebenso wenig zu einem Verschwinden weniger expliziter Darstellungen, wie die zeitgenössische Kunst die Kunst früherer Epochen auslöscht oder der zeitgenössische Roman andere belletristische Schreibweisen zum Verschwinden bringt.

che, einander freilich nicht widersprechende Konsequenzen: Steigerung *und* Differenzierung.

Die Dynamik des pornographischen Sektors resultiert mithin aus der Tatsache, dass pornographische Darstellungen nicht isoliert vorkommen, sondern sich implizit in ein rekursives pornographisches Netzwerk einschreiben.[5] Moderne pornographische Produkte werden charakteristischerweise nicht mehr für sammelnde Liebhaber, zum Eigengebrauch oder für Kuriositätenkabinette geschaffen, sondern für einen Massenmarkt hergestellt. Insofern sich ihre Produktion an Kriterien der Marktgängigkeit orientiert, unterscheiden sie sich ebenso grundlegend von den ›Erotika‹ früherer Zeiten wie von privat und/oder allein für private Zwecke erzeugten sexuellen Darstellungen.[6] Der Produktion für einen Markt wohnt aber selbst ein dynamisches Element inne und es ist zuvörderst der Markt, der Vergleichbarkeit als eine entscheidende Bedingung einführt. Anders formuliert: Ein Markt ermöglicht und generiert Kriterien, die Vergleiche erlauben. Das primäre Kriterium, das Vergleichbarkeit ermöglicht, ist der Preis und Märkte funktionieren bekanntermaßen nur, wenn es gelingt, allen Dingen, Gütern und Dienstleistungen, die angeboten werden, implizit oder explizit Preise zuzuordnen. Über Preise verwandelt der Markt alles in Waren. Der Warencharakter – und wohl auch der Waren*fetischismus* – sind der modernen Pornographie eigentümlich und der Charakter als Ware ist genau das, was sie von den alten Erotika ebenso trennt, wie von privaten (und privat bleibenden) Abbildungen unterscheidet.[7]

---

5   Instruktiv ist hier ein Vergleich etwa mit der Entwicklung der Kunst: Das Zusammentreffen von Kunst und Markt, also die Entstehung eines Kunstmarktes bedingt die Umorientierung der Kunst auf Neues. Ein Kunstwerk ist ein solches nicht mehr allein durch Bezug auf sich selbst respektive ästhetische Kriterien, sondern durch sein Verhältnis zu anderen Kunstwerken und zwar im Hinblick auf seine Neuheit bzw. seinen Neuigkeitswert. Später mag es noch immer schön (und teuer) sein, aber es ist wenn nicht *veraltet*, so doch *überholt*.

6   Man kann sich fragen, ob sich solche mit Fug und Recht als Pornographie bezeichnen lassen oder ob nicht der Charakter des Pornographischen weniger in der Darstellung selbst als in ihrer Bestimmung für einen Massenmarkt liegt. Pornographie in diesem Sinne wären Darstellungen also nur dann, wenn sie für die Rezeption durch unbekannte Personenkreise geschaffen respektive faktisch durch solche konsumiert werden. Wie dem auch sei: Die moderne Pornographie ist ohne einen Massenmarkt als spezifisches Medium ihrer Verbreitung nicht vorstellbar.

7   Jede Darstellung, die, wie allzu oft geschehen, eine Kontinuität des Pornographischen von der Antike bis in die Gegenwart zu zeichnen versucht, erscheint vor diesem Hintergrund als zumindest ahistorisch.

Der durch Angebot, Nachfrage und Wettbewerb bestimmte Markt ist es zugleich, der der Produktion sexueller Darstellungen Bedingungen setzt. Wie bereits das Interesse einzelner Sammler und erst recht eines Kreises miteinander vernetzter Sammler Vergleichsmöglichkeiten schafft, gilt dies für die Etablierung eines geldgesteuerten Marktes in verschärftem Maße. Nicht erst der Markt, bereits die Möglichkeit des Vergleichs, die durch den Markt jedoch ins Unendliche weisend vervielfältigt wird, zwingt *zugleich* zur Entwicklung individueller Präferenzen und Präferenzordnungen *und* zum Abstrahieren von diesen. Zunächst lässt die Möglichkeit des Vergleichs neben die eigenen Vorlieben weitere Kriterien wie etwa Seltenheit, die Schwierigkeit der Beschaffung oder einen wie auch immer definierten Tauschwert treten. Das Angebot eines Marktes und der durch Orientierung der Produktion am Markt hervorgebrachte Überfluss erfordert und fördert die Ausbildung individueller Präferenzen nicht zuletzt dadurch, dass es zunehmend illusorisch wird, *alles* zu besitzen, zu erwerben, zu sammeln – zumal auf einem Gebiet, das (etwa im Gegensatz zu Käfern oder Briefmarken) weder Systematik noch natürliche Begrenzungen zu kennen scheint.

Die merkwürdige Doppelung des Abstrahierens und Schaffens von Präferenzen und Präferenzordnungen, um sich am Markt orientieren zu können, steuert nicht nur Wesentliches zur Genese der modernen Sexualität bei[8], sondern erhellt die Dynamisierung der Pornographie ebenso wie die mittlerweile stark fortgeschrittene Binnendifferenzierung des pornographischen Angebots.

Eine bemerkenswerte Ausnahme von der Orientierung am ›state of art‹ und der Steigerungslogik des Pornographischen scheint die sogenannte ›Amateurpornographie‹ zu bilden. Ihr scheinen Möglichkeiten der Darstellung offen zu stehen, die der professionellen Pornographie verschlossen sind. Wo letztere Neuigkeitswert nur durch Spektakularität und Fetischisierung erzielen kann, kann die ›Amateurpornographie‹ neben der Illusion des Privaten auch auf die komplementäre Illusion der Authentizität zurückgreifen.[9] Sie braucht das Spektakuläre, die Abweichung nicht – so lange sie von einer Abwechslung der gezeigten Personen und der Illusion zehren kann, diese wirkten aus sexuellen und nicht aus ökonomischen Motiven an der Inszenierung mit. Das Prinzip, oder besser: das Phantasma des Authentischen kompensiert mithin den Mangel am Spektakulären, wie es umgekehrt in der professionellen Pornographie das Spektakuläre, also das implizite Versprechen der Überbietung des schon Dagewese-

---

8 Man denke nicht zuletzt an sexuelle Identitätsformen, die sich an spezifischen Weisen des sexuellen Begehrens festmachen.
9 Die Amateurpornographie muss sich aber andererseits auch nicht an ökonomischen Kriterien orientieren und kann sich mithin Abweichungen in vielerlei Hinsichten erlauben.

nen, ist, das den allzu offensichtlichen Mangel an Authentizität zu kompensieren sucht[10] – und wenn es irgendwo eine geradezu kultische Verehrung des Amateurs gibt, dann in der Pornographie.[11]

Freilich partizipiert auch die ›Amateurpornographie‹ an der Steigerungslogik des Pornographischen; nur eben dadurch, dass sie Neuigkeit und Neuigkeitswert auf andere Weise erzeugt. Während der professionellen Pornographie zwar eine nicht geringe Zahl von Darsteller(inne)n zur Verfügung steht, ihr Personalpool aber begrenzt ist und nur ›die üblichen Verdächtigen‹ umfasst, lebt die ›Amateurpornographie‹ von der Illusion, dass quasi jeder und jede Darsteller oder Darstellerin sein könnte. Ihr zentrales Phantasma ist, dass nicht nur jede(r), sondern auch und gerade der eigene Nachbar oder die eigene Nachbarin (oder man selbst) mitspielen könnte und vielleicht tatsächlich mitspielt.

Wie die professionelle und semiprofessionelle Pornographie ist aber auch die ›Amateurpornographie‹ wesenhaft auf andere pornographische Produkte bezogen – allein schon dadurch, dass sie nur ›*Amateur*pornographie‹ sein kann, sofern es auch professionelle Pornographie gibt. Diese ist in ihr ›anwesend‹, indem sie die Vergleichsfolie abgibt, vor der sich die ›Amateurpornographie‹ als solche, sprich: als unprofessionell und amateurhaft profilieren kann. Sei der Bezug auf andere pornographische Inszenierungen nun positiv oder negativ, in jedem Falle kommen pornographische Darstellungen nicht isoliert, gleichsam im luftleeren Raum vor. Ganz im Gegenteil ist es für die Produkte der modernen Pornographie charakteristisch, dass sie auf andere pornographische Produkte referieren.

Das nicht isolierte Vorkommen pornographischer Darstellungen und die wechselseitigen Bezüge der verschiedenen Darstellungen und Darstellungsweisen aufeinander betten die einzelne Darstellung in einen Kontext ein, der Ver-

---

10 Das ›Drama‹ des Pornographiekonsumenten besteht – metaphorisch gesprochen – darin, dass er immer nur Pornographie bekommt, wo er Bilder ›echter‹ Sexualität sucht. In einem gewissen Sinne ist dies der Preis, der für die Orientierung am Markt zu zahlen ist: Es gibt keine sexuellen Darstellungen und Bilder mehr, die nicht für den Markt und mit Blick auf diesen produziert worden sind und wenn es sie gibt, so sind sie unerreichbar. Diese Paradoxie verschärft sich mit dem durch die digitale Revolution induzierten Verschwinden des Unikats zusätzlich: was einer hat, haben (potentiell) alle. Das Zeitalter der verlustfreien Reproduzierbarkeit zerstört nicht nur den Wert jeder Sammlung (wie ihrer einzelnen Stücke), sondern in letzterer Konsequenz auch den Sinn des Sammelns. Wozu sammeln, wenn jede beliebige Sammlung mit einfachsten Mitteln und geringem Aufwand reproduzierbar ist?

11 Eingehendere Analysen der Amateurpornographie finden sich im Kapitel *Internetpornographie*, vgl. S. 117ff. und S. 125ff.

gleiche ermöglicht. Solche Vergleiche sind nicht allein marktinduziert, obwohl der ökonomische Aspekt eine wichtige Rolle spielt[12]: Moderne Pornographie, die für den Markt produziert wird, muss sich auch verkaufen machen. Neben ihren Gebrauchswert tritt ihr Tauschwert und ihre Produktion orientiert sich primär an Absatzmöglichkeiten und nicht an sexuellen Vorlieben oder Sammlerinteressen (es sei denn, Sammler sind zu entsprechenden Zahlungen zu motivieren). Kurz gesagt: Indem Pornographie weder individuell für einzelne Sammler noch von ihren Darstellern primär oder ausschließlich zur ›Selbstversorgung‹, sondern für einen anonymen (Massen-)Markt hergestellt wird, wird Einzigartigkeit bzw. Ausgefallenheit, die nur durch Vergleichbarkeit erkennbar wird, zu einem wesentlichen Kriterium der Verkäuflichkeit respektive der marktwirtschaftlichen Preisgestaltung.[13] Aus Perspektive des Sammlers und insbesondere des Connaisseurs ist die Ausrichtung der Pornographieproduktion an den Bedingungen eines Massenmarktes eine ambivalente Angelegenheit. Für die Pornographie selbst bringt sie beides mit sich: sowohl Ausrichtung am Massengeschmack als auch eine Ausdifferenzierung und Diversifikation des Angebots.

Die Orientierung an Marktkriterien und die massenhafte Produktion setzen pornographische Inszenierungen notwendig einem Vergleich aus und zwar umso stärker, je weniger der Markt durch externe Bedingungen eingeschränkt wird. Der Wegfall der Beschränkungen des Marktes wie des Zugangs zu ihm – ob durch eine Zurückdrängung der Zensur, eine Steigerung der Kaufkraft der Konsumenten oder die Verbreitung des Internets – lassen die Informationslasten aufseiten des Konsumenten ansteigen: Die Ausweitung des Marktes selbst und seine allgemeine Zugänglichkeit machen es unmöglich, alles zu sehen oder gesehen zu haben – in ähnlicher Weise schnitt die Entwicklung des Buchmarktes die Möglichkeit ab, alles gelesen zu haben.[14]

Das Aufeinandertreffen von sexuellen Darstellungen und den Prinzipien des modernen Marktes lässt in Zusammenwirkung mit technischen Entwicklungen wie Buchdruck, Fotografie, Film und Video Pornographie zu einem massenmedialen Phänomen werden. Nicht nur tritt Pornographie im Gewand der Massen-

---

12 Zu berücksichtigen sind auch nicht-ökonomische Märkte, etwa Tauschzirkel, deren Teilnehmer keine ökonomischen Interessen verfolgen. Nichtsdestotrotz handelt es sich auch in diesen Fällen um Märkte, die entsprechenden Logiken folgen.

13 Diese Konsequenz prägt sich umso schärfer aus, je weniger der Markt durch Verknappung – etwa durch Seltenheit, Strafrecht oder Zensur – bestimmt wird.

14 Der Buchmarkt hat auf dieses Problem bekanntermaßen mit der Entwicklung des Rezensionswesens reagiert. Ähnliche Entwicklungen finden sich auch im pornographischen Sektor; hier vor allem in Internet: ›rate this video‹ wird nicht nur von Youtube gefordert.

medien auf und bedient sich massenmedialen Verbreitungsformen, sondern sie folgt selbst der Logik des Massenmedialen. Zu dieser Logik gehört insbesondere die Orientierung an Neuheit und Überraschung: »Who wants yesterday's papers?« – and who wants yesterday's porn? Wie die Nachrichten von gestern veraltet sind, so veraltet auch Pornographie. Um sich zu verkaufen bzw. auf Nachfrage zu stoßen, sind pornographische Produkte ebenso wie Nachrichten darauf angewiesen, Neuigkeiten und Neuheiten zu bieten. Zwar können auch alte oder gar veraltete pornographische Darstellungen noch sexuell erregend sein; inwieweit dies aber, insbesondere unter der Bedingung eines leicht zugänglichen Massenmarktes, auch für die dem jeweiligen Konsumenten bereits bekannte Pornographie zutrifft, ist fraglich.

Nur wenn man von individuellen Präferenzen absieht, lässt sich erkennen, dass sich die Pornographie als Ganze an den gleichen Prinzipien wie die Massenmedien orientiert: Neuigkeit, Überraschung, Abweichung und – last but not least – Unterhaltung.[15] Neuheit, Abweichung und Überraschung sind nicht zuletzt jene Kriterien, die neben Aufmerksamkeit auch Absatzmöglichkeiten generieren und die Pornographie ›lebt‹ nicht nur implizit von dem Versprechen, bislang Unbekannte(s) und Ungesehenes zu zeigen. Im Gegensatz zu anderen massenmedialen Genres – etwa Sport oder Spielfilm – steht sie freilich vor der Schwierigkeit, dass der ihr zur Verfügung stehende Formenreichtum recht beschränkt ist. Wenn sie Hardcore bleiben will, ist ihr Vorrat an möglichen sexuellen Praktiken und Stellungen, Inszenierungen und Kameraperspektiven recht schnell aufgebraucht. Will sie Aufsehen und Neuigkeitswert oder gar Neugier erregen, ist sie entweder gezwungen, auf abweichende Sexualitäten und/oder Spektakuläres auszuweichen oder aber – weit häufiger – Neuheit durch einen hohen Umschlag und Verschleiß an neuen Darstellern und vor allem an neuen Darstellerinnen zu erzeugen. Die Pornographie läuft in einem gewissen Sinne dem ›ersten Mal‹ hinterher; sie liebt, mit anderen Worten, die Wiederholung nicht und doch ist es die Wiederholung, die sie ausmacht bzw. der sie nicht entkommen kann.

Das Prinzip der Wiederholung wohnt freilich allen massenmedialen Phänomenen und Genres inne – seien es nun Romane, Sportübertragungen, Soap Operas, Sitcoms oder Spielfilme. In jedem Falle existieren genreübliche und genretypische Perspektiven und Narrative. Jedes Genre fungiert als ein Medium, innerhalb dessen bestimmte Formen gebildet werden können. Pornographie unter-

---

15 Die Entwicklung der Pornographie ist also nicht allein sexuellen Motiven geschuldet, sondern *auch* Effekt eines ›structural drift‹ bzw. struktureller Kopplungen der Sexualität mit dem Wirtschaftssystem einerseits und dem System der Massenmedien andererseits.

scheidet sich von anderen Genres in dieser Hinsicht nicht oder doch nur insofern, als der Reichtum der Formen, die sich im Medium der Pornographie bilden lassen, vergleichsweise eng beschränkt zu sein scheint. Dies mag einerseits am pornographischen Genre selbst liegen; andererseits stellt sich die relative Armut an Formen aber als ein Effekt bzw. Korrelat des Phänomens sexueller Erregung dar. Insofern sich sexuelle Erregung bzw. sexuelle Erregbarkeit ›von selbst‹ regeneriert, scheint das Pornographische in einem geringeren Maße als andere Genres vor dem Problem zu stehen, wie sich Aufmerksamkeit für und Anteilnahme am gezeigten Geschehen hervorrufen lässt. Pornographie lebt auch insofern vom Triebphantasma, als es ihr Konsumenten ›liefert‹.

Freilich bewahrt auch die (scheinbar) natürliche Regeneration sexuellen Begehrens den Gesamtmarkt der Pornographie nicht davor, auf Neuigkeit setzen und sich insofern in einen Überbietungswettbewerb hineinsteigern zu müssen.[16]

SINNSYSTEME UND GENRES

Ausdifferenzierung, ob von Wertsphären im Sinne Max Webers oder von Funktionssystemen im Sinne Niklas Luhmanns[17], ja bereits die Genese von Sinnsystemen jeglicher Art, führt durch die Etablierung von System/Umwelt-Differenzen zu einer Abkopplung der jeweiligen Systeme von ihrer Umwelt. Innerhalb des Systems gelten andere Bedingungen als außerhalb, und innerhalb sind andere Dinge möglich als in der Umwelt. Die Einführung einer Differenz zur Umwelt erlaubt dem so entstehenden System, sich auf Eigenes zu konzentrieren, Eigenkomplexität aufzubauen und Umweltkomplexität zu reduzieren. Die Orientierung an systemeigenen Regeln und Regulierungsprozessen löst das System von der Umwelt ab und ›entfremdet‹ es dieser schließlich in dem Sinne, dass es außenstehenden Beobachtern zunehmend erschwert wird, die Hervorbringungen und Effekte, die das System erzeugt, nachzuvollziehen. Auch erschließen sich die Motive der in systemischen Kontexten handelnden Personen dem externen Beobachter nicht ohne Weiteres; vor allem dann nicht, wenn es ihm nicht gelingt, ihre Motive mit den Imperativen des jeweiligen Systems zu verbinden. Wir verfolgen diese Überlegungen hier nicht in allgemeiner Weise weiter, sondern konzentrieren uns im Folgenden auf kulturelle (Sinn-)Systeme.

---

16 Mit dem Versuch, frühere Darstellungen zu überbieten, kämpft die Pornoindustrie nicht zuletzt gegen das Problem der Marktsättigung. Aber auch in dieser Hinsicht ist ihre Lage mit anderen Märkten an der Sättigungsgrenze vergleichbar.
17 Vgl. Weber 1915: 209ff., respektive Luhmann 1997: 595ff.

Das Befremden, das kulturelle Entwicklungen – der Roman, abstrakte Kunst, der moderne Film, atonale Musik usw. – oft hervorrufen, entpuppt sich bei genauerer Betrachtung als Zeichen einer Entfremdung. Die Ausdifferenzierung der Kunst, ihre Abkopplung von nichtkünstlerischen Imperativen ebenso wie die Ausbildung einzelner Richtungen, Szenen, Stile und Künstlergruppen haben nicht nur ›die Kunst‹ fragmentiert, sondern auch die einzelnen Fragmente autonom werden lassen und mit jeweils eigenen Regeln ›ausgestattet‹, so dass sich im Effekt die moderne Kunst zunehmend von der Welt des Alltags und alltäglichen Wahrnehmungsweisen entfernt hat. Und genau dieser Effekt ist es, der als Entfremdung erlebt wird.

Entscheidend ist hier jedoch nicht so sehr die Entfremdung selbst, sondern die Tatsache, dass der Eindruck der Entfremdung ein Korrelat der Autonomie der jeweiligen kulturellen Formen ist. Entfremdung ist gleichsam der Preis der Ausdifferenzierung autonomer künstlerischer wie kultureller Formen. Dieser Zusammenhang ist auch insofern bedeutsam, weil sich entlang der Differenzierungslinien des kulturellen Sektors Rezipientenszenen und -milieus der jeweiligen künstlerischen, kulturellen oder auch massenmedialen Formen und Stile ausbilden: Wagnerianer, Horrorfreaks, Jazzliebhaber, Sitcom-Fans usw. Diese Gruppen mögen zwar entlang massenmedialer Differenzierungen gebildet sein, aber es sind dennoch lebensweltlich bedeutsame Gruppenbildungen: Die Affinität des Einzelnen zur jeweiligen Subkultur formt das eigene Selbstverständnis ebenso wie den Alltag. Die medial vermittelte Kultur bleibt, wie bereits ein flüchtiger Blick auf Popmusikfans zeigt, nicht allein Medienkultur. Und ähnlich wie dem Außenstehenden die von den jeweiligen Szenen favorisierten kulturellen Formen fremd sein mögen, so sind es auch die Szenen und Gruppen selbst – und zwar insofern, als sie und ihre Kommunikationsweisen selbst gebildeten, internen Regeln folgen.

Die Etablierung interner Regeln ist zugleich für die Etablierung kultureller wie medialer Genres konstitutiv. Kein Genre kommt ohne genretypische Regeln aus, und wie in einem romantischen Liebesfilm keine Aliens auftreten, so ist in Soap Operas nicht mit drastischen Darstellungen von Elend und Verarmung zu rechnen, ebenso wenig wie Kochshows mit Bildern von der Schlachtung der zuzubereitenden Tiere aufwarten werden. Die Genrebildung kondensiert Erwartungen und schafft zugleich Erwartbarkeiten; sie gibt Regeln vor, die, auch wenn sie hin und wieder gebrochen werden, doch im Großen und Ganzen verlässlich sind. Die genretypischen Regeln strukturieren, was im Rahmen des jeweiligen Genres möglich, typisch und unmöglich ist. Im Liebesfilm sind etwa drastische Sexszenen unmöglich, im Pornofilm drastische Liebesszenen.[18]

Die Regeln eines Genres sind Sinngrenzen. Genres – und nicht nur einzelne kulturelle Erzeugnisse innerhalb eines Genres – sind Sinnsysteme: Ihre Regeln gelten nur innerhalb des Genres, nicht aber außerhalb. Und wer diese System/Umwelt-Differenz nicht berücksichtigt oder nicht zu handhaben weiß, wird in seinen Analysen immer an der Realität des jeweiligen Genres vorbeigreifen: So ist es müßig, Sciencefiction mangelnde Realitätsnähe vorzuwerfen, Soap Operas flache Handlungsstrukturen, Disneyfilmen eine zu heile Welt und Pornofilmen die fehlende soziale Einbettung des Sexuellen. Es wäre, mit anderen Worten, absurd, von einem Genre die Missachtung genretypischer Regeln und Grenzen einzufordern. Jedes kulturelle Erzeugnis, das sich einem Genre zuordnet, folgt zwangsläufig den Regeln des Genres und ihm daraus einen Vorwurf zu machen, greift an der Tatsache vorbei, dass es ebenjene Regeln sind, die Sinnsysteme etablieren.

Insofern es sich bei Genres um Sinnsysteme handelt, gilt für sie, was für alle anderen Sinnsysteme auch gilt: Die eigenen Regeln, die sie etablieren, die eigenen Kommunikationsweisen, die sie hervorbringen und die eigenen Perspektiven, Narrative und Darstellungsweisen, die sie entwickeln, schaffen nicht nur eine Distanz zu anderen Genres, sondern auch zu ihrer sozialen Umwelt. Und bereits die Logik des Systems der Massenmedien bringt es mit sich, dass in den jeweiligen Medien und Genres nicht *die* Realität schlechthin zur Abbildung gelangt, sondern eben ›nur‹ *die Realität der Massenmedien* (vgl. Luhmann 1996) respektive die Realitäten des jeweiligen Genres.[19]

---

18 Vgl. auch unsere Ausführungen über *Semantik und Genrebildung* im Kapitel *Pornographie und die Semantik des Sexuellen*, S. 168ff.

19 Die Abkopplung der Realität der Massenmedien von der ›realen‹ Realität ist freilich nur ein spezieller Fall eines allgemeinen Effekts der Bildung sozialer Systeme. In jedem Fall hat die Ausdifferenzierung eines Sinnsystems zur Folge, dass das System systemeigene Realitäten hervorbringt, die sich von den Realitäten der Umwelt und anderer Systeme in dieser unterscheiden. Sinnsysteme sind solche nur insofern sie anderen Sinn realisieren als jenen, der in ihrer Umwelt vorkommt. Anderenfalls wäre es ›sinnlos‹, von (Sinn-)Systemen zu sprechen.

Entgrenzung und Abbau von Stoppregeln

Die Grenzziehungen, denen ein System seine Existenz verdankt, entfremden es nicht nur seiner Umwelt, sondern *ent*grenzen es auch. Während sich Entfremdung darin ausdrückt, dass die sinnhaften Operationen des Systems von der Umwelt allenfalls bedingt nachvollzogen werden können, äußert sich die Entgrenzung des Systems dadurch, dass seine Grenzziehungen gegenüber der Umwelt es ihm erlauben, sich primär an eigenen Sinnkonstruktionen zu orientieren.[20] Innerhalb und dank seiner Grenzen kann das jeweilige System *selbstreferentiell* operieren. Eine Orientierung an äußeren Kriterien wird durch die Orientierung an systeminternen Kriterien abgelöst. Im Falle massenmedialer Genres bedeutet dies etwa, dass nicht die Realität des alltäglichen Lebens, sondern die Gesetze des Genres den zentralen Orientierungspunkt bilden.

Um eine Entgrenzung handelt es sich insofern, als die Orientierung an eigenen Regeln und der Abbau der Orientierung an externen Regeln Hand in Hand gehen. Dadurch, dass im Prozess der Systembildung externe Regeln durch interne ersetzt werden, schwindet auch die Möglichkeit, systeminterne Entwicklungen extern zu limitieren. Mit dem Wegfall dieser Möglichkeit bleibt nur die Orientierung des Systems an internen Regeln und der eigenen Systemgeschichte. Diese Umorientierung wirkt entgrenzend, da interne Regeln keinen Anhaltspunkt für eine Begrenzung des Systems geben können. Da eine Begrenzung im Falle selbstreferentieller Systeme nur Selbstbegrenzung sein kann, gerät sie in Widerspruch zu systemeigenen Imperativen, so dass sie auf eine Paradoxie hinauslaufen würde: Welche Kriterien oder welche Art von internen Kriterien wären anzulegen, um ein System von der Ausschöpfung jener Möglichkeiten abzuhalten, die die Etablierung systemischer Außengrenzen und die Umstellung auf Selbstreferentialität eröffnen?

Aus der Umstellung auf Selbstreferentialität resultiert somit eine eigentümliche Dynamik, die zur Entgrenzung respektive Entfesselung drängt, indem sie jene Steigerungslogik etabliert, die das System antreibt. Die Effekte solch eigendynamischer Steigerungslogiken sind aus anderen Kontexten ebenso wohlbekannt wie das Problem der Entgrenzung: So beruhen die Dynamiken der moder-

---

20 Der Zusammenhang von Grenzziehung und Entgrenzung, also die gleichzeitige Steigerung von Widersprüchlichem, verdankt sich der Tatsache, dass es sich nicht um räumliche Grenzziehungen, sondern um die Etablierung von *Sinn*grenzen handelt. Die Grenzziehungen eröffnen innerhalb der Grenzen neue und steigerbare Möglichkeiten, die außerhalb nicht gegeben sind. Die Ausdifferenzierung von Sinnsystemen ist mithin kein Nullsummenspiel.

nen Wissenschaft, der modernen Wirtschaft, des Rechts sowie der Politik auf dem nämlichen Zusammenspiel von Selbstreferentialität, Autonomie und Abbau externer wie der Unmöglichkeit interner Begrenzungen. Der Suche nach Wahrheit, der Orientierung an Zahlungen und Gewinn, der Verrechtlichung aller sozialen Verhältnisse und der Orientierung an Machtchancen – die Beispiele ließen sich mehren – ist gemeinsam, dass sie aus sich selbst heraus keine Grenzen zu ziehen vermögen – denn was spräche aus Perspektive der Wissenschaft gegen ›mehr‹ Wahrheit(en), was aus Sicht des Wirtschaftssystems gegen ›mehr‹ Zahlungen und ›mehr‹ Gewinn, welche rechtlichen Gründe sollte es gegen ›mehr‹ Recht bzw. stärkere Verrechtlichung geben und was spricht politisch gegen die Vermehrung von Machtchancen? Und was aus sexueller Sicht gegen die Steigerung sexueller Lust?

Die Entgrenzungen, die sich durch die Umstellungen auf systemische Selbstreferentialität ergeben, lassen sich als ein Abbau von Stoppregeln begreifen. Abgebaut werden nicht nur externe Stoppregeln, sondern die Umstellung auf Selbstreferentialität baut zugleich die *Möglichkeit* der Etablierung interner Stoppregeln ab. Die Folge davon ist, dass eine *Unterausschöpfung* der so geschaffenen Möglichkeiten aus systeminterner Sicht ebenso *irrational* wie unbegründbar wird. Der Effekt sind unbegrenzte und dadurch entgrenzende eigendynamische Entwicklungen (vgl. auch unten, S.248ff.).

Augenfällig werden die skizzierten Abkopplungs- und Entgrenzungsprozesse insbesondere am Verhältnis ausdifferenzierter Sinnsysteme zu moralischen Einbindungen. Mit Blick auf die binären Codes der Funktionssysteme schreibt Luhmann (1997: 751), dass diese »auf einer Ebene höherer Amoralität fixiert werden müssen«. An die Stelle moralischer Orientierungen tritt die Orientierung an systemeigenen Kriterien oder, wenn man so will, an einer systemspezifischen ›Moral‹.[21] Der Zusammenhang von Ausdifferenzierung, Autonomie und Abkopplung von moralischen Imperativen gilt freilich nicht allein für Funktionssysteme, sondern für jede Form der Systembildung, ja bereits für erfolgreich etablierte Semantiken.

Die *A*moralität ausdifferenzierter Sinnsysteme wie auch medialer Genres, die aus moralischer Perspektive üblicherweise als *un*moralisch beschrieben wird, ist mithin ein direktes Korrelat entsprechender Autonomisierungen. Und Autonomie heißt auch und gerade in diesem Falle: Orientierung an selbst gegebenen Gesetzen. Für die moderne Sexualität im Allgemeinen und die Pornographie im

---

21 Diese findet sich freilich eher auf Ebene jener Programme, die über die Zuteilung der Werte des binären Codes entscheiden. Sie ›wacht‹ gewissermaßen darüber, dass eben jene Zuteilung auf die im System vorgesehene Weise und mit ›fairen‹ Mitteln erfolgt, also nicht durch systemfremde Imperative korrumpiert wird.

Speziellen bedeutet dies: Orientierung am Primat sexueller Lust anstatt an moralischen Bewertungen und – daraus folgend – die Etablierung eines eigendynamischen Imperativs zur möglichst vollständigen Ausschöpfung sexueller Lustmöglichkeiten.

DIE MASSENMEDIALE INSZENIERUNG VON AUTHENTIZITÄT

Die Entwicklung der Pornographie kann vor diesem Hintergrund sowohl als Entfaltung eigendynamischer Prozesse des Genres selbst als auch als eine Widerspiegelung der selbstreferentiellen Autonomisierung der Sexualität der Gesellschaft gedeutet werden. Sie reflektiert einerseits die zeitgenössische Sexualität, folgt aber andererseits ihren eigenen Gesetzen, i.e. den Gesetzmäßigkeiten und Regeln des Genres. Allerdings reflektieren diese insofern die Entwicklung der Sexualität der Gesellschaft, als die selbstreferentielle Autonomisierung des Pornographischen und die ebenso selbstreferentielle Autonomisierung des Sexuellen wechselseitig aufeinander bezogen sind.[22]

Mit dem Abbau externer Stoppregeln und der Unmöglichkeit einer Selbstlimitierung nehmen Pornographie und Sexualität am strukturellen Entwicklungstrend der modernen Gesellschaft teil. Die Steigerungs- und Überbietungsdynamik des Pornographischen rührt also nicht ausschließlich aus diesem selbst her. Sie ist zwar Effekt der Abkopplung des Genres von anderen Genres und seiner Umwelt, aber sie folgt mit dieser Abkopplung modernen Differenzierungsprozessen, also dem strukturellen ›Drift‹ der modernen Gesellschaft. Auch stehen die Entwicklungen des pornographischen Sektors innerhalb des massenmedialen Unterhaltungsangebots nicht alleine, sondern folgen in vielerlei Hinsicht dessen Entwicklungslinien. Es sind vor allem drei Prozesse, die hier ins Auge fallen: Wie im Falle anderer Massenmedien findet eine zunehmende Integration von realem Alltagsleben und massenmedial vermitteltem Leben statt. Die Massenmedien stürzen sich geradezu auf alltägliches Leben: ›reality TV‹ und Amateurpornographie sind mehr als nur ›Wahlverwandte‹. Beide werden durch das Versprechen der ›Echtheit‹ des Gezeigten angetrieben.[23]

Ein zweiter Trend ist die Affinität von allgemeinen Massenmedien wie von Pornographie zum Spektakulären. Um berichtenswert zu sein oder Unterhaltungswert zu bieten, muss bisher Bekanntes überboten werden, so dass nicht nur Unterhaltungsmedien in eine Überbietungsspirale hineingeraten. Die Orientie-

---

22 Vgl. unsere Ausführungen im Kapitel über *Selbstbeschreibungen* (S. 175ff.)
23 Vgl. zur Amateurpornographie S. 117ff. und S. 125ff.

rung am Spektakulären einerseits und am alltäglichen Leben andererseits scheinen einander zu widersprechen, aber es ist gerade das Versprechen des ›reality TV‹, nie Gezeigtes zu zeigen, das für das Spektakuläre einsteht.

Ein dritter Aspekt liegt schließlich in der Inszenierung der direkten Teilnahme des Zuschauers, im Gefühl des ›Dabeiseins‹. Inszenierungen werden so angelegt, dass der Zuschauer nicht lediglich Ereignisse und das Handeln anderer Personen beobachtet. Die Distanz des Zuschauers soll vielmehr überwunden werden, so dass er das Gezeigte so erlebt, als wäre er selbst in die Szene involviert: In Katastrophen- wie Horrorfilmen soll der Zuschauer nicht lediglich beobachten, wie andere in Panik geraten und in Angst und Schrecken versetzt werden, sondern er soll Angst und Panik selbst spüren (und genießen können). Das Realitätsprinzip des Films läuft in diesem Falle darauf hinaus, den Zuschauer aus seiner Zuschauerrolle heraus- und in das Geschehen hineinzuziehen. Der Zuschauer soll in gleicher Weise mitfiebern und körperlich erregt werden, wie er durch Sportereignisse engagiert oder durch Pornographie erregt wird. Nicht zuletzt durch neue Medientechnologien wird es möglich »to bring the experience of represented« events even closer to their real experience« (Kendrick 1996: 248).

Das Verschwimmen der Grenzen zwischen realer und medial vermittelter Erfahrung ist nicht unbedingt ein neues Phänomen – bereits im Don Quijote karikiert Cervantes die Effekte eines solchen Verschwimmens –, jedoch scheinen die Grenzen seit den Zeiten der Entwicklung des modernen Romans noch undeutlicher geworden zu sein. Der moderne Roman – nicht jedoch die Romane, die Don Quijote las – rückt nahe an das alltägliche Leben heran. Seine Personen sind, im Gegensatz zu früherer Prosa, keine mythischen Gestalten oder allegorischen Figuren, sondern Menschen, die dem alltäglichen Lebenshorizont der Leser nahe stehen. In ähnlicher Weise sind Madame Bovary und ihre schwächlich bleiche deutsche Schwester Effi Briest weder Prinzessinnen noch wandelnde Allegorien, sondern könnten die Nachbarin oder Freundin ihrer Leserin sein. Dadurch, dass die Figuren des modernen Romans nicht dem Horizont der Leser entrückt sind, sondern ihre Lebenswelten sich ähneln, lädt er Leserin und Leser dazu ein, sich selbst so zu beobachten, wie man die Figuren des Romans beobachtet. Selbst- und Fremdbeobachtung nähren sich einander so weit an, dass eigene Erfahrung und gelesene Erfahrung sich durchdringen. Und genau darin wurde seinerzeit auch die Gefahr des modernen Romans gesehen.

Die Verwischung der Grenzen zwischen eigenen und massenmedial vermittelten Erfahrungen scheint die moderne Gesellschaft von Anbeginn an zu begleiten und die Beobachtungs- und Selbstbeobachtungsweisen des modernen Menschen zu prägen. Entscheidend ist nicht so sehr, dass der Mensch auf Medien angewiesen ist, weil es ihm unmöglich ist, in komplexen Gesellschaften jede

Art von Erfahrung selbst zu machen. Die Massenmedien dienen zwar auch dazu, den eigenen Erfahrungshorizont über das Selbsterlebbare auszudehnen, aber nicht dieser Prozess ist es, der neu ist. Vergleichsweise neu ist vielmehr, dass Erfahrungen, die man selbst machen *könnte*, durch massenmedial vermittelte Erfahrungen zwar nicht ersetzt, wohl aber mit ihnen vermischt werden. Man tratscht nicht mehr nur über eigene Freundinnen und Bekannte, sondern bezieht das Leben von fiktiven Charakteren und Soap Opera-Stars so selbstverständlich in den Klatsch ein, als zählten sie zum eigenen Freundeskreis, so dass es Außenstehenden mitunter schwerfällt, zu unterscheiden, wer reale Person und wer massenmediale Figur ist.

Die zunehmende Annäherung (zumindest mancher) medialer Welten an die Lebenswelt ihrer Konsumenten gemahnt an den pornographischen Imperativ, alles zu zeigen, – zumindest in jenen Fällen, in denen es darum geht, ein ganzes Leben oder einen Abschnitt eines Lebens vollständig öffentlich zu machen, sei es in der Form von ›Big Brother‹, Internetblogs oder Webcams. Dabei geht es nicht ausschließlich um ein Verschwimmen oder Verwischen der Grenzen zwischen Öffentlichem und Privatem, sondern auch darum, dass das scheinbar Private für die Echtheit des Veröffentlichten bürgt. Die Indienstnahme des Privaten dient den Medien dazu, sich und dem Zuschauer die Realität und Authentizität des Gezeigten zu versichern. Authentizität wird dabei als knappes Gut inszeniert, das sich im Gegensatz zur Inszenierung – so zumindest die Inszenierung – nicht beliebig vermehren lässt. Zu den konstitutiven wie unlösbaren Paradoxien der Realität der Massenmedien gehört freilich, dass das massenmedial aufgearbeitete und verbreitete ›Authentische‹ den Wert des Authentischen und schließlich das ›Authentische‹ selbst untergräbt. Ausgeblendet werden muss das Paradox, dass die gezeigten ›authentischen‹ Ereignisse ohne die Anwesenheit der Massenmedien nicht oder nicht in der gezeigten Form stattfinden würden. Die Inszenierung authentischer Ereignisse ist ein konstitutives Paradox der zeitgenössischen Medienwelt. Zu entscheidender Bedeutung gelangen somit jene Methoden und Technologien, die, indem sie den Anschein des Alltäglichen und Privaten erzeugen, reale Realität zu verbürgen vermögen. Derartige ›Technologien des Authentischen‹ können die Gestaltung der Räume sein, in denen Handlungen stattfinden, oder gewollt unprofessionelle Kameraführung, aber auch alltagstypische Hintergrundgeräusche, die ersichtlich keinen Bezug zum Dargestellten haben, wie beispielsweise das Klingeln eines Telefons. Die Versuche der Massenmedien, an authentische Erfahrungen heranzukommen respektive diese ›einzufangen‹, sind vielfältig; ob nun die ubiquitäre Frage ›wie hast du dich gefühlt, als…‹ an Sportler, Teilnehmer von Kochsendungen oder Zeugen von Katastrophen gerichtet wird, unreflektiertes Gestammel ungeschnitten gesendet wird oder die

Kamera in private Räume und Leben eindringt – Authentizität ist zu einem zentralen Gut respektive Fetisch der massenmedialen Unterhaltung geworden.

An der ›Suche‹ nach Authentizität nimmt die Pornographie seit jeher regen Anteil. Diese Anteilnahme ist zum einen dadurch bedingt, dass Sexualität seit dem 19. Jahrhundert als das Private und Authentische schlechthin gilt, so dass es nahe liegt, dass sich die Suche nach dem Authentischen bzw. der Wahrheit des Subjekts auf das Sexuelle stürzt (vgl. auch Foucault 1976). Zum anderen fällt die Jagd auf Authentisches mit dem nicht unwesentlichen Motiv des Pornographischen zusammen, die Realität zu zeigen, wie sie ›wirklich‹ ist. Man kann dies das aufklärerische Motiv der Pornographie nennen, sofern sie – zumindest ihrem Anspruch nach – gesellschaftlichen Verhältnissen den Schleier herunterreißt und zeigt, dass es in Wirklichkeit um Sex – und nur um Sex – geht. Zumindest die klassische Pornographie demaskiert soziale Verhältnisse, indem sie sie als Schein entlarvt. Um dies aber tun zu können, ist sie darauf angewiesen, ihre Darstellungen als authentisch erscheinen zu lassen. Die bloße Behauptung, Sex regiere die Welt und alles andere sei Schein, reicht nicht aus; die Pornographie muss *zeigen*, dass die sozialen Verhältnisse primär sexuelle sind. Sie verstrickt sich dabei freilich in das nämliche Paradox wie alle Massenmedien, die authentische Realität zeigen wollen: Was sie zeigt, kann nicht authentisch sein, weil es sonst nicht bzw. nicht auf diese Weise zu sehen wäre. Im Falle der Pornographie – oder jeglicher Darstellung von Sexualität – verschärft sich diese Paradoxie dadurch, dass das, was gezeigt werden soll, üblicherweise in Räumen und unter Bedingungen stattfindet, die den Massenmedien nicht zugänglich sind, da sie konstitutiv privat sind. Der Reiz liegt freilich genau darin, dass sexuelle Handlungen in aller Regel Handlungen sind, die weder für die Öffentlichkeit bestimmt noch in ihr vollzogen werden. Gerade die Nichtöffentlichkeit des Sexuellen fungiert jedoch als ein wesentliches Motiv des Pornographischen, es öffentlich zu machen.[24]

Ein nicht unwesentliches ›Problem‹ der zeitgenössischen Pornographie liegt freilich darin, dass sexualisierte Darstellungen so weit in den Alltag eingedrungen sind, dass die Annahme, Sexuelles sei per se und ausschließlich Teil der privaten Sphäre, fragwürdig geworden ist. Viel ist in diesem Zusammenhang von einer ›Pornographisierung‹ der Öffentlichkeit oder gar der Gesellschaft die Rede,

---

24 Nicht von ungefähr wird die Veröffentlichung von privaten Dingen und Emotionen, die nicht für die Öffentlichkeit bestimmt sind, auch dann als ›pornographisch‹ kritisiert, wenn es sich nicht um Sexuelles handelt. Bemerkenswert ist in diesem Zusammenhang auch die Etablierung von ›public sex‹ als einem pornographischen Subgenre.

da (*Softcore-*)pornographische Elemente und Darstellungsweisen in nichtpornographische Medien eingedrungen seien.[25]

Eine wesentliche Differenz zwischen der Inszenierung von Authentizität in den allgemeinen Unterhaltungsmedien und der Hardcore-Pornographie liegt darin, dass erstere in einem höheren Maße dazu neigen, Authentizität auch diskursiv herzustellen oder zu bezeugen. Visuelle Hardcore-Pornographie kapriziert (und beschränkt) sich hingegen im Wesentlichen darauf, körperliche Interaktionen und Reaktionen zu zeigen, ohne sie, wie im durchaus vergleichbaren Falle des Zuschauersports, hinterher diskursiv und mit ›Experten‹ nachzubearbeiten.

Pornographie als eine körperorientierte Geständnispraktik bringt hingegen den Körper zum Sprechen, der ihr zugleich wesentlicher Garant des Authentischen ist. In sexuellen Interaktionen, so das pornographische Phantasma, gibt der Körper die Wahrheit über seine Lüste preis. Insofern – und nur insofern – stehen das Pornographische und bereits das Sexuelle, der Folter nahe. In beiden Fällen sollen Einwirkungen auf den Körper dazu dienen, ihm seine Wahrheit zu entlocken. Der Unterschied liegt freilich darin, dass im Falle der Folter der Körper lediglich Mittel zum Zweck ist, den Widerstand des Bewusstseins zu brechen und den Menschen zum Reden zu bringen. Der Pornographie geht es jedoch darum, das Bewusstsein zum Schweigen und den Körper zum Sprechen zu bringen. Jeweils geht es jedoch um Wahrheiten, die nur mittels des Körpers bzw. mittels eines Umwegs über den Körper hervorgelockt werden können.[26]

Pornographie lässt sich so als eine Suche nach der Wahrheit des Körpers deuten. Die pornographische Konstruktion von Authentizität bedient sich aber

---

25 Beobachter, die eine Sexualisierung und ›Pornographisierung‹ der Öffentlichkeit und/oder der Medien beklagen, argumentieren nicht nur moralisch, sondern übersehen vor allem, dass die Differenz von sexualisierten Darstellungen und Inszenierungen in der Öffentlichkeit und der Hardcore-Pornographie mitnichten negiert wird – welcher Fernsehsender oder welche sonst allgemein, öffentlich und unkontrolliert zugänglichen Medien hätten jemals – *außer eben in der Hardcore-Pornographie* – ein erigiertes männliches Geschlechtsteil oder detaillierten Geschlechtsverkehr gezeigt? Die angebliche ›Pornographisierung‹ von Medien und Gesellschaft stellt eher ein Spielen mit Grenzen und einen Ausdruck von moralischer Panik dar; jedenfalls ist sie Effekt oberflächlicher ›Analysen‹. Die Differenz zwischen sexualisierten Darstellungen in den allgemeinen Massenmedien und der Hardcore-Pornographie ist vielmehr weitgehend intakt. An der Aufrechterhaltung dieser Differenz hat nicht zuletzt auch die Hardcore-Pornographie ein Interesse, da sie ihre ›Geschäftsgrundlage‹ bildet.

26 Diese Überlegung wird im Kapitel *La femme machine* ausgeführt, vgl. S. 279ff.

auch jenseits des Körpers verschiedener Authentifizierungsstrategien, die zum Teil aus anderen Genres bekannt sind.[27]

VOM ENDE DER PORNOGRAPHISCHEN UTOPIE

Ausdifferenzierungen und Umstellungen auf Selbstreferentialität führen im Falle von Wissenschaft ebenso wie im Falle von Wirtschaft, Politik, Kunst usw. zum Abbau externer Stoppregeln. Gleiches gilt für Sexualität. Die Abkopplung der Sexualität der Gesellschaft von externen Referenzen und ihre Orientierung am Primat sexueller Lust (vgl. Lewandowski 2004, 2008) bilden den Hintergrund der zeitgenössischen Entwicklungen des Pornographischen. Das Pornographische nimmt nun nicht länger den Wandel der Sexualität vorweg oder plausibilisiert ihn vorab, sondern spiegelt die zeitgenössische Sexualität – freilich in überspitzter Weise – insofern wider, als sie voll ausdifferenzierte Sexualität zeigt.[28] Damit hat das Pornographische seine utopische Komponente verloren, so dass Marcus' »Pornotopia« (vgl. Marcus 1974) durch die reale Entwicklung aufgelöst wurde und die klassische pornographische Ära im Sinne von Walter Kendrick (1996: 213ff.) an ihr Ende gelangt ist. Zwar zeichnet die zeitgenössische Pornographie noch immer Wunschbilder und Wunschträume des Sexuellen, aber sie ist nicht mehr im eigentlichen Sinne utopisch; weder präsentiert sie ein alternatives Gesellschaftsmodell noch eine *prinzipiell* respektive *strukturell* andere Sexualität. Ganz im Gegenteil richtet sie sich vielmehr darauf, reale Sexualität abzubilden, gleichsam zu sagen: ›so ist es‹. Zwar sagt sie auch noch immer: ›so soll es sein‹, aber die spezifisch utopische Komponente fehlt ihr. Stattdessen siedelt sie ihre Inszenierungen vornehmlich im Hier und Jetzt des Alltags und in Lebens-

---

27 Allerdings muss zwischen verschiedenen pornographischen Subgenres unterschieden werden: Die Amateurpornographie nutzt andere Authentifizierungsstrategien als die professionelle Hochglanz- und ›porn star‹-Pornographie. Letztere kann sogar weitgehend auf außersexuelle Authentifizierungsstrategien verzichten, da es für sie charakteristisch (und werbewirksam) ist, mehr oder minder bekannte professionelle Darsteller in sexueller Interaktion zu zeigen. Sie braucht sich folglich nicht darum bemühen, den Eindruck zu erwecken, sie zeige private Sexualität. Sie kann sich daher weitgehend auf die genreüblichen und genredefinierenden Wahrheitsbeweise beschränken: ›meat shots‹ und ›money shots‹, die belegen, dass die sexuelle Interaktion *tatsächlich* stattgefunden hat.

28 Vgl. auch unsere entsprechenden Ausführungen im Kapitel über *Selbstbeschreibungen*, S. 175ff.

welten an, die sich mit denen ihrer Konsumenten zwar nicht unbedingt decken, wohl aber für sie vorstellbar und erreichbar sind bzw. scheinen. Die utopische Komponente der Pornographie geht *auch* dadurch verloren, dass sich pornographische Welten und alltägliche Lebenswelten einander annähern. Die Distanz der pornographischen Sexualität und der Sexualität der Gesellschaft hat sich gegenüber der klassischen Ära der Pornographie – laut Kendrick (1996: 221) der Zeitraum von etwa 1840 bis 1960 – entscheidend verringert, in mancher Hinsicht gar verflüchtigt. Die Zurückdrängung von Zensurmaßnahmen und die weitgehende Freigabe des Pornographischen haben sicherlich eine wichtige Rolle gespielt; entscheidender jedoch ist der sexuelle Wandel, der das Biotop, in dem die pornographische Utopie gedeihen konnte, ausgetrocknet hat. Die *Struktur*muster der Sexualität der Gesellschaft haben sich zu sehr jenen der klassischen Utopien der Pornographie angepasst, als dass die pornographische Utopie noch im traditionellen Sinne funktionieren würde.

Freilich entspricht die Sexualität der heutigen Gesellschaft nicht vollständig den Utopien der klassischen pornographischen Ära. Einige ihrer zentralen Elemente wie die Orientierung an sexueller Lust als legitimem Handlungsmotiv, die freie Wahl der Sexualpartner, eine Pluralisierung sexueller Praktiken, die Legitimität weiblicher sexueller Lust, sexuelle Partnermärkte und das Verschwinden einer genuinen Sexualmoral sind jedoch alltägliche Realität geworden. Die pornographische Vision eines sexuell befreiten oder doch freizügigeren Zeitalters ist Wirklichkeit geworden und die Frage ist, wie Pornographie darauf reagiert, dass ihr Paradigma, Sexuelles solle sich ausschließlich an sexueller Lust orientieren, zum allgemeinen, nicht nur normativen Organisationsprinzip der Sexualität der Gesellschaft geworden ist. Pornographie ist, kurz gesagt, zumindest in dieser Hinsicht nicht länger utopisch oder gesellschaftskritisch, sondern verhält sich affirmativ zur Sexualität der (spät-)modernen Gesellschaft.

Pornographischen Inszenierungen bleibt selbstverständlich nach wie vor die Möglichkeit, die Sexualität des Alltags zu überbieten – spezielle Positionen, unübliche Praktiken usw. –, aber in ihrer Orientierung an sexueller Lust spiegelt sie lediglich die Prinzipien der Sexualität der Gesellschaft wider. Sie konfrontiert die Gesellschaft zwar mit anderen sexuellen Formen, nicht aber mit einer prinzipiell anderen und freieren Sexualität, wie dies in der klassischen Ära der Pornographie noch der Fall war. Vor diesem Hintergrund ist es auch wenig überraschend, dass sich die moderne Gesellschaft zur Pornographie recht indifferent verhält: Pornographie bestätigt die leitenden Prinzipien der Sexualität der Gesellschaft mehr als dass sie sie infrage stellt. Pornographie kann insofern als eine Selbstbeschreibung der Sexualität der Gesellschaft betrachtet werden.

Pornographie als eine Form der Selbstbeschreibung der Sexualität der Gesellschaft zu behandeln, impliziert *nicht* die Annahme, Pornographie würde die Sexualität der Gesellschaft vollständig oder auch nur vollständig realitätsadäquat beschreiben. Auch ist damit nicht gesagt, dass alles, was in der Pornographie vorkommt, auch in der Realität und vice versa zu finden sei. Ähnlich wie Theologie nicht jede religiöse Äußerung und jede religiöse Form zu fassen mag und systemische Selbstbeschreibungen niemals die gesamte Realität eines Systems abbilden, so beschreibt auch die Pornographie die Sexualität der Gesellschaft nicht in vollumfänglicher Weise. Worauf es aber ankommt, ist, dass die Pornographie insofern als eine Selbstbeschreibung der Sexualität der Gesellschaft angesehen werden kann, als sie wesentliche Prinzipien jener, wenn auch gleichsam idealtypisch, fasst und zur Darstellung bringt – insbesondere die Ausdifferenzierung des Sexuellen und die primäre Orientierung an sexueller Lust und dem Orgasmusparadigma.[29]

In der Pornographie reflektiert sich vor allem der Abbau jeglicher externer Stoppregeln: Möglich und ›erlaubt‹, ja geradezu geboten ist alles, was der sexuellen Lust dient. Die ausschließliche Orientierung an sexueller Lust katapultiert die Pornographie in eine infinite Steigerungslogik: Pornographische Inszenierungen sind insofern endlos, als sie kein *logisches* oder *natürliches* Ende kennen. Ihr vermeintliches Ende ist kein eigentliches Ende, sondern eher ein Abbruch. Zwar steht am Ende der einzelnen pornographischen Szene üblicherweise der Orgasmus; dieses Ende bedeutet aber keine endgültige Befriedigung sexuellen Begehrens, sondern lediglich einen Zwischenschritt zu weiteren sexuellen Abenteuern. Die pornographische Inszenierung endet zwar, aber sie vollendet sich nicht, sondern verweist auf immer weitere Inszenierungen, weitere Befrie-

---

29 In der Pornographie und einzelnen pornographischen Inszenierungen findet sich allerdings auch vieles, das schlecht zur zeitgenössischen Sexualität passt und insofern kaum Element der Selbstbeschreibung der Sexualität der Gesellschaft zu sein scheint. Zu denken wäre etwa an den (Hetero-)Sexismus der meisten pornographischen Inszenierungen, atavistisch anmutende Geschlechterstereotype, eine Häufung sadomasochistischer und perverser Strukturierungen usw. Zu unterscheiden ist somit zwischen Elementen, mit denen die Pornographie die Sexualität der Gesellschaft beschreibt, und jenen Elementen, Inszenierungen und Darstellungsweisen, mit denen sie den Gesetzen des Genres folgt. In ihren Geschlechterinszenierungen beschreibt die Pornographie weder die Sexualität der Gesellschaft – zumindest nicht in realistischer Weise – noch ist sie hier utopisch, sondern atavistisch und, möglicherweise, schlichtweg regressiv. Die Frage des Verhältnisses der Pornographie zur Sexualität der Gesellschaft wird im Kapitel *Selbstbeschreibungen* ausführlich analysiert, vgl. insbesondere S. 176ff., sowie S. 202ff.

digungsmöglichkeiten, andere sexuelle Möglichkeiten und Versprechungen. Zwar arbeitet die Pornographie mit dem Versprechen der ultimativen Lust und der ultimativen Befriedigung, aber immer nur als ein Versprechen, mit dessen Erfüllung sie jedoch an ihr Ende gelangen würde. Und so ist das Versprechen selbst mehr als seine Erfüllung das eigentliche Versprechen der Pornographie und ihre ›Geschäftsgrundlage‹ zugleich. Da sich das Versprechen ultimativer Lust nicht erfüllt, wird es zum Antriebsmotor der pornographischen Steigerungs- und Überbietungslogik: Jede pornographische Szene, jede pornographische Befriedigung verweist auf weitere pornographische Szenen, Befriedigungen und Begehrensoptionen. Ein infiniter Regress gewissermaßen, aber einer, der immer neue Formen hervorbringt, deren Telos darin zu liegen scheint, frühere Formen zu überbieten. Nicht nur ›Lust um der Lust willen‹, sondern ›*mehr* Lust um der Lust willen‹ ist der Imperativ der Pornographie. Sie schreibt sich damit einerseits in die Logik des ›l'art pour l'art‹ ein, öffnet sich aber andererseits einer Pluralisierung und Ausdifferenzierung ihrer Formen, so dass die Annahme, Pornographie biete nur Wiederholungen des Immergleichen, zumindest irreführend ist.[30]

EXPANSION UND ›GRENZKONFLIKTE‹ DER PORNOGRAPHIE UND DES SEXUELLEN

Die Umstellung der Sexualität der Gesellschaft auf einen Primat sexueller Lust (vgl. auch Lewandowski 2008) entspricht in gewisser Weise der klassischen Utopie der Pornographie und ermöglicht es der modernen Gesellschaft zugleich, sich gegenüber der Pornographie strukturell indifferent zu verhalten. Zwar eignet sich ›Pornographie‹ nach wie vor für moralische Entrüstungen, aber sie bedroht, da sie ihren sexual- wie sozialutopischen Charakter eingebüßt hat, nicht länger die gesellschaftliche Ordnung. Die weitgehende Freigabe der Pornographie raubt ihr zugleich den Reiz des Verbotenen, so dass sie diesen Verlust auf andere Weise zu kompensieren sucht. Derartige Kompensationsstrategien, die darin bestehen, eine Differenz zur Sexualität der Gesellschaft aufrechtzuerhalten oder zu reetablieren, tragen das ihre zur Dynamik des Pornographischen bei. Auf jede Annäherung der Sexualität der Gesellschaft an die in der Pornographie zur Darstellung kommende Sexualität reagiert Pornographie zwangsläufig mit Abweichungsverstärkungen. Hörte sie damit auf, so würde sie zur reinen Abbildung alltäglicher Sexualität ›verkommen‹, ihren Neuigkeits- und Erregungswert ein-

---

30 Dass sie immer nur das Gleiche biete, ließe sich freilich ebenso gut für Sexualität im Allgemeinen sagen.

büßen und von der alltäglichen Sexualität überrollt oder ausgehöhlt werden. Gerade weil es um ihren ›Vorsprung‹ gegenüber der alltäglichen Sexualität und ihre Differenz zu dieser geht, darf sich die Pornographie keinem ›Wandel durch Annäherung‹ aussetzen, sondern ist mehr denn je darauf angewiesen, das sozial Übliche ebenso wie das pornographisch üblich gewordene zu überbieten. Auch in diesem Sinne lautet der sie antreibende Imperativ: *Don't Stop!*

Der Aufrechterhaltung einer Differenz zur ihrer sexuellen (!) Umwelt dienen auch die extremen Binnendifferenzierungen des pornographischen Angebots entlang von Praktiken, Sexualobjekten und Begehrensweisen, die ebenfalls den Verlust externer wie interner Limitierungen indizieren. Solange und insofern es der Steigerung sexueller Lust dient und die Binnendifferenzierungen sich am Primat sexueller Lust orientieren, gibt es keinen Grund, weitere Differenzierungen zu unterbinden und nicht nach immer ausgefalleneren Lüsten zu suchen.

Der Abbau von Stoppregeln führt jedoch nicht nur zu einer Expansion des Pornographischen nach innen, also zu Binnendifferenzierungen, sondern auch zu einer Expansion nach außen. Diese äußert sich nicht wie die Binnendifferenzierung in einer Ausdifferenzierung sexueller Praktiken, sondern in der Einbeziehung neuer Objekte, Orte und Personengruppen in den pornographischen Kosmos.

Vor allem im Hinblick auf die Einbeziehung neuer Personengruppen erweist sich die Amateurpornographie als wichtiger Motor: Zum einen erweitert sie den Kreis der Darstellerinnen und Darsteller pornographischer Inszenierungen erheblich und zum anderen tritt neben diese quantitative Ausweitung eine qualitative: Neben die normierten Körper der professionellen Hochglanzpornographie treten nicht nur die ›normalen‹ Körper der Amateure, sondern zunehmend auch Körper, die von gängigen Schönheitsidealen – etwa im Hinblick auf Alter oder Körperformen – mitunter deutlich abweichen.[31]

Neben einer Steigerung in Extreme ist die Einbeziehung neuer Körper und Körperformen eine der bedeutsamsten Expansionsdynamiken des Pornographischen, da auf diese Weise Neuigkeitswert und Abwechslung erreicht werden können, ohne sich auf ein Überbieten früher gezeigter sexueller Formen fixieren zu müssen. Die Verwendung immer neuer Körper und Gesichter vermag zugleich die Beschränkungen sexueller Interaktionsmöglichkeiten zu kompensieren oder doch zumindest zu kaschieren. Visuelle Pornographie ist, mit anderen Worten, in sehr existenzieller Weise auf Nachwuchsrekrutierung angewiesen,

---

31 Zu unterscheiden ist hier zwischen pornographischen Subgenres respektive Nutzergruppen, die bestimmte Körperformen fetischisieren – etwa ›fat admirers‹ – und einer Pluralisierung jener Körper, Körperbilder und Körperformen, die in der allgemeinen, nicht-spezialisierten (Amateur-)Pornographie auftreten.

zumal, sieht man vom Starsystem der Pornoindustrie ab, die Verweildauer im Pornobusiness vergleichsweise kurz zu sein scheint. Sofern die Expansionsdynamik in Richtung auf die Inklusion möglichst vieler neuer Darstellerinnen für die Pornographie von existenzieller Bedeutung ist, besteht auch hier weder ein Grund noch die Möglichkeit zur Selbstlimitierung, so dass auch hier gilt: *Don't stop*. Ähnlich wie die pornographische Interaktion auf Unersättlichkeit angelegt ist, so ist es auch das pornographische Genre in Bezug auf die Inklusion bzw. Rekrutierung neuer Körper.[32] Dass die Amateurpornographie für die Inklusion immer neuer Darsteller von besonderer Bedeutung ist, ist offensichtlich, da sie die Pornographie mit neuen Körpern zu ›versorgen‹ vermag, auf die die professionelle Pornoindustrie (noch) keinen Zugriff hat.

Die Expansion des Pornographischen bzw. die Inklusion immer größerer Personengruppen in den Bereich des pornographisch Darstellbaren findet zudem eine Parallele in der Expansion des Sexualitätssystems, die sich ebenfalls dadurch auszeichnet, immer weitere Personengruppen zu inkludieren. So hat sich die Lebensspanne, in der sexuelle Aktivitäten als legitim bzw. normativ geboten angesehen werden oder einfach ›zum Leben gehören‹, erheblich ausgeweitet. Während Sexualität vor nicht allzu langer Zeit primär als ein Phänomen und Privileg der Jugend und des jungen Erwachsenenalters angesehen wurde, hat die normative Pflicht zu sexueller Attraktivität und Aktivität nicht nur die mittleren Erwachsenenjahre, sondern zunehmend auch das Alter erfasst. Nicht erst seit Viagra und der Normalisierung schönheitschirurgischer Maßnahmen wird die Möglichkeit, in Frieden impotent respektive unattraktiv zu werden, für ältere Jahrgänge zunehmend abgeschnitten. Auch sie werden verstärkt in die Sexualität der Gesellschaft inkludiert oder doch mit steigendem Lebensalter nicht mehr automatisch aus dieser exkludiert. Kurz gesagt: Biographisch betrachtet gerät ein immer größerer Teil des individuellen Lebens und folglich auch ein immer größerer Teil der Bevölkerung in den ›Sog‹ des Sexuellen. Dieser Inklusion in die Sexualität der Gesellschaft entsprechen Forderungen nach sexueller Selbstbestimmung, eines Rechts auf Sexualität (auch im Alter), die Entdeckung der Sexualität der Alten, der Behinderten usw. Alter oder körperliche Abweichungen von Idealen der Schönheit oder der ›sexiness‹ sind mithin kein ›Argument‹ mehr für die Exklusion aus der Ordnung des Sexuellen und auch nicht mehr für eine Exklusion aus dem Pornographischen.[33]

---

32 Die Pornographie steht auch in dieser Hinsicht nicht allein, sondern reiht sich in andere Unterhaltungsformate ein. So sind beispielsweise auch Casting Shows auf immer neue Gesichter angewiesen.

33 Möglicherweise erweist sich der Inklusionssog gar für jene als am stärksten, die vom Zugang zu sexuellen Beziehungen in besonderem Maße ausgeschlossen sind. Die Fra-

Die expansive Dynamik des Pornographischen wie der Sexualität der Gesellschaft verdeutlicht sich besonders im Kampf um ihre Grenzen bzw. an ihren Randzonen. Eine dieser Debatten, die sich um eine Ausweitung des Sexuellen dreht, ist die immer wieder aufflammende Debatte um den Zölibat, die sich auch als eine Auseinandersetzung darüber lesen lässt, ob es in der modernen Gesellschaft Bereiche und Personen geben soll bzw. geben darf, die sich der Expansion des Sexuellen bzw. der Sexualisierung explizit und grundlegend entziehen.[34] Es geht, knapp gesagt, um die Legitimation bzw. Legitimationsbedürftigkeit von Asexualität. Bemerkenswert ist dabei, dass nicht mehr Sexualität bzw. Sexualisierung, sondern gerade deren prinzipielle Verweigerung legitimationsbedürftig oder gar, sofern sie als Lebensstil gewählt werden, unverständlich geworden ist. Wichtiger und zentraler als Indikator für die Expansion des Sexuellen wie des Pornographischen sind jedoch Debatten um kindliche Sexualität und vor allem um ›Kinderpornographie‹.[35]

Die Debatte um ›Kinderpornographie‹ könnte man als einen ›Grenzkonflikt‹ der Expansion des Pornographischen beschreiben, wenn sich denn angeben ließe, zwischen was bzw. welchen Reichen die Grenze verläuft; auf der einen Seite steht Pornographie respektive Sexualität – aber was steht auf der anderen Seite? Die Figur des unschuldigen Kindes, so könnte eine Antwort lauten (vgl. etwa: Kendrick 1996), also ein kulturelles Phantasma. Ähnlich wie in der Debatte um den Zugang zu Pornographie geht es auch hier nicht nur um den Schutz von Kindern, sondern auch um Fragen nach Grenzen bzw. einer Begrenzung der Expansion des Sexuellen wie des Pornographischen. Bemerkenswert an diesen Auseinandersetzungen ist nicht so sehr, dass sie sich an der Expansionslogik und dem Inklusionssog eines spezifischen selbstreferentiellen Sozialsystems entzünden, sondern dass sie gleichsam quer zu allgemeinen sozialstrukturellen Entwicklungstrends stehen. In diesem Sinne wohnt diesen Debatten eine gewisse Hilflosigkeit und zugleich eine besondere ›Tragik‹ inne: Sofern sich die Kritik an der Expansionslogik des Sexualitätssystems auf seine Inklusionslogik richtet, setzt sie bei einem Aspekt an, der im Falle beinahe aller anderen Funktionssysteme als positiv bewertet wird. Während die Inklusion möglichst breiter Personengruppen ins Bildungssystem, ins Rechtssystem, ins politische System, ins

---

ge, was die Expansion des Sexualitätssystems für jene bedeutet, die sexuell eher unattraktiv sind, ist ein zentrales Thema von Michel Houellebecqs Roman *Ausweitung der Kampfzone* (1994).

34 Eine andere Debatte, die sich ebenfalls um Grenzen bzw. Begrenzungen dreht, ist die Auseinandersetzung um den *Zugang* zu Pornographie.

35 Vgl. auch den Abschnitt über die *Debatten um ›Kinderpornographie‹* im Kapitel *Internetpornographie* (S. 104ff.).

Wissenschaftssystem usw. als Gewinn beschrieben wird, verhält es sich im Falle des Sexuellen anders, ja teilweise umgekehrt: Was für bestimmte Personengruppen, insbesondere Minderjährige, gefordert wird, ist Exklusion.[36] Dass diese Exklusion, zumindest was den Zugang zu Pornographie angeht, inzwischen weitgehend illusorisch ist, steht auf einem anderen Blatt.[37]

Die Auseinandersetzungen um den Zugang zu Pornographie und um ›Kinderpornographie‹ sind symbolische Auseinandersetzungen, in denen es um die grundlegende Frage des normativen Verhältnisses der modernen Gesellschaft zu ihrer Pornographie geht. Zugleich handelt es sich einerseits um Rückzugsgefechte – nämlich insofern Versuche der Limitierung der Expansion des Pornographischen in den meisten anderen Hinsichten gescheitert sind bzw. aufgegeben wurden. Andererseits bildet jedoch insbesondere ›Kinderpornographie‹ eine Art ›schwächstes Glied in der Kette‹ und somit einen Ansatzpunkt einer allgemeinen Diskreditierung des Pornographischen. Von daher wird das Phantasma ›Kinderpornographie‹ für den eigentlich bereits verlorenen Kampf gegen Pornographie attraktiv und emblematisch zugleich.

Betrachtet man derartige Grenzkonflikte aus Perspektive des Pornographischen, so gewinnen sie eine eigentümliche und paradoxe Attraktivität. Zwar stellt ›Kinderpornographie‹ für die allgemeine, mehr oder minder legal hergestellte und verbreitete Pornographie eine Gefahr dar[38], aber sie profitiert zugleich von dem Phantasma, dass Pornographie ›alles‹ zeige.

Jenseits pornographischer Darstellungen von Kindern findet auch in der Mainstream-Pornographie ein Kampf um junge bzw. jugendliche Körper statt. In der Tatsache, dass sich die Pornographie oftmals auf junge weibliche Körper fixiert, spiegelt sich in erster Linie die Obsession zeitgenössischer Gesellschaften mit jugendlichen Körpern wieder. Die weitverbreitete pornographische Präferenz

---

36 Das hier entfaltete Argument ist kein normatives. Worauf es ankommt, ist allein der Kontrast.

37 Dass faktische Zugangsmöglichkeiten und vor allem faktischer Konsum in unzulässiger Weise skandalisiert werden, ist Hinweisen von Gunter Schmidt (2009: 146) zu entnehmen, der in erhellender Weise die Zahl der Jugendlichen, die Pornographie konsumieren, mit der Zahl jener Personen gleichen Alters kontrastiert, die koituserfahren sind. Vgl. auch aktuelle Studien über den Pornographiekonsum von Jungen und Mädchen (Schmidt/Matthiesen 2011 bzw. Matthiesen/Martyniuk/Dekker 2011).

38 Der Verfolgungsdruck durch Öffentlichkeit und Strafverfolgungsbehörden scheint so hoch zu sein, dass man weder im Internet noch an anderer Stelle zufällig über Pornographie mit Kindern stolpert. Pornoportale und -suchmaschinen im Internet versuchen ihre Seiten von entsprechenden Angeboten freizuhalten, indem sie etwa die Nutzer dazu auffordern, kinderpornographische Angebote zu melden.

für besonders junge und jugendliche Körper ist aber nicht allein eine ›Geschmacksfrage‹, sondern auch ein bedeutender Aspekt der Expansion des Pornographischen. Serien bzw. Labels wie ›endlich achtzehn‹, ›barely legal‹ oder pornographische Kategorien wie ›teen‹ inszenieren die Expansion des Pornographischen bis an die äußersten (legalen) Grenzen. Sie stellen gewissermaßen jenen Grenzkonflikt von innen dar, den Debatten um ›Kinderpornographie‹ und den allgemeinen Zugang zur Pornographie von außen inszenieren.

Die Pornographie ›lebt‹ zugleich von einer Ausdehnung ins Extreme und je stärker interne wie externe Stoppregeln verschwinden (und nicht re-etabliert werden können), desto stärker ist die Pornographie, um attraktiv zu bleiben, gezwungen, ihre Möglichkeiten möglichst vollständig auszuschöpfen und gegebenenfalls ins Extreme zu treiben.

BRUTALISIERUNGSTENDENZEN

Die Auflösung externer wie interner Stoppregeln erweitert nicht nur den Möglichkeitshorizont eines Systems, sondern lässt auch eine Unterausschöpfung des an sich Möglichen sinnlos, ja arbiträr und damit unwahrscheinlich werden. Selbstreferentialität bedeutet ja gerade Abkopplung von externen Eingriffen, und sofern Systeme selbstreferentiell eingerichtet sind, bietet sich ihnen kein Ansatzpunkt, die Realisierung von Möglichkeiten von sich aus zu limitieren. Kurz gesagt: Selbstreferentialität öffnet den Möglichkeitshorizont eines Systems gleichsam ins Unendliche; nichts wird ausgeschlossen – außer der Möglichkeit der Selbstlimitierung. Wir hatten aus diesem Zusammenhang heraus die expansive Dynamik des Pornographischen gedeutet.

Der Abbau von Stoppregeln betrifft aber nicht nur die Pornographie in einem umfassenden Sinne – etwa dem, dass es nichts gibt, was es nicht gibt –, sondern auch die einzelnen pornographischen Produkte. Halten diese auf der Ebene der gezeigten Sexualpraktiken das übliche protopornographische Skript nicht ein, wirken sie gleichsam ›unvollständig‹. Eine Unterausschöpfung der gegebenen Möglichkeiten erscheint – zumindest in der Hardcore-Pornographie – als ein Verstoß gegen kognitive wie normative Erwartungsstrukturen. Der Abbau von Stoppregeln schlägt sich mit anderen Worten unmittelbar in pornographischen Skripten und Erwartungsstrukturen nieder. Die gebotene Ausschöpfung des Möglichen erfordert – zumindest in der professionellen Pornographie – die vollständige und detailliere Visualisierung der drei pornographisch üblichen Praktiken (oral, vaginal, anal) und darüber hinaus die Realisierung aller möglichen

Kombinationsmöglichkeiten der beteiligten Körper, also die Einlösung der Forderung ›jede(r) mit jedem‹.[39]

Mit der Etablierung Hardcore-pornographischer Standards im Hinblick auf sexuelle Praktiken, Stellungen und Inszenierungsweisen zieht die Pornographie zugleich eine für ihre selbstreferentielle Organisation konstitutive Grenze.[40] Nach der festen Etablierung dieser Standards bleiben im Wesentlichen vier Richtungen, in die sich die Dynamik pornographischer Entwicklungen noch entfalten kann: eine Inklusion weiterer Personengruppen, eine Steigerung der Zahl der an einer pornographischen Inszenierung Beteiligten (Gruppensex, Gangbangs usw.), die Einbeziehung von besonderen Objekten oder Örtlichkeiten (Fetische, sexuelles Spielzeug usw. einerseits, öffentliche oder außergewöhnliche Orte andererseits) oder aber die Intensivierung sexueller Praktiken, beispielsweise durch Steigerung in Extreme oder mittels des Einbezugs inszenierter oder realer Gewalt und Erniedrigung.[41] All diese Formen nutzt die zeitgenössische Pornographie weidlich aus. Den letztgenannten Steigerungsmöglichkeiten widmet sich dieser Abschnitt.

---

39 Mit der bemerkenswerten Ausnahme, dass in der heterosexuellen Pornographie niemals männliche Körper im direkten sexuellen Kontakt miteinander gezeigt werden. Diese Beschränkung des hypothetisch Möglichen scheint der im Haupttext vertretenen These zu widersprechen. Sie verweist aber darauf, dass auch das Pornographische trotz aller Selbstreferentialität auf Außenkontakte angewiesen bleibt; in diesem Falle auf die Orientierung an den (heterosexuellen) Konsumenten ihrer Produkte. Die Pornographie der Gesellschaft ›löst‹ dieses Problem der extern induzieren Unterausschöpfung von Möglichkeiten allerdings durch Ausdifferenzierung von pornographischen Subgenres, in denen jene Möglichkeiten realisiert werden, die sich mit dem Mainstream nicht recht vertragen. Die interne Ausdifferenzierung des Pornographischen kann somit als ein wesentlicher Effekt der Selbstreferentialität der modernen Pornographie verstanden werden.

40 Damit ist nicht gesagt, dass die Pornographie keine Rückwirkungen auf die alltägliche Sexualität hätte oder wechselseitige (!) Durchdringungen unmöglich seien, wohl aber, dass der Pornographie eigene Gesetze innewohnten. Während beispielsweise die alltägliche Sexualität auch bei Unterausnutzung des hypothetisch Möglichen ›glücklich‹ werden kann, gilt dies für die pornographische Sexualität gerade nicht.

41 Hier wäre zumindest zwischen verbaler und körperlicher Gewalt zu unterscheiden – ohne freilich die Differenz zwischen inszenierter und realer Gewaltausübung aus den Augen zu verlieren. Interessant wäre in diesem Zusammenhang eine eingehende Untersuchung *diskursiver* sexueller Strategien respektive der verbalen Kommunikation in pornographischen Inszenierungen. Man denke etwa an die verbale Inszenierung von Aggressivität oder Unterwerfung, aber auch von Lust (›mir kommt's‹).

Pornographie erzählt keine Liebesgeschichten und dient nicht der Paarbildung.[42] Sexuelle Interaktionsformen und Praktiken werden somit nicht durch enge oder gar exklusive Bindungen zwischen Person restringiert oder gar inhibiert. Mit den Exklusivitätsvorstellungen romantischer Liebe konfligiert die prinzipiell polygame und ›polymorph-perverse‹ Grundstruktur der Pornographie zwangsläufig. Im Gegensatz zur romantischen Liebe, aber auch zur gesellschaftlichen Realität, kennt die Pornographie keine individuellen Personen, sondern primär Körper. Sie hat auch keinen Raum für nichtsexuelle Beziehungen – es sei denn für solche, die sich pornographisch nutzen lassen –, vor allem aber hat sie keinen Raum für exklusive Beziehungen. Die Körper der Pornographie sind austauschbar und zugleich nicht austauschbar. Austauschbar sind sie, insofern sie sich beinahe beliebig kombinieren lassen. Nicht austauschbar sind sie jedoch aus zwei-

---

42 Während die Handlung klassischer Hollywoodfilme aus sich zufällig begegnenden Personen und ebenso zufällig entstehenden Entwicklungen ein Paar entstehen lässt, ist in der Pornographie die Begegnung der Protagonisten zwar meist ebenso zufällig, aber da ihr charakteristisches Merkmal ihre Austauschbarkeit ist, wird eine Paarbildung bereits aus strukturellen Gründen blockiert und nicht erst, weil sie nicht in die Logik der Pornographie passen würde. Das für die Pornographie charakteristische ›Paar‹ ist eine Interaktionseinheit und gerade kein soziales Gebilde, das über die konkrete Interaktion hinaus kontinuiert: Mit Ende der sexuellen Handlungen löst es sich auf und die Beteiligten werden frei für neue sexuelle Interaktionen und Kombinationen. Kurz gesagt: Weder das Sexuelle noch die Interaktion selbst schaffen in der Pornographie Bindungswirkungen. Es begegnen sich zwei (oder mehr) Individuen – »and there's no such thing as society«. In einem gewissen Sinne illustriert die pornographische Sexualität das ›Wunder‹ des Neoliberalismus: autonome Subjekte begegnen einander, interagieren und trennen sich wieder, ohne dass etwas anderes bleibt als eben voneinander unabhängige (Markt-)Subjekte.

Freilich kennt die Pornographie zwei prominente Abweichungen von diesem Schema: die pornographische Destruktion bzw. Auflösung eines Paares respektive partnerschaftlicher Exklusivität (›I share my wife‹) einerseits und Formen der ›parasitären‹ Nutzung bestehender bzw. fiktiver sozialer Beziehungen, wie sie etwa in pornographischen Inzestphantasien zum Ausdruck kommen. Ebenfalls in die letztere Kategorie fallen alle anderen pornographisch (aus-)nutzbaren sozialen Beziehungen. Der pornographische Reiz besteht in diesen Fällen darin, die bestehenden Beziehungen nicht vollständig aufzulösen oder zu destruieren, sondern sie in einer Weise zu sexualisieren, die ihrem ›normalen‹ Charakter gerade nicht entspricht respektive von ihm explizit ausgeschlossen wird: im ersten Falle beispielsweise formale Beziehungen in Organisationen wie die zwischen Chef und Sekretärin, im zweiten Fall etwa verwandtschaftliche Beziehungen.

erlei Gründen. Zum einen sind sie geschlechtlich codiert und in der überwiegenden Zahl der Fälle einem – und nur einem – Geschlecht eindeutig zugeordnet.[43] Im Rahmen der heterosexuellen Mainstream-Pornographie trägt diese eindeutige Zuordnung dazu bei, eine Reihe von theoretisch möglichen Körperkombinationen auszuschließen. Der Austauschbarkeit von Körpern sind zum anderen dadurch Grenzen gezogen, dass es gerade Körper sind, die das Pornographische zwar nicht vor unendlichen Wiederholungen bewahren, wohl aber vor einer unendlichen Wiederholung des Gleichen. Da sich Körper nie gleichen, sondern immer anders sind, sich anders bewegen, anders reagieren, bieten sie einen Ankerpunkt für Abwechslung und sorgen dafür, dass Pornographie nicht langweilig wird. Weil die Möglichkeiten der Kombination von Körpern aber begrenzt sind, benötigt die Pornographie, um der Langeweile ihres repetitiven Schemas entgehen zu können, immer ›neue‹ Körper. Und insofern sich der Neuigkeitswert schnell verliert und die Pornographie nur wenige Stars kennt, hat sie einen hohen Bedarf und einen großen ›Durchlauf‹ an neuen Körpern.

Die Körper sind, wie gesagt, zugleich austauschbar und nicht austauschbar. Sie müssen aber, um das Versprechen des Neuen halten zu können, hinreichend oft ausgetauscht werden. Mit Körpern kommt so etwas wie Individualität in die Pornographie und sie ziehen der prinzipiellen Austauschbarkeit insofern Grenzen, als zwar jeder Körper prinzipiell durch einen anderen ersetzbar ist, aber nicht durch einen identischen. Pornographie würde nicht ›funktionieren‹, wenn sie immer nur ein und dieselben Körper zeigen und vorführen würde.

Ein eigentümlicher Zug der Pornographie, der sie von anderen fiktionalen Formaten unterscheidet, liegt nun darin, dass sie Menschen und Körper nicht bzw. nur sehr rudimentär individualisiert. Sie de-personalisiert sie vielmehr, indem sie sie auf Körper und Körperlichkeit reduziert, im ›Idealfall‹ auf ›zuckendes Fleisch‹. In dieser Depersonalisierung und der Reduktion auf Körper liegen der Exzess und der Triumph des Pornographischen. Der Triumph ist erreicht, wenn der Körper nur noch Körper ist, und der Exzess besteht darin, dass mit der Depersonalisierung die Aufhebung von Grenzen, auch solcher des Moralischen, einhergeht. Ist die Person verschwunden oder zur Auflösung gebracht worden, so fallen auch jene Grenzen, die das Personenschema zog. Körper werden als

---

43 Allerdings finden sich auch pornographische Formen, die diese eindeutigen Geschlechtszuordnungen durchbrechen respektive mit ihnen spielen. Dies gilt für manche Teile des fetischistischen Bereichs, vor allem aber für Pornographie mit Transsexuellen.

Körper und nicht als Personen oder zugehörig zu Personen, sondern als bloße Objekte behandelt.[44]

Ein Teil der auch in der Mainstream-Pornographie zu beobachtenden Brutalisierungstendenzen lässt sich auf den angesprochenen Depersonalisierungsaspekt zurückführen, aber auch Frauenhass mag in jenen Fällen eine Rolle spielen, in denen es recht offensichtlich um die Unterwerfung von Frauen unter Formen männlicher Sexualität geht. Jedoch geht es auch – und gerade – in diesen Fällen um Depersonalisierung, also darum, eine Person auf einen Körper zu reduzieren. Hinzu kommt, dass es um die Reduktion auf einen weiblichen Körper geht, also in einem gewissen Sinne um Stigmatisierung. In ähnlicher Weise, wie Stigmaträger auf ihr Stigma reduziert werden (vgl. Goffman 1963), reduziert die heterosexuelle Pornographie Frauen auf ihre Weiblichkeit, genauer: auf ihren weiblichen Körper.[45] Implizit versichert sie damit dem Zuschauer, dass Frauen tatsächlich Frauen sind und sie führt vor, dass Frauen als Frauen benutzt werden und benutzt werden können. Die Reduktion auf Körperlichkeit geht dabei oftmals einher mit einer Reduktion auf einen benutzbaren Gegenstand.

Der heterosexuellen Pornographie sind drei Komponenten inhärent, die auf einen ihr zugrunde liegenden Frauenhass schließen lassen: die Depersonalisierung der Frau, die Verwandlung des weiblichen Körpers in ein benutzbares Objekt und schließlich die Beschmutzung des Körper der Frau. Entsubjektivierung, Entweihung und Beschmutzung sind in einem gewissen Sinne ein zentraler Dreiklang heterosexistischer Pornographie.

Tendenzen zur Brutalisierung pornographischer Darstellungen speisen sich jedoch aus zwei weiteren Quellen: der inhärenten Steigerungslogik der Pornographie und des Abbaus von Stoppregeln einerseits und der Diversifikation des pornographischen Angebots andererseits. In beiderlei Hinsicht folgt die Entwicklung der Pornographie einer expansiven Marktlogik. Allerdings bringt keine dieser Entwicklungen frühere pornographische Formen zum Verschwinden, so dass man nicht allgemein davon sprechen kann, dass ›die‹ Pornographie »immer

---

44 Dies realisiert sich nicht in allen, nicht einmal in den meisten pornographischen Inszenierungen, bildet aber ihre (geheime) Fluchtlinie.

45 Wenngleich Pornographie auch Männer auf ihren Körper, insbesondere ihren Penis reduziert, so liegt in der Reduktion von Frauen auf Weiblichkeit doch ein entscheidendes Moment geschlechtlicher Ungleichheit in der (heterosexuellen) Pornographie. Im Gegensatz zu Männern gewinnen Frauen im üblichen pornographischen Skript am Ende nämlich nicht ihre Subjektivität und die souveräne Verfügung über ihren Körper zurück, sondern verlieren diese, wie die Abschlusssequenzen der protopornographischen Skripts nochmals verdeutlichen, an die Männer (vgl. auch oben, S. 52ff.).

härter« werde.⁴⁶ Allerdings haben sich Nischen herausgebildet, in denen sich pornographische Formen angesiedelt und entfaltet haben, die sich mit der allgemeingültigen Konsensmoral nur schwer vereinbaren lassen.

Das Ende des postpornographischen Zeitalters – ein Exkurs

Nachdem Pornographie in den 1970er Jahren kurzfristig mehr oder weniger sozial akzeptabel wurde und die moderne Gesellschaft in der Folge mehr oder minder ihren ›Frieden‹ mit der Pornographie gemacht hatte, der kurzzeitig durch die feministischen Anti-Pornographie-Kampagnen gefährdet schien, scheint die Klammer, die diesen ›Frieden‹ garantierte, in den letzten Jahren zu zerbrechen. Dieser Friede markierte gewissermaßen das ›postpornographische‹ Zeitalter.⁴⁷ Trotz des Anschwellens des pornographischen Marktes seit den 1970er Jahren scheint der Begriff des ›postpornographischen Zeitalters‹ insofern gerechtfertigt, als sich damals die seit Beginn der Moderne das Pornographische bestimmende Konstellation eines Konflikts zwischen Gesellschaft und Pornographie aufzulösen begann. Die moderne Gesellschaft begann ihren ›Frieden‹ mit dem Pornographischen aus der Erkenntnis heraus zu machen, dass sich Pornographie ohnehin nicht unterdrücken, sondern allenfalls staatlich rahmen lasse (Altersbeschränkungen, Werbeverbot usw.) und zudem der (wenn auch eingeschränkte) Zugang zur Pornographie den konsumorientierten, marktwirtschaftlichen Ökonomien der westlichen Gesellschaften entspräche. Neben Alters- und Zugangsbeschränkungen spielte andererseits eine Art *impliziter* ›Kompromiss‹ eine nicht unwesentliche Rolle: Die Gesellschaft ließ die Pornographie mehr oder minder in Ruhe – unter der ›Bedingung‹, dass auch die Pornographie die Gesellschaft in Ruhe ließe. Zum einen wurde das Pornographische zu einer akzeptierten oder doch geduldeten Nische, zum anderen zog es sich auf Sexuelles zurück und verzichtete weitgehend auf allzu deutliche Gesellschaftskritik. Der Pornographie

---

46 Die gegenteilige These ist durchaus nicht unplausibel. So erreicht mit den Schriften des Marquis de Sade die sich entwickelnde Pornographie bereits am Beginn ihrer ›Karriere‹ ein bislang nicht wieder eingeholtes Höchstmaß an Brutalität. Von diesem frühen Höhepunkt aus betrachtet, erscheint die weitere Entwicklung der Pornographie als Geschichte ihrer Zivilisierung. So sollte man sich auch vor dem Missverständnis hüten, de Sades Schriften wären in jeder Hinsicht paradigmatisch für die moderne Pornographie (vgl. auch oben, S. 160ff.).

47 Zum Begriff des »postpornographischen« Zeitalters vgl. Kendrick (1996: 213ff.), der den Begriff allerdings anders füllt und in einem neuen Nachwort einräumt, er hätte mit seiner Prognose eines solchen Zeitalters in der ersten Auflage seines Buchs falsch gelegen.

wurde in einem gewissen Sinne der gesellschaftskritische Stachel gezogen. Sie wurde, kurz gesagt, zu einem Unterhaltungsformat unter anderen.

Freilich blieben Rudimente der Gesellschaftskritik mittels Pornographie erhalten, etwa am Wandel der Rolle der Frau, an der Familiarisierung des Mannes[48] oder an der Intimisierung des Sexuellen. Was jedoch verschwand, waren jene Formen der pornographischen Gesellschaftskritik, die für die frühmoderne Pornographie charakteristisch waren. Nicht nur die Gesellschaft hatte nun ihren Frieden mit der Pornographie gemacht, sondern auch die Pornographie den ihren mit der Gesellschaft. So ist spätestens für die Pornographie seit den 1970er Jahren charakteristisch, dass – etwa im Vergleich zu den 1950er Jahren – Gewalt weitgehend aus ihren Darstellungen verschwunden ist.[49] Dies mag u.a. mit verbesserten Produktionsbedingungen und Professionalisierungen zusammenhängen; vor allem aber scheint die Pornographie die Entwicklung hin zu einer Konsensmoral auf dem Gebiete des Sexuellen zu reflektieren. Während in der alltagsüblichen Sexualität zunehmend alles als legitim angesehen wurde, worauf sich die Beteiligten verständigten, verschwand offene Gewalt mehr und mehr aus der Mainstream-Pornographie. Auch und gerade in dieser Hinsicht bzw. dank dieser Entwicklung wurde das Pornographische gesellschaftlich wenn nicht akzeptabel, so doch tolerierbar.[50] Konsensmoralische Ausrichtung ist gewissermaßen der Preis, den die Pornographie dafür zahlt, in relativer Ruhe gelassen zu werden. Und sie zahlte diesen Preis, zunächst jedenfalls, durchaus gern, da die Zivilisierung des Pornographischen den Zugang zu neuen Käuferschichten, vor allem zu neuen Konsument*innen* versprach, die sich vom klassischen pornographischen Angebot eher abgestoßen fühlten.

Der Frieden, den die moderne Gesellschaft und die Pornographie in den 1970er Jahren miteinander geschlossen hatten – oder sollte man eher von wechselseitiger Indifferenz sprechen? –, profitierte nicht nur von einer konsumgesell-

---

48 Vgl. etwa Laura Kipnis' Analyse des Magazins ›Hustler‹ (Kipnis 1992).

49 Vgl. etwa Georg Seeßlens Beschreibungen der Pornofilme der 1950er Jahre als »häßlich« und gewaltförmig: »Von seinem ›geheimen‹ Ziel, der Entdeckung und Beschreibung weiblicher Lust, war der pornographische Film nie so entfernt wie zu dieser Zeit und an diesem Ort. Vor allem feierte das Genre die hemmungslose […] gegenseitige Aggression.« (Seeßlen 1990: 148) Und weiter: »Echte oder simulierte Schmerzen der Frau beim Liebesakt gehörten zu den heimlichen Attraktionen des Genres.« (ebd.: 150)

50 Es mag insofern auch kein Zufall sein, dass sich die feministische Kritik der 1980er Jahre weniger an der Durchschnittspornographie, sondern vor allem am Phantasma der sogenannten ›snuff movies‹ festmachte, deren Existenz freilich nie belegt werden konnte.

schaftlichen Logik, sondern auch von einer allgemeinen Liberalisierungstendenz. Pornographie wurde zunehmend als harmlos angesehen, Sexualität als Privatvergnügen verstanden und sexuelle Abweichungen wurden entkriminalisiert – zumindest, solange sie im Privaten stattfanden.

Oft beschrieben wurde jener Wandel der gesellschaftlichen Konzeption des Sexuellen von einer Semantik der Befreiung zu einer Semantik der Gefahr, der in den 1980er Jahren einsetzte und den Diskurs bis in die Gegenwart hinein mitbestimmt.[51] Der gesellschaftlich-sexuelle Liberalisierungskonsens begann sich zunehmend aufzulösen und schließlich kam auch das postpornographische Zeitalter zu einem Ende. Dieses Ende ist dadurch gekennzeichnet, dass der Frieden, den Gesellschaft und Pornographie geschlossen hatten, im Zuge wieder an Bedeutung gewinnender sexueller Repressionsbemühungen zu bröckeln beginnt. Pornographie wird – vor allem im Phantasma und Fetisch der ›Kinderpornographie‹[52] – wieder zu einer Gefahr für ›die‹ Gesellschaft stilisiert. Paradoxerweise profitiert die Pornographie aber durchaus von dieser Entwicklung. Mit der Änderung ihrer Distributionswege – von materiellen Bildern hin zu immateriellen Datenströmen – ist sie zugleich weniger denn je auf nationalstaatliche bzw. nationalgesellschaftliche Kompromisse angewiesen. Jene Repressionsversuche, die sich zurzeit vor allem auf abweichende Pornographien richten, erscheinen deshalb in eigentümlicher Weise als hilflos.[53]

Dem Ende des postpornographischen Zeitalters, das auf einer (national-)gesellschaftlichen Einhegung des Konflikts von Pornographie und Gesellschaft beruhte, entspricht nicht von ungefähr der Aufstieg des sogenannten ›Neoliberalismus‹, dessen Logik darauf hinausläuft, jegliche Einhegungen, die den freien Markt behindern, aufzubrechen, um den Kräften des freien Marktes freie (und unsichtbare?) Hand zu lassen. Die Entwicklung der zeitgenössischen, quasi postpostpornographischen Pornographie spiegelt diese Entwicklung wider.

---

51 Vgl. auch oben, S. 193ff.
52 Vgl. den Exkurs über ›Kinderpornographie‹ im Kapitel *Internetpornographie*, oben S. 104ff.
53 Sie sind es de facto aber durchaus nicht immer. Zumindest scheint es weitgehend gelungen zu sein, Kinderpornographie aus dem leicht zugänglichen Teil des Internets zu verbannen.

Sexuelle Spektakel, Brutalisierungen und die Steigerung ins Extreme

Die Ausdifferenzierung des pornographischen Marktes in unterschiedlichste Nischen, Kategorien und Subkategorien, Begehrensformen, Perversionen und Paraphilien folgt sowohl der allgemeinen marktwirtschaftlichen Logik wie auch dem für die Entwicklung der modernen Sexualität charakteristischen Zusammenwirken von Aus- und Binnendifferenzierung des Sexuellen.[54] Die Auflösung jeglicher *genuiner* Sexualmoral (vgl. G. Schmidt 1998) bereitet der Ausbreitung und Ausdifferenzierung des Pornographischen den Boden, wobei sich die zeitgenössische Pornographie damit begnügen kann, *a*moralisch statt explizit unmoralisch zu sein.

Brutalisierungstendenzen verdanken sich zum anderen einer inhärenten Steigerungslogik, die nicht nur dem Pornographischen, sondern auch der Marktlogik selbst innewohnt. Wie im Sport, wie in den Nachrichten oder den Unterhaltungsmedien muss auch in der Pornographie Gewohntes und Altbekanntes überboten, kurz: Neues und möglichst Spektakuläres angeboten werden, um ein Interesse auf Seiten der Rezipienten zu generieren. Gegenüber Sport, Nachrichten und Unterhaltung hat Pornographie freilich den ›Vorteil‹, dass Körper allein schon dadurch interessant sind, dass sie immer neu sind.[55] Dennoch gerät die Pornographie oder zumindest ein Teil von ihr in einen Überbietungswettbewerb (vgl. auch oben).

Neben den Reiz des Sexuellen selbst tritt in der Pornographie der Reiz des Spektakulären. Als spezifisch Außeralltägliches verträgt das Spektakel seine Veralltäglichung schlecht und muss entweder, wie im Falle von Festen, zeitlich und gegebenenfalls räumlich begrenzt oder aber immer wieder überboten werden. Die Strukturlogik des Spektakels gleicht insofern jener der charismatischen Herrschaft.

Oft wurde behauptet, jegliche pornographische Darstellung laufe zwangsläufig auf eine sexuelle Orgie zu. Zwar kann man sich leicht vom Gegenteil überzeugen – ein Großteil pornographischer Darstellungen zeigt Interaktionen zweier Personen. Zutreffend ist aber auch, dass die Pornographie in der Orgie deshalb eine ihrer höchsten Formen findet, weil die Orgie sowohl das sexuelle Spektakel

---

54 Vgl. für ersteres: Sigusch 1998, für letzteres: Lewandowski 2004: 237-249.

55 Pornographie erzeugt diese Neuigkeit, sieht man von einzelnen Stars ab, nicht zuletzt dadurch, dass sie immer neue Körper präsentiert. Sie muss Neuigkeitswert und Interesse also nicht – wie oft angenommen – zwangsläufig dadurch erzeugen, dass sie ›immer härter‹ wird.

als auch das Außergewöhnliche bzw. Außeralltägliche in geradezu paradigmatischer Weise verkörpert – besonders dann, wenn nicht nur parallele sexuelle Interaktionen zwischen Paaren gezeigt werden, die sich in einem Raum befinden, sondern multiple sexuelle Handlungen zwischen einer Mehrzahl von Personen. Die Orgie ist insofern der idealtypische Zielpunkt der Pornographie, als sie die Auflösung jeder *nichtsexuellen* Ordnung markiert.[56] Die Orgie repräsentiert die Unordnung, einen gewissen Umsturz der Verhältnisse und, in der Form des ›gang bang‹, die totale Verfügung über den weiblichen Körper. Auch und gerade im Fall des ›gang bang‹ manifestiert sich ein Zusammenbruch der gesellschaftlichen Ordnung. Ist es doch – innerhalb des pornographischen Phantasmas – die soziale Ordnung, die Frauen davor schützt, Opfer des männlichen wie ihres eigenen Sexualtriebs zu werden. Die pornographische Phantasie des ›gang bang‹ entpuppt sich so als Phantasma eines Naturzustandes. Die Frau, die an einem ›gang bang‹ teilnimmt, ist zugleich jene Frau, die all ihrer zivilisatorischen Hüllen entkleidet wird, die kulturell nackt ist und ganz (ihren) animalischen Trieben ausgeliefert ist. Und doch ist der ›gang bang‹ der modernen Pornographie ihr vielleicht künstlichstes Produkt, einer jener Punkte, an dem sich die pornographische Sexualität am weitesten von jeglicher Fortpflanzungs- wie sozialer Funktion abgelöst hat. Wichtiger ist aber, dass sie sich im ›gang bang‹ wohl am weitesten von der alltäglichen Sexualität entfernt. Der ›gang bang‹ und insbesondere die gleichzeitige doppelte bzw. mehrfache Penetration eines weiblichen Körpers bildet gewissermaßen den Extrempunkt der nicht im klinischen Sinne perversen Sexualität bzw. Pornographie und mithin das Spektakuläre schlechthin. Mehr geht – buchstäblich – nicht. Die Frau, deren Körper zwischen zwei Männern, die sie vaginal und anal penetrieren, gleichsam eingerahmt oder auch eingeklemmt ist, und die zugleich einen oder mehrere Männer fellationiert und/oder masturbiert, ist in einem gewissen Sinne die Ikone der spektakulären Hardcore-Pornographie. Sie ist dies, indem sie vollständig zum Körper wird und als Person vollständig hinter ihrem Fleisch verschwindet bzw. in ihm aufgeht. Vollkommen maschinenähnlich geworden, agiert sie nicht mehr, sondern reagiert nur noch mehr oder minder mechanisch auf die Stöße der Männer, die sich ihrer bedienen. Nicht allein sexuelle Lust, sondern ebenso sehr körperliche Erschöpfung scheint das Ziel zu sein.[57]

Zu den gegenwärtigen pornographischen ›Brutalisierungstendenzen‹ sind jedoch weder die körperlichen Überwältigungen des ›gang bangs‹ noch klassische sadomasochistische Inszenierungen zu zählen. Zwar mag der Eindruck entste-

---

56 Typischerweise bleibt allerdings, zumindest in der heterosexuellen Pornographie, die Geschlechterordnung respektive die heterosexuelle Ordnung aufrechtzuerhalten.

57 Vgl. auch die Ausführungen des Kapitels *La femme machine*, S. 279ff.

hen, die Verbreitung von und Nachfrage nach sadomasochistischer Pornographie habe zugenommen; vor allem aber ist die klassische sadomasochistische Pornographie *sichtbarer* geworden. Bemerkenswert ist freilich, dass ihre Inszenierungen kaum Eingang in Mainstream-pornographische Skripte gefunden haben: Bondagepraktiken, Rohrstock, Peitschen und entsprechende Fetische finden sich weiterhin beinahe ausschließlich im S/M-Sektor des Pornographischen.

Zwar zählen auch der S/M-Sektor und andere ›abweichende‹ bzw. ›spezialisierte‹ Sexualformen, etwa Zoophilie, Koprophilie, Kliniksex etc. zu jener ›Bewegung‹ einer umfassenden Ausschöpfung sexueller bzw. pornographischer Möglichkeiten, die sich dem Abbau von Stoppregeln verdankt; uns sollen aber im Folgenden jene Formen der Brutalisierung beschäftigen, die in die nicht im klinischen Sinne perverse und/oder fetischistische Pornographie Eingang gefunden haben. Unser zentrales Argument wird sein, dass sich zu beobachtende Brutalisierungstendenzen dem oben beschriebenen Abbau interner Stoppregeln und dem aus diesem resultierenden innerpornographischen Überbietungswettbewerb verdanken. Bemerkenswert ist dabei, dass sich die zu beschreibenden Brutalisierungen *innerhalb* des Mainstream-pornographischen Skripts – wenn auch an dessen Rand – bewegen und trotz mancher Tendenzen der Subgenrebildung die Grenze sadomasochistischer Inszenierungen nicht überschreiten. Die Grenze bleibt insofern gewahrt, als die gezeigten sexuellen Praktiken zwar in Extreme getrieben, nicht aber im Hinblick auf die Hinzunahme andersartiger Praktiken überschritten wird. Es findet, wenn man so will, zwar eine ›quantitative‹ Steigerung bzw. Intensivierung jedoch keine qualitative Überschreitung der gängigen pornographischen Praktiken statt.

Als Beispiel mögen jene extremen Formen der Fellatio dienen, die nicht nur ›deep throat‹ sind, sondern als ›gagging‹ bzw. ›gag on my cock‹ bezeichnet werden und beabsichtigen, Würgereflexe hervorzurufen.[58] Offensichtliches Ziel ist es, eine oral-genitale Praktik so zu übersteigern, dass nicht nur alle ihre Möglichkeiten ausgeschöpft werden, sondern darüber hinaus noch die Relation zwischen Aktivität und Passivität umgekehrt werden kann: Die eigentlich aktive, die Fellatio ausführende Person wird – unter Beibehaltung der sexuellen Praktik – in eine passive Position gedrängt; sie wird, wie es der pornographische Jargon ausdrückt, ›in den Mund gefickt‹. Ihr Mund rückt, mit anderen Worten, nicht nur an die Stelle eines Geschlechtsorgans, sondern vor allem an die Stelle eines *passiven* Geschlechtsorgans. Freilich geht es der beschriebenen Praktik gerade darum, Reaktionen an jenem passiven Objekt hervorzurufen – eben jenen Würgereflex, der der Praktik ihren Namen gegeben hat.

---

58 Im Kapitel *La femme machine* werden derartige Praktiken genauer analysiert, vgl. S. 287ff.

Die Steigerung ins Extrem macht aus der Fellatio zugleich eine besonders spektakuläre sexuelle Praktik, die auch jenseits der hervorgerufenen Würgereflexe und des (Macht-)Kampfes um (Selbst-)Kontrolle, aus pornographischer Sicht insofern attraktiv ist, als sie es vermag, übliche Darstellungen oral-genitaler Praktiken zu übertrumpfen. Zudem ›testet‹ sie die Grenzen dessen aus, was sexuell noch geht bzw. körperlich noch möglich ist. Wie bereits im Falle von ›deep throat‹ – der sexuellen Praktik, nicht des Films – geht es einerseits um die Grenzen des ›technisch‹ Möglichen und andererseits um das *visuell* Spektakuläre. Bemerkenswert ist vor allem letzteres, da das visuell Spektakuläre auf Kosten der tatsächlichen sexuellen Reizung des männlichen Geschlechtsorgans gesteigert wird: Der pornographische Reiz liegt in diesem Falle also nicht im (vorgestellten) körperlichen Reiz, sondern primär im (visuellen) Spektakel.[59]

Sofern das Spektakuläre auf Kosten sexueller Körperstimulationen expandiert, kann man von spektakelorientierten Überschreitungen körperlich-sexueller Reize bzw. Reizungen sprechen[60]; die Brutalisierungstendenzen der zeitgenössischen Pornographie folgen einer Steigerungslogik, die gängige sexuelle bzw. pornographische Praktiken ins Extrem treibt und mit gewaltförmigen oder doch gewaltaffinen Inszenierungen verbindet. Mittels sexueller Handlungen werden Körper in Extremsituationen gebracht; in einem gewissen Sinne könnte man sagen, dass Sex als Extremsportart inszeniert wird.

Die zeitgenössischen Brutalisierungstendenzen, die freilich nicht die gesamte Pornographie erfasst haben, manifestieren sich in einer möglichst vollständigen Reduzierung der Protagonisten auf Körperlichkeit, ihrer De-Humanisierung und Erniedrigung, einer damit einhergehenden übermäßig starken Betonung des Gegensatzes von Aktivität und Passivität, der Behandlung von passiven Personen als Sexual*objekten*, der Inszenierung von Zwang und schließlich der Überschreitung von Grenzen des Ekels und der körperlichen Erschöpfung. Für all diese Formen der Brutalisierung sind eine Ermächtigung über das Sexualobjekt und seine Unterwerfung charakteristisch. Die Fluchlinie liegt gleichsam in der totalen Unterwerfung und Reduzierung des Sexualobjekts auf ein benutzbares Objekt. Gleich ob man davon ausgeht, dass diese Tendenz dem Pornographi-

---

59 Besonders reizbar ist das männliche Geschlechtsorgan bekanntermaßen an der Glans, deren gezielte Stimulierung einen großen Teil des somatischen Reizes der Fellatio ausmachen dürfte und die bei der Praktik des ›deep throat‹ bzw. des ›gaging‹ nicht gerade stimuliert wird.

Lehrreich ist dieser Fall auch insofern, als er verdeutlicht, dass Pornographie weniger von körperlich denn visuell reizvollen sexuellen Praktiken lebt.

60 Einschränkend ist freilich zu bedenken, dass nahezu alles Sexuelle davon ›lebt‹, dass körperliche Akte mit symbolischen Bedeutungen aufgeladen werden.

schen grundsätzlich innewohnt, scheinen die genannten Brutalisierungstendenzen sich einer Neigung der Pornographie zur Ausschöpfung ihrer Möglichkeiten einerseits und dem oben beschriebenen Steigerungs- und Überbietungswettbewerb innerhalb des pornographischen Genres andererseits ebenso zu verdanken wie dem pornographischen Zwang, eine Differenz zur alltäglichen Sexualität aufrechtzuerhalten.

Pornographische Brutalisierungstendenzen betonen den Gegensatz der Pornographie zur sexuellen Verhandlungsmoral, deren Grundlage die Gleichheit der Sexualpartner ist, und man darf annehmen, dass die Pornographie aus diesem Gegensatz einen besonderen Reiz zieht.[61] Auffällig sind jedenfalls *Inszenierungen*, die die Verhandlungsmoral als Rahmung nutzen, ihre Imperative im sexuellen Spektakel – analog zum sadomasochistischen Ritual – aber explizit dementieren. Als paradigmatische Beispiele mögen die Videoreihen ›Rape Room‹, ›GGG‹ und ›public disgrace‹ dienen, wobei letztere bereits deutlich im sadomasochistischen Bereich anzusiedeln ist, da es weniger um Übersteigerungen alltäglicher sexueller Praktiken bzw. protopornographischer Skripte geht, sondern die sexuelle Erniedrigung und Unterwerfung einer Person und fetischistische Komponenten im Zentrum der Inszenierung stehen.

In allen drei Videoreihen werden sexuelle Praktiken ins Extrem gesteigert, in manchen Fällen kommen Praktiken hinzu, die nicht dem protopornographischen Skript angehören, wie beispielsweise urophile Praktiken. Charakteristisch ist aber – trotz aller Übersteigerungen und Brutalisierungen der typischen pornographischen Skripte und Praktiken – das Verhältnis zur Verhandlungsmoral, die zwar *in* den jeweiligen Inszenierungen dementiert wird, die Inszenierungen aber dennoch rahmt und diese Rahmung Teil der Inszenierung ist. So beginnen sowohl die ›Rape Room‹- als auch die ›GGG‹-Episoden jeweils mit einer (Selbst-)Vorstellung jener weiblichen Person, die im Mittelpunkt stehen wird. Bedeutsam und charakteristisch an diesen Vorstellungen ist, dass die jeweilige Frau *selbst* betont, dass sie freiwillig an der Inszenierung teilnimmt und in diese Form der Sexualität einwilligt. In den ›Rape Room‹-Episoden schildert das jeweilige ›Opfer‹ zu Beginn, was es wünscht, dass ihm angetan werde, während die ›public disgrace‹-Inszenierungen mit einer für pornographische Produkte eher untypischen Nachbesprechung bzw. Nachbetrachtung enden, in der die zuvor unter-

---

61 Freilich ist die Entwicklung der modernen Pornographie selbst ein Ausdruck der Verhandlungsmoral oder profitiert zumindest von dieser, da es verhandlungsmoralische Entwicklungen sind, die der Pornographie einen vergleichsweise weiten Spielraum öffnen und die sich in der Pornographie selbst niederschlagen – sofern Darstellungen auch von brutalisiertem Sex konsensuell inszeniert werden.

worfene Frau kurz *ihr* Erleben ihrer Unterwerfung ›reflektiert‹ oder doch als positiv bewertet.

Wie immer gestellt und schlecht geschauspielert diese Vor- und Nachbesprechungen sein mögen, entscheidend ist, dass sie extreme sexuelle Inszenierungen, die der Konsensmoral widersprechen, konsensmoralisch rahmen.[62] Inszeniert wird auf diese Weise auch eine (ziemlich offensichtliche) Kompromissbildung: Die Betonung der Freiwilligkeit der Teilnahme der Protagonistinnen an extremen sexuellen Inszenierungen dient gleichzeitig der Legitimation des Genusses der Zuschauer: Anderenfalls moralisch inakzeptable sexuelle Handlungen und Unterwerfungen werden erträglich und genießbar, sofern sie freiwillig ausgeführt respektive ertragen wird.

Was jene Extrempornographie bietet, für die ›Rape Room‹ und ›GGG‹ beispielhaft stehen, ist rasch aufgezählt: Typisch sind Unterwerfungsrituale und -inszenierungen, der gleichzeitige sexuelle Verkehr einer Frau mit mehreren Männern, die Beschmutzung des weiblichen Körpers mit meist großen Mengen von Sperma und/oder Urin, die Benutzung des weiblichen Körpers in möglichst umfassender Weise sowie verbale Erniedrigungen und gegebenenfalls die Verwendung sexueller Hilfsmittel (etwa: Dildos) und fetischistischer Elemente (beispielsweise: Handschellen oder Augenbinden).

Gezeigt werden sexuelle Inszenierungen, die bis an die Grenzen des sexuell, körperlich und pornographisch Möglichen gehen (ohne die Grenzen hin zur sadomasochistischen Sexualität zu überschreiten).[63] Gerade in diesen Fällen zeigt sich der Kampf der Pornographie mit ihren Grenzen und ihr Versuch, diese auszudehnen. Wie oben dargestellt, sind diese Entwicklungen Ausdruck eines innerpornographischen Überbietungswettbewerbs, des Abbaus von internen wie externen Stoppregeln und schließlich Folge der so hervorgerufenen Steigerungslogik.

Von pornographischen Brutalisierungstendenzen ist schließlich der Aspekt der ›Demütigung‹ zu unterscheiden. Demütigung und Brutalisierung bzw. Intensivierung gehen weder notwendig Hand in Hand noch bedingen sie sich wech-

---

62 Diese Rahmung verfolgt den Zweck der Legitimierung der Inszenierungen und kann zugleich als Authentifizierungsstrategie gedeutet werden.

63 Freilich sind auch die Grenzen dieser Inszenierungen noch überschreitbar; etwa indem sexuelle Praktiken und/oder Artefakte hinzugefügt werden, die den Rahmen der protopornographischen Skripte überschreiten: etwa ›fist fucking‹ oder die Penetration von Körper mit außergewöhnlichen Objekten, beispielsweise Flaschen oder Baseballschlägern. Die Verwendung derartiger Objekte ebenso wie überdimensionierter Dildos ist aber eher für die sadomasochistische Pornographie typisch.

selseitig. Demütigung kann ohne jegliche Gewalt auskommen und beispielsweise rein diskursiv inszeniert werden.

Als Demütigung lassen sich prinzipiell alle verbalen und nonverbalen Handlungen verstehen, die einer Person die Anerkennung als Subjekt explizit verweigern, während andere Personen als Subjekte anerkannt werden. Für die Pornographie ist freilich charakteristisch, dass in ihr Körper und nicht Personen interagieren. Insofern ist der zweite Teil der obigen Definition bedeutsam: Eine Demütigung ergibt sich nicht allein dadurch, dass Personen auf Körperlichkeit reduziert werden, sondern im Rahmen der Pornographie entstehen Demütigungen erst dadurch, dass manchen Personen der Subjektstatus explizit verweigert wird, während andere als Subjekte agieren bzw. die pornographische Interaktion als Subjektwerdung mancher Personen auf Kosten anderer inszeniert wird. Weiter oben hatten wir prototypische pornographische Inszenierungen als ein Drama männlicher Subjektwerdung gedeutet, das in einer Abwertung des Weiblichen kulminiert.

Das Phänomen der Demütigung ist jedoch paradox, da seine höchste Form darin besteht, dass jene Person, der die Anerkennung des Subjektstatus verweigert wird, sich zu dieser Verweigerung affirmativ verhält. Kurz gesagt: Die ultimative Demütigung besteht darin, der eigenen Demütigung zuzustimmen. Paradox ist dies insofern, als die Möglichkeit der Zustimmung genau jenen Subjektstatus voraussetzt, der verneint wird. Es geht auch nicht allein um ein Sichfügen ins Unvermeidliche, sondern – wenn man so will – um ein Wollen. In pornographischen Inszenierungen findet sich eben jenes Wollen der eigenen Unterwerfung, der eigenen Demütigung überaus häufig dargestellt: Ihre ikonische Figur ist die sexuell bedrohliche Frau, die ihre eigene Unterwerfung begehrt.

STRUKTURELLE KOPPLUNGEN VON PORNOGRAPHIE UND ÖKONOMIE

Den Ausgangspunkt unserer Analyse bildete das systemtheoretische Argument, die Ausdifferenzierung eines Systems autonomisiere dieses in dem Sinne, dass externe durch systeminterne Regeln ersetzt würden. Das System orientiere sich zunehmend an sich selbst und seiner eigenen Geschichte, operiere also selbstreferentiell und kopple sich dadurch von seiner Umwelt ab. Der Bezug auf die Umwelt respektive auf andere Systeme in dieser orientiere sich ebenfalls an system*internen* Referenzen. Das System entscheide, mit anderen Worten, selbst, welche Referenzen für es bedeutsam sind. Wir haben diese Konzeption von sozialen Systemen auf ein massenmediales Genre, eben die Pornographie, übertragen und zu zeigen versucht, dass jener Zusammenhang von Ausdifferenzierung, Autonomisierung und selbstreferentieller Orientierung auch dort zu finden ist. Des Weiteren hatten wir argumentiert, dass auch im Falle der Pornographie jener Abbau von externen wie internen Stoppregeln beobachtet werden kann, der der Systemtheorie als Folge der Umstellung sozialer Systeme auf Selbstreferentialität wohlvertraut ist. Selbstreferentialität impliziert nicht nur eine Abkopplung von externen Regeln und Limitierungen. Einem System, das sich ausschließlich an sich selbst, d.h. an systemeigenen Festlegungen und Kriterien orientiert, seien – so das zentrale systemtheoretische Argument – auch Möglichkeiten der Selbstlimitierung abgeschnitten. Umstellung auf selbstreferentielle Steuerung und der Abbau von externen *wie* internen Stoppregeln gingen also Hand in Hand. Aus der Logik selbstreferentieller Systeme lassen sich, anders gesagt, keinerlei Kriterien gewinnen, um den Raum des systemisch Möglichen einzuschränken.

Mittels der Übertragung dieser systemtheoretischen Konzeption auf die Pornographie suchten wir deren expansive Steigerungslogik und Binnendifferenzierung aus eben jenem Zusammenhang von Selbstreferentialität und dem Abbau von externen Limitierungen und internen Stoppregeln zu erklären. Die Entwicklung der Pornographie bzw. eines pornographischen Systems folgt, so unsere These, einem allgemeinen Entwicklungstrend der modernen Gesellschaft.

Die andere Seite systemischer Autonomisierung liegt freilich in der Etablierung struktureller Kopplungen. Für die Pornographie sind hierbei vor allem drei derartige strukturelle Kopplungen von Bedeutung: Kopplungen mit dem Sexualitätssystem, dem System der Massenmedien[64] und dem Wirtschaftssystem. Pornographie reflektiert die Ausdifferenzierung des Sexualitätssystems[65], ist Teil des Systems der Massenmedien[66] und orientiert sich, zumindest insofern es sich um professionelle Pornographie handelt, an wirtschaftlichen Kriterien bezüglich der Absetzbarkeit ihrer Produkte.

Strukturelle Kopplungen vermögen jedoch insofern keine externen Stoppregeln vorzugeben, als sie zum einen wechselseitig eingerichtet sind, zum anderen aber gemäß system*interner* Kriterien genutzt werden. Am Beispiel der strukturellen Kopplungen zwischen der Pornographie und dem Wirtschaftssystem lässt sich dieser Zusammenhang in der gebotenen Kürze skizzieren. Pornographie ist

---

64 An anderer Stelle haben wir Pornographie als strukturelle Kopplung des Sexualitätssystems mit dem System der Massenmedien analysiert (vgl. Lewandowski 2004: 270-282).

65 Vgl. die Ausführungen im Kapitel über *Selbstbeschreibungen* (S. 175ff.).

66 Konstitutiv für die moderne Pornographie ist ihre massenmediale und marktorientierte Verbreitung.

auf die Absetzbarkeit ihrer Produkte am Markt angewiesen. Die Absetzbarkeit am Markt, also die Möglichkeit, mittels Darstellungen von Sexualität Zahlungen auszulösen, macht die Produktion von Pornographie ökonomisch so attraktiv, dass eine entsprechende Industrie entstanden ist. Rein ökonomisch betrachtet sind Sexualität im Allgemeinen und Pornographie im Besonderen nicht deshalb interessant, weil sie erregen, sondern weil beide erlauben, vergleichsweise hohe ökonomische Gewinne zu realisieren. Die Etablierung von Pornographie als einem Unterhaltungsgenre und ihre Ökonomisierung verändern die Pornoproduktion selbst: An die Stelle der frühen, primär von eigenen sexuellen Interessen am Genre motivierten Regisseure, Amateure und sexuellen Outcasts ist die zunehmend professionelle, strikt an primär ökonomischen Kriterien ausgerichtete industrielle Pornoproduktion getreten (ohne erstere vollständig zu verdrängen). Sexuelle Kriterien sind für sie nur noch im Hinblick auf Marktchancen von Bedeutung. Mit anderen Worten: Ließen sich auf andere Weise mit ähnlich geringem Aufwand entsprechende Gewinne realisieren, würden andere Wege beschritten.[67] Der *Inhalt* und die Art und Weise pornographischer Inszenierungen sind aus dieser Perspektive nur insofern relevant, als sexuelle Abweichungen und/oder spektakuläre Inszenierungen höhere Gewinne versprechen. Die pornographische Steigerungslogik ist insofern *auch*, aber *nicht* ausschließlich ökonomisch induziert.[68]

Zugleich profitiert die Pornographie von ihrer ökonomischen Verwertbarkeit und teilweisen ökonomischen Durchdringung: Die Produktionszahlen pornographischer Darstellungen erhöhen sich ebenso wie ihre Vielfältigkeit und Differenziertheit ein zuvor unbekanntes Ausmaß erreichen. Die Ausdifferenzierung sexueller bzw. pornographischer Vorlieben und Phantasien treibt die Diversifizierung des pornographischen Angebots ebenso voran wie umgekehrt. Müßig ist es freilich, zu diskutieren, welcher Seite in diesem *Wechselverhältnis* von Porno-

---

67 Nicht ausgeschlossen sind natürlich ›Wahlverwandtschaften‹ und Koinzidenzen zwischen sexuellen und ökonomischen Motiven bei Regisseuren, Darstellern und Produzenten. Deutlich wird aber zugleich, dass die professionelle Produktion von Pornographie nicht unabhängig von ökonomischen Faktoren gedacht werden kann.

68 Wäre sie ausschließlich ökonomisch induziert, wäre schwer erklärlich, warum die Amateurpornographie an ihr auch dort partizipiert, wo keine ökonomischen Absatzmöglichkeiten anvisiert werden – etwa bei der kostenlosen Verbreitung im Internet. Allerdings ließe sich auch argumentieren, dass hier ebenfalls Marktbedingungen greifen, da um ein knappes Gut konkurriert wird; zwar nicht um Geld, jedoch um Aufmerksamkeit.

graphie und Ökonomie ein Primat zukommt.[69] Pornographische Darstellungen können auch, und gerade wenn sie ökonomisch erfolgreich sein wollen, nicht von sexuellen Referenzen absehen; sie müssen *sexuell* plausibel und erregend sein.

Unabhängig von der Möglichkeit, mit Pornographie ökonomische Gewinne zu realisieren, scheinen der pornographische Sektor und die Entstehung von Pornographie nicht allein von ökonomischen Gewinnchancen abhängig zu sein. Ganz im Gegenteil hat sich jenseits der professionellen Pornographieproduktion, die als kulturindustrieller Produktionszweig allein ökonomisch gesteuert ist und ohne ökonomische Anreize verschwinden würde, eine nicht primär gewinnorientierte Amateurpornographie etabliert. Die Pornographieproduktion hat gewissermaßen ein Eigenleben jenseits der Orientierung an ökonomischen Profiten entwickelt und mit dem Internet ist ihr ein Verbreitungsmedium erwachsen, das sie von intermediären, meist profitorientierten Organisationen emanzipiert. Vor diesem Hintergrund wird zugleich die Annahme illusorisch, dass sich Produktion und Verbreitung von Pornographie eindämmen ließen, wenn ihre Produktion so verteuert und/oder ihre Absatzbedingungen derart eingeschränkt würden, dass sich die Produktion ökonomisch nicht mehr lohne. Dies würde zwar die professionelle Pornoindustrie treffen, nicht aber die Verbreitung von Pornographie prinzipiell eindämmen.[70] Eine Verknappung des Angebots würde zudem die Gewinnchancen erhöhen, die sich mit pornographischen Produkten realisieren lassen: Der Preis für entsprechende Produkte würde steigen und ihre Herstellung wiederum attraktiver werden. Der nämliche Zusammenhang ist auch bei rechtlichen Regulierungen des pornographischen Marktes zu bedenken. Verbote und andere Einschränkungen machen die entsprechenden Produkte nicht nur attraktiver, sondern haben auch den Effekt, ihre Preise zu erhöhen, so dass wiederum ein Anreiz zur Produktion und zum Vertrieb geschaffen wird.

Da wir mit diesem Exkurs über strukturelle Kopplungen von Pornographie und Ökonomie die Problemlage hinreichend skizziert haben, können wir uns nun der Frage nach einer Re-Etablierung von Stoppregeln zuwenden.

Eine Re-Etablierung von externen Stoppregeln über strukturelle Kopplungen scheint freilich nicht zuletzt deshalb auszuscheiden, weil jene Systeme, mit denen derartige Kopplungen realisiert werden, ebenfalls selbstreferentiell operieren und folglich selbst keine Stoppregeln kennen. Besonders im Falle des Wirt-

---

69 Entscheidend ist vielmehr, dass sich eine strukturelle Kopplung realisiert, von der *beide* Seiten ›profitieren‹. Auch widerspricht die Einrichtung struktureller Kopplungen *nicht* der selbstreferentiell erzeugten operativen Autonomie ausdifferenzierter Systeme, sondern stärkt diese, sofern sie sie als Bedingung voraussetzt.

70 Gleiches gilt für eine höhere Gewinnabschöpfung, etwa durch (Sonder-)Steuern.

schaftssystems, das sich allein an Zahlungen und Gewinnen orientiert, dürfte dies deutlich sein, und illusorisch ist es, sich über seine allgemeine Durchschlagskraft Zweifeln hinzugeben. Da es – rein ökonomisch – gleichgültig ist, womit Gewinne erzielt werden, bleiben in einer globalisierten Wirtschaft sich bietende Gewinnchancen auf Dauer kaum unrealisiert. Knapp gesagt: Auch wenn Pornographie ein schmutziges Geschäft sein mag; ein ökonomisch lohnenswertes Geschäft ist sie allemal.

RE-ETABLIERUNG VON STOPPREGELN UND KONTEXTSTEUERUNG

Bei der Beurteilung von Chancen und Möglichkeiten einer Re-Etablierung von Stoppregeln ist Skepsis angebracht. Zum einen griffen solche Stoppregeln in die Autonomie selbstreferentieller Systeme ein und schmälerten deren Leistungsfähigkeit.[71] Da die Entwicklung interner Stoppregeln der Struktur selbstreferentieller Systeme widerspricht, könnte zum anderen ein limitierender Eingriff nur von außen kommen, so dass sich die Frage ›von welchem Außen?‹ stellte. Anders formuliert: Wie ließe sich ein Eingriff von außen nicht nur legitimieren, sondern auch realisieren? Unsere obigen Ausführungen hatten bereits gezeigt, dass das Wirtschaftssystem keinen derartigen Ansatzpunkt bietet und zugleich Skepsis hinsichtlich rechtlicher Regulierungen geweckt.

Durch ihre strukturellen Kopplungen mit anderen sozialen Systemen ist die Pornographie jedoch in den ›structual drift‹ der modernen Gesellschaft eingebunden. Sie ist, mit anderen Worten, nicht unabhängig von der sie ›umgebenden‹ Gesellschaft, sondern Teil und Ausdruck dieser. Sie kann, kurz gesagt, nur existieren und sich entfalten, wenn sie von ihrem jeweiligen gesellschaftlichen Umfeld *strukturell* toleriert wird bzw. sich dieses ihr gegenüber zumindest *strukturell* indifferent verhält.[72] Nun etabliert die moderne Gesellschaft jedoch qua ihrer funktionalen Differenzierung eine Form der Indifferenz, die die Autonomisierung und Ausdifferenzierung der Sexualität (vgl. Lewandowski 2004) und in ihrem Gefolge der Pornographie ermöglicht. Die Entfaltung der Pornographie ist somit zwar von bestimmten strukturellen Rahmenbedingungen abhängig; diese

---

71 Dies mag bei Kritikern der Pornographie sicherlich nicht als Argument gelten; es handelt sich auch eher um ein allgemeines systemtheoretisches Argument.

72 Entscheidend ist hier die Betonung des Strukturellen. Es geht also *nicht* darum, dass die Entfaltung des Pornographischen von einer Tolerierung in moralischer Hinsicht abhängig ist.

können aber nicht steuernd in sie eingreifen. Zugleich handelt es sich bei diesen Rahmenbedingungen um die Bedingungen und strukturellen Grundlagen der modernen Gesellschaft, so dass sie sich nur um den Preis einer Veränderung der Struktur der modernen Gesellschaft ändern ließen, was aber zugleich deren Leistungsfähigkeit beeinträchtigen würde. Der Preis einer (stärkeren bzw. grundlegenden) Regulierung der Pornographie läge also wohl in einem Eingriff in die Struktur der funktionalen Gesellschaftsdifferenzierung und mithin in einer Einschränkung der Leistungsfähigkeit der modernen Gesellschaft – ganz unabhängig von der Frage, wie eine solche Regulierung aussehen könnte und umzusetzen wäre.

Überlegungen zur Steuerbarkeit der modernen Gesellschaft respektiver ihrer selbstreferentiell operierender (Funktions-)Systeme setzen auf »Kontextsteuerung« (vgl. etwa: Willke 1995). Wesentliche Grundlage des Konzepts der Kontextsteuerung ist die Annahme, dass ein direkter Eingriff in die Operationsweise selbstreferentieller Systeme nicht möglich ist, selbstreferentielle Systeme aber sehr wohl von Umweltbedingungen abhängig sind, die sie selbst nicht beeinflussen können. Die Umwelt selbstreferentieller Systeme wird unter anderem auch durch andere ebenso selbstreferentielle Systeme gestaltet. Während aus Perspektive eines Systems seine Umweltbedingungen zunächst einmal gegeben sind, verändert es durch sein eigenes Operieren zugleich die Umweltbedingungen anderer Systeme. Da dies prinzipiell für jedes System gilt, ergeben sich zwei Schlussfolgerungen: Durch die Etablierung einer Vielzahl selbstreferentiell operierender Systeme wird die Umwelt eines jeden dieser Systeme in hohem Maße ebenso volatil wie unkontrollierbar. Je stärker die subsystemische Differenzierung der Gesellschaft voranschreitet, desto weniger können die einzelnen (Sub-)Systeme jene Umweltbedingungen überblicken oder gar kontrollieren, auf die sie strukturell angewiesen sind. Da prinzipiell jede Änderung eines Systems die Umweltbedingungen aller anderen ändert, bieten sich andererseits – so die zentrale Überlegung der Verfechter der Kontextsteuerung – Möglichkeiten, die Umwelt bestimmter Systeme in planvoller Weise so zu gestalten, dass bestimmte Effekte erreicht oder doch zumindest wahrscheinlich werden. Über die Strukturierung von Kontexten bzw. relevanten Systemumwelten ließen sich autonome Systeme zwar nicht direkt, wohl aber indirekt steuern. Kontextsteuerung setzt mit anderen Worten auf die ›Beeinflussung‹ von Systemen über ihre strukturellen Kopplungen mit anderen Systemen. Plausibel erscheint dieses Konzept vor allem deshalb, weil Kontextsteuerung praktisch immer und überall stattfindet – sofern Systeme, um operieren zu können, auf bestimmte Umweltbedingungen angewiesen sind, die ihr Operieren zumindest tolerieren. Die Krux der Idee der Kontextsteuerung liegt allerdings darin, dass sie nur funktionieren kann, wenn sich anstelle eigendynamischer struktureller Kopplungen *intentionale* Steuerungsmechanismen etablieren lassen. An dieser Stelle kommt das politische System ins Spiel.

Die gesellschaftliche Funktion des politischen Systems liegt im Treffen und Durchsetzen allgemein verbindlicher Entscheidungen (vgl. Luhmann 2000a: 83ff.). Unabhängig von der hier nicht zu behandelnden Frage, *wie* im politischen System Entscheidungen getroffen werden, ist offensichtlich, dass diese nur wirksam werden können, wenn sie von ihren Adressaten ›verstanden‹ bzw. wahrgenommen werden (können). Sie müssen, mit anderen Worten, für die entsprechenden Systeme ›lesbar‹ sein. Selbstreferentielle Systeme beobachten ihre Umwelt jedoch allein nach *eigenen* Kriterien. Sie nehmen, anders ausgedrückt, nur das wahr, was für sie relevant ist. Damit politische Kontextsteuerung gelingen kann, müssen politische Entscheidungen die Umwelt jener Systeme, auf die eingewirkt werden soll, also nicht nur gezielt verändern, sondern auch so verändern, dass die Veränderungen von jenen Systemen als relevant wahrgenommen werden. Da diese Wahrnehmung jedoch nach Maßgabe der Begreifungskraft der jeweiligen Systeme erfolgt, jedes System also seine Umweltbedingungen nach einem eigenen systeminternen Raster deutet, reagiert es auf Umweltveränderungen jeglicher Art gemäß *eigener* Kriterien (und das heißt in den meisten Fällen: gar nicht). Der Erfolg von Kontextsteuerungen ist folglich davon abhängig, ob die jeweiligen Systeme die herbeigeführten Änderungen ihrer Umwelt in gewünschter Weise interpretieren und wie erwünscht reagieren. Allein: Eben dies ist aufgrund ihrer autonomen selbstreferentiellen Operationsweise unwahrscheinlich. Kontextsteuerung hat also immer mit Überraschungen und nicht intendierten Folgen zu rechnen. Wir wollen dies an einem Beispiel illustrieren.

Wir wählen nicht das einfache und naheliegende Beispiel des Versuchs politischer Steuerungen wirtschaftlicher Entscheidungsprozesse, die um erfolgreich zu sein im Wesentlichen über die Erhöhung (Steuern) oder Senkung (Subventionen) von Kosten und Preisen laufen müssen, sondern Versuche der ökonomischen Steuerung wissenschaftlicher Forschung. Zwar lässt sich durch die Finanzierung bestimmter Forschungsvorhaben bzw. ganzer Wissenschaftszweige die Hervorbringung wissenschaftlicher Erkenntnisse in den entsprechenden Disziplinen und Feldern erheblich steigern, während durch mangelhafte Finanzierung von Forschungsprojekten die Erkenntnisgewinnung in anderen Feldern mehr oder weniger zum Erliegen gebracht werden kann. Mittels finanzieller Mittel lässt sich zweifelsohne ein forschungsfreundlicheres Klima erzeugen; gleichwohl lassen sich durch Einsatz wirtschaftlicher Mittel aber keine Wahrheiten hervorbringen. Unabhängig von finanziellen wie sonstigen Umweltbedingungen orientiert sich die Produktion wissenschaftlicher Wahrheit an *wissenschaftssy-*

stemischen Kriterien und Programmen. Auch Auftragsforschung entkommt nicht dem wissenschaftssystemischen Wahrheitscode und der Orientierung an wissenschaftlichen Kriterien. Kurz gesagt: Wenngleich eine üppige finanzielle Ausstattung von Forschungsprogrammen die Produktion wissenschaftlicher Wahrheiten entscheidend zu stimulieren mag, so lassen sich doch – davon geben gescheiterte Forschungsvorhaben hinreichend Kunde – wissenschaftlich haltbare Wahrheiten weder direkt erkaufen noch erweisen sich jene Wahrheiten, deren Erforschung finanziell gefördert wurde, im System der Wissenschaft zwangsläufig als relevant oder auch nur anschlussfähig.[73] Auch im Falle der Wissenschaften und ihrer Förderung ist also allenfalls Kontextsteuerung möglich.

Wendet man sich von den allgemeinen Problematiken der (Kontext-)Steuerung selbstreferentiell operierender Systeme wieder zurück zur Pornographie und zum gesellschaftlichen Umgang mit ihr, so fallen jene Schwierigkeiten ins Auge, auf die eine Regulierung der Pornographie mittels (straf-)rechtlicher bzw. gesetzlicher Maßnahmen stößt. Versteht man Recht als ein Steuerungsmedium, so stößt man auf die nämlichen Probleme der (Kontext-)Steuerung, die wir bereits zuvor erörtert haben. So müssen auch rechtliche Interventionen von den jeweiligen Systemen, in die interveniert werden soll, nach Maßgabe *ihrer* Begreifungskraft interpretiert und verarbeitet werden. Aus wirtschaftssystemischer Sicht kann beispielsweise ein Verbot bestimmter Produkte als Veränderung des Risikos ihrer Herstellung und ihres Vertriebs, aber auch als Erhöhung ihres Preises sowie der mit ihnen verbundenen Gewinnchancen interpretiert werden. Verbote greifen – rein wirtschaftlich betrachtet – eher in die Preisgestaltung ein, als sie ein Angebot, das auf eine Nachfrage trifft, zum vollständigen Verschwinden bringen.[74]

Jenseits der Verknappung des (legal zugänglichen) Angebots und der Einschränkung oder Abdrängung der Produktion in den Untergrund, ist fraglich, ob sich durch Verbote sexuelle Begehrensstrukturen nicht nur in ihren Realisierungsmöglichkeiten strukturieren, sondern auch nennenswert beeinflussen lassen.[75]

---

[73] Als symptomatisch für letzteres darf der ›Friedhof‹ jener Dissertationen und Forschungsberichte gelten, die weder gelesen noch zitiert werden.

[74] Die Prohibition in den USA der 1920er Jahre mag hier als ein Lehrbeispiel dienen. Sie ist allerdings nicht zuletzt daran gescheitert, dass nicht nur eine überaus breite Nachfrage nach Alkohol bestand, sondern Alkoholkonsum in hohem Maße in die Kultur westlicher Gesellschaften eingebettet ist. Ob für Pornographie (mittlerweile) dasselbe gilt, mag an dieser Stelle dahingestellt bleiben.

[75] Selbstverständlich ist dies kein Argument für die gesetzliche Freigabe von all jenem, was durch Verbote nicht effektiv eingeschränkt werden kann.

Bei der Eindämmung und Zurückdrängung von Kinderpornographie scheinen sich jedoch Erfolge erkennen zu lassen. Zumindest die Ächtung von Pornographie mit Kindern wird inzwischen weitgehend geteilt. Freilich mögen Erfolge bei der Verdrängung entsprechender Abbildungen von leicht und allgemein zugänglichen Märkten – auch im Internet – nicht nur auf einem hohen Verfolgungsdruck und der Ausweitung der entsprechenden Strafnormen beruhen, sondern auch auf einer eher geringen Nachfrage nach einschlägigen Darstellungen. So könnten Erfolge in der Bekämpfung pornographischer Darstellungen von Kindern auch darauf beruhen, dass *genuin* pädosexuelle Interessen weit weniger verbreitet sind, als gemeinhin vermutet bzw. in skandalisierender Absicht angenommen wird. Mit anderen Worten: Gerade weil der Kreis der Nachfragenden, bei denen entsprechende Präferenzen stabil verankert sind, relativ klein ist, lässt sich die Verbreitung entsprechender Darstellungen auch vergleichsweise leicht eindämmen bzw. in weniger sichtbare und schwerer zugängliche Bereiche wie etwa private Tauschzirkel abdrängen. Zumindest insofern scheint der strafrechtliche Verfolgungsdruck Ergebnisse zu zeitigen.

All dies setzt aber in erster Linie einen breiten gesellschaftlichen und politischen Konsens über die Verwerflichkeit bestimmter sexueller Praktiken und Begehrensformen voraus, der allerdings in Zeiten, in denen – zumindest in westlich orientierten Kulturen – eine genuine Sexualmoral verschwunden und durch eine allgemeine Konsens- und Verhandlungsmoral ersetzt wurde (vgl. G. Schmidt 1998), recht unwahrscheinlich ist.[76]

DIE BEDEUTUNG AUSSERÖKONOMISCHER MOTIVE – AMATEURPORNOGRAPHIE

Einer Re-Etablierung von Stoppregeln stehen somit mindestens drei Faktoren entgegen: Die unkontrollierbare Dynamisierung der Gesellschaft durch autonome, selbstreferentiell operierende (Funktions-)Systeme – zu denen auch das Sexualitätssystem zählt –, der daraus resultierende Verlust der Steuerungsfähigkeit des politischen Systems und nicht zuletzt die Auflösung allgemein verbindlicher sexualmoralischer Regeln und Normen.

Die unverminderte Nachfrage nach pornographischen Darstellungen und mithin die Möglichkeit, mittels Pornographieproduktion ökonomische Gewinne

---

76 Im Falle der Ächtung von Kinderpornographie und Pädosexualität ist ein solcher Konsens allein deshalb möglich, weil diese *inhärent* die Normen der Konsens- und Verhandlungsmoral verfehlen, da Kinder nicht konsensfähig sind.

zu realisieren, lässt eine Re-Etablierung von Stoppregeln ebenfalls unwahrscheinlich werden. Allerdings scheint mit der Entwicklung der neuen elektronischen Medien neben die Nachfrage nach pornographischen Produkten auch eine Nachfrage nach sexuellen respektive pornographischen Selbstdarstellungsmöglichkeiten zu treten, die dazu beträgt, das Pornographische von den Imperativen der ökonomischen Verwertbarkeit abzulösen und die etablierte pornographische Marktwirtschaft zu unterwandern, indem sie ihren monetären Steuerungsmechanismus untergräbt. Zwar wird die Mechanik von Angebot und Nachfrage nicht ausgehebelt, wohl aber der Mechanismus der Preisbildung im Geldmedium, über den sich das pornographische Angebot lange Zeit steuern ließ.

Während sich die professionelle Pornographieproduktion an der Absetzbarkeit ihrer Produkte am Markt, also an ökonomischen Gewinnmöglichkeiten orientiert und nur so lange entsprechende Produkte herstellt, wie sich mit diesen Gewinne realisieren lassen, setzen amateurpornographische Produktionen diesen Mechanismus insofern außer Kraft, als es ihnen nicht primär um ökonomischen Gewinn, sondern um Selbstinszenierungsmöglichkeiten geht. Amateurpornographische Produktionen mögen zwar ökonomisch verwertbar sein, aber ihre Herstellung wird im Gegensatz zur Herstellung professioneller Pornographie nicht durch primär ökonomische Motive angetrieben. Sie sind, insofern sie ökonomischen bzw. monetären Steuerungsmechanismen nicht zugänglich sind, auch ungleich schwerer zu kontrollieren: Während die professionelle Pornographieproduktion zum Erliegen kommen würde, wenn sich mit ihren Produkten keine ökonomischen Gewinne erzielen ließen, trifft dies für die privat hergestellte Amateurpornographie gerade nicht zu.

Zwar mag Amateurpornographie jenseits der monetär gesteuerten Logik von Angebot und Nachfrage existieren, ihr ›Markt‹ ist jedoch in einer Weise strukturiert, die im Vergleich zur professionellen Pornographie gleichsam umgekehrt ist: Die Nachfrage besteht, so ist zu vermuten, *auf Seite der Produzenten* und nicht (ausschließlich) auf Seite der Konsumenten amateurpornographischer Inszenierungen. Nachgefragt wird *Aufmerksamkeit* für sexuelle Selbstinszenierungen. Pornographie wird in diesem Falle nicht gegen Geld, sondern gegen das ebenso knappe Gut Aufmerksamkeit getauscht und die Aufmerksamkeit anderer ist für die nicht ökonomisch, sondern sexuell motivierte Produktion von Amateurpornographie von entscheidender Bedeutung, sofern der spezifische Reiz, den die Darsteller aus ihrer sexuellen Selbstinszenierung ziehen, von der Einbeziehung abwesender Anderer und der Rezeption der eigenen Selbstinszenierung durch diese abhängig ist.[77] In diesem Sinne etabliert die private Amateurporno-

---

77 Vgl. auch die entsprechenden Ausführungen über Amateurpornographie im Kapitel *Internetpornographie* (S. 117ff. und S. 125ff.).

graphie eine alternative pornographische Ökonomie, die von der professionellen Pornographie entscheidend abweicht und für die Frage nach Stoppregeln neuartige Probleme aufwirft.

Sexuelle Motive sind – wie andere außerökonomische Motive auch – dem monetären Steuerungsmedium nicht oder doch nur sehr bedingt zugänglich, so dass eine Verschlechterung der Gewinnmargen pornographischer Produkte allenfalls geringe Auswirkungen auf die amateurpornographische Produktion haben dürfte. Insofern die Amateurpornographie somit eine Eigendynamik entfaltet, ist sie auch ungleich schwerer zu regulieren, da – wie gesagt – jene Steuerungsmechanismen nicht greifen, die für die professionelle Produktion von Bedeutung sind.

Die Produktion privater Pornographie wird also auch stattfinden, wenn sich mit ihr keinerlei ökonomische Gewinne realisieren lassen. Dies unterscheidet sie grundlegend von der professionellen Pornoindustrie und lässt die Annahme oder Hoffnung unrealistisch werden, dass Herstellung und Verbreitung pornographischer Produkte zum Erliegen kommen würden, wenn sich mit Pornographie kein Geld mehr verdienen ließe.[78]

Die Etablierung nachfrage*un*abhängiger Motive der Herstellung pornographischer Darstellungen dynamisiert in Kombination mit neuen Verbreitungsmedien, die Umwege über professionalisierte Distributionskanäle entbehrlich machen, das pornographische (Markt-)Geschehen weiter und auch dieser Dynamisierungsschub trägt ebenso zum Abbau von Stoppregeln bei, wie er die Etablierung ökonomisch induzierter Limitierungen verhindert. Eine Abkopplung von rein ökonomischen Motiven erlaubt darüber hinaus die Produktion von Nischenangeboten auch für Konsumenten, die über geringe Zahlungsfähigkeit oder -willigkeit verfügen, also von ›Gleichgesinnten‹ für ›Gleichgesinnte‹.[79]

Die Ausweitung des pornographischen Angebots wird also nicht nur durch die zunehmende Selbstreferentialität des Pornographischen und die ökonomische Verwertbarkeit sexueller Darstellungen angetrieben, sondern auch durch außerökonomische, sexuelle wie narzisstische Motive der Darsteller und Produzenten von Amateurpornographie. In ihrem Zusammenspiel erzeugen die in diesem Ka-

---

78 Zweifelsohne würde dies den Markt und das Angebot an Pornographie verändern, aber kaum zum Verschwinden bringen. Vorboten entsprechender Veränderungen sind durchaus zu beobachten. So hat die Pornoindustrie in ganz ähnlicher Weise wie die Musikindustrie mit den Herausforderungen des Internets und besonders mit der kostenfreien Verbreitung von Raubkopien zu kämpfen. Dies mag die Gewinnmargen schmälern, eine Verknappung des Angebots ist bislang jedoch nicht zu beobachten.

79 Sofern Zahlungsbereitschaft und -fähigkeit auf der Nachfrageseite vorhanden sind, versprechen jedoch gerade Nischenangebote hohe Gewinnchancen.

pitel analysierten Faktoren eine so enorme Dynamisierung des pornographischen Geschehens, dass nicht nur externe wie interne Stoppregeln außer Kraft gesetzt werden, sondern eine Re-Etablierung von Stoppregeln unwahrscheinlich wird. Weder ist ein Zusammenbruch des pornographischen Produktionssystems oder der Nachfrage zu erwarten noch sind die Erfolgsaussichten einer externen Regulierung als günstig anzusehen. Die moderne Gesellschaft wird, so könnte ein vorläufiges Fazit lauten, mit ›ihrer‹ Pornographie und deren Dynamik leben müssen – es sei denn, es wäre ihr möglich, ihre Grundstruktur funktionaler Differenzierung zu ändern. Eine solche Änderung würde aber nicht nur ihre Leistungsfähigkeit erheblich beeinträchtigen, sondern auch ihr selbst die Grundlage entziehen. Somit steht weiterhin zu erwarten, dass für die Pornographie gilt: *Don't Stop* – bevor nicht alle sexuellen Möglichkeiten restlos ausgeschöpft sind. Da sie sich nicht aus sich selbst heraus begrenzen kann, kennt die pornographische Inszenierung ebenso wenig ein logisches Ende wie die Pornographie der Gesellschaft; was sie kennt, ist allenfalls eine Erschöpfung der Körper, die sich aber problemlos durch neue ersetzen lassen.

La femme machine und die ›Wahrheit‹ körperlicher Lust

Der Körper und seine sexuellen Lüste sind das Thema, aber auch das zentrale Darstellungsproblem der Pornographie und insbesondere visuelle Pornographie zeichnet sich durch eine Obsession mit dem Körperlichen aus[1]: Ihr wesentliches Ziel ist, mittels der Vorführung von Körperpraktiken ihre Betrachter sexuell zu erregen. All dies geschieht vor dem Hintergrund einer Gesellschaft, die in vielerlei Hinsicht körperfern funktioniert, aber andererseits doch – so zumindest die Körpersoziologie – nicht ohne Bezug auf Körperlichkeit zu denken ist.[2] Die zeitgenössische Gesellschaft zeichnet sich tatsächlich durch eine exzessive Beschäftigung mit dem Körper aus, während Körperverdrängung keineswegs aufgehoben wird, sondern sich eine widersprüchliche Gleichzeitigkeit von Körperaufwertung und Körperverdrängung entwickelt hat (vgl. Bette 1999, 2005).

Die moderne Pornographie situiert sich zwischen diesen beiden Polen und partizipiert an beiden zugleich: Zwar dreht sie sich um Körperinszenierungen, aber der Körper wird in ihr nur in sehr spezifischen Hinsichten thematisch. Zur Darstellung gelangen keine freien oder ganzheitlichen Körper, sondern Körperpraktiken im Rahmen disziplinierter Dressurakte. Freilich sollen die Dressurakte dazu dienen, undisziplinierte, unwillkürliche und spontane körperliche Äußerungen und Reaktionen zu provozieren, so dass der ›authentische‹ Körper zum Sprechen gebracht wird. Der Pornographie, zumal visueller Pornographie, wohnt

---

1   Eine frühere, wesentlich kürzere Fassung dieses Kapitels habe ich in der ad hoc-Gruppe »Körper und Sexualität in Medien und Gesellschaft – Verunsicherungen oder Vergewisserungen?« des Kongresses der *Deutschen Gesellschaft für Soziologie* 2008 in Jena vorgestellt (vgl. Lewandowski 2010b).

2   Als exemplarisch für den Diskurs der Körpersoziologie sei hier nur auf zwei Werke verwiesen: Robert Gugutzers Einführungsbuch *Soziologie des Körpers* (2004) und der von Markus Schroer herausgegebene Sammelband gleichen Titels (2005).

zudem eine gleichsam doppelte Referenz auf das Körperliche inne: Pornographie will körperlich erregen, indem sie Körperlichkeit vorführt.

Die folgenden Ausführungen widmen sich der pornographischen Inszenierung von Körperlichkeit und insbesondere der Suche nach ›wahren‹ Äußerungen körperlicher Lust.

DISZIPLINIERUNG

Körperliche Abrichtung und Disziplinierung ist eines der großen Themen des französischen Philosophen und Historikers Michel Foucault. In *Überwachen und Strafen* (1975) analysiert er, wie sich mit dem Beginn der modernen Gesellschaft institutionalisierte Disziplinierungsmechanismen ausbilden und mittels Disziplinierung neue Formen von Körperlichkeit und Individualität hervorgebracht werden. In Fabriken und Kasernen werden Bewegungsabläufe wie das Bedienen einer Maschine oder das Laden eines Gewehrs in Einzelschritte zerlegt und mit dem Ziel antrainert, körperliche Abläufe in einer Weise zu normieren, die sie technischen Artefakten – eben der Maschine oder dem Gewehr – anschmiegen. Mittels spezifischer körperlicher Techniken und leiblicher Übungen, bestimmter Strafregimes und Überwachungsmethoden werden soziale Ordnungen, Bewegungsabläufe und Reaktionsweisen so in menschliche Körper eingeschrieben, dass diese ›in Fleisch und Blut‹ übergehen. Der Triumph der Disziplin besteht schließlich darin, dass der disziplinierte Körper in präreflexiver Weise gar nicht anders funktionieren kann, als er funktionieren soll: er *wird* zu jenen maschinengleichen Bewegungsabläufen, die ihm antrainiert wurden. Disziplinierungen bringen Körpern also nicht nur etwas bei, sondern gestalten sie auf dem Wege einer motorischen Neuintegration in einer Weise um, die eine neue Form von Körperlichkeit entstehen lässt.

Disziplinierungen wie Normierungen haben den Effekt, Abweichungen sichtbar zu machen. Sie eröffnen somit ein neues, anders geartetes Feld der Sichtbarkeiten als das Fest der Martern. Im Akt der Disziplinierung wird die Abweichung gewissermaßen erst hervorgebracht.[3] Der Zweck der Disziplin wäre somit ein doppelter: Hervorbringung einer Abweichung, um sie auszumerzen. Auf jeden Fall treiben Norm und Disziplin Abweichungen in eine sichtbare Existenz.

---

3 Auf diesem Mechanismus beruhen nicht zuletzt sadomasochistische Rituale: Eine Abweichung wird provoziert, um eine Bestrafung vornehmen zu können.

Das Ideal der körperlichen Disziplin ist die Maschine und das Ziel jeder Disziplinierung besteht in der Verwandlung des menschlichen Körpers in eine Trivialmaschine, die auf den gleichen Input stets mit dem gleichen Output reagiert. Der Mensch als Maschine – *l'homme machine* – ist ein zentrales Phantasma der Moderne und die Disziplin ihr Programm.

PORNOGRAPHISCHE KÖRPERDISZIPLINIERUNG UND DIE VERMEIDUNG SEXUELLER ERREGUNG

Pornographie führt disziplinierte – beherrschte und sich selbst beherrschende – Körper vor, so dass sich am Aspekt der Disziplinierung auch ein Unterschied zwischen sexuellen und pornographischen Körpern festmachen lässt. Wenngleich sexuelle Körper keine freien Körper sind, sind die Körper von professionellen Pornodarstellern in spezifischer Weise diszipliniert. In ihrer Funktionalität wie Funktionsnotwendigkeit ist die Disziplinierung der Körper der Darsteller pornographischer Sexualität durchaus derjenigen von Sportlern vergleichbar. Ohne Körperdisziplin könnte weder im einen noch im anderen Falle die erwartete Leistung erbracht werden. Die Kontrolle des eigenen Körpers und die Unterdrückung unerwünschter körperlicher Empfindungen und Reaktionen – etwa Krämpfe, Müdigkeit, Erschöpfung, Ekel oder Übelkeit – sind unabdingbare Voraussetzungen des angestrebten Erfolgs bzw. Funktionierens.

Im pornographischen Kontext besteht ein wesentlicher Zweck der Körperdisziplinierung paradoxerweise in der Unterdrückung sexueller Erregung: Damit die pornographische Darbietung gelingen kann, ist eine Unterdrückung unwillkürlicher sexueller Reaktionen unabdingbar. Der Körper muss derart diszipliniert sein, dass spontane sexuelle Reaktionen so unterdrückt werden können, dass sie sich willentlich steuern respektive simulieren lassen. Die pornographische Darstellungsleistung besteht darin, sexuelle Erregung zu *inszenieren* ohne sie tatsächlich zu empfinden. ›Echte‹ körperliche Reaktionen, ›echte‹ Erregung ließen die pornographische Inszenierung hingegen kollabieren.[4] Körperliche Erregun-

---

4 Die Beherrschung und Kontrolle körperlicher Äußerungen verbindet die Pornographie mit dem von Norbert Elias (1997) analysierten Zivilisationsprozess (vgl. auch Pastötter 2003) wie auch mit Sportarten, die auf absolute Körperbeherrschung zielen. Sport und pornographischer Sexualität ist darüber hinaus gemeinsam, dass beide für und in Bezug auf ein Publikum inszeniert werden. Der Pornographie wohnt jedoch im Gegensatz zu vielen sportlichen Disziplinen ein Paradox inne: In jenen Sportarten, in denen Körperkontrolle nicht nur ein Mittel ist, um zum sportlichen Erfolg zu gelangen,

gen sind für die Pornographie – vor allem für ihre Produktion – prinzipiell problematisch. Körperliche Zeichen sexueller Erregung sind einerseits unabdingbar, andererseits sind tatsächliche sexuelle Reaktionen (ebenso wie ihr Ausbleiben) potentiell erfolgsgefährdend – besonders bei Männern.[5]

Die Vermeidung sexueller Erregung dient zugleich auch der Aufrechterhaltung einer Differenz zwischen pornographischer Fiktion und persönlicher bzw. psychischer Identität. Auf dem Spiel steht nicht nur die Differenz von öffentlicher und privater Sexualität, sondern eine Rolle spielt auch der psychische Selbstschutz der Akteure. Während in prostitutiver Sexualität der Einsatz eines Kondoms eine Differenz von professioneller und privater Sexualität zu symbolisieren vermag, muss die nämliche Differenz in pornographischen Darstellungen auf andere Weise aufrechterhalten und gegebenenfalls auch – und zwar gegen die Intentionen der Produktion – inszeniert werden. Eine häufig gewählte Möglichkeit scheint hier im ›overacting‹ zu liegen: Sexuelle Erregung wird so übertrieben dar- bzw. ausgestellt, dass die Differenz zwischen echter und gespielter Erregung deutlich wird. Was als Erregung inszeniert wird, ist kein Ausdruck tatsächlicher Erregung, sondern selbst Symbol der Differenz zwischen echter und gespielter Erregung. Der wesentliche Erfolg der (Selbst-)Disziplinierung des (weiblichen) Körpers besteht also darin, Erregung darstellen zu können, ohne sie zu empfinden, und sexuelle Handlungen auszuführen bzw. am eigenen Körper vornehmen zu lassen, ohne sexuell erregt zu werden. Nur wenn tatsächliche sexuelle Erregung und sexuelle Reaktionen vermieden werden können, kann die professionelle Darstellung auch insofern gelingen, dass die Differenz zwischen pornographischer und ›eigener‹ Sexualität aufrechterhalten werden kann.

Bei Darstellerinnen wie Darstellern geht es im Kern also darum, den eigenen Körper so zu disziplinieren, dass sexuelle Handlungen, körperliche Reaktionen und psychisches Empfinden erfolgreich dissoziiert werden können. Die Diszipli-

---

sondern zugleich den Zweck der Übung ausmacht, bedeutet ein Mangel an Körperkontrolle bzw. ein auch nur kurzfristiges Aussetzen der Beherrschung körperlicher Äußerungen sportliches Versagen – für die pornographische Inszenierung hingegen einen Erfolg (siehe unten).

5 Im Falle der Pornodarstellerinnen ist das Verhältnis von Disziplinierung und Abweichung verschoben. Zwar dient die Körperkontrolle auch hier der Unterdrückung sexueller Reaktionen. Sie ist aber anders motiviert. Vielleicht nicht für die Darstellungsleistung, wohl aber für die pornographische Produktion ist es letztlich gleichgültig, ob die Darstellerinnen tatsächlich sexuelle Erregung verspüren oder nicht. Entscheidend ist allerdings, ob es ihnen gelingt, sexuelle Erregung darzustellen. Im Gegensatz zu Männern gefährden sexuelle Reaktionen weiblicher Körper aber nicht den Erfolg der Produktion.

nierung und mit ihr der Erfolg aus Sicht der Darstellenden würde kollabieren, wenn die Differenz zwischen körperlichen Aktionen und psychischem Empfinden in der Weise zusammenbrechen würde, dass physische Aktionen psychische Reaktionen auslösten oder – schlimmer noch – sich psychisches Empfinden in körperlichen Reaktionen manifestieren würde. In letzterem Fall, im Falle unwillkürlicher körperlicher Reaktion, würde der wesentliche Erfolg körperlicher Disziplinierungsstrategien zusammenbrechen, nämlich die Trennung von pornographischer und privater Sexualität, zwischen dargestelltem und realem Empfinden.[6]

DRESSUR

Das Ausschalten unwillkürlicher körperlicher Reaktionen und des psychischen Empfindens macht den Menschen zur Körpermaschine. Die Form der Disziplinierung, die für die pornographische Darstellung notwendig scheint, fällt mit jener zusammen, die im Menschen den Traum der Moderne, den Mensch als Maschine, hervorbringt.[7]

Neben derjenigen Form körperlicher Disziplinierung, in der es um die Unterdrückung unwillkürlicher körperlicher Äußerungen und Reaktionen geht, spielt Disziplinierung noch in einer anderen Hinsicht für pornographische Darstellungen eine Rolle. Wiederum mit Referenz auf Foucault (1975) lassen sich pornographische Inszenierungen als Dressurakte interpretieren – freilich in invertierter Form.

Ein Dressurakt bzw. eine Dressurprüfung ist eine öffentliche Vorführung gelungener Disziplinierung. Die pornographische Sexualität bietet – durchaus in Analogie zum Sport oder zur Tierdressur – zunächst nichts anderes dar als abgerichtete, disziplinierte Körper. Jedoch zielen pornographische Inszenierungen gerade nicht darauf ab, den Erfolg der durch Körperdisziplin hervorgebrachten Trennung von willkürlichen und unwillkürlichen körperlichen Reaktionen vorzuführen, sondern ganz im Gegenteil soll die Selbstbeherrschung der Körper durchbrochen und gezeigt werden, dass diese Differenz nicht durchgehalten werden *kann*. Die pornographische Körperdressur dient dem Hervorrufen und Sichtbarmachen, dem Brechen und Überschreiten der Regeln, die die Diszipli-

---

6 In der Fähigkeit, diese Differenz aufrechtzuerhalten *und* darzustellen, beweist sich nicht zuletzt die Professionalität der Darstellenden.

7 Dieser Traum der Moderne entspricht allerdings *nicht* dem Traum der Pornographie – zumindest insofern diese mit dem Ziel antritt, authentische Sexualität zu präsentieren.

nierung auferlegt. Insofern ist das pornographische Dressurritual eine Umkehrung üblicher Dressurrituale. Es ist darauf angelegt, ›Fehler‹ zu offenbaren bzw. herbeizuführen: Der Erfolg besteht darin, die körperliche Selbstdisziplinierung der Darstellerinnen so zu durchbrechen, dass sie unwillkürliche Reaktionen zeigen und ihre Selbstkontrolle so weit wie möglich verlieren. Das Erreichen eines Verlustes an Selbstkontrolle setzt freilich in paradoxer Weise Disziplinierung voraus. Schließlich ist es die gelungene (Selbst-)Disziplinierung, vor deren Hintergrund der Kontrollverlust beobachtbar wird: ohne Disziplin kein Kontrollverlust.

Würde durch Körperdisziplinierung tatsächlich die Fiktion des Menschen als Maschine realisiert, so verlöre Pornographie ihren Reiz, da Maschinen keinen Kontrollverlust zu erleiden vermögen.[8] So könnte man auch sagen, dass die pornographische Inszenierung darauf abzielt, den Beweis anzutreten, dass Menschen nicht als Körpermaschinen funktionieren können, sondern dass sich ihnen mit entsprechenden Methoden unwillkürliche Reaktionen entlocken lassen. Aus der Differenz zwischen Körperkontrolle und unwillkürlicher Reaktion gewinnt die pornographische Inszenierung nicht zuletzt ihre Dynamik.[9]

KONTROLLVERLUSTE UND DIE SUCHE NACH DER WAHRHEIT DES KÖRPERS

Der pornographische Dressurakt lässt sich als ›Machtspiel‹ und Suche nach der Wahrheit sexueller Lust dechiffrieren[10]: In der unkontrollierten körperlichen Ekstase soll die Wahrheit körperlicher Lust aufscheinen und das ›Machtspiel‹ der

---

8   Man mag die Kontrolle *über* eine Maschine verlieren; sie selbst kann allenfalls kaputtgehen.

9   Aus dieser Perspektive betrachtet entspräche *eine* Lust an der Pornographie der Lust, die man empfinden mag, wenn man dabei zusieht, wie eine zunächst gut funktionierende Maschine langsam aus dem Rhythmus gerät und schließlich unbeherrschbar wird, so dass sie sich gewissermaßen aus ihrem erwartbaren stupiden Mechanismus befreit. Das zentrale Phantasma der Pornographie ist aber nicht Zerstörung, sondern die Vorstellung, dass hinter der disziplinierten Körpermaschine die Bewegungs- und Reaktionslogik einer zweiten Maschine zum Vorschein kommt – jene des natürlichen Körpers, der unverstellten Körperlichkeit.

10 Folgt man Linda Williams' bahnbrechender Studie Hard Core (1989), so hat es der pornographische Film vor allem mit der Darstellung und dem Beweis körperlicher Lust zu tun (und zwar insbesondere der weiblichen).

Pornographie läuft darauf hinaus, mittels am Körper vorgenommener Handlungen den dazu notwendigen Verlust der Körperkontrolle *gegen* die Intentionen der Darstellerinnen zu provozieren, den Körper auf diese Weise zu ›befreien‹, ihn zum Sprechen zu bringen und ihm Reaktionen zu entlocken, die ihn der willkürlichen Kontrolle durch seine Besitzerin abspenstig machen.

Pornographische Sexualität jedoch erfordert und erwartet beides (wenn auch nicht unbedingt gleichzeitig): Körperkontrolle und das Versagen dieser – ein Versagen, das im Idealfall kein kontrollierter, sondern ein unkontrollierter Kontrollverlust sein soll. Der unkontrollierte Kontrollverlust fungiert im Gegensatz zum kontrollierten als ›Echtheitszertifikat‹. Das eigentliche, freilich idealtypische Ziel der pornographischen Sexualität liegt in einem Umschlagen der Kontrolle des Körpers und seiner Aktionen in ein unkontrolliertes körperliches Zukken.[11] Pornographie führt mithin hochgetriebene Körperkontrolle vor, deren Ziel ein Verlust körperlicher Selbstkontrolle ist: Der Verlust der Kontrolle des Selbst über den Körper und somit der Übergang zu rein körperlicher, d.h. körpergesteuerter Interaktion. Körper sollen jene Regie übernehmen, die normalerweise dem Bewusstsein der Subjekte vorbehalten ist. Diese Form des Kontrollverlustes soll die Körper in ihr Recht setzen und somit genau das Gegenteil körperlicher Dressurdisziplin ermöglichen. Die Entdisziplinierung des Körpers ist die Zauberformel, die Wunschvorstellung und das Versprechen der Pornographie. Ihr Telos liegt im Provozieren eines unkontrollierbaren Kontrollverlustes, in dem authentisches Empfinden sich unwillkürlich Bahn bricht[12], und ihr Triumph in dessen medialer Veröffentlichung.

Nüchtern betrachtet liegt all dem freilich ein Missverständnis zugrunde: Das Phantasma, dass sich unter all den Schichten der zivilisatorisch kontrollierten, willkürlichen und disziplinierten Körperlichkeit ein gleichsam ›echter‹, ›freier‹, ›authentischer‹, ›präsozialer‹ und eigensinniger Körper respektive ›Leib‹ verberge, der in der Ekstase des Körperlichen, im Exzess zum Vorschein komme und seine ›Wahrheit‹ offenbare.[13] Obwohl sie einem Missverständnis aufsitzt, sucht Pornographie dennoch nach diesen Momenten der Wahrhaftigkeit, in denen die

---

11 Insofern sich Sexualität als eine Aktivität verstehen lässt, die bestrebt ist, körperliche Kontrollverluste *gezielt* herbeizuführen, liegt der Unterschied zwischen pornographischer und alltäglicher Sexualität weniger im Verhältnis von Kontrolle und Kontrollverlust selbst, sondern in dessen Handhabung.

12 Ob dies in der Form beobachtbarer Ekel- oder Lustgefühle, Schmerz- oder Erregungsäußerungen geschieht, ist sekundär. Worauf es dem pornographischen Arrangement primär ankommt, sind Unwillkürlichkeit und Beobachtbarkeit.

13 Dieses Phantasma teilt die Pornographie freilich mit anderen Körperdiskursen. Man denke etwa an (Extrem-)Sport, aber auch an manche körpersoziologischen Ansätze.

Kontrolle der Darsteller(innen) über ihren Körper zusammenbricht und unkontrollierte Reaktionen sichtbar werden. Sicher, die Körperkontrolle ist hoch und solche Momente sind rar, aber doch scheinen sie das eigentliche Ziel der pornographischen Inszenierung zu sein. Bei aller Disziplinierung und Kontrolle der Körper und ihrer Reaktionen befindet sich das Pornographische auf der Suche nach einer Wahrheit, die jenseits der bewussten Kontrolle der Körper durch ihre Besitzer liegt. Das Durchbrechen dieser Kontrolle ist zugleich der Moment der Wahrheit, nach dem das körperliche Geständnisritual der Pornographie sucht. Es ist der Moment, in dem die Lust rein aus dem Körper spricht, sich die ›wahre‹ Sexualität offenbart, indem sie die bewusste Kontrolle des Körpers außer Kraft setzt. Wie gesagt, solche Momente mögen ebenso selten wie fiktiv sein, aber die Pornographie spürt ihnen unaufhörlich nach. Die Kameras, die aus unzähligen Perspektiven auf die (inter-)agierenden Körper gerichtet werden, sind so zahlreich, damit ihnen auch keiner dieser seltenen, aber entscheidenden Augenblicke des Durchbruchs der ›wahren‹ Lust, der ›wahren‹ Emotionen, des unwillkürlichen Zuckens entgeht. Die Suche nach dem Unwillkürlichen im Meer der willkürlichen Kontrolle über den Körper scheint – jenseits des sexuellen Spektakels und der Lust am Spiel der dressierten Körperlichkeit – das eigentliche Movens des Pornographischen zu sein.

Ein zentrales Paradox des Pornographischen liegt jedoch darin, dass es einerseits den Menschen als Maschine – vor allem *la femme machine* – braucht, um seine Darstellungen in Szene zu setzen, aber andererseits darauf abzielt, das maschinell-repetitive der vorgeführten menschlichen Maschinen zu durchbrechen. Die Vorführung, der pornographische Dressurakt, besteht gerade darin, die gezeigten sexuellen Handlungen so zu gestalten, dass sichtbar wird, dass sich die quasi-maschinelle Körperdistanzierung der Darstellerinnen *nicht* durchhalten lässt. Das pornographische ›Setting‹ stellt sich in dieser Perspektive als eine Versuchsanordnung dar, die dazu dient, den Körpern ihre Wahrheit zu entreißen. So wie die Dressur eine Anordnung ist, um das Ergebnis gelungener Disziplinierungen vorzuführen, ist das pornographische Dispositiv – die Anordnung von Körpern und Kameras im Raum – eine Apparatur, die die Disziplinierung der Körper durchbrechen und ihre Wahrheit hervorbringen und erfassen soll.

Das Unwillkürliche, das Zerbrechen der Disziplinierung und der Masken kann in verschiedenen Formen auftreten; als Lachen, als unkontrolliertes Zucken, als plötzlicher Ausdruck von Ekel, Schmerz, als sichtbare körperliche Erregung oder Anstrengung, aber auch als Erschöpfung, Lustlosigkeit usw. Die zeitgenössische Pornographie bietet eine Reihe typischer Skripte, standardisierter Szenen und institutionalisierter Praktiken, die darauf angelegt sind, unwillkürliche Reaktionen der Darstellerinnen hervorzurufen. Diesen widmet sich der folgende Abschnitt.

Die Durchbrechung der Körperkontrolle – typische Skripte

An prominentester Stelle der Methoden, die unwillkürliche Reaktionen hervorrufen sollen, steht die extrakorporale Ejakulation, die die meisten Hardcore-pornographischen Szenen abschließt und die Dialektik zwischen Kontrolle und Kontrollverlust auf die Spitze treibt. Jenseits psychoanalytisch inspirierter Überlegungen[14] und auch jenseits des optisch spektakulären Effekts zielt die extrakorporale Ejakulation darauf ab, der Darstellerin, in deren Gesicht ›abgespritzt‹ wird, zumindest im Moment des ›Abspritzens‹ ein kurzes Zucken, einen kurzen Augenblick des Ekels, einen kurzen Moment der Überraschung, kurz: eine unwillkürliche Reaktion zu entlocken. Die Szene ist ein Zweikampf zwischen Kamera und Protagonistin, wobei als die ›Kunst‹ der letzteren darin besteht, im Moment des Auftreffens des Spermas auf ihr Gesicht keine Miene zu verziehen, die Augen nicht zu schließen, ihre Reaktionen unter Kontrolle zu halten und sich den Moment der Blöße, des Unwillkürlichen, nach dem die Kamera sucht, nicht zu erlauben. Das Vermeiden der unwillkürlichen Zuckung ist der Gewinn der Darstellerin, das Durchbrechen ihrer willkürlichen Kontrolle hingegen der Sieg der Kamera. ›Zuckt sie oder zuckt sie nicht‹ bzw. ›hat sie sich unter Kontrolle oder nicht‹ ist mithin die Frage, die diesem Moment eine eigentümliche Spannung verleiht. Aus diesem Grunde auch die Ausdehnung des Wartens und der gierige Versuch der Kamera, den entscheidenden Moment aufzusaugen und zu dehnen.

Ebenso entscheidend wie die extrakorporale Ejakulation selbst ist das Warten auf sie. Die Szene erzeugt Spannung allein durch eine Dehnung der Zeit – das Warten transformiert das Eintreten des Erwartbaren in eine Überraschung, während die Konzentration der Kamera auf das Gesicht der Protagonistin und ihre Konzentration auf die bevorstehende Ejakulation den Kampf um die unwillkürliche Reaktion betonen. Konzentration und unwillkürliche Reaktion bedingen einander: Die ostentative Konzentration von Kamera und Darstellerin schaffen erst den Rahmen, in dem die unwillkürliche Reaktion stattfinden kann, in dem sie augenfällig wird und die Anspannung, die in der Konzentration liegt, steigert die Wahrscheinlichkeit einer unkontrollierten Reaktion. Die Dauer des Wartens trägt das ihre dazu bei: Je länger es dauert, desto schwerer fällt die Konzentration und

---

14 Vgl. die entsprechenden Ausführungen im Kapitel *Der Traum der Pornographie* (S. 52ff.).

je länger es dauert, desto mehr steigt die Spannung – wird sie zucken, wird sich Lust oder Ekel oder überhaupt etwas auf ihrem Gesicht abzeichnen?[15]

Das Warten auf die Ejakulation auf das Gesicht einer Darstellerin markiert den höchsten Punkt der Konzentration des Mainstream-pornographischen Skripts. Es ist zugleich eines der Rituale, das in der reinsten Weise eine explizite Inszenierung des Versuchs darstellt, ja eine Versuchsanordnung bildet, um unwillkürliche Reaktionen hervorzurufen und sichtbar zu machen.[16]

Andere Versuche, das nämliche Ziel zu erreichen, setzen weniger auf die verzögerte Plötzlichkeit eines erwartbaren Ereignisses als darauf, mittels körperlicher Anstrengungen, einer extremen Beanspruchung des Körpers oder spezifischer (sexueller) Praktiken die Körperkontrolle zu durchbrechen. So lässt sich etwa die – in protopornographische Skripte längst integrierte – anale Penetration nicht nur als Versuch verstehen, vergleichsweise Spektakuläres zu zeigen, sondern auch als Methode, unwillkürliche Reaktionen hervorzurufen.[17]

Der ›gang bang‹, insbesondere in der Form der gleichzeitigen vaginalen und analen Penetration (›double penetration‹) ist ebenso wie die Ejakulation ins Gesicht ein Körperritual, das die Wahrheit der körperlichen wie sexuellen Lust zutage fördern soll. Das methodisch leitende Prinzip liegt hier jedoch nicht in der Kombination von Konzentration, Warten und Plötzlichkeit, sondern darin, den penetrierten Körper einerseits mittels der doppelten Penetration zu fixieren und ihm andererseits Bewegungsmuster so aufzuzwingen, dass unwillkürliche Abweichungen produziert werden. Die doppelte Penetration versucht den Körper der Penetrierten an die Grenzen seiner Beanspruchbarkeit zu bringen, um so der Darstellerin unwillkürliche Reaktionen zu entlocken. Eine solche Reaktion besteht bereits in der sichtbaren und sichtbar gemachten körperlichen Anstrengung. Sichtbare körperliche Anstrengung setzt die Körperdisziplinierung und Körperdistanzierung des Subjekts unter Druck und drückt den Bereich der Distanznahme zwischen Subjekt und Körper gleichsam ein. Körperliche Anstrengung zwingt psychisches und somatisches System zum Gleichklang und den Darstellern einen Gleichklang mit ihren körperlichen Aktionen und Interaktionen auf. Die Anstrengung der Körper hat die Funktion, Distanznahmen zu erschweren und in letzter Konsequenz zu verunmöglichen. Ziel ist es, die Interagierenden

---

15 Andererseits ließe sich die nämliche Szene auch als jener Moment deuten, in dem der männliche Darsteller seine professionelle Fähigkeit zur kontrollierten und willkürlich gesteuerten Ejakulation unter Beweis stellen muss.

16 Für die Szene ist darüber hinaus von Bedeutung, dass die Protagonistin ihren Blick typischerweise aus der Szene hinaus auf den Zuschauer richtet und ihn anschaut.

17 Vgl. für eine andere Perspektive auch die entsprechenden Ausführungen im Kapitel *Der Traum der Pornographie* (S. 61ff.).

dahin zu bringen, ganz in ihrem körperlichen Handeln, in ihren körperlichen Reaktionen aufzugehen, sich der Mechanik, dem Rhythmus der Bewegungen und der Körper zu überlassen, so dass diese schließlich unwillkürlich werden. Angestrebt wird eine Transformation von Aktionen in ausschließlich körperliche Reaktionen. Die Verwandlung des kontrollierten Körpers in unkontrolliert zuckendes Fleisch ist das heimliche Thema und – aus Sicht der rationalen Subjektivität – das unheimliche Versprechen der Pornographie.

Das Prinzip, Unwillkürlichkeit mittels körperlicher Manipulation zu provozieren, durchwaltet schließlich auch eine Form der Fellatio, die im Englisch als »gag on my cock« oder als »gagging« bezeichnet wird.[18] Das pornographische Ziel dieser Praktik besteht zwar nicht darin, ein Erbrechen der Darstellerin zu provozieren, wohl aber darin, ein deutlich sichtbares Unbehagen ob der Tiefe und Dauer der oralen Penetration, sowie einen per definitionem unwillkürlichen Würgereiz hervorzurufen. Die Kombination von Würgereflex und Erstickungsgefühl dient dazu, die Unwillkürlichkeit der gezeigten Reaktionen zu beglaubigen: Der Körper *selbst* wehrt sich gegen die an ihm vorgenommenen Handlungen.[19] Das ›gagging‹ hat so den Effekt, den Körper zu Reaktionen und körperlichen Reflexen zu zwingen, also zu einem Verhalten, das nicht willentlich gesteuert werden kann. Das Hervorrufen und Vorführen körperlicher Reflexe ist das eigentliche Ziel der pornographischen Sexualität, da in ihnen der Körper selbst ›spricht‹. Der durch ›gagging‹ hervorgerufene Würgereflex ist nur eine extreme Form der Verwandlung kontrollierter bzw. kontrollierbarer Körperlichkeit in eine Körpermaschine, die nach dem Prinzip von Reiz und (unwillkürlicher) Reaktion funktioniert.

Die skizzierten Fälle zeigen Methoden, das Bewusstsein zu negieren, indem sie ihm die Kontrolle des Körpers entwinden. Das höchste Prinzip des so verstandenen Pornographischen lautet: Auch wenn du (die Darstellerin, das Bewusstsein) nicht willst, dein Körper ist so manipulierbar, dass er will, was du nicht willst, dass er so reagiert, wie du nicht reagieren willst. Die Überwindung der Herrschaft des Bewusstseins über den Körper ist ein Versprechen der modernen Sexualität und das Telos der Pornographie ist es, diese Überwindung bzw. ihre Effekte in allen Einzelheiten abzubilden und öffentlich zu machen. Es geht, mit anderen Worten, um die Verwandlung von reflektiertem Handeln in reflexhaftes Zucken. Die Herrschaft des Körpers über das widerstrebende Bewusstsein der ausgestellten Darstellerinnen ist das Paradigma des Pornographischen. Der entscheidende Punkt ist nicht so sehr, dass der Körper die Herrschaft

---

18 »gag« = Knebel, »to gag [on something]« = [an etwas] (herum-)würgen.

19 Dass es auch um eine Abwehr von Dehumanisierung geht, ist ein anderer Aspekt, der jedoch unmittelbar nichts mit der körperlichen Reaktion zu tun hat.

über das Bewusstsein übernimmt, nicht, dass der Körper die Kontrolle vom Bewusstsein übernimmt, sondern, dass der Körper das Bewusstsein in eine Gleichzeitigkeit mit den körperlichen Reflexen hinein zwingt und auf diese Weise ›ausschaltet‹. Die Umkehrung der Herrschaft des Bewusstseins über den Körper ist also das Telos der Pornographie.

›fucking machines‹

Die Integration technischer Artefakte und Hilfsmittel wie Reizwäsche, Dildos, ›cock rings‹ und Sexspielzeug in sexuelle Interaktionen und pornographische Darstellungen ist an sich nicht neu. Der folgende Exkurs richtet sein Augenmerk jedoch auf eine nicht nur technische Weiterentwicklung masturbatorischer Hilfsmittel, sondern auf eine spezielle pornographische Nische, die den Traum von der Ersetzbarkeit des Sexualobjekts durch technische Hilfsmittel zu Ende denkt und zugleich ein Mit- und Gegeneinander von Mensch und Maschine inszeniert, das in einer gewissen Weise *la femme machine* auf die Spitze treibt: die sogenannte ›fucking machines‹-Pornographie.[20] Man kann ›fucking machines‹ einerseits als einen Triumph der Autoerotik deuten, in ihnen andererseits aber auch eine technische Experimentalanordnung sehen, die auf die mechanische Erzeugung sexueller Lust angelegt ist.

In ihrer Grundform sind ›fucking machines‹ – technisch gesehen – Maschinen, die die Kreisbewegung eines Elektromotors in die lineare Bewegung eines Kolbens umwandeln, auf den ein Dildo montiert ist, so dass penetrative Stoßbewegungen erzeugt werden. ›Fucking machines‹ können auf diese Weise nicht nur wie ein Dildo einen Penis ersetzen, sondern auch entsprechende Bewegungsabläufe imitieren. Insofern Penis und Penisbesitzer verzichtbar werden, lassen sich ›fucking machines‹ als ein Triumph der Autoerotik deuten; in der pornographischen Inszenierung in erster Linie dann, wenn jene Person, die sich einer ›fucking machine‹ bedient, diese selbst steuert. Für die Variante dessen, was wir Experimentalanordnung genannt haben, ist hingegen charakteristisch, dass die Steuerung der Maschine nicht bei der Person liegt, die mit der Maschine sexuell ›verkehrt‹.

Der Unterschied – und wohl auch der spezifische (pornographische) Reiz – der ›fucking machines‹ gegenüber dem Penis dürfte darin liegen, dass ihre Bewegungen vollkommen mechanisch und somit absolut gleichmäßig ablaufen. Pornographisch uninteressant wären ›fucking machines‹ freilich, wenn sie ›ge-

---

20 Die englische Bezeichnung impliziert eine Doppeldeutigkeit, die in der deutschen Übersetzung verloren ginge. ›Fucking machines‹ kann sowohl ›fickende Maschinen‹ als auch das ›Ficken‹ von Maschinen bedeuten.

geneinander antreten‹ würden; ihr Reiz resultiert offensichtlich daraus, dass die Maschine sexuell mit einem Menschen aus Fleisch und Blut interagiert.

Neben der Tatsache, dass einer solchen Inszenierung das Prinzip einer Versuchsanordnung innewohnt, erinnert sie zugleich an industrielle Interaktionsformen. Zu diesem Eindruck trägt in vielen derartigen Inszenierungen auch ein explizit an industrielle Produktionsstätten gemahnendes Interieur bei. Man fühlt sich nicht nur an industriebetriebliche Abläufe erinnert, in denen Maschinen Menschen bestimmte Bewegungsabläufe und Reaktionsmuster aufzwingen, so dass maschinelle und menschliche Bewegungen schließlich verschmelzen, sondern auch an Fitnessstudios – freilich mit dem Unterschied, dass in unserem speziellen Fall nicht Menschen Maschinen, sondern Maschinen Menschen bewegen.[21]

Die gleichmäßig mechanisch penetrierende Maschine mag der Traum der technisierten Sexualität sein; sie fungiert aber in erster Linie als eine Apparatur, in der *la femme machine* quasi ›zu sich selbst‹ kommt. Indem die Frau sexuell mit einer Maschine verbunden, also gleichsam in sie eingespannt wird, wird sie deren Bewegungsabläufen unterworfen.[22] Im Gegensatz zum sexuellen Verkehr mit anderen Menschen, deren Bewegungsabläufe weder rein mechanisch noch von den Bewegungen ihrer Partner unabhängig sind, zeichnen sich maschinelle Bewegungsabläufe gerade durch eine solche Unabhängigkeit aus. Die sexuelle Interaktion mit ›fucking machines‹ ist also keine ›Interaktion‹ im eigentlichen Sinne, da sie nicht wie eine menschliche Interaktion auf Wechselwirkungen beruht, sondern aus einseitigen Reaktionen eines menschlichen Körpers auf mechanische Aktionen besteht. Der menschliche Körper reagiert zwar auf die Bewegungen der ›fucking machine‹, diese aber nicht auf ihn. Die Maschine zeigt sich vielmehr unbeeindruckt, macht weiter wie bisher und spult ihr Programm ab.

Im Zentrum der ›fucking machines‹-Pornographie steht somit die Beobachtung körperlicher Reaktionen auf unbeeinflussbare, maschinell-mechanische Einwirkungen auf ebendiesen Körper. Der Beobachtung preisgegeben wird dabei zweierlei: zunächst wie die Maschine dem menschlichen Körper Takt und Rhythmus ihrer Bewegung aufzwingt und sodann wie der Mensch durch die sexuelle Erregung, die die maschinellen Bewegungen hervorrufen, aus diesem

---

21 Bemerkenswert ist an der ›fucking machines‹-Pornographie ihr Widerspruch zur postindustriellen Gesellschaft, für die charakteristisch ist, dass industrielle Produktion – zumal für Frauen – gerade nicht die paradigmatische Beschäftigungsform darstellt.

22 Die Unterwerfung unter maschinelle Bewegungsabläufe wird in jenen Fällen besonders deutlich, in denen die Frau in ihrer Lage fixiert wurde. Deutlich werden hier Überscheidungen zwischen ›fucking machines‹- und BDSM-Praktiken.

Takt gerät, indem die sexuelle Erregung des Körpers eigene Bewegungsmuster hervorbringt, die freilich die Maschine nicht zu irritieren vermögen. In beiden Hinsichten geht es jedoch um Reaktionen des Körpers auf die Maschine bzw. die maschinelle Penetration. Der Körper, der zunächst dazu gebracht werden soll, sich in einer Weise zu bewegen, die dem Rhythmus der Maschine entspricht, und schließlich dazu, mit diesem zu brechen, um seinen eigenen gegen die Maschine durchzusetzen, obwohl diese weitermacht wie bisher, soll im einem wie im anderen Falle der Kontrolle durch das Subjekt entzogen werden. Der sexuell erregte Körper, der schließlich in seinen orgasmischen Zuckungen – so zumindest die Idealvorstellung – mit den maschinell vorgegebenen Rhythmen und Bewegungsabläufen, zugleich aber auch mit der Kontrolle durch das Bewusstsein bricht, ›beweist‹ zugleich, dass der menschliche Körper einer Eigenlogik gehorcht. Die ›fucking machines‹ sind von daher auch eine Versuchsanordnung, die dazu dient, jene körperliche Eigenlogik sichtbar zu machen. Sie beweisen zugleich, dass der menschliche Körper selbst eine (sexuelle) Maschine ist, die ihren eigenen Regeln gehorcht, die aber, um zum Vorschein zu kommen, der Kontrolle des menschlichen Bewusstseins entwunden werden muss. Die ›fucking machines‹ sind hierbei gewissermaßen das optimale Mittel zum Zweck, da sie im Gegensatz zum menschlichen Körper unbeeinflussbar sind. Da sie selbst nicht reagieren, dienen sie umso besser dazu, ›natürliche‹ bzw. als ›natürlich‹ imaginierte Reaktionen hervorzurufen.

Die Analyse des sexuellen Verkehrs mit ›fucking machines‹ ließe sich auch als eine Geschichte der sexuellen Emanzipation[23] oder auch der Hingabe an einen maschinellen Rhythmus erzählen und auf diese Weise mit Tänzen verbinden, die durch die Hingabe des Körpers an repetitive Rhythmen ekstatisch wirken. Für unsere Analyse ist die Betrachtung der ›fucking machines‹-Pornographie an dieser Stelle jedoch nur insofern von Bedeutung, als sie das Prinzip *la femme machine* in besonders plastischer Weise illustriert und auf die Spitze treibt.

Pornographie ›spannt‹ Körper aber nicht nur in physische Apparaturen, sondern auch in Beobachtungsverhältnisse ein, denen sich der folgende Exkurs widmet.

---

23 Insofern der Akt der Penetration vom Penis abgelöst wird, ohne zugleich dessen autonome Kraft aufzugeben.

Exkurs: Sex im Panopticon – pornographische Beobachtungsverhältnisse

Das zentrale Versprechen der Pornographie ist maximale Sichtbarmachung, totale Sichtbarkeit ihr Ideal.[24] Sie trifft sich darin mit jenen Visionen, die dem Bentham'schen Panopticon zugrunde liegen. Ein Panopticon ist eine räumliche Ordnung, die maximale Sichtbarkeit von einem zentralen Punkt aus gewährleisten soll (vgl. Foucault 1975). Während die moderne visuelle Pornographie diesen einen zentralen Beobachtungspunkt und damit auch die spezifische Anordnung der Körper im Raum aufgeben kann, indem sie ihn durch frei bewegliche Kameras ersetzt, hält sie am Ziel maximaler Sichtbarkeit fest, dem sie, gerade weil ihre Kameras beweglich sind, näher kommt, als es innerhalb des Bentham'schen Panopticons je zu erträumen war. Die zentrale Beobachtungsperspektive wird nun imaginär erzeugt; sie ergibt sich als Produkt jener Schnitte, mittels derer der Film hergestellt wird. Das moderne pornographische Panopticon macht sexuell agierende Körper nicht lediglich sichtbar, sondern zerlegt sie filmisch in Einzelteile, die in Detailaufnahmen präsentiert werden. Während Benthams architektonisches Modell statisch war, führen Kamera und Schnitttechniken zu einer Dynamisierung des panoptischen Modells.[25] Die Ordnung der maximalen Sichtbarkeit, die vor allem die Hardcore-Pornographie etabliert, zeichnet sich nicht zuletzt durch eine besondere Detailfreudigkeit aus.

Geradezu exemplarisch für das moderne pornographische Panopticon und die oben analysierte Körperdisziplinierungen ist die Pornofilmreihe ›GGG‹ des Regisseurs John Thompson.[26] Neben einem besonderen Maß an Erniedrigung der Darstellerinnen und einer ausgeprägten Orientierung an der Verunreinigung ihrer Körper mit Sperma und Urin, zeichnet sich der Raum der Darbietungen dadurch aus, dass in ihm zwar alle sexuellen Handlungen sichtbar gemacht werden, aber so gut wie nichts außer diesen. Der Raum selbst, der nur aus Wänden zu bestehen scheint und kein überflüssiges Mobiliar kennt, d.h. keines, das nicht sexuell genutzt wird, wirkt auch dadurch klaustrophobisch, dass er keinen Ausweg bietet, entpersönlicht und ebenso vollkommen wie ausschließlich mit pornogra-

---

24 Dieses Ziel – obgleich es nicht in jedem Fall erreicht wird – unterscheidet Pornographie *idealtypisch* vom Erotischen, das ein Oszillieren zwischen Sichtbarem und Unsichtbarem impliziert.
25 Diese Dynamisierung verdankt sich allgemein angewendeten Schnitttechniken sowie der entfesselnden Kamera, ohne die der moderne Film kaum zu denken ist.
26 Pseudonym von Raymond Bacharach.

phischer Sexualität angefüllt ist.[27] Immer anwesende Kameras stellen maximale Sichtbarkeit her, aber der Raum selbst bietet keinerlei Aussicht. Wie in Benthams Panopticon die zu beobachtenden Personen vom zentralen Beobachtungspunkt jederzeit gesehen werden können, zugleich aber isoliert sind, so sind die ›GGG‹-Darsteller ebenso sichtbar, wie eine nicht-pornographische Außenwelt für sie unsichtbar ist und in den Räumen der ›GGG‹-Reihe keinerlei Repräsentanz findet.[28] Realisiert wird der reine Traum der Pornographie und zugleich ihr reiner Alptraum. Die Räume der ›GGG‹-Reihe inszenieren letztlich Unentrinnbarkeit und folglich totale Herrschaft respektive totales Ausgeliefertsein.

Optische Überwachung – Panoptismus, ›Security Cam‹- und Webcam-Pornographie

Dem panoptischen Modell Benthams sind Machtrelationen eingewoben; es ist in Architektur umgewandelte, entpersönlichte Macht. Dieser Macht entspricht, wie Michel Foucault (1975) zeigt, kein Machthaber im klassischen Sinne, da die Machtbeziehungen über eine Ordnung des Raumes und die Verteilung von Körpern in diesem realisiert werden. Das Panopticon schafft eine Ordnung der Sichtbarkeiten, indem es den Beobachter für die Beobachteten, die es maximaler Sichtbarkeit aussetzt, unsichtbar macht und zugleich Sichtkontakte und Kommunikation der Beobachteten untereinander einschränkt. In der durch visuelle Aufzeichnungstechniken strukturierten Inszenierung rückt der Zuschauer in die Position des unsichtbaren Beobachters, auf den hin die Ordnung der Sichtbarkeit entworfen wird.[29]

---

27 Er ist insofern das exakte Gegenbild zu den Räumen der Amateurpornographie.

28 Zumindest *insofern* findet – ganz im Gegensatz zur Amateurpornographie – auch kein Eindringen in die private Lebenswelt der Darsteller statt.

29 Zugleich lässt sich die pornographische Szenerie auch mit dem »Fest der Martern« (Foucault 1975: 44ff.) vergleichen, das Foucault einem grundlegend anderen Strafregime zuordnet als das panoptische Modell. Einem »Fest der Martern« gleicht die pornographische Sexualität insofern, als sie nicht im Verborgenen stattfindet, sondern als öffentliches Spektakel inszeniert wird (Unser Vergleichspunkt ist also nicht die Marter selbst, sondern der Aspekt der öffentlichen Zuschaustellung). Die Pornographie kombiniert freilich beides: öffentliches Spektakel und das panoptische Prinzip maximaler Sichtbarkeit. Sie kann dies, da die Öffentlichkeit, in der und für die sie stattfindet eine technisch vermittelte ist: der unbekannte und unbeobachtbare Zuschauer vor dem Bildschirm, mit dem keine Interaktion und kein wechselseitiger Blickkontakt möglich ist, der aber alles sehen kann. Sein Blick beherrscht die Szene.

Das Entscheidende des panoptischen Modells ist, dass es Machtbeziehungen als Beobachtungsverhältnisse und Ordnungen der Sichtbarkeit, also in zunächst rein visueller Weise etabliert. Foucault ›verlängert‹ seine Beobachtungen und Analysen schließlich zu der These, dass sich die moderne Gesellschaft zu einer Disziplinar- und Überwachungsgesellschaft entwickelt habe, die strukturell darauf angelegt sei, Ordnungen der maximalen Sichtbarkeit und der möglichst umfassenden Überwachung zu etablieren.[30]

Das Prinzip der (allumfassenden) Überwachung findet sich, neben der allgemeinen Hardcore-Pornographie, in mindestens drei weiteren pornographischen Bereichen: der privaten Amateurpornographie, sexuellen bzw. pornographischen Webcams und schließlich im recht speziellen Subgenre der ›Security Cam‹-Pornographie. Im Falle letzterer handelt es sich um sexuelle Interaktionen, die (scheinbar) durch Überwachungskameras, wie sie in öffentlichen und halböffentlichen Räumen beinahe ubiquitär geworden sind, aufgenommen wurden. Bedient wird sowohl die Phantasie von Sex in der Öffentlichkeit als auch, wichtiger noch, jene Phantasie der Beobachtung der wirklichen Sexualität normaler Menschen, die auch die Amateurpornographie befeuert. ›Security cam‹-Pornographie beruht, kurz gesagt, auf dem Wissen bzw. der Illusion, dass sich die sexuell Interagierenden unbeobachtet fühlen und deshalb so handeln, wie sie in privaten Räumen handeln würden.[31] Bemerkenswert ist freilich, dass die ›Security Cam‹-Pornographie nicht in dem Sinne panoptisch ist, dass sie alles und jedes Detail zeigt. Dies würde die ihr zugrunde liegende Illusion zerstören, da Überwachungskameras im Wesentlichen statisch sind. Die ›Security Cam‹-Pornographie partizipiert jedoch insofern am panoptischen Prinzip der maximalen optischen Überwachung, als sie einen Beleg dafür bietet, dass jeder öffentlich zugängliche

---

30 Lässt man die Verschärfungen der Sicherheitsgesetze der letzten Dekade und die wie selbstverständliche Einrichtung von Überwachungskameras in öffentlichen und halböffentlichen Räumen Revue passieren, so spricht einiges für Foucaults These. Für unser Thema ist jedoch nicht die Frage entscheidend, ob Foucaults Annahmen allgemein zutreffen, sondern inwieweit sich diese Entwicklungen in der Pornographie widerspiegeln. Dass sich die Hardcore-pornographische Szene durch das Prinzip maximaler Sichtbarmachung auszeichnet, ist offensichtlich. Interessanter ist das Übergreifen panoptischer Prinzipien auf andere Bereiche des (pornographischen) Sexuellen. Während Panoptismus und Hardcore-Pornographie geradezu Wahlverwandte sind, gilt dies nicht für das Sexuelle schlechthin.

31 Inwieweit es sich tatsächlich um Aufnahmen von Überwachungskameras handelt und inwieweit sich die handelnden Personen tatsächlich unbeobachtbar wähnen, ist nur schwer zu beurteilen. Sofern allerdings das protopornographische Skript ihre Interaktion strukturiert, sind Zweifel angebracht. Was ›zählt‹ ist freilich die Illusion.

Raum der visuellen Überwachung unterliegt oder unterliegen könnte. Dass jede Handlung beobachtet werden kann, mag eine zentrale Phantasie von Sicherheitspolitikern sein; dass aber jede sexuelle Handlung durch Beobachtung in eine pornographische verwandelt wird, ist der ultimative Traum der Pornographie. In beiden Fällen beherrscht das Phantasma der totalen Sichtbarmachung das Denken, während Privatheit als suspekt erscheint bzw. als etwas, das entweder ans Licht gezerrt oder doch zumindest durchleuchtet werden muss.

Das Prinzip der möglichst totalen Überwachung bestimmt auch die Webcams. Webcams sind nicht pornographisch per se und auch die sexualitätsorientierten Webcams bzw. jene, die den Bereich des Sexuellen nicht ausklammern, sind nicht zwangsläufig ausschließlich pornographisch. Das Versprechen zahlreicher ›privater‹ Webcams besteht jedoch im Extremfall darin, am gesamten Leben einer Person visuell teilzunehmen, also in ihrer Beobachtung bzw. Beobachtbarkeit rund um die Uhr.[32] Bemerkenswert ist, dass hier nicht primär Sexuelles im Mittelpunkt steht, sondern das Eindringen in die Privatsphäre einer Person. Sexualität ist nur ein Teil dieser und vielleicht nicht einmal der wichtigste, jedenfalls nicht jener, der den größten Teil der beobachtbaren Aktivitäten bzw. Zeit ausmacht.[33] Das grundlegende Prinzip ist aus Formaten der Fernsehunterhaltung wie ›Big Brother‹ bekannt: Personen setzen sich und ihr ›Privatleben‹ freiwillig der öffentlichen Beobachtung aus. Der Unterschied zur Webcam liegt nur darin, dass diese ununterbrochen in Echtzeit unzensiert und unbearbeitet überträgt. Auf diese Weise wird das Prinzip der totalen Überwachung in der Privatsphäre realisiert und der vielleicht einzige Unterschied zum (einst) befürchteten Überwachungsstaat liegt darin, dass diese Form der Überwachung durch (kommerzielle) Webcams freiwillig und wissentlich geschieht. In der technologisch ermöglichten umfassenden Überwachung des privaten wie öffentlichen Lebens konvergieren sozialtechnologische, sicherheitspolitische und pornographische Phantasien in bemerkenswerter Weise, so dass es wenig überraschend und zugleich paradox ist, dass ausgerechnet Pornographie zu einem Ansatzpunkt wird, um Überwachung (politisch) zu legitimieren. So kreist die Debatte über eine Regulierung des Internets in auffälliger Weise um Angst vor einer unkontrollierten Verbreitung pornographischer Inhalte.

---

32 Von solchen Webcam-Angeboten sind jene zu unterscheiden, die rein sexualitätsbezogen sind, also so etwas wie eine mittels Datenleitungen übertragene Peepshow respektive live übertragene Pornographie anbieten. Interaktivität wird in diesem Falle dadurch realisiert bzw. zu realisieren gesucht, dass der (zahlende) Nutzer via elektronisch vermittelter Kommunikation Handlungsanweisungen geben kann.

33 Eine Analyse zentraler Prinzipien von Amateur-Webcams bietet Patterson 2004.

Panoptisch sind die beschriebenen Webcams insofern, als sie zwar den Körpern ihrer Protagonisten nicht unbedingt so nahe rücken wie es in der Hardcore-Pornographie üblich ist, dafür aber das gesamte Leben einer Person in umfassender und unbegrenzter Weise sichtbar machen. Ein spezifischer Reiz mag darüber hinaus in der Hoffnung liegen, dass für jene Personen, die sich rund um die Uhr überwachen lassen, Beobachtbarkeit und Überwachung so alltäglich werden, dass sie sie im alltäglichen Handeln vergessen und sich so verhalten, wie sie sich verhalten würden, wenn keine Kamera anwesend wäre. An dieser Stelle trifft sich die freiwillige (auch kommerziell orientierte) Webcam-Überwachung mit der ›Security Cam‹-Pornographie einerseits und der Amateurpornographie andererseits. Während die ›Security Cam‹-Pornographie Ergebnisse unfreiwilliger Überwachung privater Handlungen zu zeigen verspricht, jedoch nicht das gesamte alltägliche Leben ihrer ›Protagonisten‹, beschränkt sich zwar auch die private Amateurpornographie auf sexuelle Aspekte, zieht aber doch das private Leben ihrer Darsteller in die Darstellung mit ein, insofern sie in erkennbar privaten Räumen spielt, in denen sich auch das außersexuelle Privatleben ihrer Darsteller entfaltet, das auf diese Weise in die Pornographie eindringt.[34] Wie im Falle der Webcam-Pornographie spielt auch hier die Einbettung des Sexuellen in private Räume bzw. in private Kontexte eine zentrale Rolle.[35] In der Amateurpornographie ist das panoptische Prinzip freilich nicht vollumfänglich realisiert. Weder erstreckt sich die Überwachung auf das gesamte private Leben noch werden Körper und sexuelle Handlungen in jener Detailfreudigkeit ausgeleuchtet und (re-)präsentiert, wie es in der professionellen Hardcore-Pornographie üblich ist. Allerdings umfasst die Amateurpornographie mehr als nur das unmittelbar Sexuelle, da sie dieses nicht aus dem Kontext des Privaten herauslöst und isoliert.

Zusammenfassend lässt sich sagen, dass Pornographie am Prinzip des Panoptischen partizipiert, auch wenn sie es nicht in jeder ihrer Formen und nicht in jedem ihre Subgenres vollumfänglich zu realisieren vermag. Zu unterscheiden sind freilich zwei verschiedene, einander nicht ausschließende Formen der pornographischen Realisierung des panoptischen Prinzips. Im einen Falle, den die professionelle Hardcore-Pornographie paradigmatisch vorführt, werden sexuell interagierende Körper mittels multipler Kameraperspektiven und close-ups in jeder Hinsicht und in jedem Detail vollumfänglich sichtbar gemacht. Im anderen Falle, für den die private Amateurpornographie und Webcams paradigmatisch sind, greift die Sichtbarmachung über den Bereich des Sexuellen hinaus und er-

---

34 Eine eingehendere Analyse des Phänomens der Amateurpornographie findet sich im Kapitel über *Internetpornographie*, vgl. oben S. 117ff. und S. 125ff.
35 Darin unterscheidet sich auch die Amateurpornographie im engeren Sinne von einer Pornographie *mit* Amateuren.

streckt sich auf das Privatleben der Darsteller. Insofern der Blick des Betrachters über das eigentlich Sexuelle hinaus auf Nichtsexuelles ausgeweitet wird, wohnen auch der Amateurpornographie panoptische Tendenzen inne; sie ›lebt‹ von der Phantasie eines Blickes, der alles umfasst, wobei mit diesem ›alles‹ ein anderes ›alles‹ gemeint ist als in der professionellen Hardcore-Pornographie: Erfasst werden sollen nicht ausschließlich sexuelle Äußerungen, sondern prinzipiell alle Lebensumstände der Protagonisten. Es geht, idealtypisch formuliert, um eine Totalerfassung privaten Lebens, von dem das Sexuelle nur ein, wenn auch ein wichtiger und für die Pornographie der wesentliche, aber eben nicht zwangsläufig auch einzige Bestandteil ist.[36]

Die moderne Pornographie greift also nicht nur in private Räume hinein, sondern fügt sich auch in Entwicklungen hin zu einer allgemeinen Überwachungs- und Selbstüberwachungsgesellschaft ein. Die Öffentlichmachung des Privaten gehörte jedoch seit Anbeginn zum ›Programm‹ der modernen Pornographie, so dass es nicht überraschend ist, wie gut sie sich in allgemeine Muster von (Selbst-)Überwachung und Disziplinierung einfügt.

LA FEMME MACHINE FUNKTIONIERT (NICHT)

La femme machine, die auf ihre möglichst vollständige Sichtbarmachung angewiesen ist, ist freilich insofern eine merkwürdige Maschine, als sie sowohl funktioniert als auch nicht funktioniert. Sie funktioniert in ihrer Eigenlogik als Körpermaschine, aber sie soll nicht funktionieren im Sinne einer gelungenen Disziplinierung des Körpers durch das Bewusstsein. Funktionieren soll in der Pornographie vielmehr der Körper als Maschine *gegen* das Bewusstsein. Die pornographische Sexualität soll in den und mittels der körperlichen Reaktionen das unkontrollierbare Eigenleben des Körpers zum Vorschein bringen. Der Körper, der nicht dem Willen seiner Besitzerin gehorcht, sondern ›seinen‹ eigenen Willen gegen den ihren durchsetzt, ist der ideale Körper der Pornographie und das pornographische Setting ist daraufhin angelegt, diesen Körper, eine solche Form von Körperlichkeit, hervorzubringen. Die pornographische Sexualität ist mithin ein Dressurakt, der eine spezifische Form von maschinisierter Körperlichkeit hervorbringt, eine Körperlichkeit, die auf sexuelle Reize in einer Weise reagiert,

---

36 Umgekehrt sind professionelle Pornodarsteller gerade dadurch vor einer Totalentblößung ihres privaten Lebens geschützt, dass professionelle Pornographie typischerweise *gerade nicht* in ihrem privaten Lebensumfeld aufgenommen wird – auch dies ein Aspekt von professioneller Rollendistanz.

die als natürlich erscheint, weil sie die bewusste Kontrolle des Körpers mittels spezifischer Praktiken ausschaltet.

La femme machine verweist noch auf eine weitere Analogie. Eine Maschine ist zunächst einmal ein Objekt, das einem bestimmten, von außen an es herangetragenen Zweck dient bzw. zur Erfüllung dieses Zwecks konstruiert wird. Zugleich zeichnet sich eine Maschine dadurch aus, einen bestimmten Input zuverlässig und abweichungsfrei in einen bestimmten Output zu verwandeln. Die Verwandlung eines menschlichen Körpers in eine Maschine kann in Anlehnung an eine Dressur zutreffend als Abrichtung verstanden werden.[37] *La femme machine* ist ein Objekt in dem Sinne, dass ein weiblicher Körper durch seine Benutzung als Objekt in ein Objekt transformiert wird. Dies geschieht einmal durch den Versuch, Kontingenz zu negieren, und zum anderen gerade dadurch, dass Abweichung provoziert wird, um Kontingenz wiederum Raum zu eröffnen.

Pornographische Inszenierungen stellen sich somit als ein Disziplinierungsarrangement respektive ein körperliches Geständnisritual dar, das authentische körperliche Reaktionen produzieren, provozieren und gegebenenfalls erzwingen sowie ihre Echtheit verbürgen und zweifelsfrei beobachtbar machen soll. Pornographie kann somit als Teil jener diskursiven und non-diskursiven Unternehmungen gedeutet werden, mittels derer sich die (spät-)moderne Gesellschaft ihrer bzw. einer somatischen Basis zu versichern sucht. Ähnlich wie der Sport als ein Sozialprogramm verstanden werden kann, das auf die Verdrängung und Ruhigstellung des Körpers in anderen sozialen Bereichen reagiert (vgl. Bette 1999, 2005), reagieren die körperlichen wie visuellen Obsessionen der Pornographie auf das nämliche Phänomen: Sie führen nicht nur den Eigensinn des Körperlichen vor, sondern bemühen sich auch um den plastischen Beweis, dass es Körper und körperliche Reaktionen sind, auf die es eigentlich ankommt.

---

37 Die pornographische Szene ist nicht selbst die Abrichtung, sondern durch den Versuch gekennzeichnet, körperliche Disziplin, auf die sie freilich angewiesen ist, zu durchbrechen (siehe oben). Freilich gibt es Ausnahmen wie etwa sadomasochistische Inszenierungen oder aber Inszenierungen, die explizit einen Abrichtungsprozess vorführen, so etwa die pornographische Reihe ›slut wife training‹.

Literatur

Ahlemeyer, H. W. (1996/2000). Prostitutive Intimkommunikation. Zur Mikrosoziologie heterosexueller Prostitution. Gießen: Psychosozial-Verlag.

Attwood, F. (2002). Reading Porn. The Paradigm Shift in Pornography Research. Sexualities, 5, 91-105.

Attwood, F./Hunter, I. Q. (2009). Not Safe for Work? Teaching and Researching the Sexually Explicit. Sexualities, 12, 547-557.

Bänziger, P.-P./Duttweiler, S./Sarasin, Ph./Wellmann, A. (Hg.) (2010). Fragen Sie Dr. Sex! Ratgeberkommunikation und die mediale Konstruktion des Sexuellen. Berlin: Suhrkamp.

Bauman, Z. (1998). Über den postmodernen Gebrauch der Sexualität. In: Schmidt, G./Strauß, B. (Hg.). Sexualität und Spätmoderne. Über den kulturellen Wandel der Sexualität. Beiträge zur Sexualforschung Band 76. (S. 17-35). Stuttgart: Enke.

Bauman, Z. (2000/2003). Flüchtige Moderne. Frankfurt a.M.: Suhrkamp.

Bech, H. (1995). Citysex. Die öffentliche Darstellung der Begierden. Soziale Welt, 46, 5-26.

Beck, U. (1986). Risikogesellschaft. Auf dem Weg in eine andere Moderne. Frankfurt a.M.: Suhrkamp.

Becker, N. (2001). Psychoanalytische Theorie sexueller Perversionen. In: Sigusch,V. (Hg.). Sexuelle Störungen und ihre Behandlung. 3., überarbeitete und erweiterte Auflage. (S. 418-438). Stuttgart/New York: Thieme.

Becker, S. (2002). Weibliche Perversion. Zeitschrift für Sexualforschung, 15, 281-301.

Becker, S./Hauch, M./Leiblein, H. (Hg.) (2009). Sex, Lügen und Internet. Sexualwissenschaftliche und psychotherapeutische Perspektiven. Gießen: Psychosozial.

Benjamin, O./Tlusten, D. (2010). Intimacy and/or degradation: Heterosexual images of togetherness and women's embracement of pornography. Sexualities, 13, 599-623.

Berger, P. L./Luckmann, Th. (1966/1994). Die gesellschaftliche Konstruktion der Wirklichkeit. Eine Theorie der Wissenssoziologie. Frankfurt a.M.: Fischer.

Berner, W. (2011). Perversion. Gießen: Psychosozial-Verlag.

Berkel, I. (Hg.) (2009). Postsexualität. Zur Transformation des Begehrens. Gießen: Psychosozial.

Berner, W./Koch, J. (2009). Über die allgemeinste Erniedrigung des Liebeslebens heute. Zeitschrift für Sexualforschung, 22, 340-352.

Bette, K.-H. (1989). Körperspuren. Berlin/New York: de Gruyter.

Bette, K.-H. (1999). Systemtheorie und Sport. Frankfurt a.M.: Suhrkamp.

Bette, K.-H. (2004). X-treme. Zur Soziologie des Abenteuer- und Risikosports. Bielefeld: transcript.

Bette, K.-H. (2005). Körperspuren. Zur Semantik und Paradoxie moderner Körperlichkeit. 2., vollständig überarbeitete und ergänzte Auflage. Bielefeld: transcript.

Bohn, C. (2000). Kleidung als Kommunikationsmedium. Soziale Systeme, 6, 111-135.

Bromley, R./Göttlich, U./Winter, C. (Hg.) (1999). Cultural Studies. Grundlagentexte zur Einführung. Lüneburg: zu Klampen.

Bublitz, H. (2005). In der Zerstreuung organisiert. Paradoxien und Phantasmen der Massenkultur. Bielefeld: transcript.

Butler, J. (1990/1991). Das Unbehagen der Geschlechter. Frankfurt a.M.: Suhrkamp.

Carline, A. (2011). Criminal justice, extreme pornography and prostitution: Protecting women or promoting morality? Sexualities, 14, 312-333.

Cooper, A. (Hg.) (2000). Cybersex. The Dark Side of the Force. A Special Issue of the Journal Sexual Addiction & Compulsivity. Philadelphia: Brunner-Routledge.

Cooper, A./Delmonico, D. L./Burg, R. (2000). Cybersex Users, Abusers, and Compulsives: New Findings and Implications. In: Cooper, A. (Hg.). Cybersex. The Dark Side of the Force. A Special Issue of the Journal Sexual Addiction & Compulsivity. (S. 5-29). Philadelphia: Brunner-Routledge.

Dannecker, M. (2002). Erosion der HIV-Prävention? Zeitschrift für Sexualforschung, 15, 58-64.

Dannecker, M. (2004). Von der Geschlechtsidentität zum sexuellen Selbst. In: Richter-Appelt, H./Hill, A. (Hg.). Geschlecht zwischen Spiel und Zwang. (S. 113-128). Gießen: Psychosozial.

Dannecker, M. (2007). Sexualität und Internet. Zeitschrift für Sexualforschung, 20, 331-339.

Dannecker, M. (2009). Verändert das Internet die Sexualität? In: Becker, S./Hauch, M./Leiblein, H. (Hg.). Sex, Lügen und Internet. Sexualwissenschaftliche und psychotherapeutische Perspektiven. (S. 31-45). Gießen: Psychosozial.

Dannecker, M. (2010). Geschlechtsidentität und Geschlechtsidentitätsstörungen. Zeitschrift für Sexualforschung, 23, 53-62.

Davis, M. S. (1983). Smut. Erotic Reality/Obscene Ideology. Chicago/London: The University of Chicago Press.

Dekker, A. (2003). Sexualität und Beziehungen in realen und virtuellen Räumen. Zeitschrift für Sexualforschung, 16, 285-298.

Dekker, A. (2009). Raumkonstruktionen beim Cybersex. Zeitschrift für Sexualforschung, 22, 1-12.

Döring, N. (2008). Sexualität im Internet. Ein aktueller Forschungsüberblick. Zeitschrift für Sexualforschung, 21, 291-318.

Döring, N. (2010). Internetpornographie. Aktueller Diskussions- und Forschungsstand. In: Metelmann, J. (Hg.). Porno-Pop II. Im Erregungsdispositiv. (S. 159-181). Würzburg: Königshausen & Neumann.

Döring, N. (2011). Pornografie-Ethik. Von Anti-Porno- und Anti-Zensur- zur Pro-Porno-Positionen. Zeitschrift für Sexualforschung, 24, 1-30.

Durkheim, E. (1893/³1999). Über soziale Arbeitsteilung. Studie über die Organisation höherer Gesellschaften. Frankfurt a.M.: Suhrkamp.

Dworkin, A. (1981/1990). Pornographie. Männer beherrschen Frauen. Frankfurt a.M.: Fischer.

Dyer, R. (1994). Idol Thoughts. Orgasm and Self-Reflexivity in Gay Pornography. In: Gibson, P. Ch. (Hg.) (2004). More Dirty Looks. Gender, Pornography and Power. 2. Auflage. (S. 102-109). London: British Film Institute.

Eckert, R./Vogelgesang, W./Wetzstein, T. A./Winter, R. (1995). Grauen und Lust. Die Inszenierung der Affekte. Eine Studie zum abweichenden Videokonsum. Pfaffenweiler: Centraurus-Verlagsgesellschaft.

Eco, U. (1992/1995). Wie man einen Pornofilm erkennt. In: ders. Wie man einen Lachs vereist und andere nützliche Ratschläge. (S. 121-124). München: dtv.

Eder, F.-X. (2002). Kultur der Begierde. Eine Geschichte der Sexualität. München: C.H. Beck.

Eerikäinen, H. (2003). Was ist das Sexuelle am Cybersex? Zeitschrift für Sexualforschung, 16, 328-361.

Eichenberg, Ch./Döring, N. (2006). Sexuelle Selbstdarstellung im Internet. Ergebnisse einer Inhaltsanalyse und einer explorativen Befragung zu privaten Websites. Zeitschrift für Sexualforschung, 19, 133-153.

Elias, N. (1997). Über den Prozeß der Zivilisation. Soziogenetische und psychogenetische Untersuchungen. 2 Bände. Frankfurt a.M.: Suhrkamp.

Faulstich, W. (1994). Die Kultur der Pornografie. Kleine Einführung in Geschichte, Medien, Ästhetik, Markt und Bedeutung. Bardowick: Wissenschaftler-Verlag.

Fiske, J. (1993/1999). Elvis: Body of Knowledge. Offizielle und populäre Formen des Wissens um Elvis Presley. In: Hörning, K. H./Winter, R. (Hg.). Widerspenstige Kulturen. Cultural Studies als Herausforderung. (S. 339-378). Frankfurt a.M.: Suhrkamp.

Fiske, J. (2001). Die Fabrikation des Populären. Der John Fiske-Reader. Herausgegeben von Rainer Winter und Lothar Mikos. Bielefeld: transcript.

Flaßpöhler, S. (2007). Der Wille zur Lust. Pornographie und das moderne Subjekt. Frankfurt a.M.: Campus.

Flaßpöhler, S. (2010). Porn Identities. Über die performative Kraft des pornographischen Films. In: Benkel, Th./Akalin, F. (Hg.). Soziale Dimensionen der Sexualität. (S. 339-359). Gießen: Psychosozial.

Foucault, M. (1975/^{10}1992). Überwachen und Strafen. Die Geburt des Gefängnisses. Frankfurt a.M.: Suhrkamp.

Foucault, M. (1976/^{5}1991). Der Wille zum Wissen. Sexualität und Wahrheit Band 1. Frankfurt a.M.: Suhrkamp.

Freud, S. (1900/1999). Die Traumdeutung. In: ders. Gesammelte Werke. Band II/III. Frankfurt a.M.: Fischer.

Freud, S. (1905/1999). Drei Abhandlungen zur Sexualtheorie. In: ders. Gesammelte Werke. Band V. Frankfurt a.M.: Fischer.

Freud, S. (1908/1999). Der Dichter und das Phantasieren. In: ders. Gesammelte Werke. Band VII. (S. 213-223). Frankfurt a.M.: Fischer.

Freud, S. (1912/1999). Beiträge zur Psychologie des Liebeslebens II. Über die allgemeinste Erniedrigung des Liebeslebens. In: ders. Gesammelte Werke. Band VIII. (S. 78-91). Frankfurt a.M.: Fischer.

Freud, S. (1913/1999). Das Interesse an der Psychoanalyse. In: ders. Gesammelte Werke. Band VIII. (S. 389-420). Frankfurt a.M.: Fischer.

Freud, S. (1916/1999). Übertriebumsetzungen, insbesondere der Analerotik. In: ders. Gesammelte Werke. Band X. Frankfurt a.M.: Fischer.

Freud, S. (1917/1999). Vorlesungen zur Einführung in die Psychoanalyse. In: ders. Gesammelte Werke. Band XI. (S. 402-410). Frankfurt a.M.: Fischer.

Freud, S. (1926/1999). Die Frage der Laienanalyse. Unterredungen mit einem Unparteiischen. In: ders. Gesammelte Werke. Band XIV. (S. 207-296). Frankfurt a.M.: Fischer.

Freud, S. (1933/1999). Neue Folge der Vorlesungen zur Einführung in die Psychoanalyse. In: ders. Gesammelte Werke. Band XV. Frankfurt a.M.: Fischer.

Fuchs, P. (1999). Liebe, Sex und solche Sachen. Zur Konstruktion moderner Intimsysteme. Konstanz: UVK.

Gagnon, J. H. (2004). An Interpretation of Desire. Essays in the Study of Sexuality. Chicago/London: The University of Chicago Press.

Gagnon, J. H./Simon, W. (2005). Sexual Conduct. The Social Sources of Human Sexuality. 2. Auflage. New Brunswick/London: AldineTransactions.

Gay, P. (2008). Die Moderne. Geschichte eines Aufbruchs. Frankfurt a.M.: Fischer.

Gibson, P. Ch. (Hg.) (2004). More Dirty Looks. Gender, Pornography and Power. 2. Auflage. London: British Film Institute.

Giddens, A. (1990/²1995). Konsequenzen der Moderne. Frankfurt a.M.: Suhrkamp.

Giddens, A. (1992/1993). Wandel der Intimität. Sexualität, Liebe und Erotik in modernen Gesellschaften. Frankfurt a.M.: Fischer.

Gill, R. (2009). Beyond the ›Sexualization of Culture‹ Thesis. An Intersectional Analysis of ›Sixpacks‹, ›Midriffs‹ and ›Hot Lesbians‹ in Advertising. Sexualities, 12, 137-160.

Goffman, E. (1959/2003). Wir alle spielen Theater. Die Selbstdarstellung im Alltag. München/Zürich: Piper.

Goffman, E. (1963/1967). Stigma. Über Techniken der Bewältigung beschädigter Identität. Frankfurt a.M.: Suhrkamp.

Göttlich, U./Mikos, L./Winter, R. (Hg.) (2001). Die Werkzeugkiste der Cultural Studies. Perspektiven, Anschlüsse und Interventionen. Bielefeld: transcript.

Göttlich, U./Winter, R. (Hg.) (2000). Politik des Vergnügens. Zur Diskussion der Populärkultur in den Cultural Studies. Köln: Herbert von Halem Verlag.

Grenz, S. (2007). (Un)heimliche Lust. Über den Konsum sexueller Dienstleistungen. 2. Auflage. Wiesbaden: VS Verlag.

Grossberg, L./Nelson, C./Treichler, P. (Hg.) (1992). Cultural Studies. New York/London: Routleledge.

Gugutzer, R. (2004). Soziologie des Körpers. Bielefeld: transcript.

Gugutzer, R. (Hg.) (2006). body turn. Perspektiven der Soziologie des Körpers und des Sports. Bielefeld: transcript.

Habermas, J. (1981a/1995). Theorie des kommunikativen Handelns. Band 1. Handlungsrationalität und gesellschaftliche Rationalisierung. Frankfurt a.M.: Suhrkamp.

Habermas, J. (1981b/1995). Theorie des kommunikativen Handelns. Band 2. Zur Kritik der funktionalistischen Vernunft. Frankfurt a.M.: Suhrkamp.

Hahn, Th./Werber, N. (2004). Das Populäre als Form. Soziale Systeme 10, 347-354.

Hall, S. (1980/1999). Kodieren/Dekodieren. In: Bromley, R./Göttlich, U./Winter, C. (Hg.). Cultural Studies. Grundlagentexte zur Einführung. (S. 92-110). Lüneburg: zu Klampen.

Hardy, S. (2001). More Black Lace. Women, Eroticism and Subjecthood. Sexualities, 4, 435-453.

Hardy, S. (2008). The Pornography of Reality. Sexualities, 11, 60-64.

Heitmüller, E. (1994). Zur Genese sexueller Lust. Von Sade zu SM. Tübingen: Konkursbuch.

Hill, A. (2011). Pornografiekonsum bei Jugendlichen. Ein Überblick über die empirische Wirkungsforschung. Zeitschrift für Sexualforschung, 24, 379-396.

Horkheimer, M./Adorno, Th. W. (1944/1993). Dialektik der Aufklärung. Philosophische Fragmente. Frankfurt a.M.: Fischer.

Hörning, K. H./Winter, R. (Hg.) (1999). Widerspenstige Kulturen. Cultural Studies als Herausforderung. Frankfurt a.M.: Suhrkamp.

Huck, Ch./Zorn, C. (Hg.) (2007). Das Populäre der Gesellschaft. Systemtheorie und Populärkultur. Wiesbaden: VS Verlag.

Hunt, L. (Hg.) (1993/1994). Die Erfindung der Pornographie. Obszönität und die Ursprünge der Moderne. Frankfurt a.M.: Fischer.

Illouz, E. (1997/2003). Der Konsum der Romantik. Liebe und die kulturellen Widersprüche der Kapitalismus. Frankfurt a.M.: Campus.

Jacobs, K./Janssen, M./Pasquinelli, M. (Hg.) (2007). C'lickme. A Netporn Studies Reader. Amsterdam: Institute for Network Cultures. www.network cultures.org/clickme/pdf/clickmeReader_9MB.pdf (letztmaliger Zugriff am 03.09.2011).

Keen, A. (2008). The Cult of The Amateur. How blogs, MySpace, YouTube, and the rest of today's user-generated media are destroying our economy, our culture, and our values. New York/London/Toronto/Sydney/Auckland: Doubleday.

Kendrick, W. (1996). The Secret Museum. Pornography in Modern Culture. With a New Afterword. Berkley/Los Angeles/London: University of California Press.

Kibby, M./Costello, B. (2001). Between the Image and the Act. Interactive Sex Entertainment on the Internet. Sexualities, 4, 353-359.

Kieserling, A. (2004). Selbstbeschreibung und Fremdbeschreibung. Beiträge zur Soziologie soziologischen Wissens. Frankfurt a.M.: Suhrkamp.

Kipnis, L. (1992). (Male) Desire and (Female) Disgust: Reading Hustler. In: Grossberg, L./Nelson, C./Treichler, P. (Hg.). Cultural Studies. (S. 373-391). New York/London: Routleledge.

Kipnis, L. (1996/^{2}2003). Bound and Gagged. Pornography and the Politics of Fantasy in America. Durham: Duke University Press.

Kipnis, L. (2004). She-Male Fantasies and the Aesthetics of Pornography. In: Gibson, P. Ch. (Hg.). More Dirty Looks. Gender, Pornography and Power. 2. Auflage. (S. 204-215). London: British Film Institute.

Klimke, D./Lautmann, R. (2006). Die neoliberale Ethik und der Geist des Sexualstrafrechts. Zeitschrift für Sexualforschung, 19, 97-117.

Koch, G. (1989). »Was ich erbeute, sind Bilder«. Zum Diskurs der Geschlechter im Film. Basel/Frankfurt a.M.: Stroemfeld/Roter Stern.

Krafft-Ebing, R. v. (^{14}1912/1997). Psychopathia sexualis. Mit besonderer Berücksichtigung der konträren Sexualempfindung. München: Matthes & Seitz.

Kraß, A. (Hg.) (2003). Queer denken. Gegen die Ordnung der Sexualität (Queer Studies). Frankfurt a.M.: Suhrkamp.

Kuhnen, K. (2007). Kinderpornographie und Internet. Medium als Wegbereiter für das (pädo-)sexuelle Interesse am Kind? Göttingen: Hogrefe.

Laplanche, J./Pontalis, J. B. (1967/1973). Das Vokabular der Psychoanalyse. Frankfurt a.M.: Suhrkamp.

Laqueur, Th. W. (2003/2008). Die einsame Lust. Eine Kulturgeschichte der Selbstbefriedigung. Berlin: Osburg.

Lautmann, R. (2002). Soziologie der Sexualität. Erotischer Körper, intimes Handeln und Sexualkultur. Weinheim/München: Juventa.

Lautmann, R. /Schetsche, M. (1990). Das pornographierte Begehren. Frankfurt a.M./New York: Campus.

Lewandowski, S. (2001). Über Persistenz und soziale Funktionen des Orgasmus(paradigmas). Zeitschrift für Sexualforschung, 14, 193-213.

Lewandowski, S. (2003). Internetpornographie. Zeitschrift für Sexualforschung, 16, 299-327.

Lewandowski, S. (2004). Sexualität in den Zeiten funktionaler Differenzierung. Eine systemtheoretische Analyse. Bielefeld: transcript.

Lewandowski, S. (2006). Pornographieanalysen jenseits von Polemik und Populismus. Zeitschrift für Sexualforschung, 19, 260-264.

Lewandowski, S. (2007). Die neosexuelle Revolution und die funktional differenzierte Gesellschaft. Eine Antwort auf Volkmar Sigusch. Zeitschrift für Sexualforschung, 20, 69-76.

Lewandowski, S. (2008). Diesseits des Lustprinzips. Über den Wandel des Sexuellen in der modernen Gesellschaft. SWS-Rundschau (Österreich), 48, 242-263.

Lewandowski, S. (2009). Rezension zu Svenja Flaßpöhler: Der Wille zur Lust. Pornographie und das moderne Subjekt. Zeitschrift für Sexualforschung, 22, 369-371.

Lewandowski, S. (2010a). Sex does (not) matter. Von der sozialstrukturellen Irrelevanz des Sexuellen und der Ausdifferenzierung autonomer Sexualitäten. In: Benkel, Th./Akalin, F. (Hg.). Soziale Dimensionen der Sexualität. (S. 71-90). Gießen: Psychosozial.

Lewandowski, S. (2010b). La femme machine? Pornographische Inszenierungen von Sexualität und Körperlichkeit. In: Soeffner, H.-G. (Hg.). Unsichere Zeiten. Herausforderungen gesellschaftlicher Transformationen. Verhandlungen des 34. Kongresses der Deutschen Gesellschaft für Soziologie in Jena 2008. 2 Bände. CD-ROM. Wiesbaden: VS Verlag.

Lewandowski, S. (2010c). Die Pornografie und die Sexualität der Gesellschaft. In: Metelmann, J. (Hg.). Porno-Pop II. Im Erregungsdispositiv. (S. 103-114). Würzburg: Königshausen & Neumann.

Luckmann, Th. (1991). Die unsichtbare Religion. Frankfurt a.M.: Suhrkamp.

Luhmann, N. (1980a/1993). Gesellschaftsstruktur und Semantik. Studien zur Wissenssoziologie der modernen Gesellschaft. Band 1. Frankfurt a.M.: Suhrkamp.

Luhmann, N. (1980b). Ideengeschichte in soziologischer Perspektive. In: ders. (2008b). Ideenevolution. Beiträge zur Wissenssoziologie. Herausgegeben von André Kieserling. (S. 234-252). Frankfurt a.M.: Suhrkamp.

Luhmann, N. (1982/^{2}1995). Liebe als Passion. Zur Codierung von Intimität. Frankfurt a.M.: Suhrkamp.

Luhmann, N. (1989/1993). Gesellschaftsstruktur und Semantik. Studien zur Wissenssoziologie der modernen Gesellschaft. Band 3. Frankfurt a.M.: Suhrkamp.

Luhmann, N. (1990a/^{3}1998). Die Wissenschaft der Gesellschaft. Frankfurt a.M.: Suhrkamp.

Luhmann, N. (1990b/^{2}1995). Der medizinische Code. In: ders. Soziologische Aufklärung 5. Konstruktivistische Perspektiven. (S. 183-195). Opladen: Westdeutscher Verlag.

Luhmann, N. (1993). Das Recht der Gesellschaft. Frankfurt a.M.: Suhrkamp.

Luhmann, N. (1995/³1999). Die Kunst der Gesellschaft. Frankfurt a.M.: Suhrkamp.
Luhmann, N. (1996). Die Realität der Massenmedien. 2., erweiterte Auflage. Opladen: Westdeutscher Verlag.
Luhmann, N. (1997). Die Gesellschaft der Gesellschaft. Frankfurt a.M.: Suhrkamp.
Luhmann, N. (2000a). Die Politik der Gesellschaft. Herausgegeben von André Kieserling. Frankfurt a.M.: Suhrkamp.
Luhmann, N. (2000b). Die Religion der Gesellschaft. Herausgegeben von André Kieserling. Frankfurt a.M.: Suhrkamp.
Luhmann, N. (2000c). Organisation und Entscheidung. Herausgegeben von Dirk Baecker. Opladen: Westdeutscher Verlag.
Luhmann, N. (2008a). Die Moral der Gesellschaft. Herausgegeben von Detlef Horster. Frankfurt a.M.: Suhrkamp.
Luhmann, N. (2008b). Ideenevolution. Beiträge zur Wissenssoziologie. Herausgegeben von André Kieserling. Frankfurt a.M.: Suhrkamp.
Luhmann, N./Spaemann, R. (1990/²1991). Paradigm lost. Über die ethische Reflexion der Moral. Rede anläßlich der Verleihung des Hegel-Preises 1989. Frankfurt a.M.: Suhrkamp.
Marcus, S. (1974/1979). Umkehrung der Moral. Sexualität und Pornographie im viktorianischen England. Frankfurt a.M.: Suhrkamp.
Marx, K. (1852/2007). Der achtzehnte Brumaire des Louis Bonaparte. Kommentar von Hauke Brunkhorst. Franfurt am Main: Suhrkamp.
Marx, K./Engels, F. (1848/1986). Manifest der Kommunistischen Partei. Ditzingen: Reclam.
Matthiesen, S. (2011). Editorial zum Schwerpunktheft Jugend und Pornografie. Zeitschrift für Sexualforschung, 24, 309-311.
Matthiesen, S./Martyniuk, U./Dekker, A. (2011). »What do girls do with porn?« Ergebnisse einer Interviewstudie, Teil 1. Zeitschrift für Sexualforschung, 24, 326-352.
Mead, G. H. (1934/1973). Geist, Identität und Gesellschaft aus der Sicht des Sozialbehaviorismus. Frankfurt a.M.: Suhrkamp.
Metelmann, J. (2005). Flesh for Fantasy. Das Porno-Pop-Format. In: ders. (Hg.). Porno-Pop. Sex in der Oberflächenwelt. (S. 41-58). Würzburg: Königshausen & Neumann.
Metelmann, J. (Hg.) (2005). Porno-Pop. Sex in der Oberflächenwelt. Würzburg: Königshausen & Neumann.
Metelmann, J. (Hg.) (2010). Porno-Pop II. Im Erregungsdispositiv. Würzburg: Königshausen & Neumann.

Mikos, L. (2001). Cultural Studies, Medienanalyse und Rezeptionsästhetik. In: Göttlich, U./Mikos, L./Winter, R. (Hg.). Die Werkzeugkiste der Cultural Studies. Perspektiven, Anschlüsse und Interventionen. (S. 323-342). Bielefeld: transcript.

Nussbaum, M. C. (2002). Verdinglichung. In: dies. Konstruktion der Liebe, des Begehrens und der Fürsorge. Drei philosophische Aufsätze. (S. 90-162). Stuttgart: Reclam.

O'Toole, L. (1999). Pornocopia. Porn, Sex, Technology and Desire. 2., durchgesehene und aktualisierte Auflage. London: Serpent's Tail.

Oosterhuis, H. (2001). Richard von Krafft-Ebing und die ›Stiefkinder der Natur‹. Gespräch mit Gunter Schmidt. Zeitschrift für Sexualforschung, 14, 357-365.

Paasonen, S. (2009). Healthy Sex und Pop Porn. Pornography, Feminism and the Finnish Context. Sexualities, 12, 586-604.

Padva, G. (2005). Dreamboys, Meatmen and Werewolves. Visualizing Erotic Identities in All-Male Comic Strips. Sexualities, 8, 587-599.

Pastötter, J. (2003). Erotic Home Entertainment und Zivilisationsprozess. Analyse des postindustriellen Phänomens Hardcore-Pornographie. Wiesbaden: Deutscher Universitäts-Verlag.

Patterson, Z. (2004). Going On-line. Consuming Pornography in the Digital Era. In: Williams, L. (Hg.). Porn Studies. (S. 104-123). Durham/London: Duke University Press.

Pfaller, R. (2009). Strategien des Beuteverzichts. Die narzisstischen Grundlagen aktueller Sexualunlust und Politohnmacht. In: Berkel, I. (Hg.). Postsexualität. Zur Transformation des Begehren. (S. 31-47). Gießen: Psychosozial.

Raab, J./Egli, M./Stanisavljevic, M. (2010). Purity and Danger 2.0. Grenzüberschreitungen und Grenzziehungen der Internetpornografie. In: Metelmann, J. (Hg.). Porno-Pop II. Im Erregungsdispositiv. (S. 191-210). Würzburg: Königshausen & Neumann.

Reiche, R. (2001). Psychoanalytische Therapie sexueller Perversionen. In: Sigusch, V. (Hg.). Sexuelle Störungen und ihre Behandlung. 3., überarbeitete und erweiterte Auflage. (S. 439-464). Stuttgart/New York: Thieme.

Richter-Appelt, H. (2001). Psychotherapie nach sexueller Traumatisierung. In: Sigusch, V. (Hg.). Sexuelle Störungen und ihre Behandlung. 3., überarbeitete und erweiterte Auflage. (S. 475-488). Stuttgart/New York: Thieme.

Schäfer, R. (2008). Zur Strukturlogik der Pornografie. Sozialer Sinn, 9, 197-217.

Schetsche, M. (2010). Das Internet, das sexuelle Geheimnis und das Ende der Pornografie. In: Benkel, Th./Akalin, F. (Hg.) Soziale Dimensionen der Sexualität. (S. 319-337). Gießen: Psychosozial.

Schmidt, D. (2005). Zwischen den Medien. *Traumnovelle* (Schnitzler), *Eyes wide Shut* (Kubrick) und die ›longue durée‹ der Pornografie. In: Metelmann, J. (Hg.). Porno-Pop. Sex in der Oberflächenwelt. (S. 125-141). Würzburg: Königshausen & Neumann.

Schmidt, G. (1998). Sexuelle Verhältnisse. Über das Verschwinden der Sexualmoral. Reinbek: Rowohlt.

Schmidt, G. (1999). Über die Tragik pädophiler Männer. Zeitschrift für Sexualforschung, 12, 133-139.

Schmidt, G. (^{2}2005). Das neue DER DIE DAS. Über die Modernisierung des Sexuellen. Gießen: Psychosozial.

Schmidt, G. (2009). Fantasien der Jungen, Phantasmen der Alten. In: Becker, S./Hauch, M./Leiblein, H. (Hg.). Sex, Lügen und Internet. Sexualwissenschaftliche und psychotherapeutische Perspektiven. Gießen: Psychosozial.

Schmidt, G. (Hg.). (1993). Jugendsexualität. Sozialer Wandel, Gruppenunterschiede, Konfliktfelder. Stuttgart: Enke.

Schmidt, G./Matthiesen, S. (2011). »What do boys do with porn?« Ergebnisse einer Interviewstudie, Teil 2. Zeitschrift für Sexualforschung, 24, 353-378.

Schmidt, G./Matthiesen, S./Dekker, A./Starke, K. (2006). Spätmoderne Beziehungswelten. Report über Partnerschaft und Sexualität in drei Generationen. Wiesbaden: VS Verlag.

Schroer, M. (Hg.) (2005). Soziologie des Körpers. Frankfurt a.M.: Suhrkamp.

Schulze, G. (1992/2005). Die Erlebnisgesellschaft. Kultursoziologie der Gegenwart. Frankfurt a.M./New York: Campus.

Seeßlen, G. (1990). Der pornographische Film. Frankfurt a.M./Berlin: Ullstein.

Shamoon, D. (2004). Office Sluts and Rebel Flowers: The Pleasures of Japanese Comics for Women. In: Williams, L. (Hg.). Porn Studies. (S. 77-103). Durham/London: Duke University Press.

Sigusch, V. (1998). Die neosexuelle Revolution. Über gesellschaftliche Transformationen der Sexualität in den letzten Jahrzehnten. Psyche 52, 1192-1234.

Sigusch, V. (2005). Neosexualitäten. Über den kulturellen Wandel von Liebe und Perversion. Frankfurt a.M./New York: Campus.

Sigusch, V. (2008). Geschichte der Sexualwissenschaft. Frankfurt a.M./New York: Campus.

Sigusch, V. (Hg.) (^{3}2001). Sexuelle Störungen und ihre Behandlung. 3., überarbeitete und erweiterte Auflage. Stuttgart/New York: Thieme.

Simon, W. (1990). Die Postmodernisierung der Sexualität. Zeitschrift für Sexualforschung, 3, 99-114.

Simon, W./Gagnon, J. H. (2000). Wie funktionieren sexuelle Skripte? In: Schmerl, Ch./Soine, S./Stein-Hilbers, M./Wrede, B. (Hg.). Sexuelle Szenen.

Inszenierungen von Geschlecht und Sexualität in modernen Gesellschaften. (S. 70-95). Opladen: Leske + Budrich.

Smith, C. (2009). Pleasure and Distance: Exploring Sexual Cultures in the Classroom. Sexualities, 12, 568-585.

Sontag, S. (1964/1980). Die pornographische Phantasie. In: dies. Kunst und Antikunst. 24 literarische Analysen. (S. 39-71). München/Wien: Hanser.

Stäheli, U. (1998). Zum Verhältnis von Sozialstruktur und Semantik. Soziale Systeme, 4, 315-340.

Stäheli, U. (2000). Das Populäre zwischen Cultural Studies und Systemtheorie. In: Göttlich, U./Winter, R. (Hg.) (2000). Politik des Vergnügens. Zur Diskussion der Populärkultur in den Cultural Studies.(S. 321-342). Köln: Herbert von Halem Verlag.

Stäheli, U. (2007a). Spektakuläre Spekulation. Das Populäre der Ökonomie. Frankfurt a.M.: Suhrkamp.

Stäheli, U. (2007b). Die Sichtbarkeit sozialer Systeme. Zur Visualität von Selbst- und Fremdbeschreibungen. Soziale Systeme, 13, 70-85.

Stichweh, R. (2005). Inklusion und Exklusion. Studien zur Gesellschaftstheorie. Bielefeld: transcript.

Stoller, R. J. (1975/1998). Perversion. Die erotische Form von Haß. Gießen: Psychosozial.

Stoller, R. J. (1979/1986). Sexual Excitement. Dynamics of Erotic Life. London: Karnac/Maresfield Library.

Stoller, R. J. (1985). Observing The Erotic Imagination. New Haven/London: Yale University Press.

Stoller, R. J. (1991). Porn. Myths for the Twentieth Century. New Haven/London: Yale University Press.

Stoller, R. J./Levine, I. S.(1993). Coming Attractions. The Making of an X-Rated Video. New Haven/London: Yale University Press.

Tibbals, Ch. A. (2010). From *The Devil in Miss Jones* to *DMJ6* – power, inequality, and consistency in the content of US adult films. Sexualities, 13, 652-644.

Villa, P.-I. (^{2}2001). Sexy Bodies. Eine soziologische Reise durch den Geschlechtskörper. Opladen: Leske + Budrich.

›Walter‹ *(Pseudonym)* (1997). Mein geheimes Leben. Ein erotisches Tagebuch aus dem Viktorianischen England. 3 Bände. Zürich: Haffmans.

Weber, M. (1915/1991). Die Wirtschaftsethik der Weltreligionen. Konfuzianismus und Taoismus. Schriften 1915-1920. Studienausgabe der Max-Weber-Gesamtausgabe. Band I, 19. Tübingen: J.C.B Mohr (Paul Siebeck).

Weber, M. (1920/⁹1988). Die protestantische Ethik und der Geist des Kapitalismus. In: ders. Gesammelte Aufsätze zur Religionssoziologie I. (S. 17-206). Tübingen: J.C.B. Mohr (Paul Siebeck)/UTB.

Weber, M. (1922/⁷1988). Die »Objektivität« sozialwissenschaftlicher und sozialpolitischer Erkenntnis. In ders. Gesammelte Aufsätze zur Wissenschaftslehre. (S. 146-212). Tübingen: J.C.B. Mohr (Paul Siebeck)/UTB.

Weber, Ph. (2008). Der Trieb zum Erzählen. Sexualpathologie und Homosexualität 1852-1914. Bielefeld: transcript.

Weitzer, R. (Hg.) (2000). Sex for Sale. Prostitution, Pornography, and the Sex Industry. New York/London: Routledge.

Wetzstein, Th. A./Steinmetz, L./Ries, Ch./Eckert, R. (1993). Sadomasochismus. Szenen und Rituale. Reinbek: Rowohlt.

Wilke, B. (2004). »Im Endeffekt ist es ein Trieb – es kommt nix anderes bei raus.« Geschlechterkonstruktionen im Spiegel der Pornografie. In: Buchen, S./Helfferich, C./Maier, M. S.(Hg.). Gender methodologisch. Empirische Forschung in der Informationsgesellschaft vor neuen Herausforderungen. (S. 267-281). Wiesbaden: VS Verlag.

Willke, H. (1995). Systemtheorie III. Steuerungstheorie. Grundzüge einer Theorie der Steuerung komplexer Sozialsysteme. Stuttgart/Jena: Gustav Fischer/UTB

Williams, L. (1989/1995). Hard Core. Macht, Lust und die Traditionen des pornographischen Films. Frankfurt a.M.: Stroemfeld/Nexus.

Williams, L. (2004a). Porn Studies. Proliferating Pornographies On/Scene. An Introduction. In: dies. (Hg.). Porn Studies. (S. 1-23). Durham/London: Duke University Press.

Williams, L. (2004b). Skin Flicks on the Racial Border. Pornography, Exploitation and Interracial Lust. In: dies. (Hg.). Porn Studies. (S. 271-308). Durham/London: Duke University Press.

Williams, L. (2008). Screening Sex. Durham: Duke University Press.

Williams, L. (Hg.). (2004). Porn Studies. Durham/London: Duke University Press.

Winter, R. (1992). Filmsoziologie. Eine Einführung in das Verhältnis von Film, Kultur und Gesellschaft. München : Quintessenz.

Winter, R. (2010). Der produktive Zuschauer. Medienaneignung als kultureller und ästhetischer Prozess. 2., erweiterte und überarbeitete Auflage. Köln: Herbert von Halem Verlag.

Zillich, N. (2011). Pornografiekonsum und Flexibilisierung der Geschlechterrollen. Zeitschrift für Sexualforschung, 24, 312-325.

Sozialtheorie

Ullrich Bauer, Uwe H. Bittlingmayer,
Carsten Keller, Franz Schultheis (Hg.)
Bourdieu und die Frankfurter Schule
Kritische Gesellschaftstheorie im Zeitalter
des Neoliberalismus

August 2012, ca. 350 Seiten, kart., 19,80 €,
ISBN 978-3-8376-1717-7

Wolfgang Bonss, Ludwig Nieder,
Helga Pelizäus-Hoffmeister
Handlungstheorie
Eine Einführung

Juli 2012, ca. 250 Seiten, kart., ca. 19,80 €,
ISBN 978-3-8376-1708-5

Michael Heinlein, Katharina Sessler (Hg.)
Die vergnügte Gesellschaft
Ernsthafte Perspektiven
auf modernes Amüsement

November 2012, ca. 290 Seiten, kart., ca. 29,80 €,
ISBN 978-3-8376-2101-3

**Leseproben, weitere Informationen und Bestellmöglichkeiten
finden Sie unter www.transcript-verlag.de**